이유진 국어
쿼터 홈트 1

어휘 | 문해 | 사고

PREFACE 머리말

합격할 때까지 '관리'해야 하는 국어,
지치지 않고 재미있게 하려면?

새로운 국어가 요구하는 어휘력 · 문해력 · 사고력, 매일 15분 가볍지만 알차게 관리하자!

기존 공무원 국어에서 암기 영역이라 볼 수 있는 문법 규정, 어휘 한자는 범위가 정해져 있고 기출 선지가 반복 출제되었기 때문에 벼락치기 학습으로도 유의미한 효과를 볼 수 있었습니다.
하지만 2025 공무원 국어 출제 기조 전환으로 이제 국어는 벼락치기가 통하지 않게 되었습니다.
알고 있는 지식을 확인하는 것이 아니라 지문의 정보를 조건에 맞게 해결하는 능력을 측정하기 때문에, 꾸준한 훈련을 통해서 대응해야만 합니다.

어휘력, 문해력, 사고력 집중 관리!

지식이 아닌 '**능력**'을 훈련합니다.
긴 지문에 당황하지 않는 힘, 지금부터 차곡차곡 쌓으세요.

어휘력	문해력	사고력
● 실용문 고쳐쓰기 유형에 대응할 수 있는 **다양한 예문** 구성	● **언어학과 문학은 지문 제시형**으로 구성하여 문제 풀이와 동시에 이해	● 문제의 목적에 따른 정보 적용이나 **추론 응용** 등의 사고 훈련
● 독해 지문에서 활용되는 상용 어휘 습득을 위한 유의어 · 반의어 찾기, 십자말 퍼즐 등의 **다양한 테스트** 구성	● 인문 · 사회 · 예술 · 과학 · 기술 · 경제 등 **다양한 제재의 지문 수록**	● **논리 이론들을 학습**하고, **기호화 훈련**을 거쳐 문제에 적용하는 구성
● **문맥 추론형 어휘 문제 반복 훈련**	● OX부터 객관식까지 **다양한 문항** 구성	● 해설 유도지를 채워 나가는 과정에서 **논리 퀴즈 풀이 과정 습득**

목적과 방법을 이해한 훈련

문제 푸는 근육이 자동으로 길러집니다!

〈이유진 국어 쿼터 홈트〉는 단순한 데일리 문제풀이가 아닙니다.
'목적과 방법을 이해하여 훈련'할 수 있도록 다양한 활동을 통해 점진적으로 사고가 발달할 수 있도록 구성하였습니다.
단순히 팔을 굽혔다 펴는 것을 반복하면 노동일 뿐이지만, 어떤 근육을 어떻게 자극해야 하는지 알고 목적에 따라 행동하면 운동이 됩니다. 근성 있는 학습자라면 누구나 원하는 단계에 도달할 수 있는 '진짜 훈련'을 담았습니다.

[주의] 교재 활동을 진행하신 뒤 강의를 수강하세요. 자신의 생각을 선생님과 맞춰 보는 것이 중요합니다.
선생님이 여러분의 운동을 코칭하는 것이지, 여러분이 선생님의 운동을 지켜보기만 하면 안 됩니다.

독해 전문가 이유진이 만든, 신유형 맞춤 데일리 훈련법
짧지만 알차다! 〈쿼터 홈트〉로 "매일 15분"만 투자하세요!

하루 15분, 주 4회면 충분한 이유 — 경험자들의 리얼 후기

〈쿼터 홈트〉는 시험 전까지 국어의 감을 놓치지 않고 꾸준히 공부하게 만드는 든든한 존재였다.
문제가 많지 않아 매일 공부하기에 부담스럽지 않은 교재이다.

국어는 매일 공부하지 않으면 감이 떨어지는 과목입니다.
시간이 부족해서 국어 공부를 미루고 있다면 〈쿼터 홈트〉로 해결하시길 추천합니다.

매일 풀기에 부담이 없습니다.
단순 암기 대신 사고력을 요구하는 시험으로 바뀌면서 국어 시험이 굉장히 쉬워졌습니다.
그에 맞게 이 책도 **가벼운 분량으로 나와 국어의 감을 유지하면서 타 과목을 공부할 시간을 벌어 줍니다.**

*공단기 제공(gong.conects.com)

STRUCTURE 구성과 특징

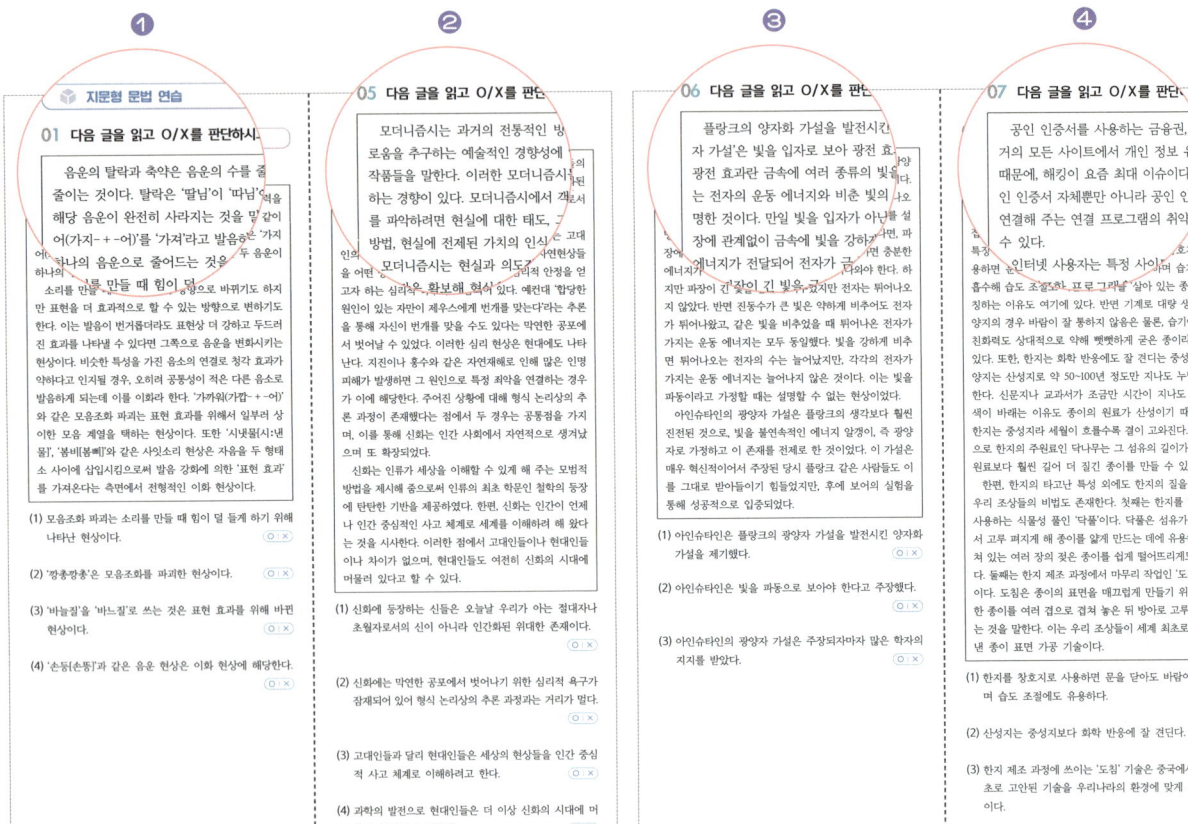

언어학과 문학 제재

1. 언어학(문법)과 문학은 달라진 출제 기조를 반영하여 지문 제시형으로 구성하였습니다.
2. 지문에 제시된 내용을 바탕으로 이에 대한 문제들을 풀어 보며 이론을 제대로 이해하였는지 확인할 수 있습니다.

비문학 제재

3. 과학, 기술, 경제, 철학 등과 같이 수험생들이 어려워하는 제재들 위주로 지문을 선정하였으며, 기초적 훈련이 가능하도록 사실적 독해로 무난히 해결할 수 있는 O/× 문제를 실었습니다.
4. 《독해알고리즘》의 독해 이론을 복습하거나 방법론을 반복 하여 체화할 수 있도록 구성하였습니다.

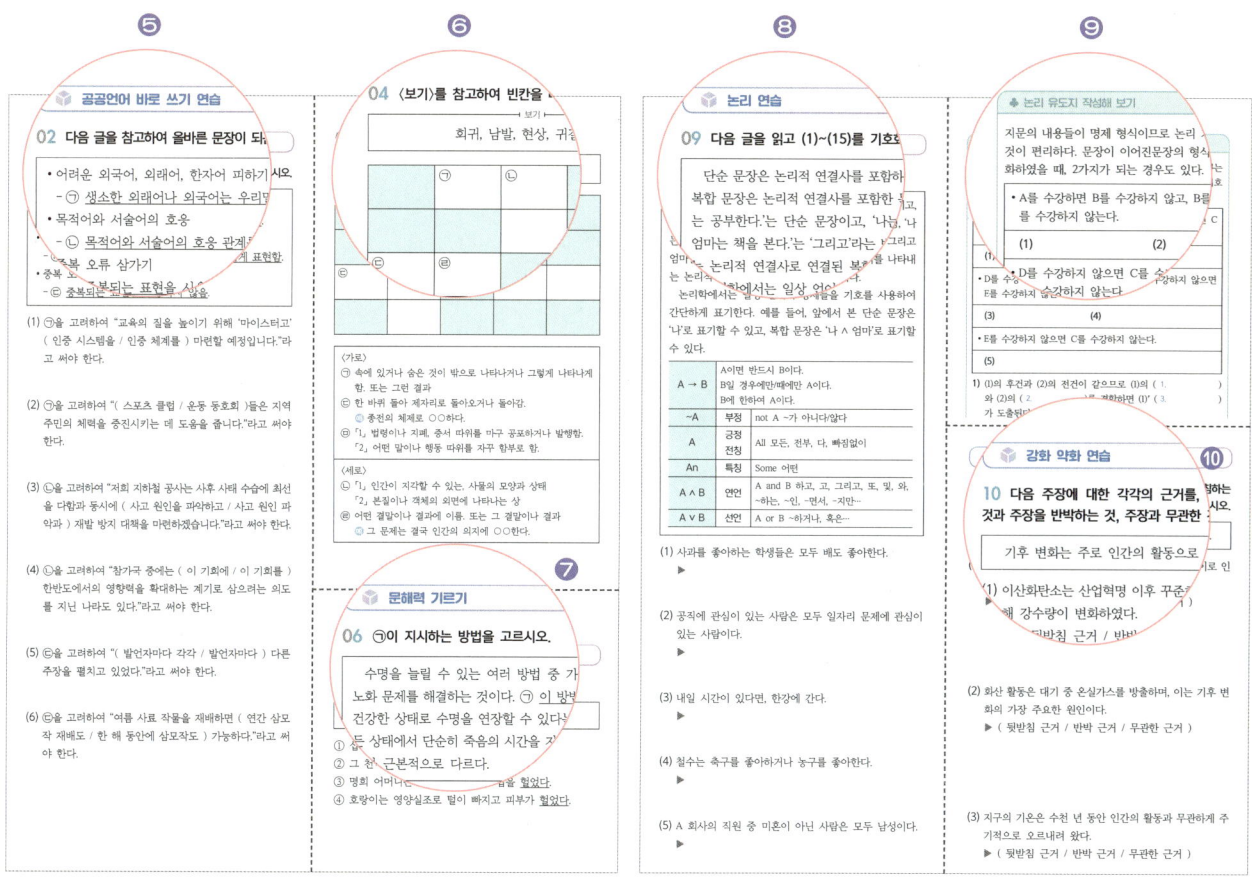

문해력과 어휘력

❺ 실용문 고쳐쓰기 유형에 대응할 수 있도록 중·고등 교과서와 국립국어원의 자료를 참고하여 다양한 예문의 고쳐쓰기 훈련을 구성하였습니다.

❻ 독해 지문에서 빈출되는 어휘들을 재미있게 습득할 수 있도록 유의어·반의어 찾기, 십자말 퍼즐 등의 다양한 테스트를 구성하였습니다.

❼ 예시 평가와 같은 유형의 문맥 추론형 어휘 문제를 반복 훈련할 수 있습니다.

논리 / 비판

❽ 우수한 지문을 통해 출제 가능한 논리 이론들을 학습하고, 기호화 훈련을 거쳐 문제에 적용할 수 있도록 구성하였습니다.

❾ 기출문제를 바탕으로 만든 해설 유도지를 채워 나가는 과정에서 논리 문제의 풀이 과정을 익힐 수 있습니다.

❿ 강화·약화 유형의 기초 개념과 사고 과정을 체계적으로 학습하고, 이를 실제 문제 풀이에 적용할 수 있도록 구성하였습니다.

CONTENTS 차례

〈쿼터 홈트 1〉 문제

DAY 01 언어와 사고 / 주술 호응 / 문맥적 어휘 / 접속어 / 논증 지시어	008
DAY 02 언어의 특성 / 주술 호응 / 대체 유의어 / 주제와 전개 방식 / 전제와 결론	012
DAY 03 음운론 / 의미 중첩 / 상용 한자어 / 주제 / 토론 토의 / 결론 도출	016
DAY 04 음운 변동 / 구와 절 / 반의어 / 상용 한자어 / 주제 / 생략 전제	020
DAY 05 음운 변동(탈락과 축약) / 술목 호응 / 문맥적 어휘 / 주제 / 생략 전제	024
DAY 06 음운 변동(교체) / 부사어 호응 / 문맥적 어휘 / 주제 / 생략 전제	028
DAY 07 음운 변동(탈락) / 부사어 호응 / 문맥적 어휘 / 상용 한자어 / 배치 / 생략 전제와 결론	032
DAY 08 음운 변동(축약) / 지나친 명사화 / 반의어 / 배치 / 대용 표현 / 강화 약화	036
DAY 09 음운 변동(첨가) / 수식 어구 / 문맥적 어휘 / 대용 표현 / 배열 / 강화 약화	040
DAY 10 형태소 / 시제 호응 / 상용 한자어 / 대용 표현 / 배열 / 연역과 귀납	044
DAY 11 합성어와 파생어 / 문맥적 어휘 / 상용 한자어 / 대용 표현 / 배열 / 연역	048
DAY 12 합성어 / 문맥적 어휘 / 반의어 / 대용 표현 / 배열 / 연역과 귀납	052
DAY 13 통사적 합성어와 비통사적 합성어 / 문장 성분 / 문맥적 어휘 / 비문학 인문 제재 / 귀납	056
DAY 14 합성어의 종류 / 공공언어 바로 쓰기 / 상용 한자어 / 비문학 인문 제재 / 명제의 이해	060
DAY 15 파생어 / 순화어 / 반의어 / 비문학 사회 제재 / 정언 명제	064
DAY 16 품사 / 공공언어 바로 쓰기 / 상용 한자어 / 비문학 사회 제재 / 정언 명제	068
DAY 17 품사 / 공공언어 바로 쓰기 / 문맥적 어휘 / 비문학 사회 제재 / 명제의 변형	072
DAY 18 용언의 활용 / 공공언어 바로 쓰기 / 상용 한자어 / 비문학 사회 제재 / 반대와 모순	076
DAY 19 본용언 보조 용언 / 공공언어 바로 쓰기 / 반의어 / 상용 한자어 / 비문학 예술 제재 / 논리 기호화	080
DAY 20 품사 통용 / 공공언어 바로 쓰기 / 상용 한자어 / 비문학 예술 제재 / 논리 기호화	084

DAY 21	문장 성분 / 공공언어 바로 쓰기 / 문맥적 어휘 / 비문학 예술 제재 / 동치 / 필요조건과 충분조건	088
DAY 22	서술어의 자릿수 / 공공언어 바로 쓰기 / 상용 한자어 / 비문학 과학 제재 / 필요조건과 충분조건	092
DAY 23	안은문장 / 공공언어 바로 쓰기 / 반의어 / 상용 한자어 / 비문학 과학 제재 / 필요조건과 충분조건	096
DAY 24	이어진문장 / 공공언어 바로 쓰기 / 상용 한자어 / 비문학 과학 제재 / 논리 기호화	100
DAY 25	문장의 종결 표현 / 공공언어 바로 쓰기 / 문맥적 어휘 / 비문학 기술 제재 / 논리 기호화(연언)	104
DAY 26	의문문 / 공공언어 바로 쓰기 / 상용 한자어 / 비문학 기술 제재 / 논리 기호화(선언)	108
DAY 27	시제 / 공공언어 바로 쓰기 / 반의어 / 상용 한자어 / 비문학 기술 제재 / 조건 명제와 진리표	112
DAY 28	피동 / 공공언어 바로 쓰기 / 상용 한자어 / 비문학 경제 제재 / 논리 기호화(쌍조건 명제)	116
DAY 29	피동과 사동 / 공공언어 바로 쓰기 / 상용 한자어 / 비문학 경제 제재 / 추론 규칙	120
DAY 30	부정문 / 공공언어 바로 쓰기 / 상용 한자어 / 비문학 문학 제재 / 함축 관계	124
DAY 31	의미 자질 / 공공언어 바로 쓰기 / 반의어 / 상용 한자어 / 비문학 문학 제재 / 양도 논법	128
DAY 32	유의 관계 / 공공언어 바로 쓰기 / 상용 한자어 / 비문학 문학 제재 / 삼단 논법	132
DAY 33	유의 관계와 반의 관계 / 공공언어 바로 쓰기 / 문맥적 어휘 / 비문학 언어학 제재 / 논리 규칙	136
DAY 34	다의어 / 공공언어 바로 쓰기 / 상용 한자어 / 비문학 언어학 제재 / 논리 퀴즈	140
DAY 35	다의어와 동음이의어 / 공공언어 바로 쓰기 / 반의어 / 상용 한자어 / 문맥 추론 / 오류의 유형	144
DAY 36	어휘적 빈자리 / 공공언어 바로 쓰기 / 상용 한자어 / 빈칸 추론 / 오류의 유형 / 논리 퀴즈	148
DAY 37	높임 표현 / 공공언어 바로 쓰기 / 문맥적 어휘 / 사례 추론 / 오류의 유형 / 논리 퀴즈	152
DAY 38	높임 표현 / 공공언어 바로 쓰기 / 상용 한자어 / 화법 / 오류의 유형 / 논리 퀴즈	156
DAY 39	띄어쓰기 / 공공언어 바로 쓰기 / 반의어 / 상용 한자어 / 화법 / 강화 약화	160
DAY 40	중세 국어 / 공공언어 바로 쓰기 / 상용 한자어 / 작문 / 강화 약화	164

정답 및 해설

DAY 01

쿼터 홈트

오운완

지문형 문법 연습

01 다음 중 ㉠의 예로 가장 적절한 것을 고르시오.

> 신호등은 '초록불'인데, 왜 '파란불'이라고 할까? 이는 과거 언중들이 초록, 청색, 남색을 모두 '파랗다' 혹은 '푸르다'고 했기 때문이다. 그래서 이 세 가지 색은 분명히 다른 색임에도 구별하지 못하는 경우가 생기는데, 이는 ㉠ 언어가 우리의 사고를 지배한다는 것을 의미한다. 즉 우리는 언어라는 안경을 통해 세상을 바라보며, 언어는 우리가 바깥 세계를 바라보는 또 하나의 눈이다.
> '초록, 청색, 남색'과 같은 색깔에 해당하는 말이 없다고 해서 이 색깔들을 인식할 수 없는 것은 아니다. '선명한, 흐린, 탁한, 밝은, 어두운, 진한, 연한' 등의 수식어를 붙이면 같은 종류의 색깔을 여러 개로 구분할 수 있기 때문이다. 물론 해당 어휘가 없는 것보다 있는 것이 해당 색깔을 빠르게 인식하기가 쉽겠지만, 그 어휘가 없다고 해서 인식할 수 없는 것은 아니다. 또한 언어가 없는 동물이나 언어 습득 이전의 아이들도 과제를 해결하기 위해, 사고하고 행동하여 문제를 해결한다. 음악가는 언어 없이 작곡을 통해, 화가는 언어 없이 그림을 통해 자신의 생각이나 사상을 표현한다. 따라서 언어가 우리의 사고를 절대적으로 지배한다고 보기 어렵다.
> 언어와 사고 중 어느 것이 먼저인지 정확하게 말하기 어렵지만, 언어가 사고를 형성하기도, 언어 없이 사고가 이루어지기도 한다. 따라서 우리는 언어와 사고를 분리하지 않고 둘이 어떻게 함께 작용하는지에 대한 관심을 가져야 한다.

① 실제로 무지개는 200개가 넘는 색으로 이루어져 있다. 그러나 우리나라에서는 일곱 가지로만, 로데시아에서는 세 가지로만 분류한다.

② 아직 언어를 배우지 못해 말을 하지 못하는 탄이는 배가 고프면 아영이의 손을 잡고 냉장고 앞으로 함께 간다.

공공언어 바로 쓰기 연습

02 다음 글을 읽고 (1)~(4)를 바르게 고치시오.

> 주어와 서술어는 문장의 뼈대로, '무엇이 무엇이다/어떠하다/어찌하다'라는 문장에서 '무엇이'가 주어, '무엇이다/어떠하다/어찌하다'가 서술어이다. 이때 주어와 서술어가 호응을 이루지 못하면 그 문장은 비문이 된다. 예를 들어, '본 조사의 대상은 □□개발연구원의 주요 사업을 수행한 기업을 대상으로 합니다.'라는 문장에서 주어는 '본 조사의 대상은'이므로, '~ 기업이다.'와 같이 수정해야 한다.

(1) 이번 총선에서 국회의원 ○○○명을 선출되었다.
  ▶

(2) 성적이 나쁜 학생은 보충 수업을 시켜야 한다.
  ▶

(3) 무엇보다 중요한 점은 문명의 이기를 사용할 때 그것이 인간 자신을 위해 슬기롭게 사용되어야 한다.
  ▶

(4) 우리가 패배한 까닭은 상대를 너무 업신여겼다.
  ▶

♣ 언어와 사고

1. **언어 우위론(합리주의)**: 언어는 인간만의 선천적 기능이며 언어가 없이는 사고가 불가능하다.
   "생각 − 언어 = ∅", "인간은 언어를 전제로 생각을 한다."

2. **사고 우위론(경험주의, 행동주의)**: 언어는 인간이 교육을 통해 습득하는 후천적 기능이며 언어 이전에 사고가 존재한다.
   "생각 − 언어 = 말로 표현하지 못할 생각이나 느낌이 존재한다."

3. **비고츠키(Vygotsky)의 상호 작용론**: 언어와 사고는 독립적 발달을 보이다가 점차 합쳐져, 사고는 언어로 표현되고 언어는 사고에 의해 논리성을 획득한다.

어휘력 기르기

♣ '어휘의 문맥적 의미' 해결 방법 꿀팁

1. 유의어나 상위어를 공유해야 문맥적 의미가 가까운 것이다. 밑줄 친 단어와 대체해서 쓸 수 있는 유의어나 상위어를 떠올려 본다.
2. 밑줄 친 단어가 서술어일 경우, 서술어가 원하는 문장의 필수 구조와 필수 성분의 의미가 유사해야 문맥적 의미가 가까운 것이다.

03 다음 중 ㉠의 문맥적 의미와 가장 유사한 것은?

> 그는 텔레비전을 ㉠ 보다가 잠이 들었다.

① 너를 보아 내가 참아야지.
② 손님 주무실 자리를 봐 드려라.
③ 손해를 보면서 물건을 팔 사람은 없다.
④ 그는 영화를 보는 재미로 극장에서 일한다.

04 다음 중 ㉠의 문맥적 의미와 가장 유사한 것은?

> 아버님께서는 이제 그만 염려를 ㉠ 놓으세요.

① 신혼부부에게 전세를 놓았다.
② 베갯잇에 오색실로 수를 놓았다.
③ 어머니는 나에게 핀잔을 놓았다.
④ 그는 그제야 겨우 한시름을 놓았다.

05 다음 중 ㉠의 문맥적 의미와 가장 유사한 것은?

> 이 선생은 몹시 초조해하는 눈초리로 공모자에게 동의를 ㉠ 구하고 있었다.

① 목숨을 바쳐 나라를 구하다.
② 친구는 결혼 문제에 관해 선배에게 조언을 구하려고 하였다.
③ 홍수로 피해 입은 수재민을 구하기 위한 모금 운동을 펼쳤다.
④ 그 부부는 여기저기 알아본 끝에 겨우 전셋집을 하나 구했다.

문해력 기르기

♣ '접속어 파악'의 중요성

접속어(접속 부사)는 문장과 문장, 문단과 문단을 이어 주는 역할을 한다. 그렇기 때문에 문장의 관계나 문단의 관계를 파악하는 데 중요한 단서를 제공한다. 접속어의 기능을 잘 파악하면, 글쓴이의 의도나 말하고자 하는 바를 보다 쉽게 파악할 수 있어서 속독과 요약에 도움이 된다.

06 '접속어(접속 부사)'의 의미와 종류를 바르게 연결하시오.

의미		종류
순접 (병렬)	①	㉠ 그리고, 또, 또한, 덧붙여 등
보충 (첨가)	②	㉡ 그러나, 그렇지만, 하지만, 한편, 반면에, 거꾸로 등
선택	③	㉢ 게다가, 더구나, 하물며, 더욱이, 특히 등
대립 (역접)	④	㉣ 그러나, 그렇지만, 하지만, 그런데, 아무튼, 그렇다 하더라도, 다만 등
전환	⑤	㉤ 또는, 혹은 등
원인	⑥	㉥ 곧, 즉, 말하자면, 다시 말해서, 달리 말하면, 요컨대 등
결과	⑦	㉦ 왜냐하면, 그 이유는, 그 이유로 등
예	⑧	㉧ 그러므로, 그러니까, 따라서, 그러한 즉(그런즉), 그래서, 결론적으로 등
재진술/ 정리	⑨	㉨ 예를 들어, 가령, 예컨대 등

07 빈칸에 들어갈 적절한 접속어를 고르시오.

(1) 국가 간의 경계가 느슨해지고 자본주의적 세계화가 가속화되었다. (왜냐하면 / 따라서) 정보 통신 기술이 발달하고 다국적 기업이 늘어나, 세계의 자원 이동과 교류가 빈번해졌기 때문이다.

(2) 뒤르켐은 오스트레일리아 부족들의 집합 의례를 공동체 결속의 관점에서 탐구한다. 부족 사람들은 문제 상황이 발생할 경우 생계 활동을 멈춘다. (그리고 / 혹은) 자신들이 공유하는 분류 체계를 활용하여 이 상황이 성스러운 것인지 속된 것인지를 판별하는 집합 의례를 행한다. 이 과정에서 자신들이 공유하는 성스러움이 무엇인지 깨닫고 그것을 중심으로 약해진 도덕 공동체를 재생한다.

08 ㉠~㉡에 들어갈 접속어로 가장 적절한 것은?

철학자 흄은 참된 관념은 상상이 아닌 오직 인상에서 비롯된다는 경험주의적 인식론을 전개했다. (㉠) 어떤 대상에 대해 우리는 감각이나 감정과 같은 생생한 느낌인 인상을 형성하는데, 시간이 지나 인상이 생생함을 상실하면 참된 관념으로 전환된다는 것이다. (㉡) 우리는 눈이라는 감각 기관으로 쓰레기를 봄으로써 쓰레기에 대한 감각인상을 형성한다. 감각인상은 어떤 사물이나 현상을 감각함으로써 형성되는 것이다. 시간이 지나면 쓰레기에 대한 감각인상은 곧 우리가 머릿속으로 떠올릴 수 있는 쓰레기에 대한 참된 관념이 된다.

㉠ (즉 / 왜냐하면 / 게다가 / 다만)

㉡ (그리고 / 그러나 / 또한 / 예를 들면)

09 ㉠~㉢에 들어갈 접속어로 가장 적절한 것은?

• 무역하는 배는 목적지인 항구로 직항하여 신속히 이동해야 이익을 내는 법이다. (㉠) 배의 속도를 높이고 역풍 항해까지 하려면 돛이 하나로는 부족하고 최소한 두 개 정도는 필요했을 것이다.

• 여러 광고에 중복 출연하는 유명인이 많아질수록 겉보기에는 중복 출연이 광고 매출을 증대시켜 광고 산업이 활성화되는 것으로 보일 수 있다. (㉡) 모델의 중복 출연으로 광고 효과가 제대로 나타나지 않으면 광고비가 너무 많이 지출되어 결국 광고주와 소비자의 경제적 부담으로 이어진다.

• 물체가 공기나 물과 같은 유체 속을 움직일 때 운동을 방해하는 방향으로 저항력이 생긴다는 것은 모두가 알고 있는 상식이다. (㉢) 여름에 부채질을 하면 시원하기는 하지만 힘들고 팔이 아픈 것을 보아도 알 수 있다.

㉠ (그래서 / 그리고)

㉡ (그리고 / 하지만 / 예를 들어)

㉢ (그런데 / 예를 들어 / 하지만)

10 다음 글을 참고하여 두 표현의 예시를 〈보기〉에서 고르시오.

비언어적 표현은 언어적 표현이 아닌 외적인 요소로 몸짓이나 표정 등을 통해 생각이나 느낌을 나타내는 것이다.
준언어적 표현은 언어적 표현에 포함되어 있어 목소리의 크기, 고저, 말투 등으로 말의 느낌을 효과적으로 만들어 주는 것이다.

〈보기〉
㉠ 아영: (박수를 치며) 정말 멋있어요.
　유진: (눈물을 흘리며) 감동적인 내용이었어요.
㉡ 아영: (억울한 말투로) 제가 아니에요.
　유진: (부드러운 어조로) 그랬구나.

(1) 비언어적 표현:

(2) 준언어적 표현:

논리 연습

11 다음 글을 읽고 〈보기〉의 지시어를 전제 지시어와 결론 지시어로 구분하시오.

> 논증은 추리를 할 때 결론의 기초가 되는 판단인 '전제'와 일정한 명제를 전제로 하여 이끌어 낸 판단인 '결론'으로 구성된다. 전제와 결론을 구분할 때는 지시어의 도움을 받을 수 있다. '왜냐하면, ~ 때문에, 그 이유는, ~이므로, ~에서 알 수 있듯이, ~라는 사실은'과 같은 지시어들은 전제를 나타내며, '그러므로, 따라서, 그래서, 반드시 ~이다, ~를 의미한다, ~이 도출된다, ~임에 틀림없다, ~을 함축한다'와 같은 지시어는 결론을 나타낸다.

─ 보기 ─
왜냐하면, ~임에 틀림없다, 그 이유는, ~를 의미한다, 그래서, ~라는 사실은, 그러므로, 따라서, ~ 때문에, 반드시 ~이다, ~이 도출된다, ~이므로, ~을 함축한다, ~에서 알 수 있듯이

(1) 전제 지시어:

(2) 결론 지시어:

12 다음 글을 참고하여 각 논증의 전제와 결론을 구분하시오.

> '민수는 선생님께 혼날 것이다. 왜냐하면 숙제를 안 했기 때문이다.'에서는 '왜냐하면'을 통해 '숙제를 안 했다.'가 전제, '민수는 선생님께 혼날 것이다.'가 결론임을 알 수 있다.

(1) 내일은 비가 올 것이다. 왜냐하면 일기예보에서 비가 올 것이라고 말했기 때문이다.
- 전제:

- 결론:

(2) 어제 우리 도시에서 한 축제는 성공적이었을 것이다. 우리 도시에서 준비하는 축제는 언제나 성황을 이루기 때문이다.
- 전제:

- 결론:

(3) 동생이 저녁을 안 먹는다고 하였다. 이를 통해 동생이 나 몰래 간식을 먹었다는 것임을 추론할 수 있다.
- 전제:

- 결론:

(4) 연구자가 어떤 조사 방법을 택하느냐에 따라 측정 결과가 달라질 수 있다. 그러므로 연구자는 조사 방법을 택하는 데에 있어 신중해야 한다.
- 전제:

- 결론:

(5) 만성 결핵 환자는 혈액 속 철분 농도가 낮다. 그 이유는 몸이 결핵균에 철분 공급을 차단하려고 일시적으로 철분 농도를 낮추기 때문이다.
- 전제:

- 결론:

(6) 학생들은 수업 시간에 자연스럽게 영어를 사용하며 습득할 수 있다. 그러므로 일부 과목들은 영어로만 수업하는 것이 낫다.
- 전제:

- 결론:

DAY 02

지문형 문법 연습

01 다음 글을 읽고 ①~⑧에 해당하는 특성을 연결하시오.

언어는 의사소통을 위한 '상징 기호'로, 개념과 기호로 이루어져 있다. 언어의 이러한 특성을 기호성(記號性)이라고 한다.

언어의 형식인 음성과 내용인 의미는 자의적이고 임의적인 관계에 있다. 이는 소리의 체계와 의미의 체계가 독립되어 있다는 기호성과 관련 있다. 언어의 이러한 특성을 자의성(恣意性)이라고 한다.

언어는 그 언어를 사용하는 사람들 사이의 약속이기 때문에 개인이 함부로 바꿀 수 없다. 개인적으로 의미와 형식의 연결을 왜곡하면 언어가 의사소통 도구의 자격을 잃게 된다. 언어의 이러한 특성을 사회성(社會性)이라고 한다.

언어는 시간의 흐름에 따라 신생·성장·사멸의 과정을 겪으면서, 소리나 의미, 형식적 문법 요소에 변화가 생기기도 한다. 언어의 이러한 특성을 역사성(歷史性)이라고 한다.

언어는 연속적으로 이어져 있는 현실 세계를 불연속적인 것으로 쪼개어 표현한다. 자음과 모음이 나누어지는 것도 이에 해당한다. 언어의 이러한 특성을 분절성(分節性)이라고 한다.

언어 기호가 모여서 일정한 의미를 전달할 때, 기호들은 하나의 체계를 이루고 일정한 규칙에 따라 배열되며 일정한 질서 아래 실현된다. 언어의 이러한 특성을 체계성(體系性)이라고 한다.

인간은 무한히 많은 문장을 만들고 이해할 수 있으며, 긴 문장을 만들어 낼 수도 있다. 언어를 통해 상상의 산물이나 관념적이고 추상적인 개념도 무한하게 창조적으로 표현할 수 있다. 언어의 이러한 특성을 개방성(開放性)이라고 한다.

언어의 개념은 동일한 부류의 사물들에서 공통적 속성을 뽑아내는 추상화의 과정을 통해 형성된다. 다만 고유 명사는 지시 대상이 하나이므로 추상화의 과정을 거치지 않는다. 언어의 이러한 특성을 추상성(抽象性)이라고 한다.

기호성 ①	㉠	★은 영어로 'star[스타]', 우리말로는 '별[별]'이라고 한다. 따라서 개인이 마음대로 ★을 '뾰족'이라고 바꾸면 안 된다.
자의성 ②	㉡	'나는 어제 유진이를 보러 갔다.'와 달리 '나는 어제 유진이를 보러 가겠다.'는 우리말의 규칙이 지켜지지 않았다.
사회성 ③	㉢	중세 국어에 없던 주격 조사 '가'가 근대 국어에 생겼다.
역사성 ④	㉣	흑연과 점토의 혼합물을 구워 만든 가느다란 심을 속에 넣고, 겉은 나무로 둘러싸서 만든 필기도구를 한글로 '연필'이라고 표기한다.
분절성 ⑤	㉤	'감기'는 'ㄱ/ㅏ/ㅁ//ㄱ/ㅣ'로 나눌 수 있다.
체계성 ⑥	㉥	'부추'는 지역에 따라 '정구지, 졸, 솔' 등으로 불린다.
개방성 ⑦	㉦	'개, 소, 말, 사자'는 태생이고 어미의 젖을 먹고 자라는데, 이들은 '포유류'에 속한다.
추상성 ⑧	㉧	우리는 상상 속의 산물인 '유니콘, 악마, 천사' 등의 단어를 무한하게 창조적으로 표현할 수 있다.

📦 공공언어 바로 쓰기 연습

02 '주어와 서술어를 호응시킬 것'을 고려하여, (1)~(7)의 밑줄 친 부분을 바르게 고치시오.

(1) 쓰레기를 함부로 <u>버리는 자는</u> 100만 원 이하의 <u>과태료가 부과됩니다</u>.
▶

(2) 본격적인 도로 공사가 언제 시작되고, <u>언제 개통될지 모른다</u>.
▶

(3) 눈물을 흘리시는 어머니의 모습을 본 순간 나는 <u>침울한 감정이었다</u>.
▶

(4) <u>이 지역은 무단 입산자에 대하여는</u> 자연 공원법 제60조에 의거하여 <u>처벌받게 됩니다</u>.
▶

(5) <u>내가 하고 싶은 말은</u> 다름이 아니라, 아직 늦지 않았으니 새로 시작하기를 <u>바란다</u>.
▶

(6) 이번 회의를 통해 <u>새로운 아이디어와</u> 구체적인 실천 계획을 세우고자 합니다.
▶

(7) <u>무엇보다 중요한 점은</u> 해당 기관의 협조가 <u>필요하다</u>.
▶

📦 어휘력 기르기

03 다음 중 ㉠과 바꾸어 쓸 수 있는 표현은?

> 그 사건은 역사의 방향을 ㉠ <u>바꾸는</u> 계기가 되었다.

① 전환(轉換)하는
② 환기(喚起)하는

04 다음 중 ㉠과 바꾸어 쓸 수 있는 표현은?

> 그런 일은 ㉠ <u>예사로운</u> 일이 절대 아니다.

① 비범(非凡)한
② 평범(平凡)한

05 다음 중 ㉠과 바꾸어 쓸 수 있는 표현은?

> 그의 의견은 항상 나의 생각과 ㉠ <u>반대되었다</u>.

① 배치(背馳)되었다
② 배제(排除)되었다

06 다음 중 ㉠과 바꾸어 쓸 수 있는 표현은?

> 대중들이 예술을 ㉠ <u>누릴</u> 수 있는 기회를 제공해야 한다.

① 향유(享有)할
② 유지(維持)할

📦 문해력 기르기

[07~08] 다음 글을 읽고 물음에 답하시오.

> 우리는 여러 이유로 타인을 칭찬하지 않는다. 특히 가까운 사람에게 더 인색하다. 우리가 그를 좋게 평가한다는 것을 이미 안다고 생각하기 때문이다. 반면, 덜 친한 사람에 대한 칭찬은 아첨으로 보일까 봐 꺼린다.
> 칭찬하는 것보다 칭찬을 받아들이는 것이 더 어렵다. 칭찬을 받고 우쭐대는 것처럼 보일까 봐 당황하거나 칭찬을 신뢰하지 못해 부정적으로 반응하는 사람도 있다.
> 칭찬의 신뢰성과는 별개로, 칭찬은 우리의 삶에 긍정적인 영향을 준다. 『칭찬은 고래도 춤추게 한다』라는 책 제목도 있지 않은가. 가까운 사람에게 칭찬하는 것을 시작으로 일상에서 칭찬을 늘려 보는 건 어떨까? 칭찬할 줄 알아야 칭찬을 받아들일 줄도 알게 될 것이다.

07 윗글의 주제로 적절한 것은?

① 사람들은 칭찬을 받아들이는 것을 어려워하므로 칭찬할 때는 조심해야 한다.
② 칭찬하기 전에 칭찬할 대상과 신뢰를 쌓아야 한다.
③ 남을 칭찬하지 않으면 자신도 칭찬받을 수 없다.
④ 일상에서 칭찬을 실천해야 한다.

08 윗글에 쓰인 전개 방식으로 적절하지 않은 것은?

① 인용
② 예시
③ 인과
④ 과정

09 다음 글을 참고하여 '아영'이 어긴 격률을 고르시오.

> ㉠ 양의 격률: 주고받는 대화의 목적에 필요한 만큼만 정보를 제공하고 필요 이상의 정보를 제공하지 말라.
> ㉡ 질의 격률: 진실한 정보만을 제공하도록 노력하고 증거가 불충분한 것은 말하지 말라.
> ㉢ 관련성의 격률: 대화의 목적이나 주제와 관련된 것을 말하라.
> ㉣ 태도의 격률: 모호하거나 중의적인 표현을 피하고, 간결하고 조리 있게 말하되 언어 예절에 맞게 말하라.

(1) 유진: 아영아, 집 주소 좀 알려 줄래?
　　아영: (알고 있으면서) 미안, 어제 이사해서 아직 외우지 못했어.
　　▶ (㉠ / ㉡ / ㉢ / ㉣)

(2) 유진: 연구실에 식판이 몇 개 있지?
　　아영: 숟가락은 8개, 포크는 4개, 식판은 4개 있어요.
　　▶ (㉠ / ㉡ / ㉢ / ㉣)

(3) 유진: 오늘 일 끝나고 밥 먹으러 갈래?
　　아영: 글쎄… 나는 검토 봐야 하는데… 밥은 먹어야 하기도 하지만… 몸도 별로고….
　　▶ (㉠ / ㉡ / ㉢ / ㉣)

(4) 유진: 아영아, 이번 휴가는 어디로 가니?
　　아영: 우리 오늘 점심으로 김치찜 먹자.
　　▶ (㉠ / ㉡ / ㉢ / ㉣)

🧊 논리 연습

10 다음 논증을 전제와 결론으로 구분하시오.

(1) 착하고 성실하면 언젠가는 성공한다. 따라서 흥부도 언젠가는 성공할 것이다. 왜냐하면 그는 착하고 성실하기 때문이다.
- 전제 1:

- 전제 2:

- 결론:

(2) 창밖으로 긴 머리의 실루엣이 보인다. 높은 음역대의 목소리도 들린다. 그러므로 밖에 있는 사람은 여자임이 틀림없다.
- 전제 1:

- 전제 2:

- 결론:

(3) 쾌락주의는 일시적인 쾌락의 극대화가 아니라 장기적인 쾌락의 극대화를 목적으로 하므로 쾌락주의자가 단기적, 말초적 쾌락만을 추구하는 것은 아니다.
- 전제:

- 결론:

(4) 타인의 생명을 의도적으로 해치는 행위는 비도덕적이다. 그는 타인의 생명을 의도적으로 해쳤다. 따라서 그의 행위는 비도덕적이다.
- 전제 1:

- 전제 2:

- 결론:

(5) 사람들은 비가 오면 우산을 쓴다. 오늘은 비가 온다. 그러므로 사람들은 오늘 우산을 쓴다.
- 전제 1:

- 전제 2:

- 결론:

(6) 규칙적으로 운동하는 사람은 심장이 건강하다. 철수는 규칙적으로 운동한다. 철수의 심장은 건강한 게 틀림없다.
- 전제 1:

- 전제 2:

- 결론:

(7) 영희는 시험에 합격했다. 이 시험에서 60점 이상을 받아야 합격하고 영희는 70점을 받았기 때문이다.
- 전제 1:

- 전제 2:

- 결론:

(8) 화폐 공급량이 급격히 증가하면 인플레이션이 발생한다. 화폐 공급량이 급격히 증가하고 있다. 따라서 현재 인플레이션이 발생한다.
- 전제 1:

- 전제 2:

- 결론:

DAY 03

지문형 문법 연습

01 다음 글을 읽고 O/X를 판단하시오.(단, 학교 문법을 따를 것)

음운은 단어의 뜻을 구별해 주는 소리의 가장 작은 단위이다. 한 언어에서 어떤 소리가 음운인지 아닌지 구별하는 방법 중 하나는 최소 대립쌍을 이용하는 것이다. 예를 들어, 최소 대립쌍 '곰'과 '봄'은 [ㄱ]과 [ㅂ]의 차이로 인해 의미가 구별되므로 'ㄱ'과 'ㅂ'은 서로 다른 음운임을 알 수 있다. 이때 최소 대립쌍이란 오직 한 가지 요소에 의해서만 의미가 구별되는 짝을 말하며, 초성의 'ㅇ'은 음가가 없으므로 음운으로 인정하지 않는다.

음운은 분절 음운과 비분절 음운으로 나뉜다. 분절 음운은 다른 소리와 잘 나누어지는 것으로, 자음과 모음이 이에 해당한다. 비분절 음운은 말소리의 한 부분을 이루는 것으로 음의 길이, 높낮이, 강약 등을 말한다. 이들은 단독으로 실현되지 못하고 분절음, 특히 모음에 얹혀서 실현되는 경우가 많아 '비분절음'이라고 한다. 그중 음의 장단(長短)만 현대 국어 표준어에 해당한다.

음운의 개수를 셀 때는 주의해야 할 점이 있다. 비분절 음운의 경우 경계가 모호하므로 숫자에서는 제외된다. 사이시옷은 단순한 소리 부호일 뿐이므로 음운의 수에도, 형태소의 수에도 포함되지 않는다. 이중 모음을 하나로 보는 관점도 있으나, 현재 학교 문법은 이중 모음을 두 개의 음운으로 본다.

(1) '달'과 '알'은 초성 자리의 'ㄷ', 'ㅇ'을 각기 다른 음운이라고 볼 수 있다. (O | X)

(2) '눈(目)[눈]'과 '눈(雪)[눈ː]'은 최소 대립쌍이 된다. (O | X)

(3) '이유진'의 음운과 '연탄'의 음운의 개수는 같다. (O | X)

공공언어 바로 쓰기 연습

02 다음 글을 읽고 (1)~(10)을 바르게 고치시오.

'의미 중첩'이란 한 단어나 어절, 문장의 앞이나 뒤에 같은 의미의 표현이 중복적으로 쓰여 의미상 불필요한 말이 생긴 경우이다. 간결한 문장을 쓰기 위해서 중복되는 표현은 삼가는 것이 좋다. 즉 '안내 알림'처럼 이미 '안내' 안에 포함된 뜻을 굳이 다시 사용하지 않는 것이 좋다.

(1) 매주 수요일마다 독해알고리즘 수업을 듣는다.
▶

(2) 수업을 듣기 전에 미리 예습(豫習)하는 것이 좋아.
▶

(3) 틀렸던 문제를 다시 반복(反復)해서 틀려서 속상해.
▶

(4) 방학 기간(其間) 동안 밀린 드라마를 정주행해야지!
▶

(5) 그 둘은 성격 면에서 매우 상이(相異)하게 다르다.
▶

(6) 여론조사 결과 ○○당의 지지율이 과반(過半)을 넘었다.
▶

(7) 우리는 열심히 공부한 결과 노력의 결실(結實)을 맺었다.
▶

(8) 에베레스트산은 가장 최고(最高)의 높이를 자랑한다.
▶

(9) 나는 서류를 접수(接受)받았다.
▶

(10) 공기를 자주 환기(換氣)시켜야 감기를 예방할 수 있다.
▶

어휘력 기르기

03 밑줄 친 단어에 대응하는 한자어를 찾아 연결하시오.

| 학교마다 우수한 학생을 <u>모으기</u> 위해 노력한다. | ① | | ㉠ | 모집(募集)하다 |
| 딴생각하지 말고 정신을 <u>모아</u> 문제를 풀어라. | ② | | ㉡ | 집중(集中)하다 |

04 〈보기〉를 참고하여 빈칸을 바르게 채우시오.

── 보기 ──
주관성, 단발성, 통일성, 타당성, 객관성

〈가로〉
㉡ 「1」『철학』 주관으로부터 독립하여 존재하는 대상 자체에 속하여 있는 성질
「2」『철학』 주관에 좌우되지 않고 언제 누가 보아도 그러하다고 인정되는 성질
㉤ 「1」 사물의 이치에 맞는 옳은 성질
「2」『철학』 어떤 판단이 가치가 있다고 인식되는 일

〈세로〉
㉠ 주관에 의하여 규정되고 제약받는 일
㉢ 다양한 요소들이 있으면서도 전체가 하나로서 파악되는 성질
㉣ 어떤 일이 단 한 번만으로 그치는 성질

문해력 기르기

05 다음 글의 주제로 가장 적절한 것은?

> 바로크 시대의 음악 이론은 '음악이 감정을 모방해야 한다'는 것에 기초한다. 감정을 체계적으로 전달하는 데 중점을 둔 것이다. 그러나 한슬리크는 음악 예술이 표현해야 하는 내용이 감정이라는 주장에 감정 표현은 음악의 내용이 될 수 없다며 반박한다. 한슬리크는 음악의 아름다움은 아름다움 외에 아무런 목적을 갖지 않는 형식이라 보았다. 또한 많은 음악 이론가들이 '감각'과 '감정'을 구분하지 못한 채 사용해 왔음을 지적하고, '감각'은 특정한 감각적 성질, 즉 하나의 음, 한 가지 빛깔 따위를 지각하는 것이며, '감정'은 우리의 심적 상태가 촉진되거나 방해받는 것, 즉 쾌나 불쾌를 의식하는 것이라고 설명했다. 그는 많은 음악 이론가들이 음악적 아름다움과 감각의 만남을 음악적 아름다움과 감정의 만남으로 잘못 알고 있다고 역설했다. 한슬리크는 음악적 아름다움에 대한 논의에서 감정이 결코 본질이 될 수 없다고 했다.

① 감정과 감각은 엄연히 구분되어야 한다.
② 바로크 시대의 음악은 감정의 전달에 치중했다.
③ 음악적 아름다움의 성립에서 감정은 본질이 아니다.
④ 음악적 아름다움은 감각과의 만남으로 이루어진다.

06 다음 글에 대한 이해로 가장 적절한 것은?

　토론은 찬반 양쪽이 나뉜 상태에서 상대편이 우리 쪽 의견을 받아들이도록 설득하는 '경쟁적인 의사소통'이다. 그러므로 토론자들은 찬성과 반대로 나뉘어 서로 대립하고, 상대방 주장에서 잘못된 점이나 약점을 찾아내려고 하는 비판적인 태도를 보인다. 반면 토의는 여러 의견을 견주어 보고 가장 좋은 해결책을 찾아가는 '협동적인 의사소통'이다. 즉 상대방을 헐뜯기보다는 더 좋은 제안이나 의견이 나왔을 때 받아들이려고 하는 태도를 보인다. 이러한 토의의 종류에는 '심포지엄, 패널, 포럼, 원탁 토의, 버즈 세션, 공청회'가 있다.
　'심포지엄'은 하나의 논제를 여러 측면으로 나누어 전문가들이 각자의 관점에서 의견을 제시하는 토의 방식이다. 이때 청중은 의견을 제시하거나 질문하기보다 문제에 대해 권위 있고 체계적인 설명을 듣는다.
　'패널'은 각 의견의 대표자가 먼저 청중 앞에서 서로 의견을 조정하며 해결책을 모색하고 이후 사회자의 유도에 따라 청중이 참여하는 방식이다. 이는 개별적인 발표를 거치지 않고 직접 상호 간 토의에 들어간다.
　'포럼'은 청중의 참여가 적극적으로 이루어질 수 있는 토의 방식으로, 어떤 문제에 대해 의견이 상충하는 토의자가 한 사람씩 해결 방안을 발표한 다음, 청중이 직접 참여하여 의견을 교환한다.
　'원탁 토의'는 열 명 내외의 사람들이 자유롭게 의견을 나누는 방식이다. 비공개적인 자유 토의 형태이기 때문에 토의자들이 적극적으로 참여하며 토의 문제에 대한 의사 결정이 쉽다.
　'버즈 세션'은 전체 구성원을 4~6명으로 나눈 각각의 소그룹이 개별적인 토의를 벌인 후 각 그룹의 결론을 패널 형식으로 토론하고 최후의 리더가 전체적인 결론을 내리는 토의 방식이다.
　'공청회'는 중요한 정책 사안 등에 관해 해당 분야의 학식과 경험이 풍부한 전문가나 이해 당사자 등의 의견을 듣기 위해 의회·행정기관·공공단체 등에서 개최하는 회의이다.

① 토의는 찬성과 반대로 나뉜 참여자들이 해결책을 찾아가기 위한 의사소통 방식이다.
② '심포지엄'에서 청중은 각자의 관점에서 의견을 제시한다.
③ 사회자의 유도에 따라 청중이 참여하는 토의는 '패널'이다.
④ 공개적으로 자유롭게 토의하는 방식은 '원탁 토의'이다.

07 '토론'과 '토의'의 의미를 바르게 연결하시오.

| 토론 | ① |
| 토의 | ② |

㉠ 여러 의견을 견주어 보고 가장 좋은 해결책을 찾아가는 '협동적인 의사소통'

㉡ 찬반 양쪽이 나뉜 상태에서 상대편이 우리 쪽 의견을 받아들이도록 설득하는 '경쟁적인 의사소통'

㉢ 찬성과 반대로 나뉘어 서로 대립하고, 상대방 주장에서 잘못된 점이나 약점을 찾아내려고 하는 비판적인 태도를 보임.

㉣ 상대방을 헐뜯기보다는 더 좋은 제안이나 의견이 나왔을 때 받아들이려고 하는 태도를 보임.

✤ 토의/토론 구성원의 역할

1. **사회자의 역할**
   - 순차적 진행
   - 통제(발화 순서 지정)
   - 요약
   - 질문
   - 참여

2. **토의/토론자의 역할**
   - 자신의 의견을 발표하기
   - 상대의 의견에 반박하기
   - 예상되는 상대의 반박을 원천 봉쇄하거나 상대의 반박에 재반박하여 자신의 주장을 뒷받침하기

논리 연습

08 (1)~(10)의 전제를 기준으로 결론을 도출하시오.

<논증 성립 요건>
1. 다른 명제들로부터 근거를 제공받아 주장되는 하나의 명제가 있어야 한다.(결론)
2. 그 주장을 뒷받침하는 하나 이상의 명제가 있어야 한다.(전제)
3. 전제와 결론의 상호 관계를 나타내는 논리적 접속사가 있어야 한다.
   - 논증: 하나 또는 두 개 이상의 진술들이 다른 진술에 대한 지지를 제공하도록 되어 있는 논리학의 기본 단위로서 전제와 결론으로 구성되어 있다.
   - 전제: 이유나 증거를 공표하는 진술
   - 결론: 전제가 뒷받침하는 진술

(예시) 모든 사람은 죽는다. 소크라테스는 사람이다.
   - 결론: 소크라테스는 죽는다.

(1) 프랑스 혁명은 1789년에 시작되었다. 1789년은 18세기이다.
   - 결론:

(2) 컴퓨터가 켜져 있어야 파일을 저장할 수 있다. 지금은 컴퓨터가 꺼져 있다.
   - 결론:

(3) 어떤 회사가 이익을 내려면 비용보다 수익이 많아야 한다. A 회사의 수익은 100억 원이고, 비용은 70억 원이다.
   - 결론:

(4) 동일한 조건에서 동일한 실험을 하면 동일한 결과가 나온다. 우리는 동일한 조건에서 동일한 실험을 했다.
   - 결론:

(5) 학생이 충분한 수면을 취하면 학습 집중력이 높아진다. A는 매일 충분한 수면을 취한다.
   - 결론:

(6) 신호등이 빨간불일 때 멈추지 않으면 교통 법규를 위반한 것이다. 그 차량은 신호등이 빨간불일 때 멈추지 않았다.
   - 결론:

(7) 장기적인 스트레스는 우울증을 유발할 수 있다. A는 지난 1년간 장기적인 스트레스를 겪었다.
   - 결론:

(8) 자유의지는 외부의 강제 없이 스스로 선택하는 능력이며, 강제로 한 선택은 자유의지에 의한 선택이 아니다. 민수는 협박에 의해 선택을 강요당했다.
   - 결론:

(9) 이자율이 상승하면 대출 수요가 감소한다. 최근 이자율이 상승했다.
   - 결론:

(10) 타인과의 신뢰는 정직한 행동을 반복할 때 생긴다. 준호는 오랫동안 정직하게 행동해 왔다.
   - 결론:

DAY 04

쿼터 홈트

오 운 완

지문형 문법 연습

01 다음 글을 읽고 O/X를 판단하시오.

> 가까운 조음 위치나 비슷한 조음 방법의 소리가 연속되면 그렇지 않은 경우보다 발음에 힘이 덜 들어가므로, 상이한 소리들이 비슷한 위치나 방법의 소리들로 닮아 가는 동화가 일어난다. '국물'이 [궁물]로 발음되는 비음*화나 '칼날'이 [칼랄]로 발음되는 유음*화, 그리고 '굳이'가 [구지]로 발음되는 구개음화가 그 예이다.
>
> 음운*의 탈락과 축약은 음운의 수를 줄여 발음의 노력을 줄이는 것인데, 탈락은 '솔나무'가 '소나무'가 되는 것과 같이 해당 음운이 완전히 사라지는 것을 말하고, 축약은 '보아(보- + -아)'를 '봐'라고 발음하는 것처럼 두 음운이 하나의 음운으로 줄어드는 것을 말한다.
>
> *비음: 입안의 통로를 막고 코로 공기를 내보내면서 내는 소리. 'ㄴ', 'ㅁ', 'ㅇ' 따위가 있다.
> *유음: 혀끝을 잇몸에 가볍게 대었다가 떼거나, 잇몸에 댄 채 공기를 그 양옆으로 흘려 보내면서 내는 소리. 국어의 자음 'ㄹ' 따위이다.
> *음운: 말의 뜻을 구별해 주는 소리의 가장 작은 단위

(1) '걷는다'가 [건는다]로 발음되는 것은 비음화가 일어났기 때문이다. (O | X)

(2) '앞날[암날]'과 '광한루[광:할루]'는 유음화가 일어난 예이다. (O | X)

(3) '같이'를 [가치]로 발음하는 것은 구개음화의 예로, 동화현상에 해당한다. (O | X)

(4) 축약과 탈락은 모두 음운의 개수가 변한다. (O | X)

(5) '주어(주- + -어)'를 '줘'라고 발음하는 것은 탈락이 일어난 예이다. (O | X)

공공언어 바로 쓰기 연습

02 다음 글을 읽고 (1)~(3)을 바르게 고치시오.

> 구(句)와 절(節)은 두 개 이상의 단어가 통합되어 나타나는 단위이다. 주술 관계가 나타나지 않는 구와 달리 절은 주어와 서술어를 갖춘 두 개 이상의 단어가 통합되어 나타난다. 따라서 한 문장 안에서 앞에 구를 썼다면 뒤에도 구를, 앞에 절을 썼다면 뒤에도 절을 쓰는 게 자연스럽다. 즉 문장에서 접속되는 두 요소의 문법적 지위가 동일해야 자연스러운 문장이 된다.
>
> '소득이 향상되고 인구 증가에 따라 유제품에 대한 수요가 증가할 것으로 예상된다.'라는 문장을 보자. 이 문장에서 앞에 놓인 '소득이 향상되고'는 절이고, 뒤에 놓인 '인구 증가'는 구이다. 이 문장을 구와 구로 맞춘다면 '(소득 향상)과 (인구 증가)에 따라~'로, 절과 절로 맞춘다면 '소득이 향상되고 / 인구가 증가하면서~'로 고치는 게 자연스럽다.

(1) 홈페이지 접속이 되지 않는 원인 파악과 원활한 홈페이지 접속을 구현하기 위해 최선을 다하겠습니다.

  1) 구와 구:

  2) 절과 절:

(2) 일상생활에서의 공공데이터 역할이 확대되고 있으므로, 공공데이터를 개방하고 이를 활용하기 위한 제도 보완이 필요하다.

  1) 구와 구:

  2) 절과 절:

(3) 지역 주민을 위해 학교시설 개방을 활성화해야 한다. 학교시설 개방을 위한 재정 지원과 학교시설 개방에 필요한 매뉴얼을 마련하는 것이 필요하다.

  1) 구와 구:

  2) 절과 절:

어휘력 기르기

03 〈보기〉를 참고하여 '상보 반의어'와 '정도 반의어'를 구분하시오.

― 보기 ―

'상보 반의어(모순 관계)'는 중간항이 있을 수 없으며, 동시에 참이 될 수도 없고 동시에 거짓이 될 수도 없다. 그러나 '정도 반의어(반대 관계)'는 중간항이 존재하며 동시에 부정이 가능하다.

- ㉠ 달다 - 쓰다
- ㉡ 남자 - 여자
- ㉢ 쉽다 - 어렵다
- ㉣ 뜨겁다 - 차갑다
- ㉤ 출석 - 결석
- ㉥ 참 - 거짓
- ㉦ 삶 - 죽음
- ㉧ 넓다 - 좁다
- ㉨ 길다 - 짧다
- ㉩ 합격 - 불합격

(1) 상보 반의어(모순 관계):

(2) 정도 반의어(반대 관계):

04 ㉮~㉰가 의미하는 단어를 찾고, 그 반의어를 찾아 연결하시오.

어떤 내용이나 사실이 옳거나 그러하다고 인정함.	어떤 물질에 열을 가함.	부담이나 고통 따위를 덜어서 가볍게 함.
㉮	㉯	㉰
㉠	㉡	㉢
가열(加熱)	시인(是認)	경감(輕減)
㉠	㉡	㉢
ⓐ	ⓑ	ⓒ
부인(否認)	가중(加重)	냉각(冷却)

문해력 기르기

05 다음 글의 중심 내용으로 가장 적절한 것은?

'아는 것이 힘이다.'라는 말이 있지만, '아는 것이 병이다.'라는 말도 있다. 이 두 문장은 같은 지식이 이익도 되고 손해도 된다는 뜻이 아니다. '아는 것'에는 바르게 아는 것도 있지만, 부분적으로 아는 것이나 잘못 아는 것도 있다. 또 자신의 지식이 불완전함을 아는 것도 있다. 그런 점을 생각한다면, 힘이 되는 '아는 것'과 병이 되는 '아는 것'은 분명 다르다.

인간이 수천 년 동안 지식을 쌓아 올려서 우주를 탐구할 수 있었던 것은 바른 지식을 얻는 방법을 보여 준다. 인간은 무지에서부터 시작하여, 사고와 탐구를 통해 부분적인 지식을 쌓는다. 지식을 쌓는 과정에서 논리적 결함이 있다면 무언가를 잘못 알게 될 수도 있지만, 자신의 지식이 불완전함을 지각함으로써 바른 지식을 향해 나아갈 수 있다. 그러므로 바른 지식으로 나아가려면 먼저 내가 어디에 있는지를 아는 것이 중요하다. 내가 무엇을 모르는지를 정확히 알 때, 바른 지식을 향해 나아갈 수 있기 때문이다.

① 다양하고 넓은 분야의 지식을 가져야 한다.
② 불완전한 지식도 충분히 도움이 될 수 있다.
③ 탐구의 과정에서 논리적 결함은 필수 불가결하다.
④ 바른 지식을 위해서는 내 위치를 먼저 파악해야 한다.

06 글쓴이의 주장으로 가장 적절한 것은?

진화론이 인간에 대해 설명할 때 동원하는 두 개의 핵심 개념은 생존과 번식이다. 그러나 그것만으로는 인간의 행동, 가치, 목표를 다 설명할 수 없다. 현대 생물학이 인간 존재에 대한 모든 답을 가진 것처럼 발언하는 순간, 인문학은 생물학에 의심의 눈초리를 보내게 된다. 물론 인간도 동물이고 생물인 이상 다른 모든 생명체와 생물학의 차원을 공유한다. 인간의 심리, 행동 방식, 취향과 습관은 생물학의 차원에 뿌리내리고 있다. 그러나 인문학의 관심 대상은 이런 차원 위에 만들어진 독특한 세계이다. '인간을 인간이게 하는 것은 무엇인가'라는 질문은 인문학의 핵심 관심사이다. 말하자면 인문학은 인간의 고유성을 말해 주는 층위와 지점들을 찾아내는 작업이다. 여기에는 사회·정치·윤리의 차원을 고려해야 한다. 가령 평등이나 인간 존엄과 같은 사회 원칙과 이상은 인간의 진화의 결과라기보다 선택의 결과이다.

① 인문학은 사회·정치·윤리의 차원과 구별된다.
② 인간 삶에 대한 모든 탐구는 생명체의 차원에서 이루어질 수 있다.
③ 인간은 사회 원칙과 이상에 대해 고찰할 수 있는 유일한 생명체이다.
④ 인간에게 있어 생물학을 넘어서는 차원을 연구하는 것이 인문학의 목표이다.

07 다음 글을 참고하여 '아영'이 지킨 격률을 고르시오.

㉠ 요령의 격률: 상대방에게 부담이 되는 표현은 최소화하고, 상대방의 이익을 극대화하는 표현을 최대화하라.
㉡ 관용의 격률: 화자 자신에게 혜택을 주는 표현은 최소화하고 부담을 주는 표현을 최대화하라.
㉢ 찬동의 격률: 다른 사람에 대한 비방은 최소화하고, 칭찬을 극대화하라.
㉣ 겸양의 격률: 자신에 대한 칭찬은 최소화하고, 비방을 극대화하라.
㉤ 동의의 격률: 다른 사람과의 의견 차이를 최소화하고, 일치점을 극대화하라.

(1) 유진: 너 정말 글을 잘 쓰더라.
　　아영: 좋게 봐 주셔서 감사합니다. 하지만 저는 아직 부족한 부분이 많습니다.
　▶ (㉠ / ㉡ / ㉢ / ㉣ / ㉤)

(2) 아영: 바쁘시겠지만, 시간 좀 내 주실 수 있을까요?
　▶ (㉠ / ㉡ / ㉢ / ㉣ / ㉤)

(3) 유진: 아영아, 너무 더운데 아이스크림 먹으러 갈까?
　　아영: 아이스크림? 날씨도 더운데 너무 좋지.
　▶ (㉠ / ㉡ / ㉢ / ㉣ / ㉤)

(4) 아영: 제가 잘 안 들려서 그러는데, 다시 말씀해 주실 수 있을까요?
　▶ (㉠ / ㉡ / ㉢ / ㉣ / ㉤)

(5) 아영: 네가 쓴 소설은 정말 독특하고 참신한 글이더라!
　▶ (㉠ / ㉡ / ㉢ / ㉣ / ㉤)

🔷 논리 연습

08 다음 글을 읽고 각 논증에서 생략된 전제를 찾으시오.

> 한 논증에서 결론은 하나이지만 전제는 하나 이상 제시될 수 있다. 그리고 전제가 먼저 제시되고 결론이 나오는 논증이 가장 보편적이다. 하지만 결론이 먼저 제시되는 경우도 많으며 전제와 결론이 한 문장에 제시되는 경우나 전제들 사이에 결론이 끼어 있는 경우도 있다. 그러므로 문장의 위치만으로 전제와 결론을 구분해서는 안 된다.

(1) 모든 사람은 죽는다. 따라서 소크라테스도 죽는다.
  • 생략된 전제:

(2) 선생님께서 수업 시간에 발표를 한 학생은 가산점을 받는다고 하셨으니 미연이는 가산점을 받을 것이다.
  • 생략된 전제:

(3) (문 근처의 사람에게) 문 좀 닫아 주시겠어요?
  • 생략된 전제:

(4) 나는 이번 주말에 스키를 타러 갈 것이다. 그러므로 나는 내일 강원도에 있을 것이다.
  • 생략된 전제:

(5) 운전면허는 18세 이상인 사람만 취득할 수 있다. 따라서 지완이는 운전면허를 취득할 수 없다.
  • 생략된 전제:

♣ 숨은 전제와 결론

우리는 너무 명백한 내용을 장황하게 늘어놓으면 상대방이나 독자가 너무 지루해할 수 있고 일상에 상식으로 자리 잡고 있는 것들은 굳이 표현할 필요가 없어 일상적으로는 명백하게 참인 전제를 생략하곤 한다. 그러나 논증의 타당성을 확인할 때는 가능한 한 완전하게 기술해야 한다. 왜냐하면 명백하다고 생각했던 논증이 숨은 전제와 결론까지 모두 다 드러냈을 때 명백하지 않은 것으로 판명날 수도 있기 때문이다.

♣ 생략된 전제와 결론 교과서 예시

1. 범법 행위 때문에 사람을 처벌하는 것은 정당하지 않다. 왜냐하면 그 행위는 범법자가 책임질 수 없는 우연한 사고였을 수도 있기 때문이다.
   [생략된 전제] 아무도 고의성 없는 행위 때문에 처벌되어서는 안 된다. 이 논증의 결론은 고의성 없는 범법 행위를 저지른 사람을 벌하는 것이 부당하다는 것이다. 이를 뒷받침하는 전제는 그 범법 행위가 비난받을 수 없는 사고였을 수 있다는 것이다. 따라서 이 논증에서 숨은 전제는 '아무도 고의성 없는 행위 때문에 처벌되어서는 안 된다'는 것이다.

2. 만일 대부분의 한국인들이 테러 방지법 제정의 필요성을 느낀다면, 국가가 강력한 테러 방지법을 제정할 수 있을 것이다. 뉴스를 보는 대부분의 한국인들은 테러 방지법 제정의 필요성을 느낀다. 대부분의 한국인은 뉴스를 본다.
   [생략된 결론 1] 그러므로 한국인들은 테러 방지법 제정의 필요성을 느낀다.
   [생략된 결론 2] 그러므로 국가가 강력한 테러 방지법을 제정할 것이다.
   제시된 논증의 경우 세 문장 중 어느 것을 결론으로 삼아도 나머지 것들이 전제의 역할을 하지 못한다. 하지만 둘째 문장과 셋째 문장을 통해 생략된 결론 1을 도출할 수 있으며 첫째 문장과 생략된 결론 1을 통해 생략된 결론 2를 도출할 수 있다.

DAY 05

쿼터 홈트

오 운 완

지문형 문법 연습

01 다음 글을 읽고 O/X를 판단하시오.

음운의 탈락과 축약은 음운의 수를 줄여 발음의 노력을 줄이는 것이다. 탈락은 '딸님'이 '따님'이 되는 것과 같이 해당 음운이 완전히 사라지는 것을 말하고, 축약은 '가지어(가지-+-어)'를 '가져'라고 발음하는 것처럼 두 음운이 하나의 음운으로 줄어드는 것을 말한다.

소리를 만들 때 힘이 덜 드는 방향으로 바뀌기도 하지만 표현을 더 효과적으로 할 수 있는 방향으로 변하기도 한다. 이는 발음이 번거롭더라도 표현상 더 강하고 두드러진 효과를 나타낼 수 있다면 그쪽으로 음운을 변화시키는 현상이다. 비슷한 특성을 가진 음소의 연결로 청각 효과가 약하다고 인지될 경우, 오히려 공통성이 적은 다른 음소로 발음하게 되는데 이를 이화라 한다. '가까워(가깝-+-어)'와 같은 모음조화 파괴는 표현 효과를 위해서 일부러 상이한 모음 계열을 택하는 현상이다. 또한 '시냇물[시:낸물]', '봄비[봄삐]'와 같은 사잇소리 현상은 자음을 두 형태소 사이에 삽입시킴으로써 발음 강화에 의한 '표현 효과'를 가져온다는 측면에서 전형적인 이화 현상이다.

(1) 모음조화 파괴는 소리를 만들 때 힘이 덜 들게 하기 위해 나타난 현상이다. (O | X)

(2) '깡총깡총'은 모음조화를 파괴한 현상이다. (O | X)

(3) '바늘질'을 '바느질'로 쓰는 것은 표현 효과를 위해 바뀐 현상이다. (O | X)

(4) '손둥[손뚱]'과 같은 음운 현상은 이화 현상에 해당한다. (O | X)

공공언어 바로 쓰기 연습

02 다음 글을 참고하여 (1)~(4)를 바르게 고치시오.

'목적어'란 서술어의 동작이나 작용의 대상이 되는 문장 성분을 의미한다. 주로 목적격 조사 '을/를'이 붙어 나타나는데, 목적격 조사가 생략되거나 목적격 조사 대신 보조사가 붙을 수도 있다.

서술어 중 목적어를 필요로 하는 동사가 있는데, 이를 타동사라고 한다. 예를 들어, '어제 유진이는 만들었다.'에서 '만들다'는 목적어를 필요로 하는 동사로, '유진'이 만든 대상을 추가해야 한다.

그리고 여러 문장이 결합할 때 목적어와 호응하는 서술어는 모두 밝혀야 한다. 가령, '유진이는 마이크와 수업을 진행한다.'라는 문장에서는 '마이크'와 '수업'이 서술어인 '진행한다'를 공유한다. 하지만 '마이크'는 '진행한다'를 서술어로 쓰지 못하므로 이에 대한 서술어로 '차다' 등을 추가해야 한다.

(1) 대학은 모든 시대와 나라에서 형성된 <u>가장 심오한 진리 탐구와 치밀한 과학적 정신을 배양·형성하는</u> 도장(道場)이다.
▶

(2) <u>승객 여러분의 건강과 쾌적한 여행 환경을 조성하기 위하여</u> 전 객실을 금연 구역으로 지정하여 운영하고 있습니다.
▶

(3) 월드컵에서 보여 준 국민적 에너지를 창조적 에너지로 바꾸어 <u>국민 통합과 국가 경쟁력을 제고해야</u> 한다.
▶

(4) 인간은 <u>자연에 복종도 하고, 지배도</u> 하며 살아간다.
▶

어휘력 기르기

03 다음 중 ㉠의 문맥적 의미와 가장 유사한 것은?

> 내 나이는 그의 나이와 ㉠ 같다.

① 아영이는 나와 키가 같다.
② 사람 같은 사람이라야 상대를 하지.
③ 우리 선생님 같은 분은 세상에 또 없을 거야.
④ 연락이 없는 걸 보니 무슨 사고가 난 것 같다.

04 다음 중 ㉠의 문맥적 의미와 가장 유사한 것은?

> 그는 팔뚝에 완장을 ㉠ 차고 있었다.

① 바람이 차다.
② 손목에 시계를 차다.
③ 독에 물이 가득 차다.
④ 그는 상대편 선수를 발로 찼다.

05 다음 중 ㉠의 문맥적 의미와 가장 유사한 것은?

> 누군가 회사 컴퓨터의 암호를 ㉠ 풀고 문서를 복사해 갔다.

① 수학 문제를 풀다.
② 수색을 하기 위하여 병졸을 풀다.
③ 팔레트에 물감을 풀어 채색을 하다.
④ 그는 차근차근 자신의 이야기를 풀어 가기 시작했다.

문해력 기르기

06 다음 글의 주제로 가장 적절한 것은?

> 벌을 줄 때 옛날의 서당이나 학교에서는 많은 아이들이 보는 앞에서 손을 들고 서 있게 하거나 무릎을 꿇려 앉혀 놓거나 한다. 육체적 고통이 전혀 없는 것은 아니나 한국의 벌은 많은 사람 앞에 '우세'가 되는 정신적 고통인 심벌(心罰)이 중심이다. 서양의 학교에서는 육체의 고통을 주는 체벌의 전통은 오래되었지만 심벌의 전통은 없다. 한데 많은 사람들이 비웃게 하여 창피를 주는 '우세'가 벌의 중심이 되어 있음은 바로 우세라는 심통(心痛)이 체통(體痛)보다 더 아프다는 한국인의 집단의식이 작용했기 때문일 것이다. 남의 웃음을 사게 하여 징벌하는 민속은 다양하다. 어릴 때 잠자다가 요에 오줌을 싸면 키를 씌워 이웃집에 소금을 얻으러 보낸다. 이것은 키를 쓴 몰골로 남이나 이웃에게 창피를 당하게 하는 행위다. 사실 그 이상한 몰골로 소금 얻으러 온 아이를 보고 웃지 않을 이웃이 있겠는가. 우셋거리로 만들어 잘못을 자제시키는 우세 문화의 하나라고 할 것이다.

① 우세 문화는 한국의 문화에만 있는 고유한 것이다.
② 정신적인 모욕감을 주는 우세는 신체적인 체벌보다 아프다.
③ 서양의 학교에서는 벌을 줄 때 심벌보다 체벌이 중심이 된다.
④ 우세 문화는 신체적 고통보다 심적 고통이 더 크다는 집단의식에 의해 만들어졌다.

07 괄호 안에 들어갈 문장으로 가장 적절한 것은?

음악은 소리가 시간 진행 속에 구체화된 것이다. 한슬리크는 음악의 독자적 아름다움은 음들이 움직이는 형식에서 비롯된다고 보았다. 여기서 말하는 형식이란 음악을 구성하는 재료들이 움직이며 만들어 내는 형식 그 자체를 뜻한다. 따라서 한슬리크는 음악의 가치가 음악이 환기하는 기쁨이나 슬픔 같은 감정이 아니라, 형식에서 온다고 보았다. 음악에는 리듬, 화성, 음색 등의 여러 음악적 요소들이 사용된다. 작곡가는 이러한 수많은 음악적 요소들을 활용해 음악 작품을 만들어 낸다. 어떤 음악 작품에서 많이 반복되거나 변형되며 등장하는 음악적 흐름을 그 음악 작품의 주제라 하는데, 작곡가는 음악적 아이디어를 주제로 구현하고, 여러 음악적 요소들을 활용해서 음악 작품을 완성한다. 예컨대 오늘날 대부분의 서양 음악에서는 정해진 박자 안에서 질서를 갖고 반복적으로 움직이는 리듬이 음표 또는 쉼표의 진행으로 나타나며, 긴장과 이완을 유발하는 화성의 진행을 통해 주제가 반복되며 변화한다. 이처럼 음악은 (   )

① 음악적 재료들이 창출해 내는 감정의 흐름이다.
② 수많은 악기가 만드는 식별 가능한 소리의 특색이다.
③ 다양한 음악적 요소들이 유기적으로 결합하여 만드는 소리의 예술이다.
④ 하나의 고정된 주제를 표현하기 위해 여러 음악적 요소들이 함께 협력하는 과정이다.

08 다음 글을 참고하여 B가 사용한 방법을 고르시오.

'공감적 듣기'는 감정을 이입하여 상대방의 감정을 이해하려는 데 그 목적을 두는 '너 중심 듣기'라 할 수 있다. 공감적 듣기를 위해서는 무엇보다 비판하거나 윤리적으로 판단하지 않는 수용적 분위기를 조성하고, 상대방의 말을 집중해서 들어 주어야 한다.

공감적 듣기의 시작인 '들어주기'에는 'ⓒ 소극적 들어주기'와 'ⓒ 적극적 들어주기'가 있다. 전자는 상대방에게 관심을 표명하면서 화자가 계속 이야기를 이어갈 수 있도록 화맥을 조절해 주는 방법을 말한다. 후자는 청자가 객관적인 관점에서 문제에 접근할 수 있도록 화자의 말을 요약, 정리하고 반영해 주는 역할을 통해서 화자 스스로 문제를 해결할 수 있도록 도와주는 방법을 말한다.

① A: 나 어제 부모님이랑 저 식당에서 밥을 먹었어.
   B: 아 진짜? 어땠어?
   ▶ (ⓒ 소극적 들어주기 / ⓒ 적극적 들어주기)

② A: 내가 듣는 수업에 조별 과제가 하나 있거든. 근데 아무도 제대로 안 하는 거 있지? 점수를 잘 받으려면 다른 조원의 몫까지 내가 해야 하는데 차라리 나 혼자 하는 게 낫겠다 싶어.
   B: 다른 조원들의 참여율이 저조해서 속상했구나. 그래서 혼자 하고 싶다는 생각이 들었구나.
   ▶ (ⓒ 소극적 들어주기 / ⓒ 적극적 들어주기)

♣ 분석적 듣기와 대화적 듣기

1. **분석적 듣기**: 상대의 말을 분석하고 검토함으로써 내용을 이해하는 방법. 강의나 선거 유세 연설, 뉴스, 광고 등 비판적 판단을 요하는 듣기에 유용. 분석적 듣기의 목적은 상대방의 견해에 대해 지적 검토를 거쳐 비판적 검증을 하는 것임.

2. **대화적 듣기**: 두 사람이 협력해서 함께 의미를 만들어 가기에 적합한 방법. 대화적 듣기를 방해하는 주된 장애 요인은 대개 자기 자신임. 자신의 입장이 더 중요하고, 자신의 생각만 옳다고 생각하면, 상대방과 바람직한 인간관계를 유지하면서 협력적으로 의미를 만들어 나가기 어려움.

논리 연습

09 다음 글을 읽고 각 논증에서 숨은 전제와 결론을 찾아 쓰시오.

> 논증은 전제와 결론으로 구성되는데, 전제는 한 논증에서 하나 이상이지만 결론은 하나이다. 이때 일상의 논증에서는 전제나 결론을 생략하는 경우가 있다. 가령, '이 영화는 15세 이상만 시청할 수 있다. 아진이는 볼 수가 없다'에는 하나의 전제가 생략되어 있다. 이 전제는 화자나 청자가 모두 알고 있는 것으로 굳이 언급하지 않아도 논증을 이해하는 데에 전혀 방해되지 않기 때문에 생략하는 것이다. 이를 '숨은 전제'라고 부른다. 반대로 모두가 아는 결론일 때는 결론을 생략할 수 있는데 이는 '숨은 결론'이라고 한다.

(1) 비가 오면 우산을 써야 한다. 따라서 지금 우산을 써야 한다.
 • 숨은 전제:

(2) 범죄는 타인에게 피해를 입히는 행위이다. 마약을 복용한다고 해서 다른 사람이 피해를 입는 것은 아니다.
 • 숨은 결론:

(3) 꼬리물기는 교통 체증을 유발하므로 좋은 운전법이라고 할 수 없다.
 • 숨은 전제:

(4) 〈보기〉의 숨은 전제와 결론을 한 문장으로 적으시오.

> ─ 보기 ─
> 우리 부모님이 나를 정말로 사랑했다면 내가 원하는 것을 다 사 줬을 거야.

 • 숨은 전제 1:

 • 숨은 전제 2:

 • 숨은 결론:

10 다음 문장은 전제와 결론으로 이루어져 있다. 주어진 결론이 타당하기 위해서는 어떤 전제가 추가되어야 하는지 적으시오.

(1) 전제: 이 식당은 항상 손님이 많아.
 결론: 그러니 이 식당의 음식은 맛있을 거야.
 숨은 전제:

(2) 전제: 그는 아침에 지하철을 탔다.
 결론: 따라서 그는 회사에 제시간에 도착했을 것이다.
 숨은 전제:

(3) 전제: 회사 앞 카페는 조용하고 넓다.
 결론: 그래서 그 카페는 회의하기에 적합하다.
 숨은 전제:

(4) 전제: 그는 만 19세가 되었다.
 결론: 그는 이제 합법적으로 술을 마실 수 있다.
 숨은 전제:

(5) 전제: 서울의 인구는 부산보다 많다.
 결론: 따라서 부산은 한국에서 인구가 가장 많은 도시는 아니다.
 숨은 전제:

DAY 06

지문형 문법 연습

01 다음 글을 읽고 (1)~(4)의 규칙이 적용된 기호를 〈보기〉에서 찾아 쓰시오.

'음운의 교체'란 특정 음운이 다른 음운으로 바뀌는 현상으로, 음절의 끝소리 규칙, 비음화, 유음화, 구개음화 등이 있다.
먼저 (1) 음절의 끝소리 규칙은 종성 자리에서 모든 자음이 'ㄱ, ㄴ, ㄷ, ㄹ, ㅁ, ㅂ, ㅇ' 중 하나로 소리 나는 현상을 말한다. '옷이[오시]'처럼 단어 뒤에 모음으로 시작하는 형식 형태소(조사, 접사, 어미)가 오면 앞 단어의 받침이 연음된다. 하지만 받침 뒤에 모음으로 시작하는 실질 형태소가 오면 음절의 끝소리 규칙이 적용된 후 연음된다.
(2) 비음화는 받침으로 쓰이는 파열음(ㄱ, ㄷ, ㅂ)이 비음(ㄴ, ㅁ)의 영향을 받아 각각 비음 'ㅇ, ㄴ, ㅁ'으로 바뀌는 현상으로 오직 조음 방법만 바뀌지만, (3) 유음화는 'ㄴ'이 유음 'ㄹ' 앞이나 뒤에서 유음 'ㄹ'로 바뀐다.
(4) 구개음화는 끝소리가 'ㄷ, ㅌ'인 형태소가 모음 'ㅣ'나 'ㅑ, ㅕ, ㅛ, ㅠ'로 시작되는 형식 형태소와 만나면 'ㄷ, ㅌ'이 [ㅈ, ㅊ]이 되는 현상이다.

〈보기〉
- ㉠ 부엌[부억]
- ㉡ 꽃 아래[꼬다래]
- ㉢ 밥물[밤물]
- ㉣ 겉옷[거돋]
- ㉤ 달님[달림]
- ㉥ 먹물[멍물]
- ㉦ 설날[설랄]
- ㉧ 붙이다[부치다]
- ㉨ 밖[박]
- ㉩ 히읗[히읃]
- ㉪ 해돋이[해도지]
- ㉫ 논리[놀리]
- ㉬ 닳는다[단는다]
- ㉭ 물난리[물랄리]

(1) 음절의 끝소리 규칙:

(2) 비음화:

(3) 유음화:

(4) 구개음화:

공공언어 바로 쓰기 연습

02 다음 글을 참고하여 (1)~(5)에 들어갈 말로 적절한 것을 고르시오.

우리말에는 특정 표현의 서술어와 어울리는 부사어들이 있다.

부사어	서술어
결코, 전혀, 별로, 그다지, 여간, 좀처럼, 차마, 비단, 도대체, 도저히 등	주로 부정 표현과 호응 예 ~아니다, ~않다, ~없다, ~못하다 등
만약(만일), 가령, 혹시, 아마 등	주로 가정 표현과 호응 예 -라면, -ㄴ다면, -거든, -(으)ㄹ 것이다 등
설마, 오죽, 하물며, 그다지, 혹시, 도대체 등	주로 의문 표현과 호응 예 -랴?, -ㄹ까?, -지? 등
마땅히, 모름지기, 반드시, 기필코, 당연히, 응당 등	주로 당위적 표현과 호응 예 -해야 한다 등
비록, 설령, 설사, 설혹, 가령, 아무리, 암만, 하다못해 등	주로 양보 표현과 호응 예 -아/어도, -ㄹ지라도, -지마는(지만), -더라도 등
아마 등	추측 표현과 호응
마치, 흡사 등	예 -처럼, -같이, -듯, -같다, -양하다 등
왜냐하면	예 -때문, -니까 등
과연 등	예 -구나(감탄 표현), -ㄹ까(의문 표현) 등

(1) 그것은 여간 (재미있다 / 재미있지 않다).

(2) 이것은 비단 우리 학교만의 (문제였다 / 문제가 아니었다).

(3) 일이 (그다지 / 그토록) 힘들 줄은 몰랐다.

(4) 그녀의 목소리는 마치 천상에서 울리는 (음악 소리이다 / 음악 소리와 같다).

(5) 짐승도 그럴 수가 없거늘, 하물며 인간은 더 (그럴 수가 없다 / 그럴 수가 있으랴).

어휘력 기르기

03 다음 중 ㉠과 바꾸어 쓸 수 있는 표현은?

> 출발하기 하루 전에 계획이 ㉠ 바뀌었다.

① 변천(變遷)되었다.
② 변동(變動)되었다.

04 다음 중 ㉠과 바꾸어 쓸 수 있는 표현은?

> 쇼핑센터는 넓은 매장과 주차 공간을 ㉠ 갖추었다.

① 정비(整備)했다
② 겸비(兼備)했다

05 다음 중 ㉠과 바꾸어 쓸 수 있는 표현은?

> 다른 나라의 신화들은 신과 인간의 관계가 ㉠ 위계적이다.

① 수평적(水平的)
② 수직적(垂直的)

06 다음 중 ㉠과 바꾸어 쓸 수 있는 표현은?

> 벼룩시장에 나온 사람들은 자기가 가지고 나온 물건들을 서로 ㉠ 바꾸기도 하고 돈을 조금 주고 사기도 하였다.

① 교환(交換)하기
② 교류(交流)하기

문해력 기르기

07 다음 글쓴이가 궁극적으로 말하고자 하는 내용은?

> 요즘 사람들은 깊이 생각하면서 책을 읽지 않고 좀 더 간단하고 좀 더 타산적인 방법으로 책을 읽는다. 학문을 연구하는 입장보다는 신문 구독자나 인터넷 정보 이용자의 입장에서 서 있는 것이다. 후자의 입장에서 책을 이용하는 방식은 크게 두 가지로 나뉜다. 첫 번째는 신간 소개를 보고 책의 제목만 외워, 그것들을 알고 있다고 자랑하는 것이다. 두 번째는 서평과 요약문을 통해 섭취하는 것처럼, 직접 책을 읽는 수고로움 없이 남이 써 놓은 서평과 요약문을 통해서 책에 담긴 자양분을 섭취하는 것이다. 책 전체를 훑으면서 학문의 궁전으로 들어가려면 제법 많은 시간과 정력의 지출이 필요하기 때문이다. 매사에 편리만 좇는 현대인은 밥 먹을 때와 마찬가지로 독서할 때도 통조림을 먹는 것으로 만족하는 셈이다.

① 현대인들은 책을 가까이할 필요가 있다.
② 현대인은 책을 읽고 깊이 생각하는 자세가 필요하다.
③ 책에서 지식을 얻기 위해서는 다양한 방법을 사용해야 한다.
④ 책을 읽는 것만으로는 진정한 지식을 얻을 수 없다.

08 다음 글에서 이끌어 낼 수 있는 주장으로 가장 적절한 것은?

> 도로에서 사고가 나면, 오히려 반대편 교통이 더뎌진다. 사람들이 중앙분리대 너머의 사고 현장을 구경하기 위해 속도를 늦추기 때문이다. 운전자는 예정 시간보다 10분이나 늦어졌지만 입장료를 냈다고 생각해서 자기 앞으로 도로가 트였는데도 구경을 다 할 때까지 속도를 내지 않는다. 결국 많은 사람들이 10초 동안 사고를 구경하기 위해 10분을 소비하게 된다. 결국 10분이라는 비용을 지불하여 10초 구경을 하는 것이니 나머지는 호기심에 들인 비용이라 할 수 있다. 만약 운전자들이 조직화된 집합체라면, 고속도로에서 10초 동안의 구경을 포기하고 10분을 절약함으로써 원래의 속도를 유지하는 효율을 추구할 것이다. 하지만 조직화되지 않았을 경우 그들은 뒤에 있는 사람들에게 끼치는 손해를 책임지지 않는다.

① 각 개인이 주관적인 선택을 하더라도, 사회적으로도 최대의 효율이 달성될 수 있다.
② 자기에게 아무런 이익이 안 되지만 남에게는 도움이 되는 행위를 누군가 할 필요가 있다.
③ 전체의 효율을 위해 다른 사람에게 비용을 유발하는 개인의 행동에 대한 강제력 있는 규제가 필요하다.
④ 모든 사람은 호기심을 충족하기 위해서 비용을 아끼지 않는 존재이다.

09 협상 전략과 사례가 적절하게 연결되지 않은 것은?

> 협상은 상호 이해와 이익을 바탕으로 갈등을 해결하고, 공동의 목표를 달성하기 위한 중요한 수단이다. 협상 과정에서는 다양한 전략이 사용되며, 협상 당사자의 목적, 관계, 상황에 따라 선택된다. 협상 전략으로는 협력 전략, 유화 전략, 회피 전략, 강압 전략이 있다.
> ㉠ 협력(=타협) 전략은 상호 신뢰를 바탕으로 협력해 문제를 해결하려는 방식이며, 자신들의 목적이나 우선순위에 대한 정보를 서로 교환하고 이를 통합하여 문제를 해결하고자 노력한다. 이 과정에서 자신에게 상대적으로 중요도가 낮은 것을 양보하기도 하며, 궁극적으로 모두에게 이익이 되는 결과를 도출하고자 한다.
> ㉡ 유화 전략은 자신의 입장보다 상대와의 관계 유지를 우선할 때 선택된다. 이 전략은 상대가 제시하는 조건을 일방적으로 수용함으로써 협상의 가능성을 높인다. 단기적으로는 자신의 이익을 희생할 수 있으나, 장기적으로는 상대와 우호적 관계를 유지하거나 강화함으로써 미래의 이익을 기대할 수 있다.
> ㉢ 회피 전략은 협상 결과나 인간관계 모두에 대해 관심이 없을 때 사용된다. 협상의 가치가 낮다고 판단될 때, 협상을 중단함으로써 상대에게 심리적 압박을 주고자 할 때, 해결 대안이 존재할 때 사용한다. 또한 협상이 자신에게 불리하게 전개되고 있을 때, 협상 국면을 전환하기 위해 사용되기도 한다.
> ㉣ 강압(=힘의) 전략은 자신이 협상에서 우위를 점하고 있을 때 자신의 이익을 극대화하기 위해 활용된다. 이는 물리적, 심리적 압박 수단을 통해 상대를 굴복시키거나 순응하게 만든다. 이는 일방적 의사소통과 일방적 양보를 유도하므로 상호 합의에 도달하기는 어렵다.

① ㉠: 맞벌이 부부가 집안일 때문에 다투었다. 둘은 서로 일정을 공유하고 어떤 일이 더 힘든지 이야기 나눈 뒤, 서로 감당할 수 있는 역할을 정해서 분담했다.
② ㉡: 새 프로젝트에 대해 상사가 내 생각과는 다른 방향을 제안했다. 나는 갈등을 피하기 위해 상사의 의중을 존중하고 일단 수용했다.
③ ㉢: 나는 관심이 없지만, 친구가 꼭 가고 싶어 하는 공연이 있다. 나는 친구와의 관계를 위해 함께 가기로 했다.
④ ㉣: A국은 B국에 특정 수출품에 대해 무역 제재를 하겠다고 위협하며, A국에 유리한 조건을 강요했다. B국은 관계 유지를 위해 불리한 조건을 받아들였다.

논리 연습

10 다음 문장은 전제와 결론으로 이루어져 있다. 주어진 결론이 타당하기 위해서는 어떤 전제가 추가되어야 하는지 적으시오.

(1) 전제: 이 차는 하이브리드 차량이다.
　　결론: 따라서 이 차는 전기로도 움직이는 것이 가능하다.
　　숨은 전제:

(2) 전제: 이 연필은 물에 젖었다.
　　결론: 그래서 글씨가 잘 안 써진다.
　　숨은 전제:

(3) 전제: 그는 매일 야근을 한다.
　　결론: 그래서 그는 늘 잠이 부족하다.
　　숨은 전제:

(4) 전제: 이 휴대 전화는 완전히 방전되었다.
　　결론: 그래서 이 휴대 전화로는 아무것도 할 수 없다.
　　숨은 전제:

(5) 전제: 이 실험은 대조군을 설정하지 않았다.
　　결론: 그래서 결과의 신뢰도가 낮다.
　　숨은 전제:

(6) 전제: 이 약은 식후에만 먹어야 한다.
　　결론: 따라서 나는 지금 이 약을 먹을 수 없다.
　　숨은 전제:

(7) 전제: 그는 오늘 아침에 우산을 챙기지 않았다.
　　결론: 그래서 퇴근할 때 비를 맞았다.
　　숨은 전제:

(8) 전제: 이 전시는 사전 예약한 사람에 한해 입장할 수 있다.
　　결론: 따라서 우리는 이 전시회를 보지 못했다.
　　숨은 전제:

(9) 전제: 고양이는 고기를 먹지 않는다.
　　결론: 저 동물은 고양이가 아니다.
　　숨은 전제:

DAY 07

쿼터 홈트

오운완

지문형 문법 연습

01 다음 글을 읽고 (1)~(5)의 규칙이 적용된 기호를 〈보기〉에서 찾아 쓰시오.

'음운의 탈락'이란 두 음운 중에 하나의 음운이 없어지는 현상으로, 자음 탈락과 모음 탈락으로 나뉜다. 자음 탈락은 'ㄹ' 탈락, 'ㅎ' 탈락, '자음군 단순화'가 있다. (1) 'ㄹ' 탈락은 합성어나 파생어에서 앞말의 받침 'ㄹ'이 'ㄴ, ㄷ, ㅅ, ㅈ' 앞에서 탈락하거나 'ㄹ' 규칙 용언(동사, 형용사)에서 어간의 받침 'ㄹ'이 그 뒤의 어미 '-ㄴ, -ㅂ, -ㅅ, -오, -오니' 앞에서 탈락하는 현상으로 표기에 반영한다. (2) 'ㅎ' 탈락은 용언의 어간 말 자음 'ㅎ'이 모음으로 시작하는 어미나 접사 앞에서 탈락하는 현상으로, 표기에는 반영하지 않는다. (3) 자음군 단순화는 음절의 끝에 두 개의 자음, 즉 겹자음이 올 때 이 중에서 한 자음이 탈락하는 현상을 의미한다.
모음 탈락은 'ㅡ' 탈락과 동음 탈락이 있다. (4) 'ㅡ' 탈락은 'ㅡ'가 'ㅏ/ㅓ'로 시작하는 어미 앞이나 모음 앞에서 탈락하는 현상을 의미한다. (5) 동음 탈락('ㅏ', 'ㅓ' 탈락)은 앞말의 모음과 뒷말의 모음이 같은 모음일 때 탈락이 일어나는 현상이다.

─── 보기 ───

㉠ 넓다[널따]	㉡ 잠그-+-아라 → 잠가래[잠가래]
㉢ 바늘+-질 → 바느질	㉣ 사-+-아 → 사[사]
㉤ 넣어라[너어라]	㉥ 쌓이다[싸이다]
㉦ 끄-+-어 → 꺼[꺼]	㉧ 타-+-아 → 타[타]
㉨ 팔-+-는 → 파는	㉩ 넓둥글다[넙뚱글다]

(1) 'ㄹ' 탈락:

(2) 'ㅎ' 탈락:

(3) 자음군 단순화:

(4) 'ㅡ' 탈락:

(5) 동음 탈락('ㅏ/ㅓ' 탈락):

공공언어 바로 쓰기 연습

02 다음 글을 참고하여 (1)~(5)에 들어갈 말로 적절한 것을 고르시오.

우리말에는 특정 표현의 서술어와 어울리는 부사어들이 있다.

부사어	서술어
결코, 전혀, 별로, 그다지, 여간, 좀처럼, 차마, 비단, 도대체, 도저히 등	주로 부정 표현과 호응 예 ~아니다, ~않다, ~없다, ~못하다 등
만약(만일), 가령, 혹시, 아마 등	주로 가정 표현과 호응 예 -라면, -ㄴ다면, -거든, -(으)ㄹ 것이다 등
설마, 오죽, 하물며, 그다지, 혹시, 도대체 등	주로 의문 표현과 호응 예 -랴?, -ㄹ까?, -지? 등
마땅히, 모름지기, 반드시, 기필코, 당연히, 응당 등	주로 당위적 표현과 호응 예 -해야 한다 등
비록, 설령, 설사, 설혹, 가령, 아무리, 암만, 하다못해 등	주로 양보 표현과 호응 예 -아/어도, -ㄹ지라도, -지마는(지만), -더라도 등
아마 등	추측 표현과 호응
마치, 흡사 등	예 -처럼, -같이, -듯, -같다, -양하다 등
왜냐하면	예 -때문, -니까 등
과연 등	예 -구나(감탄 표현), -ㄹ까(의문 표현) 등

(1) 청년은 모름지기 (진취적이어야 한다 / 진취적일 것이다).

(2) 저들이 설령 우리를 이곳에서 (내보내 주면서 / 내보내 준다고 하더라도) 아주 놓아주지는 않을 것이다.

(3) 만약 내일 비가 (온다면 / 오더라도) 집에 있어야지.

(4) 그렇게는 아마 (안 된다 / 안 될걸).

(5) 우리는 수요일 오후에 만나기로 했는데, 왜냐하면 화요일에는 다른 일이 (있기 때문이다 / 있을 것이다).

🟦 어휘력 기르기

03 다음 중 ⊙의 문맥적 의미와 가장 유사한 것은?

> 구백 원만 있다면 천 원에서 백 원이 ⊙ 빠지는 셈이구나.

① 며칠 밤을 새웠더니 눈이 쏙 들어가고 얼굴의 살이 쪽 빠졌다.
② 이상하게 어제 은행에서 찾은 돈에서 돈이 조금 빠지는 것 같아.
③ 그의 실력은 절대로 다른 경쟁자들에게 빠지지 않는다.
④ 그 소리를 듣는 순간 온몸에서 힘이 쑥 빠졌다.

04 밑줄 친 단어에 대응하는 한자어를 찾아 연결하시오.

그는 나무 상자를 고쳐서 개집으로 만들었다.	①		㉠	분산(分散)하다
가족이 전국 곳곳에 흩어져 살았다.	②		㉡	발현(發現)하다
아기를 돌보다.	③		㉢	개조(改造)하다
그는 죄수들을 가르치기 위해 매주 교도소를 드나들었다.	④		㉣	교화(敎化)하다
이 곡에서는 그의 슬픔이 애잔한 가락으로 나타나고 있다.	⑤		㉤	구분(區分)하다
열차의 좌석을 흡연석과 금연석으로 나누어 놓았다.	⑥		㉥	부양(扶養)하다

🟦 문해력 기르기

05 제시된 문장이 들어갈 곳으로 가장 적절한 것은?

> 그러므로 디지털 신호를 만들기 위해서는 먼저 소리가 전달될 때 변하는 공기의 압력 변화를 전압으로 변환시켜 아날로그 파형을 만들어야 한다.

전자 피아노가 작동하려면 우선 소리를 디지털 신호로 변환시킨 데이터가 있어야 한다. ① 일반적으로 소리는 연속적인 음파의 형태로 공기를 진동시키며 전달된다. ② 이 아날로그 파형을 샘플링 주파수 44.1kHz, 즉 1초 동안의 음파를 44,100개로 분할하여 표준화한다. ③ 바꿔 말하자면 1초에 44,100개의 데이터를 처리한다는 것이다. ④ 이때 샘플링 주파수가 낮으면 데이터 처리의 개수가 적어 원래의 파형에 가까운 형태가 되지 않아 음질이 나빠지고, 반대로 샘플링 주파수가 높을수록 원래의 파형에 가까워질 수 있으므로 소리의 재현성이 좋아진다.

06 〈보기〉의 문장이 들어갈 곳으로 가장 적절한 것은?

── 보기 ──
> 그러나 그 물체들이 화가의 분노나 고뇌나 기쁨을, 말이나 얼굴의 표정처럼 나타내는 것은 결코 아니다.

화가는 그의 캔버스에 기호를 그으려는 것이 아니라 하나의 사물을 창조하려는 것이다. ① 화가가 붉은색과 노란색과 초록색을 같이 칠할 때, 그 집합체가 어떤 분명한 의미를 지녀야 할, 즉 어떤 다른 물체를 또렷하게 지시해야 할 이유는 전혀 없다. ② 하기야 그 집합체에도 영혼이 깃들어 있기는 할 것이다. 그리고 화가가 분홍색이 아니라 노란색을 택한 데에는, 비록 감추어진 것이라도 어떤 동기가 있을 테니 이렇게 창조된 물체는 그 화가의 가장 깊은 경향을 반영하고 있다고 주장할 수도 있다. ③ 거기에는 오히려 그런 감정들이 배어들어 있는 것이다. ④ 그리고 그 무엇이 깃들어 있는 색조 속으로 감정이 녹아들어 갔기에 아무도 그것을 알아낼 수 없게 된다.

07 <보기>의 문장이 들어가기에 가장 적절한 곳은?

| 보기 |
| 그런데 이런 특성들이 선천적이라기보다는 자기 스스로 노력하고 탐구하여 얻은 것이라는 데 그의 매력이 있다.

　인류의 역사에는 위대한 사상가들이 많다. 그러한 사상가들은 현실의 문제를 새로운 관점에서 비추어 보고 해결하는 지혜를 후세들에게 제공해 준다. 독일의 시인이자 사상가인 괴테(Goethe)도 마찬가지이다. '진정한 인간성'을 추구하는 그의 사상은 현대에 사는 우리에게도 꺼지지 않는 불꽃으로 남아 있다. 괴테는 정신세계에 다양한 요소를 지닌 사람이었다. ① 예리한 판단력, 풍부한 상상력 그리고 예민한 감수성을 괴테만큼 두루 지녔던 사람도 드물다. ② 그는 평생 완전한 자기 자신을 만들기 위해 노력한 사람이다. 시인이며 자연 과학자이고, 사상가이며 정치가인 삶을 살았지만, 그는 이 모든 것에 앞서 인간다운 인간이 되고 싶어 했다. ③ 그가 말하는 '진정한 인간성'은 이러한 삶의 목표를 반영하고 있다. 여기서 인간다운 인간은 한 곳에 안주하지 않고 끊임없이 노력하는 사람이며, 동시에 어떠한 상황에서도 고결하고 선량하며 동정심을 잃지 않는 사람을 말한다. ④ 아울러 그 바탕에는 내면세계를 부단히 성찰하면서 자신의 참모습을 일구어 가는 진지함이 자리 잡고 있다. ⑤ 이러한 품성을 두루 갖춘 인간성을 괴테는 자연과 유사한 상태로 간주하였다.

08 다음 글을 읽고 O/X를 판단하시오.

　담화(談話)의 의미를 파악한다는 것은 발화(發話), 즉 언어 표현의 의미를 파악한다는 것인데, 이 가운데에서 지시 표현, 대용 표현, 접속 표현 등은 담화의 응집성과 통일성을 높이는 데에 일정한 기여를 한다.
　담화의 응집성은 발화들이 서로 긴밀하게 묶여 하나의 담화를 구성하도록 해 주는 형식 요소이다. 주로 지시, 대용, 접속 표현 등에 의해 실현되지만, '먼저, 다음에는'과 같이 순서나 과정을 드러내는 어휘를 쓰거나 동일한 표현을 반복하는 방법으로도 실현된다.
　담화의 통일성은 담화 내 발화들이 하나의 주제로 연결되어 담화를 구성하도록 해 주는 내용 요소이다. 즉 하나의 통일된 주제에 관해서만 이야기해야 담화가 이루어진다.

(1) 순서나 과정을 드러내는 어휘를 쓰면 담화의 통일성이 실현된다. (O | X)

(2) 담화의 통일성은 하나의 담화를 여러 주제로 구성해야 한다는 것을 의미한다. (O | X)

(3) 담화의 응집성은 발화들이 서로 긴밀히 연결되도록 돕는 형식 요소이고, 담화의 통일성은 주제적 연결을 의미하는 내용 요소이다. (O | X)

🟪 논리 연습

09 다음 문장은 전제와 결론으로 이루어져 있다. 주어진 결론이 타당하기 위해서는 어떤 전제가 추가되어야 하는지 적으시오.

(1) 전제: 이 프로그램은 입사한 지 5년 이하의 사원만 지원할 수 있다.
  결론: 따라서 나는 지원 자격이 없다.
  숨은 전제:

(2) 전제: 그는 신입 사원 중 유일하게 외국어 면접을 통과한 사람이다.
  결론: 따라서 그가 해외 지사 파견 대상자가 되었다.
  숨은 전제:

(3) 전제: 동물 실험에서 부작용이 나타난 약물은 사람에게도 위험할 수 있다.
  결론: 따라서 이 약물은 사람에게 투여하지 않기로 했다.
  숨은 전제:

(4) 전제: 시력이 나쁜 사람은 안경이 없으면 멀리 있는 글씨를 잘 볼 수가 없다.
  결론: 그래서 민수는 안경이 없으면 멀리 있는 글씨를 잘 보지 못한다.
  숨은 전제:

10 다음 결론이 타당하기 위해 필요한 추가 전제는?

> 그는 회사의 이익을 위해 해로운 정보를 숨겼다. 따라서 그가 도덕적으로 비난받고 있다.

① 해로운 정보를 알리는 것은 회사에 손해가 된다.
② 회사의 이익을 위해서는 정보 조작도 허용된다.
③ 해로운 정보를 숨기는 행위는 도덕적으로 비난받는다.
④ 도덕적 판단은 상황에 따라 달라진다.

♣ 범위를 나타내는 말

- **이상**: 수량이나 정도가 일정한 기준보다 더 많거나 나음. 기준이 수량인 경우, 그 수량이 범위에 포함되면서 그 위인 경우를 가리킴.
  예 키 158cm 이상
- **이하**: 수량이나 정도가 일정한 기준보다 더 적거나 모자람. 기준이 수량인 경우, 그 수량이 범위에 포함되면서 그 아래인 경우를 가리킴.
  예 18세 이하 관람 불가
- **초과**: 일정한 수나 한도 따위를 넘음. 기준이 수량인 경우, 그 수량이 범위에 포함되지 않으면서 그 위인 경우를 가리킴.
  예 키 158cm 초과
- **미만**: 정한 수효나 정도에 차지 못함. 또는 그런 상태. 기준이 수량인 경우, 그 수량이 범위에 포함되지 않으면서 그 아래인 경우를 가리킴.
  예 18세 미만 관람 불가
- **이전**: 「1」 이제보다 전
    예 이전부터 그래 온 관습이었다.
  「2」 기준이 되는 때를 포함하여 그보다 앞
    예 산업 혁명 이전
- **이후**: 「1」 이제부터 뒤
    예 이후 벌어진 어떤 일에도 나는 신경 쓰지 않겠다.
  「2」 기준이 되는 때를 포함하여 그보다 뒤
    예 나는 너를 만난 이후로 가치관이 바뀌었다.

DAY 08

쿼터 홈트

오운완

지문형 문법 연습

01 다음 글을 읽고 O/X를 판단하시오.

'음운의 축약'은 두 음운이 합쳐져서 하나의 음운으로 줄어드는 현상이다. 음운의 수가 하나 줄어든다는 점에서 탈락과 비슷해 보일 수 있다. 그러나 축약은 두 음운이 가지고 있던 중요한 성질들이 축약된 음운에 여전히 남아 있는 데 반해 탈락은 한 음운의 성질이 모두 없어진다는 점에서 차이가 있다.

축약에는 자음 축약과 모음 축약이 있다. 먼저 자음 축약(거센소리되기, 유기음화, 격음화)은 'ㅎ'과 예사소리 'ㅂ, ㄷ, ㄱ, ㅈ'이 만나 거센소리 'ㅍ, ㅌ, ㅋ, ㅊ'으로 되는 현상이다. 예를 들어, '쌓지'는 [싸치]로 발음한다. '않기'와 같이 겹받침 자음이 받침에 오면 뒤의 'ㄱ'이 앞의 'ㅎ'과 축약되어 'ㅋ'으로 발음되는데, 이를 자음군 단순화나 음절의 끝소리 규칙으로 설명하면 안 된다. 또한 'ㅂ, ㄷ, ㄱ, ㅈ'과 'ㅎ'의 위치가 바뀌어도 결과는 같다. 다만, 'ㅎ'이 뒤에 오는 경우 주의해야 할 점이 있다. '체언 + 조사'나 '단어 + 단어' 사이에서 자음 축약이 일어날 때는 음절의 끝소리 규칙이나 자음군 단순화가 먼저 적용된다. 즉 '닭하고'는 [달카고]가 아닌, [닥하고 → 다카고], '낮 한 때'는 [나찬때]가 아닌, [낟한때 → 나탄때]로 발음한다는 것이다. 이는 표기의 변화는 없이 오직 발음만 바뀐다.

모음 축약은 단모음 'ㅣ'나 'ㅗ, ㅜ'가 반모음으로 교체된 뒤 다른 모음과 결합하여 이중 모음을 이루는 현상이다. 예를 들어, '보- + -아'는 단모음 'ㅗ'가 'ㅏ'와 결합하여 '봐[봐:]'가 된다. 이는 발음상의 변화가 표기에 반영되므로, 발음과 표기가 일치한다.

(1) 음운에서 일어나는 축약은 모두 발음과 표기가 일치한다. (O | X)

(2) '국화'는 [구콰], '옷 한 벌'은 [오탄벌]로 발음한다. (O | X)

(3) '가지- + -어'와 '누- + -이다'는 모음 축약이 발생하여 각각 '가져'와 '뉘다'로 표기한다. (O | X)

공공언어 바로 쓰기 연습

02 다음 글을 참고하여 (1)~(4)를 바르게 고치시오.

명사나 명사형 표현을 나열한 문장은 부자연스러우며, 문장의 의미를 파악하기 어렵게 한다. 따라서 조사, 어미, '-하다' 등을 지나치게 생략하지 않아야 한다.
'<u>학교 현장 교수 학습 환경 개선 정책 개발 및 디지털 교육 문화를 정착시켜야 한다.</u>'라는 문장의 경우, 명사형 표현을 지나치게 나열하여 문장이 부자연스럽다. 따라서 '학교 현장<u>의</u> 교수 학습 환경<u>을</u> 개선<u>하는</u> 정책<u>을</u> 개발<u>하고</u> ~'와 같이 적절한 조사와 어미를 활용하여 문장을 구성하도록 수정하는 것이 적절하다.

(1) <u>사업 계획 수립 및 성과 지표</u>를 결정해야 한다.
▶

(2) <u>부패 유발 제도 및 관행 시정</u>을 건의하고자 합니다.
▶

(3) 자기 계발 기회를 보장하기 위해 <u>학습 여건 조성</u> 등 다양한 방안을 마련해야 한다.
▶

(4) <u>공연 사용 장비 및 물품</u>을 정리해야 하며, 공연장의 시설, 설비, 비품 등을 <u>파손 또는 분실한</u> 경우 원상 복구를 해야 합니다.
▶

어휘력 기르기

03 ㉮~㉰가 의미하는 단어를 찾고, 그 반의어를 찾아 연결하시오.

기운이나 세력 따위가 점점 더 늘어 가고 나아감.	물건값, 봉급, 요금 따위를 올림.	잘 조성된 분위기 따위가 흐트러져 느슨해짐.
㉮	㉯	㉰
㉠	㉡	㉢
인상(引上)	증진(增進)	이완(弛緩)
㉠	㉡	㉢
ⓐ	ⓑ	ⓒ
경직(硬直)	감퇴(減退)	인하(引下)

04 〈보기〉를 참고하여 빈칸을 바르게 채우시오.

―― 보기 ――
회귀, 남발, 현상, 귀결, 발현

	㉠	㉡		
㉢		㉣		㉤

〈가로〉
㉠ 속에 있거나 숨은 것이 밖으로 나타나거나 그렇게 나타나게 함. 또는 그런 결과
㉢ 한 바퀴 돌아 제자리로 돌아오거나 돌아감.
　예 종전의 체제로 ○○하다.
㉤ 「1」 법령이나 지폐, 증서 따위를 마구 공포하거나 발행함.
　「2」 어떤 말이나 행동 따위를 자주 함부로 함.

〈세로〉
㉡ 「1」 인간이 지각할 수 있는, 사물의 모양과 상태
　「2」 본질이나 객체의 외면에 나타나는 상
㉣ 어떤 결말이나 결과에 이름. 또는 그 결말이나 결과
　예 그 문제는 결국 인간의 의지에 ○○한다.

문해력 기르기

05 제시된 문장이 들어갈 곳으로 가장 적절한 것은?

> 우리가 당연하다고 여기는 것, 비판 없이 받아들여지는 것 등이 바로 클리셰들이다.

클리셰는 판에 박은 듯한 문구 또는 진부한 표현을 가리킬 때 사용하는 말이다. ① 우리 삶도 여러 클리셰의 모음이다. ② 다시 말해 클리셰는 의심하지 않는 우리의 상식들이다. ③ 이러한 상식이 삶을 만들고, 그 삶에서 이야기가 나온다. 클리셰는 우리 삶을 구성하는 파편으로 우리 상식의 허구를 반영한다. ④ 문제는 클리셰가 작가에 의해 어떠한 방식으로 사용되는가에 있는 것이다.

06 〈보기〉의 문장이 들어갈 곳으로 가장 적절한 것은?

―― 보기 ――
그렇다면 우리나라의 연호 사용 양상은 어떠했을까?

국가의 질서가 연호의 제정으로 새로워진다면, 연호의 제정은 역으로 새로운 국가 질서를 의미하는 것이 된다. ① 그래서 동일한 왕의 치세 중에도 반란을 진압했다든가 정치적 혁신을 꾀했다든가 하면 연호가 새로이 제정되었다. ② 연호를 바꿈으로써 새로운 시간을 시작한다는 의미를 부여하고 국면 전환을 도모했던 것이다. ③ 우리나라는 중국의 연호를 따르는 것이 일반적이었지만 독자적인 연호를 제정해 사용하기도 하였다. 독자적인 연호를 사용한다는 것은 시간을 셈하는 근거가 중국 황제의 치세가 아니라 우리나라 왕의 치세임을 의미하는 것이었다. ④ 고려 시대 태조와 광종은 독자적인 연호를 사용한 바 있다.

07 제시된 문장이 들어갈 곳으로 가장 적절한 것은?

> 이는 입법의 모든 내용이 의인화된 단일 의식 속에 반영되었다고 간주하는 것을 말한다.

법학적 해석은 법이 어떻게 이해되어야 하는지를 확정하는 것이지, 어떤 의도에서 만들어졌는지를 확정하는 것은 아니다. 이는 문헌학적 해석과 비교할 때 분명해진다. 문헌학적 해석은 인식된 것에 대한 인식이다. 이것은 텍스트 생산자가 주관적으로 의도한 의미를 확정하는 것이며, 해석의 대상인 작품의 밑바닥에 존재하는, 현실적 인간이 현실에서 생각한 사상을 확정하려 한다. 이를 위해 작가의 작품과 원고, 일기와 편지 등에서 나타나는 모든 표현들에 근거하여 그의 실제 사상을 탐구한다. 이는 순수하게 경험적인 방법이다. 그러나 법학적 해석은 법률 제정자가 의도한 의미를 확정하는 데 머무르는 것이 아니라 법규가 객관적으로 타당한 의미를 갖도록 하는 것을 지향한다. ①
법률이라는 작품에는 다수의 제정자가 관여한다. ② 때문에 그 의미에 대하여 관여자마다 갖가지 의견이 있을 수 있다. ③ 하지만 법의 적용에 봉사해야 하는 법학적 해석은 일의적(一義的)이지 않으면 안 된다. 그래서 국가의 의사라 할 수 있는 입법자의 의사는 이념적으로 법률의 의사와 일치한다. ④ 그리하여 입법자의 의사는 해석의 수단이 아니라 해석의 목표이자 해석의 결과로 된다. 또한 전 법질서를 체계적으로 모순 없이 해석해야 하는 선험적 요청에 대한 표현이기도 하다. 그 때문에 법률 제정자가 미처 의식하지 못한 것도 입법자의 의사라고 확정할 수 있다. 해석자는 법률을 그 제정자가 이해한 것보다도 더 잘 이해할 수 있는 것이다.

♣ **대용 표현**

대용 표현은 이미 앞에서 언급한 내용의 반복을 피하기 위해 다른 표현으로 대신하는 것이다. 대용 표현은 다양한 방법으로 나타낼 수 있는데 간결한 지시어로 표현되는 경우가 많다. '철수는 빵을 먹었다. 그럼에도 그는 배가 고팠다.'에서 '그'는 '철수'를 대신하여 표현한 말이다.

08 ㉠이 지시하는 대상을 고르시오.

> 천문학자 호킨스는 스톤헨지의 모양이 태양과 달의 배열을 나타낸 것이라는 의견을 제시해 관심을 모았다. 그러나 고고학자 앳킨슨은 스톤헨지를 세운 사람들을 '야만인'으로 묘사하면서, ㉠이들은 호킨스의 주장과 달리 과학적 사고를 할 줄 모른다고 주장했다.

① 앳킨슨
② 스톤헨지를 세운 사람들

09 ㉠이 지시하는 범위에 괄호를 치시오.

> 저항형 가스 센서에 가스가 다다르면 시간이 지남에 따라 산화물 반도체 물질에 흡착되는 가스의 양이 늘어나다가 흡착된 가스의 양이 일정하게 유지되는 정상 상태에 도달하여 일정한 저항값을 나타내게 된다. 정상 상태에 도달하는 동안 산화 가스는 반도체로부터 전자를 받으면서 흡착하여 반도체의 저항값을 증가시킨다. 반면에 환원 가스는 반도체 물질에 전자를 주면서 흡착하여 반도체의 저항값을 감소시킨다. ㉠이러한 저항값 변화로부터 가스를 감지하는 것이 센서의 작동 원리이다.

🔹 강화 약화 연습

10 다음 주장에 대한 각각의 근거를, 주장을 뒷받침하는 것과 주장을 반박하는 것, 주장과 무관한 것으로 구분하시오.

> 초등학생들에게 숙제를 과도하게 주면 안 된다.

(1) 숙제의 양이 많아질수록 학생들이 가족과 보내는 시간이 줄어들 수 있다.
▶ (뒷받침 근거 / 반박 근거 / 무관한 근거)

(2) 어떤 초등학생은 숙제하는 것을 즐긴다며 자랑하기도 한다.
▶ (뒷받침 근거 / 반박 근거 / 무관한 근거)

(3) 교사가 숙제를 많이 낸다는 것은 학생에게 높은 기대를 갖고 있다는 의미이다.
▶ (뒷받침 근거 / 반박 근거 / 무관한 근거)

(4) 과도한 숙제는 수면 부족으로 이어질 수 있다.
▶ (뒷받침 근거 / 반박 근거 / 무관한 근거)

(5) 초등학생은 매일 적당한 시간을 밖에서 친구와 보내야 건강하게 정서가 발달하지만, 과도한 숙제는 그것을 막는다.
▶ (뒷받침 근거 / 반박 근거 / 무관한 근거)

(6) 미국의 한 연구에 따르면 숙제량과 학업 성취도는 일정 수준 이상에서는 무관하다.
▶ (뒷받침 근거 / 반박 근거 / 무관한 근거)

(7) 요즘은 AI를 활용해 숙제를 대신하는 경우도 많다.
▶ (뒷받침 근거 / 반박 근거 / 무관한 근거)

(8) 숙제는 수업 시간 내 활동보다 학습에 더 효과적이라는 연구 결과가 있다.
▶ (뒷받침 근거 / 반박 근거 / 무관한 근거)

(9) 학교 급식의 영양 균형도 아이들의 학습 능력에 영향을 준다.
▶ (뒷받침 근거 / 반박 근거 / 무관한 근거)

DAY 09

쿼터 홈트

오운완

지문형 문법 연습

01 다음 글을 읽고 O/X를 판단하시오.

'음운의 첨가'란 두 음운이 합쳐질 때 그 사이에 원래 없던 음운이 새로 생겨 발음되는 현상이다. 첨가에는 'ㄴ' 첨가, 사잇소리 현상, 'ㅣ' 모음 순행 동화가 있다.
'ㄴ' 첨가는 합성어나 파생어에서 앞말이 자음으로 끝날 때, 모음 'ㅣ, ㅑ, ㅕ, ㅛ, ㅠ'로 시작하는 말이 오면 'ㄴ' 음이 첨가되는 현상으로, '색(어근) + 연필(어근)'이 [생년필]로 발음되는 현상이 이에 해당한다. 사잇소리 현상은 명사와 명사가 결합하여 합성어를 만들 때, 그 사이에 소리가 첨가되는 수의적 현상*이다.
'ㅣ' 모음 순행 동화(반모음 첨가)는 모음으로 끝나는 형태소 뒤에 단모음으로 시작하는 형태소가 올 때 반모음 'ㅣ'가 첨가되어 이중 모음이 되는 현상이다. '피- + -어 → [피어/피여]'와 같이 반모음 'ㅣ'가 첨가되기 전과 첨가된 후의 발음 모두 표준 발음으로 본다. 앞 음절의 후설 모음이 뒤 음절의 'ㅣ' 모음의 '전설성'에 이끌려 전설 모음으로 바뀌는 'ㅣ' 모음 역행 동화(전설 모음화)는 교체로 본다. 이와 달리 뒤 음절의 후설 모음이 앞 음절의 '모음성'에 이끌려 이중 모음으로 바뀌는 'ㅣ' 모음 순행 동화는 교체가 아니라 첨가로 본다.

*수의적 현상: 일정한 조건이 주어지더라도 경우에 따라 일어나기도, 일어나지 않기도 하는 현상

(1) 음운의 첨가는 원래 없던 음운이 새로 생겨 발음되는 현상이다. ⓞ Ⓧ

(2) '눈 + 요기'는 앞말이 자음으로 끝나고 뒤에 'ㅛ'로 시작하는 모음이 오므로, 'ㄴ' 첨가 현상이 일어난다. ⓞ Ⓧ

(3) '아니- + -오'를 [아니오/아니요]라고 발음하는 것은 'ㅣ' 모음 역행 동화의 예시이다. ⓞ Ⓧ

공공언어 바로 쓰기 연습

02 다음 글을 참고하여 (1)~(3)을 바르게 고치시오.

문장에서 꾸미는 말(관형어)은 뒤에 오는 꾸밈을 받는 말(체언)을 수식한다. 그런데 꾸미는 말을 여러 개 겹쳐 쓰거나 지나친 관형화 구성을 하면 수식 관계가 모호하여 중의적인 문장이 되거나 비문법적인 표현이 되기 쉽다.
'저기 멋있는 유진이의 노트북을 보아라.'에서는 '멋있는'이 꾸미는 대상이 '유진이'인지 '유진이의 노트북'인지 분명하지 않다. 이는 '멋있는'과 '유진이의'가 모두 관형어로 겹쳐 나타났기 때문이다. 따라서 '저기 유진이의 멋있는 노트북을 보아라.', '멋있는 유진이의, 노트북을 보아라.' 등으로 써서 중의성을 해소해 주어야 한다.
그리고 수식어구가 길면 관형어와 체언 사이의 거리가 멀어지면서 중의문이 되거나 비문법적인 표현이 되기 쉬우므로, 관형어는 체언 가까이에 써야 한다.

(1) <u>1킬로그램 상당의 은 보관함</u>
▶

(2) <u>유구한 빛나는 전통문화를 단절시킬 가능성이 큰 융통성이 없는 문화 정책은 재고되어야 한다.</u>
▶

(3) 이 수술은 <u>후유증이 없는 안전한 고도의 정밀한 수술로 비용도 저렴한 파격적인 저비용이다.</u>
▶

어휘력 기르기

03 다음 중 ㉠의 문맥적 의미와 가장 유사한 것은?

> 철수는 어제 울타리를 ㉠ 헐었다.

① 십만 원짜리 수표를 헐다.
② 그 천막은 너무 헐어서 쓸 수가 없다.
③ 명희 어머니는 사람들을 시켜서 집을 헐었다.
④ 호랑이는 영양실조로 털이 빠지고 피부가 헐었다.

04 다음 중 ㉠의 문맥적 의미와 가장 유사한 것은?

> 우리는 운전면허증을 ㉠ 가진 사람을 찾아야 한다.

① 다른 단체와 교류를 가지다.
② 그는 나에게 호의를 가지고 있다.
③ 철수는 국가기술자격증을 가지고 있다.
④ 우리 민족은 같은 조상을 가진 단일민족이다.

05 다음 중 ㉠의 문맥적 의미와 가장 유사한 것은?

> 가뭄에도 이 우물은 ㉠ 마르지 않는다.

① 건기가 되면 강이 말라 바닥이 드러난다.
② 철수는 공부를 하느라 몸이 많이 말랐다.
③ 뜨거운 태양 아래서 달리기를 했더니 목이 몹시 마른다.
④ 돈이 나올 구멍이 없어 보이는데도 그의 주머니 속은 마르지 않았다.

문해력 기르기

06 ㉠이 지시하는 방법을 고르시오.

> 수명을 늘릴 수 있는 여러 방법 중 가장 좋은 방법은 노화 문제를 해결하는 것이다. ㉠의 방법은 인간이 젊고 건강한 상태로 수명을 연장할 수 있다는 점에서 늙고 병든 상태에서 단순히 죽음의 시간을 지연시킨다는 기존 발상과 근본적으로 다르다.

① 수명을 늘릴 수 있는 여러 방법 중 가장 좋은 방법
② 노화 문제를 해결하는 것

07 ㉠이 지시하는 대상을 고르시오.

> 당시의 유학자 중 서학 수용에 적극적인 이들까지도 서학을 무조건 따르자고 주장하지는 않았는데, 서학은 신봉의 대상이 아니라 분석의 대상이었기 때문이다. ㉠ 그들은 서학을 검토하며 어떤 부분은 수용했지만, 반대로 어떤 부분은 지양했다.

① 당시의 유학자
② 서학 수용에 적극적인 이들

08 ①~③ 중 ㉠과 ㉡이 지시하는 대상을 고르시오.

> 자율 방범대원들의 자원 동기를 살펴보니, ① 자기지향적 동기만 말한 사람과 ② 타인지향적 동기만 말한 사람, ③ 둘 다 말한 사람이 고르게 분포되어 있었다. 설문에 참여한 사람들이 2개월간 방범 순찰에 참여한 횟수를 살펴보았다. 그 결과 ㉠ 자기지향적 동기를 말한 사람들 모두가 ㉡ 자기지향적 동기를 말하지 않은 사람들보다 순찰 횟수가 더 많았다.

(1) ㉠:

(2) ㉡:

09 다음 글의 연결 순서로 가장 적절한 것은?

언어마다 고유의 표기 체계가 있는데, 이는 읽기 과정에 영향을 미친다.

ㄱ. 철자 읽기가 명료하다는 것은 한 글자에 대응되는 소리가 규칙적이어서 글자와 소리의 대응이 거의 일대일이라는 것을 의미한다.
ㄴ. 그 예로 이탈리아어와 스페인어가 있다.
ㄷ. 알파벳 언어는 표기 체계에 따라 철자 읽기의 명료성 수준이 달라진다.
ㄹ. 이에 비해 영어는 철자 읽기의 명료성이 낮은 언어이다.
ㅁ. 이 두 언어의 사용자는 의미를 전혀 모르는 새로운 단어를 발견하더라도 보자마자 정확한 발음을 할 수 있다.

① ㄷ - ㄱ - ㄴ - ㅁ - ㄹ
② ㄹ - ㄱ - ㄷ - ㄴ - ㅁ
③ ㄷ - ㄴ - ㄱ - ㅁ - ㄹ
④ ㄹ - ㄷ - ㄱ - ㄴ - ㅁ

♣ 배열 유도지 작성해 보기

고정부: (1.   )가 읽기 과정에 영향을 미침.

ㄷ: '(2.   )'의 표기 체계에 따라 철자 읽기의 명료성 수준이 달라짐.

ㄹ: 앞의 말과 비교할 때 쓰는 '(3.   )'를 제시한 뒤 영어의 철자 읽기의 명료성이 낮다고 하였다. 따라서 ㄹ의 앞에는 영어와 달리, '철자 읽기의 명료성이 (4. 높은 / 낮은)' 언어의 예시가 언급되었을 것임을 알 수 있다.

　ㄹ은 ㄷ의 (5. 예시 / 반례)이므로 ㄹ은 ㄷ보다 (6. 앞 / 뒤)에 이어진다는 것을 알 수 있다.
　▶ 선지 (7. ① / ② / ③ / ④) 탈락

ㄱ: '(8.   )'의 의미를 밝혔다. 따라서 ㄱ 앞에는 '철자 읽기'에 대한 언급이 있어야 한다. 따라서 ㄱ은 (9.   ) 뒤에 이어진다는 것을 알 수 있다.
　▶ 선지 (10. ① / ② / ③ / ④) 탈락

ㄴ: '그 예'로 (11.   )와 (12.   )가 있다고 하였다. '이탈리아어와 스페인어'가 (13.   )에 비해 '철자 읽기의 명료성이 높은' 언어임을 알 수 있다. 이를 통해 (14.   )은 ㄴ (15. 앞 / 뒤)에 제시될 것이라는 점을 알 수 있다.
　▶ 선지 (16. ① / ② / ③ / ④) 탈락

ㅁ: '이 두 언어'라고 하였다. 이는 ㄴ의 (17.   )와 (18.   )를 의미한다. 따라서 (19.   )은 바로 (20.   ) 뒤에 이어진다는 것을 알 수 있다.
　▶ 선지 (21. ① / ② / ③ / ④) 탈락

이를 종합하면, '고정부 - ㄷ - ㄱ(철자 읽기가 명료하다는 것의 의미) - ㄴ(철자 읽기가 명료한 언어의 예시) - ㅁ(이탈리아어와 스페인어가 철자 읽기가 명료한 언어인 이유) - ㄹ(반대로, 철자 읽기의 명료성이 낮은 영어)'의 순서가 가장 자연스럽다.

강화 약화 연습

10 다음 주장에 대한 각각의 근거를, 주장을 뒷받침하는 것과 주장을 반박하는 것, 주장과 무관한 것으로 구분하시오.

> 기후 변화는 주로 인간의 활동으로 인해 발생한다.

(1) 이산화탄소는 산업혁명 이후 꾸준히 증가하였고, 이로 인해 강수량이 변화하였다.
▶ (뒷받침 근거 / 반박 근거 / 무관한 근거)

(2) 화산 활동은 대기 중 온실가스를 방출하며, 이는 기후 변화의 가장 주요한 원인이다.
▶ (뒷받침 근거 / 반박 근거 / 무관한 근거)

(3) 지구의 기온은 수천 년 동안 인간의 활동과 무관하게 주기적으로 오르내려 왔다.
▶ (뒷받침 근거 / 반박 근거 / 무관한 근거)

(4) IPCC 보고서는 인간 활동이 지구 온난화의 '지배적인 원인'이라고 명시하고 있다.
▶ (뒷받침 근거 / 반박 근거 / 무관한 근거)

(5) 최근 해양 쓰레기가 급증하면서 바다 생물의 생존이 위협받고 있다.
▶ (뒷받침 근거 / 반박 근거 / 무관한 근거)

(6) 인류의 화석 연료 사용과 온실가스 배출이 같은 시기에 급증했다는 사실은 우연일 수 없다.
▶ (뒷받침 근거 / 반박 근거 / 무관한 근거)

(7) 인간의 활동이 많아진 20세기 이후부터 기온이 급격하게 상승했다.
▶ (뒷받침 근거 / 반박 근거 / 무관한 근거)

(8) 해양 생태계는 수온 상승보다 남획이나 해양 오염에 더 민감하다는 연구도 있다.
▶ (뒷받침 근거 / 반박 근거 / 무관한 근거)

(9) 기후 변화는 인간의 활동보다는 지구 자전축의 경사 변화나 공전 궤도의 미세한 차이에서 더 큰 영향을 받을 수 있다.
▶ (뒷받침 근거 / 반박 근거 / 무관한 근거)

(10) 지속 가능한 농업을 위한 기술 개발이 활발히 이루어지고 있다.
▶ (뒷받침 근거 / 반박 근거 / 무관한 근거)

DAY 10

지문형 문법 연습

01 다음 글을 참고하여 빈칸을 채우시오.

> 형태소는 뜻을 가진 가장 작은 말의 단위로, 자립 여부에 따라 자립 형태소와 의존 형태소로, 실질적인 의미가 있느냐에 따라 실질 형태소와 형식 형태소로 나뉜다. '바람이 분다.'에서 '바람'은 홀로 쓰일 수 있는 자립 형태소이고 조사 '이'와 용언의 어간 '불-', 용언의 어미 '-다'는 홀로 쓰일 수 없는 의존 형태소이다. 한편, '바람'과 '불-'은 실질적인 의미를 가지고 있는 실질 형태소이고, '이'와 '-다'는 주로 말과 말 사이의 관계만을 나타내는 형식 형태소이다.

- 아이들아, 바닷가로 가 있어.
  ▶ 아이 / -들 / 아 / 바다 / 가 / 로 / 가- / -아 / 있- / -어

	자립	의존
실질	아이, 바다, 가	(㉠)
형식	(㉡)	-들, 아, 로, -아, -어

- 그의 얼굴이 밝은 빛을 띠었다.
  ▶ 그 / 의 / 얼굴 / 이 / 밝- / -은 / 빛 / 을 / 띠- / -었- / -다

	자립	의존
실질	(㉢)	밝-, 띠-
형식	-	(㉣)

- 우리는 비를 맞고 있었다.
  ▶ 우리 / 는 / 비 / 를 / 맞- / -고 / 있- / -었- / -다

	자립	의존
실질	(㉤)	(㉥)
형식	(㉦)	(㉧)

공공언어 바로 쓰기 연습

02 다음 글을 참고하여 (1)~(5)에 들어갈 표현으로 적절한 것을 고르시오.

> 문장에서 시간 상태를 나타내는 것을 시제라고 한다. 시제란 말하는 이(화자)가 말하고 있는 사건이 말하는 시점을 기준으로 언제 이루어졌는지를 문법적으로 표시한 것을 의미한다. 시간 표현으로서의 시제는 과거, 현재, 미래가 있다. 과거 시제는 일이 일어난 시점이 말하는 시점보다 앞에 있는 시제이고, 현재 시제는 일이 일어난 시점이 말하는 시점과 같은 시제이고, 미래 시제는 일이 일어난 시점이 말하는 시점보다 뒤에 있는 시제이다.
>
> 문장에서 시제가 맞지 않을 경우, 문법에 맞지 않는 비문이 되므로 조심해야 한다. 예를 들어, '내일은 제가 너무 <u>바빴습니다</u>.'라는 문장을 보자. '내가 바쁜 상황'은 과거의 일이고, '내일'은 미래를 나타내는 부사어이다. 따라서 '내일'을 '어제, 그저께' 등 과거를 나타내는 부사어로 수정하는 것이 바람직하다.

(1) 보내 주셔서 (감사했습니다 / 감사합니다).

(2) 내일은 비가 오면서 늦더위가 잠시 주춤할 것으로 (예상됩니다 / 예상되겠습니다).

(3) 밤새 비가 (오지만 / 왔지만) 아직 강물이 크게 붇지는 않았다.

(4) 세화는 바야흐로 노래를 (불렀다 / 부르려 한다).

(5) 때는 바야흐로 만물이 소생하는 (봄이다 / 봄이었다).

어휘력 기르기

03 다음 중 ㉠과 바꾸어 쓸 수 있는 표현은?

> 그의 성격이 거칠게 ㉠ 바뀐 데에는 다 그만한 이유가 있다.

① 대체(代替)되어
② 변모(變貌)되어

04 밑줄 친 단어에 대응하는 한자어를 찾아 연결하시오.

그는 자신의 정치 자금 수수 의혹에 대해 국민들에게 공개적으로 밝혔다.	①	㉠ 전파(傳播)하다
관광 산업은 자국의 문화와 역사를 세계 각지로 퍼뜨리는 역할을 한다.	②	㉡ 보존(保存)하다
현재 남아 있는 전통 한옥을 지킬 수 있는 방안을 마련합시다.	③	㉢ 정체(停滯)되다
지금 상태로서는 환자의 생사 여부를 내다보는 것 자체가 불가능하다.	④	㉣ 해명(解明)하다
이미 결정된 일을 다시 이야기하는 것은 시간 낭비이다.	⑤	㉤ 전망(展望)하다
교통사고로 차가 밀려 제시간에 약속 장소에 도착하지 못했다.	⑥	㉥ 거론(擧論)하다

문해력 기르기

05 ㉠~㉤ 중 의미가 같은 것끼리 묶으시오.

> ㉠ 사람의 몸에 있어서도 마찬가지이다. ㉡ 잘못을 알고서도 바로 고치지 않으면 곧 그 자신이 나쁘게 되는 것이 마치 나무가 썩어서 못 쓰게 되는 것과 같으며, 잘못을 알고 고치기를 꺼리지 않으면 해(害)를 받지 않고 다시 착한 사람이 될 수 있으니, ㉢ 저 집의 재목처럼 말끔하게 다시 쓸 수 있는 것이다. 뿐만 아니라 ㉣ 나라의 정치도 이와 같다. ㉤ 백성을 좀먹는 무리들을 내버려 두었다가는 백성들이 도탄에 빠지고 나라가 위태롭게 된다. 그런 연후에 급히 바로잡으려 하면 이미 썩어 버린 재목처럼 때는 늦은 것이다. 어찌 삼가지 않겠는가.

▶ (/   )

06 ㉠~㉢ 중 지시하는 대상이 다른 하나는?

> 왕연희가 아무것도 모르고 침실로 들어가니, 과연 다른 왕연희가 부인과 이야기를 나누고 있었다. 왕연희가 크게 화를 내며 꾸짖어 말하기를, "㉠ 너는 어떤 놈이기에 감히 사대부 집에 들어와 내 부인과 말을 주고받고 있느냐?" 하고 종들에게 호령했다. "㉡ 저 놈을 빨리 결박하라!"
> 이에 전우치가 말하기를, "웬 놈이 내 얼굴을 하고 내당에 들어와 부인을 겁탈하려 하니, 이런 변이 어디 있느냐?" 하고 하인에게 호령하여, "㉢ 저 놈을 빨리 몰아 내쳐라."라고 하였다.

① ㉠
② ㉡
③ ㉢

07 다음 문장들의 연결 순서로 가장 적절한 것은?

ㄱ. 이를 통해 영화를 보는 관객은 간과하기 쉬운 과학의 무차별적 활용에 대해 경각심을 갖고 현재를 돌아보게 되는 것이다.
ㄴ. 유전 공학의 발달과 같은 현대 과학의 성과는 우리에게 질병 없는 사회에 대한 기대를 안겨 준다.
ㄷ. 미래 사회의 공포를 보여 주는 수많은 할리우드 영화는 인류의 이런 걱정을 반영한 디스토피아의 표상이라 할 수 있다.
ㄹ. 디스토피아 장르의 영화는 언젠가 인류에게 들이닥칠지 모르는 어둡고 절망적인 미래를 보여 줌으로써 관객의 공포와 흥미를 동시에 이끌어 낸다.
ㅁ. 하지만 이와 동시에 과학에 의해 개인의 삶이 계획되고 통제될지 모른다는 불안감도 점점 커져 가고 있다.

① ㄷ - ㄹ - ㄴ - ㄱ - ㅁ
② ㄴ - ㅁ - ㄷ - ㄹ - ㄱ
③ ㄴ - ㄱ - ㅁ - ㄷ - ㄹ
④ ㄷ - ㄱ - ㅁ - ㄴ - ㄹ

♣ 배열 유도지 작성해 보기

ㄴ: 현대 과학의 성과에 대해 설명하고 있다.

ㄷ: '미래 사회의 공포를 보여 주는 수많은 할리우드 영화'는 인류의 '(1.   )'을 반영한 디스토피아의 표상이라고 한다. ㄷ의 앞에 '(2.   )'에 대해 언급한 문장이 제시되어야 하므로, ㄷ으로 글을 시작할 수 (3. 있다 / 없다).
▶ 선지 (4. ① / ② / ③ / ④) 탈락

ㄱ: '(5.   )' 관객이 받는 영향을 설명하고 있으므로 ㄱ 앞에 (6.   )에 관한 설명이 제시되는 것이 적절하다.

ㄹ: 디스토피아 장르 영화의 특징을 설명한다. (7.   )에서 미래 사회의 공포를 보여 주는 예시로서 디스토피아 영화를 제시하였다. 따라서 (8.   ) 뒤에 ㄹ이 이어지는 것이 자연스럽다.
▶ 선지 (9. ① / ② / ③ / ④) 탈락

ㅁ: '(10.   )'이라는 접속어를 이용하여 과학 발전의 단점을 설명하는 문장이므로, ㅁ 앞에는 과학의 (11.   )에 관한 설명이 오는 것이 적절하다. 따라서 과학의 긍정적 성과를 설명한 (12.   ) 뒤에 ㅁ이 와야 한다.
또한 미래 사회의 부정적인 면으로 개인의 삶이 통제될 수 있는 불안감을 설명하므로 ㅁ 뒤에 미래 사회의 부정적인 면의 예시인 할리우드 영화를 설명하는 (13.   )이 오는 것이 자연스럽다.
▶ 선지 (14. ① / ② / ③ / ④) 탈락

따라서 '(15.   )'의 순서가 가장 자연스럽다.

논리 연습

08 다음 글을 참고하여 (1)~(10)을 '연역 논증'과 '귀납 논증'으로 구분하시오.

> 논증의 방식은 크게 '연역 논증'과 '귀납 논증'으로 나눌 수 있다. 연역 논증은 '전제가 참인 경우에 결론이 반드시 참이 되는 논증'이다. 만약 전제가 참이더라도 결론의 참이 100% 보장되지 않는다면 연역 논증이 아니다. 반면, 귀납 논증은 '전제가 참이더라도 결론이 반드시 참이라고 단정할 수 없는 논증'이다. 따라서 전제가 결론을 100% 보장하지 않는 논증이 귀납 논증이다.

(1) 나는 늦게 일어나면 지각을 한다. 나는 오늘 늦게 일어났다. 나는 오늘 지각을 할 것이다.
▶ (연역 논증 / 귀납 논증)

(2) A라는 인간은 결국 죽는다. B라는 인간도 결국 죽는다. C라는 인간도 결국 죽는다. X라는 인간도 결국 죽을 것이다.
▶ (연역 논증 / 귀납 논증)

(3) 주식 투자에서는 손해를 보는 사람이 있어야 이득을 보는 사람도 있다. 영호는 주식 투자에서 이득을 보았다. 따라서 누군가는 주식 투자에서 손해를 보았을 것이다.
▶ (연역 논증 / 귀납 논증)

(4) 지난 10년간 A 도시의 7월 평균 기온은 항상 30도 이상이었다. 올해 A 도시의 7월 평균 기온도 30도 이상일 것이다.
▶ (연역 논증 / 귀납 논증)

(5) 지금까지 우리나라의 대통령은 모두 50세 이상이었다. 따라서 앞으로의 대통령들도 모두 50세 이상일 것이다.
▶ (연역 논증 / 귀납 논증)

(6) 도시의 인구가 감소하면 주택 수요도 감소한다. A 도시의 인구가 감소하고 있다. 따라서 A 도시의 주택 수요도 감소할 것이다.
▶ (연역 논증 / 귀납 논증)

(7) 휴대폰에 배터리가 없다면 켜지지 않을 것이다. 휴대폰에 배터리가 없다. 따라서 휴대폰이 켜지지 않을 것이다.
▶ (연역 논증 / 귀납 논증)

(8) 탄이: "언니는 내가 태어난 이후 매일 나와 놀았다. 그러므로 언니는 오늘도 나와 놀 것이다."
▶ (연역 논증 / 귀납 논증)

(9) 대부분의 사람은 오른손잡이이다. 유진이는 사람이다. 따라서 유진이는 오른손잡이일 것이다.
▶ (연역 논증 / 귀납 논증)

(10) 눈이 오면 항상 도로가 언다. 아침에 눈이 왔다. 따라서 도로가 얼 것이다.
▶ (연역 논증 / 귀납 논증)

✤ **연역 논증과 귀납 논증 교과서 예시**

1. **연역 논증**
   ① 모든 토너먼트에서 승리한 사람은 최고의 선수들이다.
      모든 한국 여자 프로 골프 선수들은 모든 토너먼트에서 승리했다.
      그러므로 모든 한국 여자 프로 골프 선수들은 최고의 선수들이다.
   ② 자연은 인간을 진실하게 만든다.
      영수는 자연에서 사는 사람이다.
      그러므로 영수는 진실한 사람이다.

2. **귀납 논증**
   ① 물은 섭씨 100℃에서 끓는다.
   ② 물은 높은 데서 낮은 곳으로 흐른다.
   ③ 사람의 수명은 150살을 넘지 않는다.

DAY 11 쿼터 홈트

오운완

지문형 문법 연습

01 다음 글을 참고하여 빈칸에 들어갈 말을 적거나 고르시오.

> 우리말 단어는 형성 방식에 따라 단일어와 복합어로 나눌 수 있다. 단일어는 어근이 하나이며 접사의 개입이 없는 단어이고, 복합어는 어근이 두 개 이상인 합성어나 접사가 개입한 파생어를 통칭하는 말이다. 이때 어근은 단어의 실질적인 의미를 나타내는 중심 부분을 의미하고, 접사는 일부 어근에 붙어서 그 의미를 제한하며 어근과 달리 독립적으로 쓰이지 못하는 주변 부분을 말한다.

(1) '밤낮'은 (어근 / 접사)인 (　　)과 (어근 / 접사)인 (　　)으로 분석하므로 (합성어 / 파생어)이다.

(2) '헛소문'은 (어근 / 접사)인 (　　)과 (어근 / 접사)인 (　　)으로 분석하므로 (합성어 / 파생어)이다.

(3) '장난꾸러기'는 (어근 / 접사)인 (　　)과 (어근 / 접사)인 (　　)으로 분석하므로 (합성어 / 파생어)이다.

(4) '풋사과'는 (어근 / 접사)인 (　　)과 (어근 / 접사)인 (　　)으로 분석하므로 (합성어 / 파생어)이다.

(5) '손발'은 (어근 / 접사)인 (　　)과 (어근 / 접사)인 (　　)으로 분석하므로 (합성어 / 파생어)이다.

♣ **직접 구성 요소**

어떤 말의 의미를 고려하여 둘로 나누었을 때, 그 둘 각각을 가리키는 말로, '직접 구성 성분'이라고도 한다. 합성어는 직접 구성 요소가 모두 어근인 단어이고, 파생어는 직접 구성 요소가 어근과 접사인 단어이다.

예 • 꿀벌 – 꿀(어근) + 벌(어근) ⇨ 합성어
　• 놀이터 – [놀-(어근) + -이(접미사)] + 터(어근) ⇨ 합성어
　• 미닫이 – [밀-(어근) + 닫-(어근)] + -이(접미사) ⇨ 파생어

공공언어 바로 쓰기 연습

02 다음 글을 참고하여 문맥에 맞는 정확한 어휘를 고르시오.

> 공공언어를 바르게 쓰기 위해서는 문맥에 맞는 정확한 어휘를 사용하여야 한다. 예를 들어, '이번 조사는 별도의 전문 평가 기관에 조사를 (위탁할 / 수주할) 예정입니다.'라는 문장을 보자. '위탁하다'는 '남에게 사물이나 사람의 책임을 맡기다.'를 의미하고, '수주하다'는 '주문을 받다. 주로 물건을 생산하는 업자가 제품의 주문을 받는 일을 이른다.'를 의미한다. 제시된 문장은 조사를 하는 단체가 '별도의 전문 평가 기관'에 조사를 맡기는 것이므로, '위탁할'을 사용해야 한다.

(1) 기술의 기여도를 높이고 자본 축적을 위해 노력하여 외자 도입과 기술 도입을 (최대한 / 최소한) 줄여 나가야 하겠다.

(2) 지원자들은 관련 서류를 12월 31일까지 ○○기관에 (접수해 / 제출해) 주십시오.

(3) ○○구에서는 (정부 혁신 / 정책 혁신)의 하나로 정책 실명제를 실시한다고 밝혔다.

(4) 그는 대출을 받아 사무실을 (임대 / 임차)하기로 하였다.

(5) 입찰 보증금에 해당하는 금액을 국고에 (수납하여야 / 납부하여야) 합니다.

어휘력 기르기

03 다음 중 ㉠의 문맥적 의미와 가장 유사한 것은?

> 나무에서 떨어지는 열매를 ㉠ 받았다.

① 차가 다리 난간을 받고 부서졌다.
② 가해자가 되는 쪽이 처벌을 받았다.
③ 내가 이런 결과를 받게 될 줄은 몰랐다.
④ 그 선수는 날아오는 공을 한 손으로 받았다.

04 밑줄 친 단어에 대응하는 한자어를 찾아 연결하시오.

그는 사표를 부장에게 내고 밖으로 나갔다.	①	㉠	제출(提出)하다
최근 서비스 요금 인상이 물가 상승을 이끌고 있다.	②	㉡	주도(主導)하다
새 정권이 들어서면서 기업에 대한 각종 규제가 풀렸다.	③	㉢	해결(解決)되다
이번 사건에 대한 의문들이 풀리지 않고 있다.	④	㉣	내포(內包)하다
동생의 표정은 무언가 꿍꿍이를 품고 있는 것 같다.	⑤	㉤	격리(隔離)하다
그 두 사람을 떼어 놓아야만 전염을 피할 수 있다.	⑥	㉥	해제(解除)되다

문해력 기르기

05 ㉠~㉤을 같은 특성끼리 묶은 것은?

> ㉠ 음성 언어란 언어적 의사소통에 사용되는 것으로, 음성으로 나타내는 말을 의미한다. 반면, ㉡ 동작 언어는 비언어적 의사소통에 사용되는 것으로, 몸짓, 표정 등을 의미한다. ㉢ 전자의 경우 보통 지식적인 정보를 전달하지만, 후자의 경우에는 주로 ㉣ 감정적인 정보를 전달한다.
>
> 음성 언어와 동작 언어는 서로 조화를 이루지만 둘의 내용이 항상 일치하는 것은 아니다. 음성 언어와 동작 언어가 상충되는 경우에는 동작 언어가 내용을 결정한다. 왜냐하면 ㉤ 비언어적 메시지는 무의식의 영역이어서 아무리 숨기려고 해도 어느 부분에서는 드러나기 때문이다.

① ㉠, ㉣
② ㉠, ㉣, ㉤
③ ㉡, ㉢, ㉤
④ ㉡, ㉣, ㉤

06 ㉠~㉥을 같은 특성끼리 묶은 것은?

> 기사는 크게 스트레이트 기사와 피처 기사로 나눌 수 있다. ㉠ '스트레이트 기사'는 육하원칙에 따라 사건을 객관적으로 전달하는 기사이고 ㉡ '피처 기사'는 독자에게 사실 이상의 의미를 전달하기 위해 심층적인 내용을 구체적으로 서술하는 보도 기사이다. ㉢ 전자는 전통적인 신문 기사의 형식이고, ㉣ 후자는 빠른 전달에 강점이 있는 라디오 뉴스 등과의 경쟁으로 주목받기 시작했다.
>
> 기사의 형태 중 ㉤ 역피라미드형은 중요한 내용을 먼저 설명한 뒤 구체적인 내용을 설명하는 방식으로 전통적인 신문 기사의 형식이다. 반면, ㉥ 피라미드형은 서론, 본론, 결론과 같이 체계적으로 작성하는 방식이다.

① ㉠, ㉢, ㉤
② ㉠, ㉣, ㉥
③ ㉡, ㉢, ㉥
④ ㉡, ㉣, ㉤

07 다음 문장들을 논리적으로 배열할 때 가장 적절한 것은?

안전과 규정만을 내세워 재미없고 지루한 놀이터는 오히려 사고의 위험을 높일 수도 있다.

ㄱ. 왜냐하면 놀이기구가 단순하고 수준이 낮다고 느낄 때, 아이들은 본래 용도와 기능에 맞지 않는 방법으로 놀고 싶은 유혹에 빠지기 때문이다.

ㄴ. 이러한 경고 문구는 미끄럼틀이 거꾸로 올라갔다가 미끄러져 내려오는 것 말고는 다르게 응용할 수 없는 놀이기구임을 아이들에게 역으로 알려 주는 결과를 가져올 가능성이 있다.

ㄷ. 예를 들면, 미끄럼틀에 붙여 놓은 '거꾸로 올라가지 마시오.'라는 경고 문구는 오히려 아이들이 거꾸로 올라가고 싶게 만든다.

ㄹ. 그리고 이러한 유혹은 결과적으로 아이들의 안전사고의 증가로 이어질 수 있다.

① ㄱ-ㄹ-ㄷ-ㄴ
② ㄷ-ㄱ-ㄹ-ㄴ
③ ㄱ-ㄹ-ㄴ-ㄷ
④ ㄷ-ㄹ-ㄱ-ㄴ

♣ 배열 유도지 작성해 보기

고정부: 재미없고 지루한 놀이터는 오히려 사고의 위험을 높일 수도 있다는 내용이 제시되어 있다.

ㄱ: '(1.   )'이라는 인과의 상황에서 뒤의 내용이 앞의 내용의 (2. 원인 / 결과)일 때 사용하는 접속어 뒤에 아이들이 놀이기구가 수준이 낮다고 느낄 때, 놀이기구를 본래 용도와 기능에 맞지 않는 방법으로 놀고 싶어 한다는 내용이 제시되어 있다. 이는 고정부의 '지루한 놀이터는 오히려 사고의 위험을 높일 수 있다'는 내용의 (3. 원인 / 결과)이므로 고정부 다음에 위치하는 것이 적절하다.

ㄷ: (4.   )를 들 때 사용하는 '(5.   )' 뒤에 미끄럼틀에 붙여 놓은 '거꾸로 올라가지 마시오'라는 경고 문구가 오히려 아이들이 미끄럼틀을 거꾸로 올라가고 싶게 만든다는 내용을 제시하고 있다.
▶ 선지 (6. ① / ② / ③ / ④) 탈락

ㄹ: '(7.   )'이 결과적으로 아이들의 안전사고의 증가로 이어질 수 있다고 하였다. ㄹ의 '(8.   )'은 (9. ㄱ / ㄷ)의 '본래 용도와 기능에 맞지 않는 방법으로 놀고 싶은 유혹'을 의미하므로 (10. ㄱ / ㄷ)의 (11. 앞 / 뒤)에 ㄹ이 위치해야 한다.
▶ 선지 (12. ① / ② / ③ / ④) 탈락

ㄴ: '(13.   )'가 미끄럼틀을 거꾸로 올라가는 방식으로 응용할 수 있다는 사실을 오히려 아이들에게 알려 줄 수 있다는 내용이 제시되어 있다. 따라서 ㄴ의 앞에는 '이러한 경고 문구'의 내용이 제시되어야 한다. (14.   )의 예시는 ㄴ의 '이러한 경고 문구'를 의미하므로, 이는 ㄴ의 (15. 앞 / 뒤)에 위치하는 것이 적절하다.
▶ 선지 (16. ① / ② / ③ / ④) 탈락

따라서 '(17.   )'의 순서가 가장 자연스럽다.

논리 연습

08 다음 글을 읽고 O/X를 판단하시오.

> 연역 논증과 귀납 논증은 전제와 결론을 지지하는 방식이 다르다. 통상적으로는 일반적인 사실이나 원리를 전제로 하여 개별적인 특수한 사실이나 원리를 이끌어 내는 것을 연역, 개별적인 특수한 사실이나 원리로부터 일반적인 것을 이끌어 내는 것을 귀납이라 설명한다. 논리학에서는 전제들이 모두 참이라면, 그 결론이 반드시 참인 논증을 연역, 전제들이 참이라고 해도 그 결론의 참이 절대적으로 보증되지는 않고 참일 것이라는 개연성이 높은 논증을 귀납이라고 한다.
>
> 연역 논증은 형식과 내용을 판단하여 그 종류를 구분할 수 있다. 타당한 논증은 논증의 형식적인 면을 판단하는 것으로, 어떤 논증의 전제들이 참이라면 그 결론이 반드시 참인 논증이다. 반면, 부당한 논증은 모든 전제가 참이지만 결론이 거짓인 경우가 존재하는 논증이다. 결론이 반만 참이라든가 반만 거짓일 수 없으므로 거의 타당하다거나 조금 부당한 논증은 존재하지 않는다.
>
> 건전한 논증은 논증의 구조는 물론 내용적인 면까지 판단하는 것이다. 건전한 논증은 주어진 논증이 타당한 논증이며, 논증의 전제들이 모두 참이라는 것을 의미한다. 즉, 논증이 타당하지 않다면 건전하지 않을 것이고, 논증이 타당하더라도 전제가 참이 아니라면 건전하지 않을 수 있다.

(1) ㄱ~ㄹ은 모두 '연역 논증'에 해당한다. O|X

― 보기 ―

ㄱ. 과거에서부터 지금까지 해는 늘 동쪽에서 떴다. 따라서 내일도 해는 동쪽에서 뜰 것이다.
ㄴ. 나는 친구가 8명이 있다. 한 주는 7일이다. 따라서 적어도 두 명은 같은 요일에 태어났다.
ㄷ. 모든 까마귀는 까맣다. 따라서 이 산에도 까마귀가 있다면, 그 까마귀는 검은색일 것이다.
ㄹ. 지금까지 본 모든 까마귀는 까맸다. 그러므로 이 산에도 까마귀가 있다면, 그 까마귀는 검은색일 것이다.

(2) 논리학에서는 귀납 논증을 개별적인 것에서 일반적인 것을 이끌어 내는 것이라 설명한다. O|X

(3) 어떤 연역 논증은 완전히 타당하지는 않지만 거의 타당하다고 할 수 있다. O|X

(4) 건전하지 않은 논증은 모두 부당한 논증이다. O|X

♧ **연역 논증**

연역 논증이란 전제들이 모두 참이라면 그 결론이 반드시 참인 논증이다. 연역 논증은 타당함과 부당함으로 평가되고 그 타당성은 논증의 형식에 의존한다. 가령, '모든 사람은 죽는다. 소크라테스는 사람이다. 따라서 그는 죽는다.'라는 논증은 앞의 두 전제가 참이라면 마지막 문장인 결론도 반드시 참이어야 한다. 즉, 결론이 전제에 이미 포함되어 있으므로 참·거짓이 갈릴 수 없다.

논증의 타당성과 부당성은 일상생활의 평가 개념보다 훨씬 엄격하다. 타당성을 체크하기 위해서는 1. 논증을 구성하는 명제들의 진릿값을 확인해야 하며, 2. 근거를 제시하는 전제와 결론 사이의 관계가 어떠한지 확인하여야 한다. 논증을 구성하는 전제가 참이라면, 결론도 참이 되는 논증을 타당한 논증이라고 부르며, 전제와 결론이 실제로도 모두 참인 경우를 건전한 논증이라고 한다.

♧ **타당한 연역 논증의 예시**

1. 숭례문은 중국에 있다. 중국은 아프리카에 있다. 아프리카는 북반구에 있다. 그러므로 숭례문은 북반구에 있다.
   ▶ 거짓 전제들과 참인 결론으로 구성되어 있지만 그 형식은 모두 타당하므로 타당한 논증이다.
2. 소크라테스는 그리스 사람이다. 소크라테스는 철학자이다. 그러므로 어떤 그리스 사람은 철학자이다.
   ▶ 참인 전제들과 참인 결론으로 구성되어 있으므로 타당한 논증이다.

DAY 12

쿼터 홈트

오운완

지문형 문법 연습

01 다음 글을 참고하여 ㉠~㉤에 해당하는 단어를 〈보기〉에서 찾아 쓰시오.

합성어는 통사적 합성어와 비통사적 합성어로 나눌 수 있다. 통사적 합성어는 우리말의 어순이나 배열에 맞는 합성어이다. ㉠ 명사와 명사가 결합한 '논밭', ㉡ 명사 뒤에 오는 조사를 생략한 채 서술어가 결합한 '본(을) + 받다', ㉢ 관형사와 명사가 결합한 '순 + 우리말', ㉣ 용언의 관형사형과 명사가 결합한 '빈 + 집', ㉤ 용언의 연결형과 용언이 결합한 '접어들다'는 모두 통사적 합성어에 해당한다.

─ 보기 ─
새해, 돌다리, 낯설다, 돌아가다, 큰집, 하얀색
뛰어가다, 첫사랑, 철들다, 밤낮, 앞뒤, 늙은이
힘쓰다, 작은형, 들어가다, 힘들다, 호두과자
빛나다, 집안, 어린이, 겁나다, 길바닥

㉠ 명사 + 명사:

㉡ 명사(조사 생략) + 서술어:

㉢ 관형사 + 명사:

㉣ 용언의 관형사형 + 명사:

㉤ 용언의 연결형(용언의 어간 + 연결 어미) + 용언:

공공언어 바로 쓰기 연습

02 ㉠~㉣ 중 문맥상 적절하지 않은 말을 모두 고른 것은?

공주·부여와 익산 일대의 백제 역사 유적 지구가 세계 유산으로 등재되면서 이를 체계적으로 ㉠ 보존 활용하기 위해서는 국비 지원이 절실하다는 여론이 탄력을 얻고 있다.
충청남도가 백제 역사 유적 지구의 세계 유산 등재 1개월을 맞아 공주·부여 유적지를 ㉡ 탐사한 관람객을 조사해 보니 지난해 같은 기간보다 2배 가까이 ㉢ 급감한 것으로 나타났다. 백제 역사 문화의 우수성이 전 세계에 확인된 것을 계기로 관람객들이 증가하면서, 백제 역사 유적 지구가 세계적인 관광 명소로 거듭나기 위한 보존 관리의 필요성이 요구되고 있는 것이다.
이와 함께 유네스코 세계 유산 위원회 자문 기구인 이코모스가 충청남도에 대해 백제 역사 유적 지구의 체계적인 관리 방안을 ㉣ 권고한 것도 주목할 일이다. 이코모스는 유네스코 등재 유적 보호를 위한 지구 내 사유 토지 공공 관리, 송산리·능산리 고분벽화 모니터링 주기를 5년에서 3년으로 단축할 것 등을 권고했다.

① ㉠, ㉡
② ㉡, ㉢
③ ㉡, ㉣
④ ㉢, ㉣

어휘력 기르기

03 ㉮~㉰가 의미하는 단어를 찾고, 그 반의어를 찾아 연결하시오.

이롭거나 도움이 될 만한 것이 있음.	자기의 의사를 밖으로 나타내지 아니한 것	나누어 쪼갬.
㉮	㉯	㉰

㉠   ㉡   ㉢

암묵적(暗默的)	분할(分割)	유익(有益)

㉠   ㉡   ㉢

ⓐ   ⓑ   ⓒ

유해(有害)	명시적(明示的)	통일(統一)

04 〈보기〉를 참고하여 빈칸을 바르게 채우시오.

― 보기 ―
배치, 배반, 비평, 비판, 비중

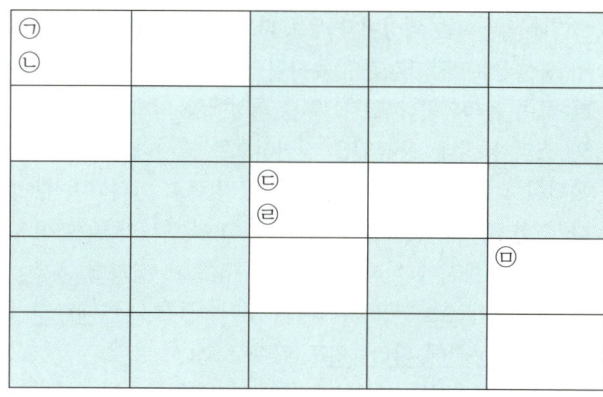

〈가로〉
㉠ 사물의 옳고 그름, 아름다움과 추함 따위를 분석하여 가치를 논함.
　예 오늘날의 기준으로 신소설을 ○○하는 것은 여러 가지 문제를 내포하고 있다.
㉢ 믿음과 의리를 저버리고 돌아섬.

〈세로〉
㉡ 다른 것과 비교할 때 차지하는 중요도
㉣ 서로 반대로 되어 어그러지거나 어긋남.
㉤ 현상이나 사물의 옳고 그름을 판단하여 밝히거나 잘못된 점을 지적함.
　예 그는 내 생각이 너무 편협하다고 ○○하였다.

문해력 기르기

05 ㉠~㉣ 중 (가)의 특징이 아닌 것은?

(가) 의태어는 의성어와 서로 다른 동기와 과정에 의해서 형성되었지만, 몇 가지 유사한 점이 있어서 그동안 함께 묶여 논의되곤 하였다. 우선 의성어와 의태어는 대상의 소리나 상태, 움직임을 직접적으로 묘사하고자 하는 목적이 같다는 점에서 유사한 언어 범주로 인식되어 왔다. 또한 하나의 감각만을 표현하는 것이 아니라 둘 이상의 감각을 동시에 나타내는 경우가 많으며, 심지어 대상의 감각적인 요소만을 나타내는 것이 아니라 ㉠ 대상의 심리까지 동시에 나타내기도 한다.

그러나 의성어는 의태어와 달리 해당 언어 사회의 화자들에게 ㉡ 지시 대상인 소리와 같거나 매우 가까운 소리로 인식된다. 반면 의태어는 소리가 아닌 시각이나 ㉢ 미각, 촉각적 대상을 말소리로 바꾸는 것이기 때문에 대상과 언어 형식의 관계가 전적으로 자의적이다. 움직임이나 상태를 청각화해서 말소리로 나타낸다는 것은 어떻게 해도 간접적일 수밖에 없다.

한편 '종소리'를 표현하기 위해 그 '소리'를 인간의 말로 바꾸어 들려주는 의성어는 인간의 청각 기관과 발음 기관이 같은 한, 여러 언어 간에 상당히 비슷해질 가능성이 높다. 반면 의태어는 지시 대상과 언어 형식 사이에 어떤 동기도 없으므로, ㉣ 서로 다른 언어 사이에서 비슷해질 가능성은 거의 없다고 할 수 있다.

① ㉠
② ㉡
③ ㉢
④ ㉣

06 다음 글을 논리적인 순서에 맞게 배열한 것은?

ㄱ. 하지만 디젤 엔진은 미세 먼지로 알려져 있는 입자상 물질과, 일산화질소나 이산화질소와 같은 질소 산화물을 많이 발생시킨다.
ㄴ. 이런 물질들은 기관지염이나 폐렴 등의 호흡기 질환, 광화학 스모그나 산성비의 원인이 된다.
ㄷ. 디젤 엔진은 가솔린 엔진에 비해 이산화탄소의 배출량이 적고 열효율이 높으며 내구성이 좋다.
ㄹ. 예컨대, 질소 산화물을 저감하는 EFR 기술, EFR보다 저감 효율이 좋은 SCR 기술 등이 있다.
ㅁ. 그래서 디젤 엔진이 배출하는 오염 물질을 저감하기 위한 기술이 계속 개발되고 있다.

① ㄷ-ㄱ-ㅁ-ㄹ-ㄴ
② ㄷ-ㄴ-ㄱ-ㅁ-ㄹ
③ ㄷ-ㅁ-ㄱ-ㄹ-ㄴ
④ ㄷ-ㄱ-ㄴ-ㅁ-ㄹ

♣ 배열 유도지 작성해 보기

ㄷ: 디젤 엔진은 가솔린 엔진에 비해 이산화탄소의 배출량이 적고 열효율이 높으며 내구성이 좋다는 장점에 대해 설명하고 있다.

ㄱ: '(1.)'이라는 역접의 상황에서 사용하는 접속어 뒤에 디젤 엔진은 미세 먼지로 알려져 있는 질소 산화물을 많이 발생시킨다는 내용이 나온다. 이는 디젤 엔진의 (2. 장점 / 단점)이다. 따라서 ㄱ의 앞에는 디젤 엔진의 (3. 장점 / 단점)이 제시되어야 한다. 따라서 ㄷ은 ㄱ의 (4. 앞 / 뒤)에 위치하는 것이 자연스럽다.
▶ 선지 (5. ① / ② / ③ / ④) 탈락

ㄴ: '(6.)'이 가진 부정적인 영향에 대해 설명하고 있다. 따라서 ㄴ의 앞에는 '(7.)' 물질들이 제시되어야 한다. ㄱ의 미세 먼지로 알려져 있는 질소 산화물이 이런 물질들이므로, ㄱ은 ㄴ의 (8. 앞 / 뒤)에 위치하는 것이 자연스럽다.

ㅁ: '(9.)'라는 인과의 상황에서 앞의 내용이 (10. 원인 / 결과)일 때 사용하는 접속어 뒤에 디젤 엔진이 배출하는 오염 물질을 저감하기 위한 기술이 개발되고 있다는 내용이 나온다. ㅁ은 (11.)과 (12.)에서 설명하는 디젤 엔진의 부정적인 영향을 저감하기 위한 해결책이므로 ㄱ과 ㄴ (13. 앞 / 뒤)에 위치해야 한다.

ㄹ: '(14.)'라는 예시를 들 때 사용하는 접속어 뒤에 질소 산화물을 저감하는 기술들에 대한 구체적인 예시가 나온다. 기술이 개발되고 있는 것에 대해 구체적인 예시를 설명한 ㄹ은 (15.) 뒤에 위치해 이어지는 것이 자연스럽다.
▶ 선지 (16. ① / ② / ③ / ④) 탈락

따라서 '(17.)'의 순서가 가장 자연스럽다.

논리 연습

07 다음 글을 읽고 O/X를 판단하시오.

> 논리학의 기본 단위는 사실을 나타내는 문장인 명제이다. 사실을 나타낸다는 것은 참과 거짓으로 판명 난다는 것이다. 주장을 나타내는 명제와 이유를 나타내는 명제가 모여 논증을 구성하는데 논증은 크게 연역과 귀납으로 나눌 수 있다. 전제가 참이라면 결론도 참인 것을 연역 논증이라고 한다. 연역 논증은 전제에 이미 포함된 결론을 다른 방식으로 확인하는 것일 뿐이므로 결론에서 지식이 확장되지 않는다. 반면 귀납 논증은 전제들이 참일 때 결론이 반드시 참이라고 단정할 수 없는 논증이다. 하지만 귀납 논증의 결론은 전제의 정보로 우리의 지식을 확장해 준다는 장점이 있다.
>
> 귀납 논증은 한정된 관찰을 통해 결론을 도출하기 때문에 한계가 있다. 예를 들어, 수많은 까마귀를 관찰한 뒤 우리가 관찰하지 않은 까마귀까지 포함하여 '모든 까마귀는 검은색이다.'라고 정당화하는 것은 합리적인 것 같지만 그렇지 않다. 아무리 치밀하게 관찰한다고 하더라도 그것이 반드시 참이라는 것을 증명할 수 없기 때문이다. 이러한 불확실성에도 불구하고 귀납 논증은 많은 분야에 사용되고 있다.

(1) 거짓인 문장은 명제가 아니다. (O | X)

(2) 연역 논증의 경우 결론을 통해 지식을 확장할 수 있다. (O | X)

(3) 치밀하게 관찰한다면, 귀납의 결론이라도 확실히 참이다. (O | X)

(4) '한 달째 수요일마다 비가 오니 다음 주 수요일에도 비가 올 것이다.'의 경우, 전제가 참이어도 결론이 반드시 참이 되는 것은 아니다. (O | X)

(5) '똑똑한 사람들은 보통 수학을 잘한다. 유진이는 똑똑하다. 따라서 유진이는 수학을 잘할 것이다.'는 연역 논증이다. (O | X)

08 다음 글을 읽고 O/X를 판단하시오.

> 귀납 논증은 전제들이 결론을 절대적으로 보증하지 않기 때문에 연역 논증처럼 논증의 타당성을 평가할 수 없고 귀납적으로 약한지 강한지를 평가한다. '귀납적으로 강하다.'는 것은 논증의 전제들이 참이라면 그 논증의 결론이 참일 개연성이 높다는 것이며 '귀납적으로 약하다.'는 것은 그 논증의 결론이 참일 개연성이 낮다는 것이다.
>
> 대표적인 귀납 논증 중 하나인 통계적 삼단 논법은 대전제와 소전제를 통해 결론을 도출한다는 점에서 연역 논증처럼 보이지만 전제가 결론을 개연적으로만 뒷받침하므로 귀납 논증이며 보통 'A의 X%가 B이다. C는 A이다. 그러므로 C는 B일 것이다.'의 형태를 가지고 있다. 이때 A를 준거 집합, B를 귀속 집합이라고 한다. 준거 집합이란 두 전제에 동시에 등장하면서 삼단 논법의 매개념과 같은 역할을 하는 집합이고, 귀속 집합은 전제와 결론에 등장하면서 결론에서 C가 속한다고 주장되는 집합이다.

(1) 귀납 논증은 논증의 타당성을 평가할 수 없다. (O | X)

(2) '대도시에 거주하는 청소년의 97%가 근시를 겪는다고 한다. A는 대도시에 거주하는 청소년이다. 따라서 근시를 겪고 있을 것이다.'라는 논증은 연역 논증의 형식이므로 연역 논증이다. (O | X)

(3) (2)의 논증에서 '대도시에 거주하는 청소년'은 준거 집합이다. (O | X)

(4) (2)의 논증에서 'A'는 귀속 집합이다. (O | X)

DAY 13

쿼터 홈트

지문형 문법 연습

01 다음 글을 참고하여 ㉠~㉣에 해당하는 단어를 〈보기〉에서 찾아 쓰시오.

> '통사적(統辭的) 합성어'는 우리말의 일반적인 단어 배열법과 맞는 합성어이지만, '비통사적(非統辭的) 합성어'는 우리말의 일반적인 단어 배열법에 어긋나는 합성어이다. '덮밥'과 같이 관형사형 어미가 없이 용언의 어간이 명사 앞에 직접 놓이는 경우, '오르내리다'와 같이 연결 어미가 없이 용언의 어간과 용언이 결합하는 경우, '부슬비'와 같이 주로 용언을 꾸미는 부사가 체언을 꾸미는 경우, '독(읽다) + 서(책을)'와 같이 우리말의 어순과 같지 않은 경우 등이 비통사적 합성어에 해당한다.

─── 보기 ───
뛰놀다, 굶주리다, 여닫다, 등산, 늦더위, 접칼,
먹거리, 척척박사, 산들바람, 급수, 검푸르다, 검버섯

㉠ 용언의 어간 + 명사:

㉡ 용언의 어간 + 용언:

㉢ 부사 + 명사:

㉣ 우리말의 어순과 같지 않은 경우:

공공언어 바로 쓰기 연습

02 다음 글을 참고하여 (1)~(5)를 바르게 고치시오.

> 문장 성분은 문장을 이루는 데 골격이 되는 '주성분(주어, 서술어, 목적어, 보어)'과 주로 주성분의 내용을 수식하는 '부속 성분(관형어, 부사어)', 문장에서 다른 성분과 직접적인 관련이 없는 '독립 성분(독립어)'으로 나눌 수 있다.
> 올바른 문장을 표현하기 위해서는 문장 성분을 잘 갖추어야 한다. 구어에서 주어가 생략되어 쓰는 경우가 많지만, 문장일 때는 반드시 있어야 하며 서술어와 의미상 호응되어야 한다. 가령, '우리가 실패한 이유는 그 일을 너무 쉽게 여겼다.'는 주어 '~이유는'과 서술어 '여겼다'가 호응하지 않는다. '~이유는'이라는 주어는 '~때문이다'라는 서술어와 호응해야 자연스럽다. 또한 동일 구절에서 목적어는 생략할 수 있지만, 타동사* 서술어일 때 목적어를 생략하면 비문이 된다. 가령, '사람은 남에게 속이도 하고 속이기도 한다.'는 서술어 '속이다'와 호응하는 목적어 '남을'이 생략된 비문이다. 필수 성분으로 쓰이는 부사어인데 이를 생략하여 비문이 되는 경우도 있다. 가령, '신은 인간을 사랑하지만 시련의 고통을 주기도 한다.'는 '누구에게'가 생략된 비문이다.
>
> *타동사: 동작의 대상인 목적어를 필요로 하는 동사

(1) 운동시설에 음식물을 반입하거나 훼손하는 행위를 금합니다.
▶

(2) 탄이가 아영이에게 애교를 부리자, 탄이에게 간식을 주었다.
▶

(3) 나는 책의 오탈자를 찾았다. 그래서 선생님께서 상을 주셨다.
▶

(4) 우리는 모두 선생님을 존경하였고, 선생님 또한 사랑하였다.
▶

(5) 선현이와 선영이는 자매이다. 자세히 보니 선현이는 많이 닮은 것 같다.
▶

어휘력 기르기

03 다음 중 ㉠의 문맥적 의미와 가장 유사한 것은?

> 진 씨는 자신의 수염을 ㉠ 쓸고 있었다.

① 아영이는 빗자루로 마당을 쓸었다.
② 그는 값나가는 물건을 전부 쓸어 담았다.
③ 그녀는 머리를 풀더니 손가락으로 머리카락을 천천히 쓸었다.
④ 태풍이 쓸고 간 자리에는 성한 것이라고는 풀 한 포기도 없었다.

04 다음 중 ㉠의 문맥적 의미와 가장 유사한 것은?

> 용돈을 쓸 때는 계획을 세워 바르게 쓰는 습관을 ㉠ 기르도록 하자.

① 제자를 길러 내다.
② 아침에 일찍 일어나는 버릇을 길러라.
③ 그녀는 아이도 잘 기르고 살림도 잘했다.
④ 그녀는 머리를 엉덩이까지 길러서 곱게 땋았다.

05 다음 중 ㉠의 문맥적 의미와 가장 유사한 것은?

> 재정정책과 통화정책은 단기 총공급에는 영향을 ㉠ 미치지 않고, 오직 총수요에만 영향을 미치기 때문에 총수요관리정책이라고도 한다.

① 그녀가 노래에 미친 것은 작년부터였다.
② 이번 광고는 판매량을 높이는 데에 큰 영향을 미쳤다.
③ 우리 편 선수는 결승점에 못 미쳐서 넘어지고 말았다.
④ 그녀는 전쟁 통에 어린 자식을 잃고는 끝내 미치고 말았다.

문해력 기르기

06 다음 글을 읽고 O/X를 판단하시오.

> 읽기란 무엇일까? 이를 밝히기 위해 많은 시도가 있어 왔으나 이 행위에는 워낙 다양한 요소가 복잡하게 얽혀 있어 이 본질에 대해 단정적으로 말하는 데에는 어려움이 따른다.
>
> 읽기는 결국 작가와 독자가 글을 매개로 만나는 행위이다. 즉, 독자가 글을 읽는 과정은 곧 작가와 독자 간에 이루어지는 '대화'라고 할 수 있다. 글을 읽는 것은 독자가 자신과 다른 사람인 작가와 서로의 생각을 주고받는 간접적인 의사소통 과정인 것이다.
>
> 독자가 작가와 이러한 대화를 하기 위해서는 글의 표면적 의미를 아는 것만으로는 부족하다. 보다 적극적인 의사소통을 위해 독자는 자신의 경험과 배경지식을 바탕으로 작가의 생각을 비판하거나 작가의 글에서 새로운 의미를 창조해 내야 한다. 이는 마치 사람들이 대화할 때 청자의 상황을 고려하여 말하거나 자기 생각과 비교하여 상대방의 말을 수용할지 결정하는 것과 비슷하다. 따라서 글은 작가의 일방적인 의사 '전달' 수단이 아니다. 이는 작가와 독자 간의 '소통'이며, 이 행위가 사회 전체로 확장되면 민족 전체의 전통을 계승 · 발전시키는 역할을 하게 된다. 적극적이고 능동적인 글 읽기를 생활화해야 할 이유가 바로 여기에 있다.

(1) 읽기란 작가와 독자가 대화할 수 있는 직접적인 의사소통 과정이다. (O | X)

(2) 독자와 작가 간 '대화'가 제대로 이루어지기 위해서 글의 표면적 의미를 아는 것은 필요하지 않다. (O | X)

(3) 글 읽기가 작가와 독자 간의 '소통'인 만큼, 우리는 소극적이고 수동적인 글 읽기를 지양해야 한다는 것이 글쓴이의 주장이다. (O | X)

07 다음 글을 읽고 O/X를 판단하시오.

플라톤은 소크라테스가 진리를 설파한 이유로 사형을 당했다고 생각했기에 철학이나 진리를 죽이는 기원전 5세기 당대의 아테네 정치는 잘못된 것임을 주장하며 '이상 국가'에 희망을 걸었다.

플라톤은 자신의 책 『국가론』에서 소크라테스의 입을 통해 이상 국가의 공적 영역에서 여성의 역할을 인정했다. 『국가론』의 제5권에는 당시 아테네 정치에서 제외되어 있던 여성을 공적 영역에 포함한 것은 물론, 통치 계급에까지 여성을 포함한 것을 확인할 수 있다. 소크라테스는 여기서 국가를 세우는 일에 있어 필요한 남성적인 혹은 여성적인 기술이나 기능이 따로 존재하는가를 질문하며, 기존에 존재한 남성과 여성의 차이는 그 본성에서 비롯한 것이 아니라 교육을 달리 받은 결과임을 역설했다. 소크라테스의 주장에 따르면, 여성을 국가의 공적 영역에서 제외하는 것은 결코 자연스러운 일이 아니며 단지 관행이었을 뿐이다.

따라서 소크라테스의 이상 국가는 모든 시민을 적재적소에 배치함으로써 국가 경쟁력의 극대화를 꾀한다. 이에 여성이 포함되는 것은 지극히 당연한 결론이며, 이 논의에서 소크라테스가 여성의 능력과 남성의 능력을 동등하게 여겼다는 것을 발견할 수 있다.

(1) 『국가론』에서 소크라테스는 국가를 다스리는 데에 남녀의 능력 차이는 없다고 여겼다. (O | X)

(2) 소크라테스는 공적 영역에 여성을 포함하고자 하였기 때문에 사형을 당하였다. (O | X)

(3) 『국가론』에 따르면 여성을 공적 영역에 포함하기 위해서는 남성보다 더 많은 교육이 요구된다. (O | X)

[08~09] 다음 글을 읽고 물음에 답하시오.

고대 그리스인들은 철학을 '필로스(philos, 사랑)'와 '소피아(sophia, 지혜)'라는 말이 합쳐진 '필로소피아(philosophia)'라고 불렀다. 이는 '지혜를 사랑한다.'는 의미로, 달리 말하면 '세계에 대한 인식을 탐구함.'을 뜻한다. 따라서 '철학'은 '세계관'이라고도 표현할 수 있다.

사람들은 여러 가지 모습으로 살아가며, 그 방식에 따라 세계관이 나타나는 양상도 다양하다. 그렇다면 사람들이 서로 다른 세계관을 가지고 생활하는 것에 우리가 관심을 가지는 이유는 무엇일까? 그것은 각자의 세계관에 따라 행동이 달라지기 때문이다. ⓐ이는 우리 모두 올바른 철학을 가져야 한다는 당위론과도 연결될 수 있다. 어떤 개인이나 사회가 어떠한 철학을 지니고 있는지는 그 사회의 존립 여부에 큰 영향을 미치게 되기 때문이다.

우리가 가져야 하는 올바른 철학이란 곧 체계적이고 이성적인 세계관이다. 사람들은 누구나 자기 나름대로 경험에 기반한 세계관을 가지고 있다. 이를 상식적 세계관이라 하는데, 이는 경험에 기반한 만큼 체계적이지 못할 뿐 아니라 때로는 공공의 이익에 반하는 행동으로 이어지기도 한다. 한편, 때로는 항상 일정한 방향을 향하는 나침반 같은 체계적 세계관이 요구되기도 한다. 다만, 아무리 이러한 체계적 세계관이라 해도 이성을 초월한 초인간적이고 초자연적인 우상에 의존하고 있다면 그것을 올바른 철학이라 할 수 없을 것이다.

08 윗글을 읽고 O/X를 판단하시오.

(1) 사회 구성원의 세계관은 그 사회의 존립 여부와 무관하다. (O | X)

(2) 체계적 세계관은 언제나 이성적이므로 어떤 경우든 올바른 철학에 속한다. (O | X)

09 다음 중 ⓐ이 지시하는 내용으로 가장 적절한 것은?

① 사람들이 서로 다른 세계관을 가지고 생활하는 것에 우리가 관심을 가지는 이유
② 각자의 세계관에 따라 행동이 달라진다는 점

논리 연습

10 다음 글을 읽고 각각의 예시에 해당하는 귀납적 결론 도출법을 쓰시오.

> 귀납적 일반화는 가장 단순한 형태의 귀납 논증으로, 표본 집단이 속해 있는 전체가 표본처럼 나타난다는 사실을 전제한다. 귀납적 일반화는 대개 '모든 X는 Y이다.'의 형식을 가지며 표본에서 얻은 결론을 그 표본이 속하는 전체에 적용하는 논증 형식인데 보편적 일반화와 통계적 일반화로 나뉜다. 보편적 일반화는 전 구성원의 특징을 기술하는 일반화이고 통계적 일반화는 일부 구성원의 특징을 기술하는 일반화이다.
> 통계적 삼단 논법이란 연역 논증의 삼단 논법과 형식이 유사한 것으로, 통계적 일반화를 전제로 한 것이다. 보통 '거의', '자주' 등과 같은 용어로 시작하며 일반적으로는 'F의 x퍼센트는 G이다. a는 F이다. 그러므로 a는 G이다.'와 같은 형태이다.
> 유비 논증은 귀납적 일반화와 마찬가지로 아는 것에서 모르는 것 혹은 개별적인 것에서 일반적인 것을 추리하는 논증이다. 유비 논증의 경우 A와 B가 많은 점에서 유사하다는 진술로 시작하며 A의 몇 가지가 B와 유사하기 때문에 다른 점에서도 유사할 것이라고 논증한다. 즉 A가 x를 가지고 있으므로 B도 x를 가지고 있을 것이라고 하는 것이다.
> 가설추리란 어떤 현상에 대한 설명을 제공하기 위한 논증이다. 가설추론의 특성상 여러 가설 중 최대한 그럴듯한 설명을 찾아내는 형태로 전개되기 때문에, 이를 '최선의 설명으로의 추론'이라고도 부른다.

(1) 대기업 정규직의 90%는 연 2회 이상 건강검진을 받는다. 김 대리는 대기업 정규직이다. 그러므로 김 대리는 연 2회 이상 건강검진을 받을 가능성이 높다.
▶

(2) 지금까지 조사한 모든 플라타너스 나무는 가을에 낙엽이 졌다. 따라서 모든 플라타너스는 낙엽수이다.
▶

(3) 내 스마트폰을 충전기에 꽂았는데 배터리가 전혀 충전되지 않았다. 다른 스마트폰을 꽂아도 마찬가지였다. 충전 케이블에 문제가 있을 가능성이 가장 크다.
▶

(4) 설문에 응답한 80%의 서울 시민이 대중교통 만족도가 높다고 답했다. 그러므로 서울 시민 대다수는 대중교통에 만족한다.
▶

(5) 대기업 신입사원의 대다수는 토익 점수가 850점 이상이다. A도 대기업 신입사원이므로 토익이 850점 이상일 것이다.
▶

(6) 식당에서 음식을 주문한 지 40분이 지나도 내 음식은 나오지 않았다. 나보다 늦게 들어온 사람이 주문한 음식은 이미 나왔다. 따라서 주방에서 내 주문을 누락했을 가능성이 있다.
▶

(7) 설문조사 결과, 응답자 중 85%가 재택근무를 선호한다고 답했다. 이를 통해 대부분의 직장인은 재택근무를 선호한다는 것을 알 수 있다.
▶

(8) 뇌와 컴퓨터는 모두 정보를 저장하고 처리한다. 따라서 뇌도 전기적 신호에 의해 고장이나 오류가 생길 수 있다.
▶

(9) 고양이와 너구리는 야행성이며 털 관리 습관도 비슷하다. 그러므로 너구리도 고양이처럼 스스로 몸을 깨끗하게 관리할 것이다.
▶

(10) 집에 돌아와 보니 쓰레기통이 엎어져 있었다. 우리 집에는 강아지만 있었다. 따라서 강아지가 쓰레기통을 뒤엎어 놓았을 것이다.
▶

DAY 14

지문형 문법 연습

01 다음 글을 읽고 O/X를 판단하시오.

하나의 어근으로 이루어진 단일어와 달리 합성어는 두 개 이상의 어근으로 이루어져 있다. 합성어는 연결되는 어근이 어떤 식으로 결합하느냐에 따라 대등 합성어, 종속 합성어, 융합 합성어로 나뉜다. 대등 합성어는 두 어근의 의미가 대등한 관계를 이루는 단어로, '팔다리', '뛰놀다'와 같은 경우가 이에 해당한다. 종속 합성어는 한 어근이 다른 어근을 수식하는 관계의 단어이다. '사과나무', '나뭇잎'과 같은 경우가 이에 해당한다. 융합 합성어는 두 어근이 본래 갖고 있던 의미와는 다른 의미가 된 단어를 의미한다. '밤낮(매일)', '작은아버지(아버지의 남동생)'와 같은 경우가 이에 해당한다.

합성어는 어근과 어근이 직접 합쳐져서 이루어지는 것과 그렇지 않은 것으로 나뉘기도 한다. '팔다리', '밤낮'은 다른 요소의 개입 없이 어근과 어근이 직접 합쳐져 이루어진 경우로, 단독형 합성어라고 한다. 이와 달리 '너도밤나무'는 어근 사이에 조사 '도'가, '디딤돌'은 명사형 전성 어미 '-(으)ㅁ'이 결합한 경우로, 비단독형 합성어라고 한다. 한편 '콧노래'의 경우, 합성의 과정에서 사이시옷이 들어간 것을 확인할 수 있는데, 사이시옷은 형태소의 범주에 들어가지 않는다는 점에서 '너도밤나무'나 '디딤돌'과는 차이가 있다.

(1) 하나의 합성어는 합성어를 나누는 기준에 따라 다른 분류 체계에 포함되기도 한다. (O | X)

(2) '지름길'은 어근과 어근이 직접 합쳐져서 이루어졌으므로 단독형 합성어로 분류한다. (O | X)

(3) 합성어는 두 개 이상의 어근으로 이루어져 있으므로, 조사가 개입된 단어는 합성어가 아니다. (O | X)

(4) 사이시옷은 형태소의 범주에 들어가지 않으므로, 사이시옷이 개입한 단어는 합성어가 아니다. (O | X)

공공언어 바로 쓰기 연습

02 다음 글을 참고하여 ㉠~㉣에 들어가야 하는 적절한 표현을 고르시오.

공문서를 작성할 때는 어문 규범에 맞게 쉽고 간명한 표현을 사용하여야 한다. 또한 외국어의 사용을 지양하는 것이 좋다. 숫자는 아라비아 숫자를 사용하는 것이 원칙이다. 날짜를 표기해야 할 때는 연·월·일을 온점으로 표기하며 이때 '0'은 표기하지 않는다. 가령, 2025년 4월 5일은 '2025. 4. 5.'과 같이 표기해야 한다는 것이다. 시간의 경우에는 24시각제를 사용하며 시·분을 쌍점으로 표기한다. 따라서 오전 3시 30분은 03:30, 오후 1시 5분은 13:05이라고 표기한다.

공문서의 본문을 작성할 때도 주의하여야 할 사항들이 있다. 문서의 내용을 둘 이상의 항목으로 구분할 필요가 있을 때에는 그 항목을 순서대로 표기하되, 필요한 경우에는 특수한 기호로 표기할 수 있다. 항목 기호는 첫째 항목은 '1., 2., 3., 4.', 둘째 항목은 '가., 나., 다., 라.', 셋째 항목은 '1), 2), 3), 4)', 넷째 항목은 '가), 나), 다), 라)'와 같다. 이때 하나의 항목만 있는 경우에는 따로 항목 기호를 부여하지 않는다.

─── 보기 ───

20○○년도 스키캠프 참가자 선착순 모집

○○시에서 운영하는 '20○○년도 스키캠프'에 참가할 학생을 다음과 같이 선착순으로 모집합니다.

㉠ (20○○. 12. 01 / 20○○. 12. 1.)

○○시장

1. 운영 개요

㉡ (가. / 1) / 가)) 모집 기간: 20○○. 12. 13.(월) ~ 12. 16.(목) ㉢ (오전 9시 ~ 오후 6시 / 09:00 ~ 18:00)

㉣ (나. / 2) / 나)) 후원: ○○특별시

2. 캠프 주요 내용
   - 스키 강습
   - 레크리에이션 등 운영   끝.

어휘력 기르기

03 밑줄 친 단어에 대응하는 한자어를 찾아 연결하시오.

문장		한자어
주변국들과 군사 동맹을 <u>맺다</u>.	①	㉠ 차용(借用)하다
이 물은 남양주 땅을 거쳐 한강으로 <u>들어간다</u>.	②	㉡ 사수(死守)하다
실업 문제는 우리 사회의 가장 큰 문제로 <u>주목받고</u> 있다.	③	㉢ 유입(流入)되다
사람들은 <u>가난한</u> 소작인으로 전락하게 되었다.	④	㉣ 체결(締結)하다
그는 새 사업에 그의 전 재산을 <u>넣었다</u>.	⑤	㉤ 투입(投入)하다
우리 군은 기지를 <u>지키기</u> 위하여 온 힘을 다하였다.	⑥	㉥ 조성(造成)하다
이 대나무밭은 돌아가신 할아버지께서 <u>만들어</u> 놓으신 것이다.	⑦	㉦ 추종(追從)하다
외국에서 이론을 <u>빌리다</u>.	⑧	㉧ 영세(零細)하다
그는 권력자를 무조건적으로 <u>따른</u> 적은 없다.	⑨	㉨ 묘사(描寫)하다
사람의 감정을 세밀하게 <u>그려냈다</u>.	⑩	㉩ 부각(浮刻)되다

문해력 기르기

04 다음 글을 읽고 O/X를 판단하시오.

우리는 주위를 둘러보면, 집 안의 텔레비전부터 빌딩에 설치된 전광판 등 세상의 모든 것들이 이미지로 뒤덮여 있는 것을 볼 수 있다. 그러므로 현대를 '시각의 시대'라고 표현해도 틀린 말은 아니다. 덕분에 우리는 이미지를 통해 받아들이는 자극의 총량이 커진 것은 물론, 형식과 내용도 다양해졌다. 특히 영화를 통해 시각 문화의 놀라운 발전을 확인할 수 있다. 영화는 과학 기술과 심미적 요소를 하나로 통합시키는 놀라운 조화를 이룩하였기 때문이다. 그래서 미술과 같은 고급 예술은 시각 문화의 발전에 대해 수동적인 성격을 띠게 될 것이다.

문화 비평가인 마샬 맥루한은 세계는 새로운 테크놀로지의 시대로 진입하고 있으며, 일렉트로닉 미디어가 새로운 세계를 건설할 것이라고 예언하였다. 새로운 테크놀로지의 세계는 국가 간 경계를 허무는 것은 물론, 그 자체가 인공 지능을 지니고 있다. 심지어 허구를 실제로 둔갑시키기까지 한다. 이때 시각 매체는 상업적 용도로 변질될 소지가 있으며, 인쇄 매체의 기능 약화와 더불어 사실보다 이미지 자체가 더 큰 중요성을 지니게 할 것이다. 또한 미디어는 일부 사실만 일방향적으로 제공하여, 우리의 삶이 왜곡될 가능성이 커지게 되었다.

(1) 영화는 시각 문화의 발전에 대해 수동적으로 대응하고 있다. (O | X)

(2) 테크놀로지 시대의 미디어는 우리에게 정보를 일방적으로 제공한다. (O | X)

(3) 오늘날의 인쇄 매체는 사실보다 이미지를 더 중요하게 여긴다. (O | X)

05 다음 글을 읽고 O/X를 판단하시오.

> 조선의 정치는 외교를 호국의 좋은 계책으로 삼았는데, 말기에는 그 정도가 대단히 심하여 나라의 성세가 거의 외국에 의해 결정되었다. 위정자의 정책은 오직 갑국(甲國)의 도움을 받아 을국(乙國)을 제압함에 불과하였고, 그 믿고 의지하는 습성이 일반 정치 사회에도 전염되었다. 일본이 조선에 대하여 강도 같은 침략을 관철함에도, 조국을 사랑한다는 이들은 고작 탄원서나 열국 공관에 투서하고 청원서를 일본 정부에 보내는 데 그쳐서, 국가 존망과 민족 사활의 문제를 외국인의 처분으로 결정하기만 기다렸다. 그래서 을사조약과 경술합방, 곧 조선이란 이름이 생긴 뒤 처음 당하는 치욕에 대한 분노의 표시가 겨우 하얼빈의 총, 종로의 칼이 되고 말았다. 그러고도 나라가 망한 이후 해외로 나가는 지사들의 사상이, 무엇보다도 외교가 제1장 제1조가 되며, 국내 인민의 독립운동을 선동하는 방법도 '미래의 일미전쟁의 기회' 같은 천편일률의 문장이었고, 국제연맹과 평화회의에 대한 선전은 도리어 이천만 민중이 용기 있게 힘써 전진할 의기를 없애는 매개가 될 뿐이었다.

(1) 조선 외교 정책의 핵심은 인접한 여러 나라들 사이의 갈등을 조정하는 데 있었다. [O | X]

(2) 조국을 사랑하는 이들은 국가 존망의 문제를 외국인의 처분으로 결정되기만 기다리지 않고 탄원서를 열국 공관에 투서하였다. [O | X]

(3) 조선이란 이름이 생긴 이래 처음 당한 치욕은 을사조약과 경술합방이었다. [O | X]

(4) 국제연맹에 대한 선전과 같은 외교적 접근만으로는 일본의 침략에 효과적으로 저항하기 어려웠다. [O | X]

[06~07] 다음 글을 읽고 물음에 답하시오.

> 아리스토텔레스는 하나의 실체 속에 형상과 질료가 공존한다는 관점을 주장했다. 예를 들어 설탕이라는 실체는 달고 희다는 특성을 가진다. 이러한 특성은 본질에 해당하며 설탕의 형상을 구성한다. ㉠ 이러한 특성을 담고 있는 그릇이 질료이다. 질료는 공간을 차지하는 것 이외에는 아무런 특성을 갖지 않는 동시에 형상을 담는 실체의 부분이다. 개념적으로 형상과 질료는 확연히 구분된다. 하지만 현실 세계 속에서 둘은 실체를 이루기 위해 늘 함께한다.
>
> 아리스토텔레스는 변화를 설명하기 위해 잠재성과 실재성이라는 개념을 든다. 변화라는 것은 있는 것이 없어지고 없는 것이 생기는 것이다. 따라서 존재는 비존재가 되고 비존재가 존재가 되는 것이다. 하지만 이는 논리적으로 가능하지 않다. 그렇지만 어떤 식으로든 변화를 설명해야 할 필요가 있으므로 아리스토텔레스는 실상에서 발생하는 온갖 변화를 잠재성이 실재화되는 과정이라 보았다. 예를 들어 씨앗이 자라 식물이 되는 과정에서 씨앗은 식물의 잠재태, 식물은 씨앗의 실재태이다. 변화는 결국 잠재태가 본성에 따라 실재태로 바뀌는 과정이다. 자연은 본성에 따라 자신의 본연의 모습을 찾으려는 목적에 따라 움직이는 것이다.

06 윗글을 읽고 O/X를 판단하시오.

(1) 아리스토텔레스는 하나의 사물을 구분할 수 없는 일체라고 보았다. [O | X]

(2) 아리스토텔레스의 논의에 따르면 청년은 실재태이고, 노년은 잠재태이다. [O | X]

(3) 아리스토텔레스는 실상에서의 모든 변화는 목적이 있다고 판단할 것이다. [O | X]

07 다음 중 ㉠이 지시하는 내용으로 적절한 것은?

① 설탕의 실체가 달고 흼.
② 설탕의 형상을 구성함.

논리 연습

08 다음 글을 참고하여 아래의 문장에 명제라면 ○, 아니라면 ×로 구분하시오.

> '명제(命題)'란 논리학의 기본 단위로, 참 또는 거짓으로 명확하게 판명될 수 있는 문장을 의미한다. 이러한 명제는 '유진이는 사람이다.'처럼 단일한 문장으로 구성된 단순 명제와 '사과는 과일이고, 당근은 채소이다.'처럼 두 개 이상의 단순 명제로 구성된 합성 명제로 구분할 수 있다.
> 명령형이나 의문형, 감탄형 등의 문장은 참 또는 거짓으로 나눌 수 없으므로 명제가 될 수 없으며 자신의 주관을 드러내는 문장, 약속이나 의지를 나타내는 문장, 인사 또한 명제에 속하지 않는다.

(1) 2024년 5월 5일은 일요일이다. ○ | ×

(2) 유진이는 우리나라에서 가장 이성적인 사람이다. ○ | ×

(3) 나는 지금 배가 고프다. ○ | ×

(4) '1 + 3'은 5이다. ○ | ×

(5) '빅토르 위고'는 누구인가? ○ | ×

(6) 울릉도는 섬이다. ○ | ×

(7) 이 문제를 풀어라. ○ | ×

(8) 'x + 5'는 18이다. ○ | ×

(9) 고양이는 귀엽다. ○ | ×

(10) 대한민국의 수도는 서울이다. ○ | ×

(11) 페루는 아메리카 대륙에 있다. ○ | ×

(12) 세상에서 가장 예쁜 꽃은 장미이다. ○ | ×

(13) 다음 주 독해 알고리즘 숙제를 나에게 알려 줄 수 있니? ○ | ×

(14) 국어에서는 종결 어미에 따라 평서문, 의문문, 명령문, 청유문, 감탄문으로 문장을 나눌 수 있다. ○ | ×

(15) 7은 행운의 숫자이다. ○ | ×

(16) 월요일 9시에 강의실에서 보자. ○ | ×

(17) 2는 가장 작은 자연수이다. ○ | ×

(18) 이 음식을 개봉한 후에는 가능한 한 빨리 드시기 바랍니다. ○ | ×

(19) 모든 새는 날 수 있다. ○ | ×

(20) 가속도는 힘에 비례하고 질량에 반비례한다. ○ | ×

DAY 15

쿼터 홈트

지문형 문법 연습

01 다음 글을 읽고 O/X를 판단하시오.

복합어는 합성어와 파생어로 나뉜다. 합성어는 둘 이상의 어근의 결합으로, 파생어는 어근과 접사의 결합으로 이루어져 있다. 어근은 어휘적으로 실질적 의미를 나타내는 부분이고, 접사는 어근에 붙어 의미를 더하거나 품사를 바꾸는 부분이다.

한 글자인 명사는 흔히 접사와 혼동하기 쉬운데, 명사와 접사를 구별할 때는 단독으로 쓰일 수 있는지를 판단의 기준으로 삼으면 된다. 예를 들어, '짓'은 '네가 한 짓 좀 봐!'와 같이 앞말과 띄어 쓰이는 경우가 있으므로 명사이다. 하지만 접사는 앞말과 띄어 쓸 수 없다.

접사는 크게 '한정적 접사'와 '지배적 접사'로 나눌 수 있다. 한정적 접사는 어근의 의미를 한정하거나 보충하는 역할을 하며, 주로 어근의 의미 영역 내에서 작용한다. 예를 들어, '맨-'이 '손'에 붙어 만들어진 파생어 '맨손'은 '손'의 의미를 '아무것도 들지 않은'으로 한정한다. 반면, '지배적 접사'는 문법적 성질에 영향을 끼쳐서, 파생되는 단어의 품사를 바꾸거나 문장의 구조를 바꾸기도 한다. 예를 들어 '먹-'에 '-이'가 붙어서 동사 '먹다'를 명사 '먹이'로 바꾸거나, 명사 '향기'에 '-롭다'가 붙어서 형용사 '향기롭다'를 만들어 낼 수 있다. 또한 '입다'에 사동 접사 '-히-'를 결합하여 능동문에서 사동문으로 문장 구조를 바꿀 수도 있다.

(1) '-개'는 '칠판을 지우개로 깨끗이 지워라.'와 같이 앞말과 띄어 쓸 수 없으므로 접사이다. O | X

(2) '새-'가 '빨갛다'에 붙어 만들어진 파생어 '새빨갛다'는 '빨갛다'의 의미를 '매우 짙고 선명한'으로 한정한다. O | X

(3) 형용사 '높다'를 명사 '높이'로 바꾸기 위해서는 한정적 접사를 활용해야 한다. O | X

공공언어 바로 쓰기 연습

02 다음 글을 참고하여 ①~⑩을 우리말로 다듬은 표현과 연결하시오.

어렵고 낯선 한자어, 외래어, 외국어가 쓰인 공문서는 공공기관과 국민 사이의 소통을 방해한다. 따라서 어려운 한자어, 생소한 외래어나 외국어를 우리말로 다듬어 쓰는 노력이 필요하다. 예를 들어, '마스터플랜(master plan)'은 '기본이 되는 계획. 또는 그런 설계'를 의미하는 생소한 외래어이다. 이는 우리말로 다듬어서 표현해야 하므로, '종합 계획 / 기본 설계 / 기본 계획'과 같이 수정해야 한다.

매뉴얼	①	㉠ (연구) 과제 / 사업
모델	②	㉡ 정보 공개란
정보 공개 코너	③	㉢ 설명서 / 안내서 / 지침
프로젝트	④	㉣ 연합(지구)
스크린	⑤	㉤ 이상/전망
클러스터	⑥	㉥ 관찰
비전	⑦	㉦ 국제 표준 / 세계적 표준
글로벌 스탠더드	⑧	㉧ 본보기
모니터링	⑨	㉨ 통화교환
통화스와프	⑩	㉩ 화면

어휘력 기르기

03 ㉮~㉰가 의미하는 단어를 찾고, 그 반의어를 찾아 연결하시오.

아직 결정하거나 해결하지 아니함.	근원이 많음. 또는 그 근원	정한 수효나 정도에 차지 못함. 수량이 범위에 포함되지 않으면서 그 아래인 경우
㉮	㉯	㉰
㉠	㉡	㉢
다원(多元)	미결(未決)	미만(未滿)
㉠	㉡	㉢
ⓐ	ⓑ	ⓒ
초과(超過)	기결(旣決)	일원(一元)

04 〈보기〉를 참고하여 빈칸을 바르게 채우시오.

― 보기 ―
견고하다, 기원, 원형, 고저, 동기, 형상화

㉠	㉡			㉢
	㉣			
㉤	㉥			

〈가로〉
㉠ 어떤 일이나 행동을 일으키게 하는 계기
㉣ 본디의 꼴
㉤ 「1」 굳고 단단하다.
　「2」 사상이나 의지 따위가 동요됨이 없이 확고하다.

〈세로〉
㉡ 사물이 처음으로 생김. 또는 그런 근원
㉢ 형체로는 분명히 나타나 있지 않은 것을 어떤 방법이나 매체를 통하여 구체적이고 명확한 형상으로 나타냄.
㉥ 높음과 낮음. 또는 높고 낮은 정도. = 높낮이

문해력 기르기

05 다음 글을 읽고 O/X를 판단하시오.

> 우주 개발은 눈앞에 보이는 이득 없이 비용만 막대하게 들어가는 것이라며 비판하는 사람들도 있지만, 우주 개발이 가져올 수 있는 이점은 결코 무시할 수 있는 것이 아니다.
> 우선, 우주 개발은 매우 큰 경제적 파급 효과를 가져올 것이다. 또한 우주 개발은 다양한 첨단 기술이 동원되어 이루어지는 것인 만큼, 국가의 위상을 높이는 데에 크게 기여하고, 국가의 안보에도 중요한 역할을 한다. 이미 많은 국가가 위성을 활용해 주변국들에 대한 정보를 수집하고 있다. 예를 들어, 미국의 정찰 위성의 경우 지표상 15센티미터의 물체까지도 식별해 낸다고 한다.
> 독자적인 우주 기술을 확보하는 것은 국력의 신장과 직결되는 일인 만큼, 우리나라도 우주 산업의 발전을 위해 많은 노력을 해야 할 것이다.

(1) 우주 개발이 이득 없이 비용만 많이 들어가는 것이라며 비판하는 이들도 존재한다. (O | X)

(2) 우주 개발이 국가의 안보에 기여하게 되는 이유는 국가의 위상을 높이기 때문이다. (O | X)

(3) 글쓴이는 '우리나라의 국가 위상을 드높일 방안을 찾아야 한다.'라고 주장하고 있다. (O | X)

06 다음 글을 읽고 O/X를 판단하시오.

우리는 대부분 돼지를 더러운 동물이라고 생각하지만, 실제로 그렇지 않다. 돼지는 잠자리와 배변 장소를 가리기 때문에 적절한 장소가 제공되면 우리 안의 잠자리를 항상 깨끗하게 한다. 또한 땀샘이 없어 목욕만 잘 시킨다면 냄새가 나지 않는다. 그러나 돼지는 땀샘이 없어서 열에 의한 체온 상승 시 땀이 배출되지 않아 체온을 낮출 수 없다. 그래서 돼지는 호흡을 통해 열을 배출하거나 진흙이나 물속에 몸을 뒹굴어 체온을 조절한다. 이때 진흙이 없으면 자신의 배설물에라도 몸을 적시려고 한다. 기온이 섭씨 29도 이하라면 돼지는 우리 안의 잠자리와 식사 자리에서는 배설하지 않으나, 기온이 섭씨 29도를 초과하면 장소를 가리지 않는다. 요르단 계곡의 매년 여름은 대부분 섭씨 43도가 넘는다. 그래서 요르단 계곡과 같이 중동은 덥고 건조한 기후를 가지고 있어 돼지 사육에 적합한 지역이 아니다.

중동의 인구가 증가하면서 양, 소 등을 사육하기 위해 삼림이 훼손됨에 따라 돼지 사육에 필요한 자연조건이 감소했다. 결국 중동에서 돼지고기는 생태학적, 경제적으로 사치품이 될 수밖에 없었고, 사람들은 돼지고기를 먹고 싶은 유혹이 커져 갔다. 그러나 중동에서 돼지를 사육하기에는 생태학적으로 적절하지 못할뿐더러, 시원한 환경을 만들어 주기 위한 비용이 너무 많이 들어간다. 따라서 중동 지방에서 돼지고기의 종교적 금기 조치의 필요성이 제기된 것은 이와 관련이 있다고 볼 수 있다.

(1) 돼지우리의 기온이 섭씨 30도라면, 돼지는 장소를 가리지 않고 배설을 한다. (O | X)

(2) 중동 지역은 돼지를 기르기 위한 환경을 갖추었지만, 종교적 이유로 돼지 사육을 할 수 없었다. (O | X)

[07~08] 다음 글을 읽고 물음에 답하시오.

근래에 들어 우리 바다는 심각한 위기에 처해 있다. 바다에 직접 버리거나 육지에서 바다로 밀려드는 쓰레기로 인해 몸살을 앓고 있기 때문이다. 이렇게 사람이 살면서 생긴 ⊙ 모든 부산물로써 바다로 들어가 못 쓰게 된 것을 'ⓒ 해양폐기물'이라고 한다. 해양폐기물로 인해 의도하지 않았던 바다 생물들이 죽는 문제가 심각하며, 생물의 서식지까지 파괴한다. ⓒ 이 폐기물은 선박사고를 일으키기도 하는데, 우리나라의 선박사고 원인 중 10분의 1은 해양폐기물 때문에 발생한다. 또한 어망에 어획물뿐만 아니라 쓰레기까지 올라와 어업 생산성을 떨어뜨린다.

이렇게 계속해서 나빠지는 바다 환경을 방치할 경우, 돌이키기 어려운 상황에 처할지도 모른다. 따라서 바다의 자원과 가치를 온전하게 보전하고 훼손된 생태계를 복구하기 위해 바다에 버려지고 있는 쓰레기를 줄여나가야 할 것이다. 이때 개개인의 노력 하나하나가 깨끗하고 맑은 바다를 만드는 작은 물줄기가 된다는 것을 깊이 마음속에 새기며 온 국민이 함께 협력하여 쓰레기를 줄이기 위해 노력해야 한다. 미래의 세대들에게 건강하고 풍요로운 바다를 물려주기 위해 우리 스스로 나서야 할 때이다.

07 윗글을 읽고 O/X를 판단하시오.

(1) 개개인의 노력은 깨끗한 바다를 되찾는 데 아무런 도움이 되지 않는다. (O | X)

(2) 바다의 위기는 바다에 직접적으로 버려지는 쓰레기 때문일 뿐, 육지에 버려지는 쓰레기와는 관련이 없다. (O | X)

08 ⊙~ⓒ 중 지시하는 대상이 다른 하나는?

① ⊙
② ⓒ
③ ⓒ

논리 연습

09 〈보기〉를 참고하여 아래의 명제를 ㉠~㉣로 구분하시오.

보기

단순 명제 중에서 주어와 술어에 속하는 단어의 포함과 배제 관계를 판명하는 명제를 '정언 명제'라고 한다. 이때 '모든 수험생은 학생이다.'와 같이 주어 집합의 원소 전체를 언급하는 것을 '전칭'이라 하며, '어떤 수험생은 학생이다.'와 같이 주어 집합의 원소 일부에 관해 언급하는 것을 '특칭'이라 한다. 그리고 주어 집합의 원소가 술어 집합에 포함된다고 판명하는 것을 '긍정'이라고 하고, '어떤 수험생은 학생이 아니다.'와 같이 주어 집합의 원소가 술어 집합에서 배제된다고 판명하는 것을 '부정'이라고 한다. 이러한 정언 명제는 ㉠ <u>전칭 긍정</u>, ㉡ <u>전칭 부정</u>, ㉢ <u>특칭 긍정</u>, ㉣ <u>특칭 부정</u>으로 구분할 수 있다.

---

(1) 모든 A는 B이다.
▶ (㉠ / ㉡ / ㉢ / ㉣)

(2) 어떤 A도 B가 아니다.
▶ (㉠ / ㉡ / ㉢ / ㉣)

(3) 어떤 A는 B이다.
▶ (㉠ / ㉡ / ㉢ / ㉣)

(4) 어떤 A는 B가 아니다.
▶ (㉠ / ㉡ / ㉢ / ㉣)

(5) 어떤 꽃은 붉은색이다.
▶ (㉠ / ㉡ / ㉢ / ㉣)

(6) 돌고래는 포유류이다.
▶ (㉠ / ㉡ / ㉢ / ㉣)

(7) 거짓말을 하는 성직자는 결코 없다.
▶ (㉠ / ㉡ / ㉢ / ㉣)

(8) 강아지는 포유류이다.
▶ (㉠ / ㉡ / ㉢ / ㉣)

(9) 어떤 사람은 선생님이다.
▶ (㉠ / ㉡ / ㉢ / ㉣)

(10) 어떤 판다도 고기를 먹지 않는다.
▶ (㉠ / ㉡ / ㉢ / ㉣)

(11) 어떤 사람은 볼펜을 쓰지 않는다.
▶ (㉠ / ㉡ / ㉢ / ㉣)

(12) 7월에 태어난 사람들의 경우에만 그 행사에 참여한다.
▶ (㉠ / ㉡ / ㉢ / ㉣)

10 각 명제와 벤다이어그램을 올바르게 연결하시오.

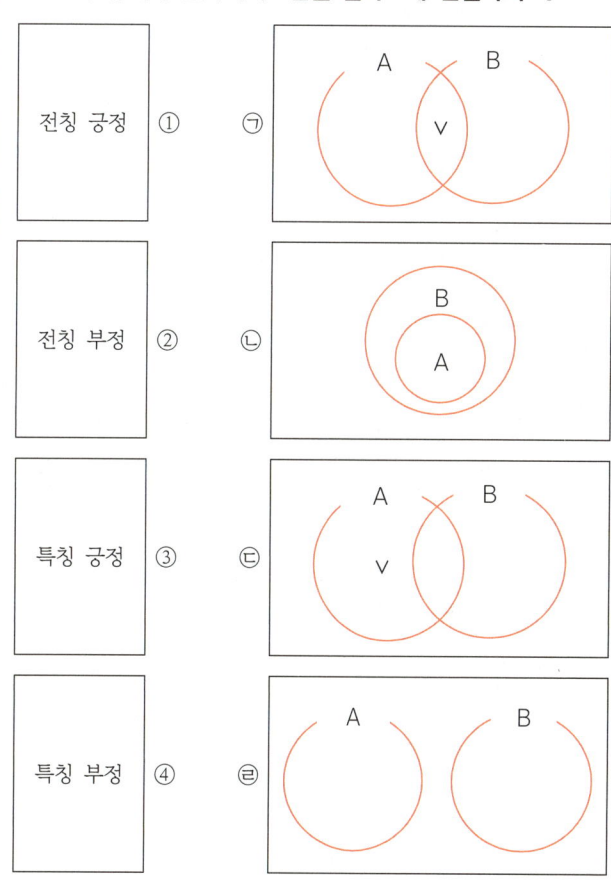

DAY 16

쿼터 홈트

오운완

지문형 문법 연습

01 다음 글을 읽고 O/X를 판단하시오.

> 단어를 그 문법적 성질에 따라 몇 가지 부류로 나눈 것을 '품사'라고 한다. 품사는 일반적으로 형태, 기능, 의미의 세 가지 기준에 따라 분류된다.
>
> '형태'란 말의 형태인 어형 변화와 관련된 것이다. 이는 어미를 활용하며 그 어형이 다양하게 바뀔 수 있는 '가변어'와 어형이 변하지 않는 '불변어'로 나뉜다. 가변어로는 동사와 형용사가 있으며, 이 두 품사를 용언이라 부른다.
>
> 그런데 동사와 형용사의 활용 양상은 다소 차이가 있다. 동사는 현재 일어남을 나타내는 선어말 어미 '-는-'이나 '-ㄴ-'을 취할 수 있지만, 형용사는 그렇지 않다. 즉 동사 '듣다'와 '보다'는 '듣는다', '본다'와 같이 활용되지만, 형용사 '곱다'와 '예쁘다'는 '곱는다', '예쁜다'라고 활용되지 않는다.

(1) '키가 몰라보게 <u>컸구나</u>.'의 '크다'는 동사이다. (O | X)

(2) '벌써 새벽이 <u>밝아</u> 온다.'의 '밝다'는 형용사이다. (O | X)

(3) '초저녁부터 달이 휘영청 <u>밝았다</u>.'의 '밝다'는 동사이다. (O | X)

(4) '지영이는 아침 일찍 <u>일어났다</u>.'의 '일어나다'는 동사이다. (O | X)

(5) '김 선생은 나보다 세 살이 <u>어리니</u> 올해 마흔다섯이다.'의 '어리다'는 형용사이다. (O | X)

공공언어 바로 쓰기 연습

02 〈공공언어 바로 쓰기〉를 참고하여 (1)~(5)를 고치시오.

> 〈공공언어 바로 쓰기〉
> • 주어와 서술어의 관계를 명확하게 표현할 것 ……… (1)
> • 지나치게 긴 문장은 삼갈 것
> • 여러 뜻으로 해석되는 표현은 삼갈 것 …………… (2)
> • 수식어구가 무엇을 수식하는지 분명하게 표현할 것 ‥ (3)
> • 조사, 어미, '-하다' 등을 지나치게 생략하지 말 것
> • '-고', '-며', '-와', '-과' 등으로 접속되는 말에는 구조가 같은 표현을 사용할 것 ……………………… (4)
> • 외국어 번역 투는 삼갈 것
>   가) 영어 번역 투
>   - 어색한 피동 표현(~에 의해 ~되다)
>   - 스스로 움직이지 않는 사물이나 추상적 대상이 능동적 행위의 주어로 나오는 문장
>   나) 일본어 번역 투
>   - ~에 있다: '~이다'로 바꿈.
>   - ~에 있어서: '~에 대하여', '~에 관하여', '~에서' 등으로 바꿈. …………………………… (5)

(1) 사과는 맛도 영양도 많다.
▶

(2) 오늘 학교에 친구들이 다 안 왔다.
▶

(3) 나는 어제 미국에서 온 친구를 만났다.
▶

(4) 분산된 정보의 맞춤형 제공과 피해 구제 창구를 마련해야 한다.
▶

(5) 시에 있어서의 형식과 내용은 결코 분리하여 생각할 수 없는 시의 구성 장치이다.
▶

어휘력 기르기

03 밑줄 친 단어에 대응하는 한자어를 찾아 연결하시오.

문장	번호		한자어
그는 자신의 목적을 <u>이루기</u> 위해 수단과 방법을 가리지 않는 사람이다.	①	㉠	관철(貫徹)하다
그는 우리말 어휘를 자유자재로 <u>다루어</u> 많은 걸작을 남겼다.	②	㉡	기술(記述)하다
주주들에게 이익금을 <u>나누어</u> 주었다.	③	㉢	개발(開發)하다
가족과의 이별은 어린 나이에 <u>받아들이기</u> 어려운 고통이었다.	④	㉣	구사(驅使)하다
이번 논술 시험에서 일부 학생들이 자기 생각을 논리적으로 잘 <u>적었다</u>.	⑤	㉤	와해(瓦解)되다
시간과 공간을 <u>뛰어넘었다</u>.	⑥	㉥	직시(直視)하다
그동안 한 번도 서로의 표정을 <u>보지</u> 못했다.	⑦	㉦	배분(配分)하다
진짜는 가짜와 반드시 <u>가려지기</u> 마련이다.	⑧	㉧	감수(甘受)하다
이 기계는 우리 회사가 세계 최초로 <u>만들어 낸</u> 제품이다.	⑨	㉨	초월(超越)하다
한 사람의 실수로 우리의 계획은 한순간에 <u>무너져</u> 버렸다.	⑩	㉩	변별(辨別)되다

문해력 기르기

04 다음 글을 읽고 O/X를 판단하시오.

인류의 역사에서 '빛 공해'의 발생은 오래된 일이 아니다. 우리는 마치 원래 우리의 활동 영역이 밤이었다는 듯이 불을 밝혀 놓았고, 한때는 빛 공해의 영향을 받는 이들은 천문학자들뿐이라고까지 생각했다. 하지만 많은 생물이 본능에 이끌리듯 빛이 있는 곳으로 모여든다. 바닷새들의 경우 수천 마리가 육지의 탐조등의 빛에 이끌려 그 주변을 맴돌다 떨어져 죽기도 한다. 그리고 철새들은 이동하다 환한 조명을 밝힌 고층 건물에 곧잘 충돌하기도 하는데, 특히 처음 비행하는 어린 새들이 유난히 그런 사고를 많이 당하곤 한다. 이처럼 가로등 주변의 수많은 곤충, 어두운 해변을 좋아하는 바다거북, 밝은 조명의 고속도로 근처에 서식하는 개구리나 두꺼비들도 모두 야간 조명으로 인해 고통받고 있다.

인간 역시 빛 공해로 인해 건강에 악영향을 받는 생물에 포함된다. 새로운 연구 결과에 따르면 주거 지역의 야간 조명 밝기와 여성의 유방암 발병률 증가에 직접적인 상관관계가 있다고 한다. 자신이 만든 빛 속에서, 인간은 진화론적, 문화적 유산인 낮과 밤의 리듬에서 스스로 멀어져 버렸다. 캄캄한 밤하늘 아래서야 인간들은 비로소 다시 겸손해질 수 있을 것이다.

(1) 오늘날에도 빛 공해로 인해 영향을 받는 이들은 천문학자들뿐이라고 여겨진다. (O | X)

(2) 밝은 야간 조명으로 인해 수많은 생물들이 고통받고 있다. (O | X)

(3) 글쓴이는 낮을 늘리고 밤을 단축하는 것을 긍정적으로 평가하고 있다. (O | X)

05 다음 글을 읽고 O/X를 판단하시오.

　15세기에는 민간 상인의 외국 무역이 완전히 금지되고 도시 상업도 시전(市廛) 상업에 한정되었으며, 농촌 상업에 있어서도 행상 활동만이 허용되었지만 그것마저 통제를 받고 있었다. 그러나 16세기에 접어들면서 사신 행차에 붙어 가는 불법적 방법이기는 하나 민간인의 대외 무역이 조금씩 풀려 갔고, 도시 상업계에서도 비(非)시전계의 사상인층(私商人層)이 차차 성장했으며, 농촌 산업에 있어서도 정기 장시가 다시 발전하기 시작했다.
　이와 같은 16세기의 상업상의 변화는 17세기 이후에 본격화하여 외국 무역에 있어서는 후시(後市) 무역을 통하여 민간인의 활동이 활발해졌고, 농촌 사회에는 1천여 곳의 장시가 발전하여 그곳을 무대로 하는 사상인층에 의한 조직적인 도매 상업이 발달하였다. 이와 같은 일련의 상업 발전 현상을 통하여 상업 자본이 형성되어 갔다.
　한편 수공업 분야에서도 15세기의 체제는 16세기에 무너지고, 그것은 17세기로 연결되었다. 15세기에는 관장제(官匠制) 수공업 체제가 한층 강화되고, 이 때문에 도시의 사영(私營) 수공업과 농촌 수공업은 그것에 압도되어 있었다. 그러나 16세기에는 이 관장제 수공업도 차차 무너져 갔으며, 17세기에 이르러서는 무기 제조 분야 등 특수한 경우를 제외하고는 관장제 수공업의 대부분이 해체되고, 반면 도시의 민간 수공업과 농촌 수공업이 발전해 갔던 것이다.

(1) 농촌의 정기 장시는 16세기에 들어서면서 오히려 쇠퇴하였다. (O | X)

(2) 17세기 이후에는 후시 무역을 통해 민간인의 외국 무역 활동이 활발해졌다. (O | X)

(3) 17세기 이후 무기 제조 분야와 같은 경우는 해체되지 않았지만, 도시의 민간 수공업은 쇠퇴하였다. (O | X)

[06~07] 다음 글을 읽고 물음에 답하시오.

　우리는 이제 냉장고 없는 삶을 상상하기 힘들다. 그러나 냉장고에는 우리가 인지하지 못하는 단점들도 분명 존재한다.
　냉장고는 생태계의 질서에 영향을 준다. 우리는 당장 필요하지 않더라도 여러 음식을 미리 사서 냉장고에 넣어 두거나, 돼지고기, 생선 등 여러 음식 재료를 가득 채워 두는 경우가 많다. ㉠이는 엄청난 양의 생명을 아무렇지도 않게 죽여 보관하는 행위를 습관적으로 저지르고 있는 것을 의미한다.
　냉장고로 인한 다른 심각한 문제는 우리의 건강을 위협한다는 것이다. 냉장고를 열기만 하면 언제든지 먹을 수 있는 음식이 있어서 자기도 모르는 사이에 음식 섭취량이 늘어나게 되며, 이는 비만 환자의 급증으로 이어질 수 있다. 국제 비만 특별 조사 위원회가 조사한 바에 따르면, 최근 몇십 년간 냉장고에 장기적으로 보관하는 기름진 가공식품의 소비가 급격하게 늘어난 나라에서는 비만 환자가 빠르게 늘어났다. 또한 냉장고에 장기간 보관이 가능한 가공식품의 가공 과정에서 해로운 물질을 포함하고 있는 경우가 많다. 하버드 대학의 조사에 따르면, 냉장고에 보관하는 가공식품을 먹은 여성이 결장암에 걸릴 위험이 그렇지 않은 여성보다 1.5배 높았다.

06 윗글을 읽고 O/X를 판단하시오.

(1) 글쓴이는 '우리는 냉장고 없이 지내기 위해 노력해야 한다.'라고 주장한다. (O | X)

(2) 냉장고에 여러 음식을 보관할 수 있어서, 냉장고는 사람들의 음식에 대한 집착을 줄이고 음식 섭취량을 줄일 수 있게 해 준다. (O | X)

07 다음 중 ㉠이 지시하는 내용으로 가장 적절한 것은?

① 돼지고기, 생선 같은 음식을 사는 행위
② 필요 이상의 음식을 사서 냉장고에 저장하는 행동

논리 연습

08 〈보기〉를 참고하여 아래의 명제를 ㉠~㉣로 구분하시오.

― 보기 ―

단순 명제 중에서 주어와 술어에 속하는 단어의 포함과 배제 관계를 판명하는 명제를 '정언 명제'라고 한다. '모든 수험생은 학생이다.'와 같이 주어 집합의 원소 전체를 언급하는 것을 '전칭', '어떤 수험생은 학생이다.'와 같이 주어 집합의 원소 일부에 관해 언급하는 것을 '특칭'이라 한다. 그리고 주어 집합의 원소가 술어 집합에 포함된다고 판명하는 것을 '긍정'이라고 하고, '어떤 수험생은 학생이 아니다.'와 같이 주어 집합의 원소가 술어 집합에서 배제된다고 판명하는 것을 '부정'이라고 한다. 이러한 정언 명제는 ㉠ <u>전칭 긍정</u>, ㉡ <u>전칭 부정</u>, ㉢ <u>특칭 긍정</u>, ㉣ <u>특칭 부정</u>으로 구분할 수 있다.

(1) 모든 강아지는 동물이다.
▶ (㉠ / ㉡ / ㉢ / ㉣)

(2) 모든 강아지는 동물이 아니다.
▶ (㉠ / ㉡ / ㉢ / ㉣)

(3) 어떤 강아지는 동물이다.
▶ (㉠ / ㉡ / ㉢ / ㉣)

(4) 어떤 강아지는 동물이 아니다.
▶ (㉠ / ㉡ / ㉢ / ㉣)

(5) 어떤 보석은 사각형이다.
▶ (㉠ / ㉡ / ㉢ / ㉣)

(6) 사과에는 비타민 C가 있다.
▶ (㉠ / ㉡ / ㉢ / ㉣)

(7) 서울에서 일하는 어떤 회사원은 서울에 살지 않는다.
▶ (㉠ / ㉡ / ㉢ / ㉣)

(8) 그 교실의 어떤 책도 수학책이 아니다.
▶ (㉠ / ㉡ / ㉢ / ㉣)

(9) 어떤 사자도 채식을 하지 않는다.
▶ (㉠ / ㉡ / ㉢ / ㉣)

(10) 모든 금속에는 전기가 통한다.
▶ (㉠ / ㉡ / ㉢ / ㉣)

(11) 어떤 학생은 숙제를 제출하지 않았다.
▶ (㉠ / ㉡ / ㉢ / ㉣)

(12) 어떤 삼각형도 둥근 모양이 아니다.
▶ (㉠ / ㉡ / ㉢ / ㉣)

(13) 어떤 책은 유익하지 않다.
▶ (㉠ / ㉡ / ㉢ / ㉣)

(14) 어떤 꽃은 향기가 아주 강하다.
▶ (㉠ / ㉡ / ㉢ / ㉣)

(15) 어떤 돌고래도 물고기가 아니다.
▶ (㉠ / ㉡ / ㉢ / ㉣)

(16) 자동차에는 바퀴가 4개 있다.
▶ (㉠ / ㉡ / ㉢ / ㉣)

(17) 어떤 포유류는 알을 낳는다.
▶ (㉠ / ㉡ / ㉢ / ㉣)

(18) 어떤 새는 말을 흉내 낼 수 있다.
▶ (㉠ / ㉡ / ㉢ / ㉣)

(19) 어떤 과일은 단맛이 나지 않는다.
▶ (㉠ / ㉡ / ㉢ / ㉣)

(20) A 회사의 어떤 직원은 퇴근 후에 운동을 한다.
▶ (㉠ / ㉡ / ㉢ / ㉣)

DAY 17

지문형 문법 연습

01 다음 글을 참고하여 문장의 품사를 분류해 보시오.

> 품사는 형태, 기능, 의미의 세 가지 기준에 따라 분류된다. 그중 '기능'은 어떤 단어가 문장 속에서 담당하는 역할을 의미한다. 이에 따라 단어를 분류하면, 체언, 수식언, 관계언, 독립언, 용언으로 나눌 수 있다.
> 우선 체언은 문장에서 주어, 목적어, 보어 등으로 쓰이며, 명사, 대명사, 수사가 이에 해당한다. 명사는 사람, 사물 등의 이름을 나타내는 말, 대명사는 명사를 대신하여 그것을 직접 나타내는 말, 수사는 사물의 수량이나 순서를 나타내는 말이다.
> 수식언은 다른 단어를 꾸며 주는 역할을 하는데, 관형사와 부사가 이에 해당한다. 관형사는 체언 앞에 놓여서 체언을 꾸며 주지만, 부사는 주로 용언, 관형사, 부사, 문장 등을 꾸며 준다.
> 관계언은 문장에 쓰인 단어들의 관계를 나타내는 역할을 하며, 조사가 이에 속한다. 조사는 다른 말(주로 체언)에 붙어서 그 말과 다른 말과의 문법적 관계를 나타내거나 뜻을 더해 주는 단어들의 묶음을 뜻한다.
> 독립언은 문장의 다른 말들과 관계를 맺지 않고 독립적으로 쓰이는 말로, 감탄사가 이에 해당한다.
> 용언은 문장에서 주어를 서술하는 기능을 하며, 동사와 형용사가 이에 해당한다. 동사는 사람이나 사물의 움직임을, 형용사는 사람이나 사물의 상태 또는 성질을 나타내는 말이다.

(1) 단어는 어근이 하나이다.

단어	는	어근	이	하나	이다
명사					조사

(2) 그는 온갖 시련을 겪었다.

그	는	온갖	시련	을	겪었다

(3) 그녀는 빨리 도착했다.

그녀	는	빨리	도착했다

공공언어 바로 쓰기 연습

02 다음 글을 참고하여 올바른 문장이 되는 표현을 고르시오.

> • 어려운 외국어, 외래어, 한자어 피하기
> - ㉠ 생소한 외래어나 외국어는 우리말로 다듬음.
> • 목적어와 서술어의 호응
> - ㉡ 목적어와 서술어의 호응 관계를 명확하게 표현함.
> • 중복 오류 삼가기
> - ㉢ 중복되는 표현을 사용하지 않음.

(1) ㉠을 고려하여 "교육의 질을 높이기 위해 '마이스터고' (인증 시스템을 / 인증 체계를) 마련할 예정입니다."라고 써야 한다.

(2) ㉠을 고려하여 "(스포츠 클럽 / 운동 동호회)들은 지역 주민의 체력을 증진시키는 데 도움을 줍니다."라고 써야 한다.

(3) ㉡을 고려하여 "저희 지하철 공사는 사후 사태 수습에 최선을 다함과 동시에 (사고 원인을 파악하고 / 사고 원인 파악과) 재발 방지 대책을 마련하겠습니다."라고 써야 한다.

(4) ㉡을 고려하여 "참가국 중에는 (이 기회에 / 이 기회를) 한반도에서의 영향력을 확대하는 계기로 삼으려는 의도를 지닌 나라도 있다."라고 써야 한다.

(5) ㉢을 고려하여 "(발언자마다 각각 / 발언자마다) 다른 주장을 펼치고 있었다."라고 써야 한다.

(6) ㉢을 고려하여 "여름 사료 작물을 재배하면 (연간 삼모작 재배도 / 한 해 동안에 삼모작도) 가능하다."라고 써야 한다.

어휘력 기르기

03 다음 중 ㉠의 문맥적 의미와 가장 유사한 것은?

> 나는 은행에서 적금을 ㉠ 타게 되면 혼수를 장만할 계획이다.

① 우유에 선식을 타서 먹다.
② 경연 대회에서 상을 타다.
③ 썰매를 타려면 꼭 장갑을 끼어야 한다.
④ 착한 일을 한 덕분에 방송을 타게 됐다.

04 다음 중 ㉠의 문맥적 의미와 가장 유사한 것은?

> 마당에 모기장을 ㉠ 쳐 두었으니 밖에서 자자.

① 강에 그물을 쳐서 고기를 잡았다.
② 선생님은 중심 화제에 동그라미를 쳤다.
③ 그는 항상 자장면에 고춧가루를 쳐서 먹는다.
④ 그는 본부에 무전을 쳐서 사건 상황을 보고했다.

05 다음 중 ㉠의 문맥적 의미와 가장 유사한 것은?

> 어제 너무 더워서 에어컨을 낮은 온도로 틀고 잤다. 그래서 나는 독감에 걸렸다. 따라서 나는 오늘 수업을 ㉠ 쉴 것이다.

① 음식이 쉬었다.
② 어제는 피곤해서 학교를 쉬었다.
③ 유진이는 목이 쉬도록 노래를 불렀다.
④ 가쁜 숨을 쉬다가 한참 만에 후유 하고 숨을 길게 내쉬고….

문해력 기르기

06 다음 글을 읽고 O/X를 판단하시오.

> 바람직한 공직자가 갖추어야 할 덕목에는 능력과 도덕성이 있다. 이 중 무엇이 우선일까? 우리 조상들은 이 중 도덕성을 더 중시했다. 조선 시대에는 '청백리'라 하여 청렴한 관리를 선정하고 그 덕을 기리며 공직자의 모범으로 삼았다. 다산 정약용도 『목민심서』에서 공직자의 청렴성을 강조하며 부정한 공직자들을 비판했다.
> 오늘날도 크게 다르지는 않다. 개인의 사생활을 별로 따지지 않는 미국에서도 고위 공직자를 임명하기 전에 매우 세밀하고 복잡한 검증 절차를 거친다. 공직 후보자는 인사청문회에서 살아오면서 재산을 어떻게 축적했는지, 사회 활동 경력에는 무엇이 있는지, 도박과 같은 나쁜 습관이 있는지, 심지어는 아주 비밀스러운 사생활까지와 같은 철저한 조사를 받게 된다. 조사 이후에는 연방 수사국이 후보자의 주변 사람들의 생각을 듣고 의회에 보고하는데, 이 때문에 자식을 출세하게 하려면 다섯 살 때부터 관리가 필요하다는 말이 있을 정도이다. 영국에서도 후보자를 공직에 임명하기 전에 그의 전문성이나 역량뿐 아니라 재산 형성 과정이 어떻게 이루어졌는지 등을 평가한다. 따라서 공직자가 되고자 한다면 평소 자신의 능력 개발을 위한 노력은 물론이고, 자리에 걸맞은 청렴성과 도덕성도 갖추기 위해 노력해야 한다.

(1) 미국은 고위 공직자 개인의 능력이 충분하다면, 개인의 사생활에 대한 별다른 검증 절차를 거치지 않는다.
(O | X)

(2) 오늘날은 능력이 조금 부족하더라도 자리에 걸맞은 청렴성과 도덕성을 갖추었다면, 공직자에 임명되기에 적절하다고 여겨진다.
(O | X)

07 다음 글을 읽고 O/X를 판단하시오.

'지구의 날'이 제정된 이후 각국 정부와 시민 단체, 기업들은 지구의 환경 보전을 위해 많은 노력을 해 왔지만, 주요 환경 문제들을 해결하기 위해서는 아직 갈 길이 멀다. 과거와 달리 이제는 기업을 포함한 개발 주체들도 환경친화적 개발이 필요한 시대라는 공감대가 형성되어 있다.

하지만 문제는 어떤 것이 환경친화적 개발인지, 그 수단과 방법은 어떤 것이어야 하는지에 대한 공감대가 아직 충분히 형성되지 못했다는 점에 있다. 많은 사업의 이해 당사자들은 지속 가능한 발전에 대한 해석에 있어 계속해서 평행선을 이루고 있다. 이는 개발과 보전을 판단하는 데에 기준이 달라 일어나는 대립이다. 이에 더해 시민 단체와 지역 주민 간의 입장 차이나 정부의 미흡한 조정 능력 등의 사유로 갈등이 해소되기는커녕 계속해서 확산되고 있다. 따라서 서로 대립하는 입장들을 공평하게 반영한 합리적인 평가 기준을 마련하고, 이를 지켜 나갈 수 있도록 해야 한다. 서로의 시각차를 해소하는 공통의 평가 잣대를 통해 개발과 환경 간의 갈등을 해소할 수 있는 실마리를 찾을 수 있을 것이다.

(1) 개발 주체들은 어떤 것이 환경친화적 개발인지에 대해서는 공감대가 형성되어 있지만, 환경친화적 개발이 필요하다는 점에 있어서는 공감대가 아직 충분히 형성되지 못하였다. (O | X)

(2) 사업의 이해 당사자들은 해당 사업을 이해하고 평가하는 기준이 서로 달라 이들의 갈등을 해소하는 것은 불가능할 것이다. (O | X)

[08~09] 다음 글을 읽고 물음에 답하시오.

현대 사회에서 인터넷을 사용하는 사람들이 늘어나면서 해킹, 바이러스 등 다양한 사이버 위협이 증가하고 있다. 지금까지도 사이버 위협에 대부분 수동적으로 대응해서, 사이버 위협이 발생한 후 이를 수습하는 데에 많은 시간과 비용이 소요된다. 한편, 사이버 관련 전문가들은 인공 지능 기술이 발전함에 따라 사이버 위협이 더 심화될 것으로 예상한다. 따라서 앞으로 계속 심화될 사이버 위협에 적극적으로 대응할 방안을 마련해야 한다.

이러한 방안으로는 인공 지능 기술을 활용하여 사이버 위협에 적극적으로 대응하는 방안이 있다. 사이버 위협의 패턴을 분석하고 실시간으로 모니터링하는 인공 지능 시스템은 사이버 위협을 예방할 수 있다. 또한 사이버 위협을 탐지하고 이를 자동으로 분류해 주는 인공 지능 시스템은 사이버 위협에 대한 대응 방안을 빠르게 수립하여 사이버 위협에 대응하는 시간뿐 아니라 비용도 크게 줄일 수 있게 도와준다. 이를 통해 사이버 위협에 대한 대응력은 (㉠), 사이버 위협으로 인한 손실은 (㉡) 할 수 있다.

08 윗글을 읽고 O/X를 판단하시오.

(1) 앞으로 계속될 사이버 위협에 수동적 태도가 필요하다. (O | X)

(2) 인공 지능 기술을 활용하면 사이버 위협에 대응하는 시간과 비용을 모두 줄일 수 있다. (O | X)

09 윗글의 ㉠과 ㉡에 들어갈 말로 가장 적절한 것은?

㉠: (높이고 / 낮추고)

㉡: (최대화 / 최소화)

논리 연습

10 다음 글을 읽고 O/X를 판단하시오.

> 명제의 변형은 명제의 본래 의미는 유지하되 다른 형식의 명제로 바꾸는 것을 말하며 환위, 환질, 대우가 있다. 그중 환위는 명제의 주어(S)와 술어(P)의 위치를 바꾸는 것이다.
>
> 전칭 긍정 명제인 '모든 고래는 포유동물이다.'를 환위하면 대부분 '모든 포유동물은 고래이다.'라고 생각한다. 하지만 이 경우 원 명제와 환위한 명제는 동일한 의미가 아니다. 원 명제의 '고래'는 전체 구성원을 말하지만 '포유동물'은 그렇지 않기 때문이다. 따라서 전칭 긍정 명제를 환위할 때는 그 의미를 보존하기 위해 제약이 필요하다. 바로 '모든'을 '어떤'으로 바꾸어 '어떤 포유동물은 고래이다.'처럼 바꾸는 것이다. 하지만 이는 임의로 바꾼 것이므로 조건이 붙은 제한된 환위이다.
>
> 전칭 부정 명제와 특칭 긍정 명제는 주어와 술어의 위치를 서로 바꾸어 놓아도 원래의 의미를 잃지 않기 때문에 제약이 없다. 즉, 제한 없이 환위가 가능하다.
>
> 특칭 부정 명제를 환위해 보자. 가령, '어떤 고래는 포유동물이 아니다.'를 환위하면, '어떤 포유동물은 고래가 아니다.'가 될 것이다. 하지만 원 명제의 술어인 '포유동물'은 전체 대상을 의미하는 반면, 주어 '고래'는 그렇지 않다. 이 예시를 통해 전칭 부정 명제를 환위하면 원 명제의 참, 거짓과는 전혀 다른 경우가 생긴다는 것을 알 수 있다. 따라서 전칭 긍정 명제와 달리 특칭 부정 명제는 아예 환위할 수 없다.

(1) 원 명제를 환위하면 형식이 달라지므로 명제의 본래 의미도 달라진다. (O | X)

(2) 전칭 부정 명제와 특칭 긍정 명제를 환위할 때는 주어와 술어의 위치만 바꾸면 된다. (O | X)

(3) 특칭 부정 명제라도 조건만 지킨다면 환위할 수 있다. (O | X)

♣ 명제의 변형 정리하기

- **명제의 변형**: 명제의 본래 의미는 유지하되 다른 형식의 명제로 바꾸는 것

1. **환위**: 명제의 주어(S)와 술어(P)의 위치를 바꾸는 것
    ① 전칭 부정(E) 명제와 특칭 긍정(I) 명제는 제한 없이 환위 가능
      - 원 명제(전칭 부정): 어느 고래도 포유동물이 아니다.
      - 환위한 명제: 어느 포유동물도 고래가 아니다.
      - 원 명제(특칭 긍정): 어떤 고래는 포유동물이다.
      - 환위한 명제: 어떤 포유동물은 고래이다.
    ② 전칭 긍정(A) 명제는 조건이 붙은 제한된 환위만 가능
      - 원 명제(전칭 긍정): 모든 고래는 포유동물이다.
      - 환위한 명제: 모든 포유동물은 고래이다. (×)
        어떤 포유동물은 고래이다. (O, 제한된 환위)
    ③ 특칭 부정(O) 명제는 환위 불가
      - 원 명제(특칭 부정): 어떤 동물은 포유동물이 아니다.
      - 환위한 명제: 어떤 포유동물은 동물이 아니다. (×)

2. **환질**: 명제의 긍정과 부정을 바꾸는 것
    ① 전칭 긍정(A) 명제 → 전칭 부정(E) 명제
      - 모든 고래는 포유동물이다.
        → 어느 고래도 비-포유동물이 아니다.
    ② 전칭 부정(E) 명제 → 전칭 긍정(A) 명제
      - 어느 고래도 포유동물이 아니다.
        → 모든 고래는 비-포유동물이다.
    ③ 특칭 긍정(I) 명제 → 특칭 부정(O) 명제
      - 어떤 고래는 포유동물이다.
        → 어떤 고래는 비-포유동물이 아니다.
    ④ 특칭 부정(O) 명제 → 특칭 긍정(I) 명제
      - 어떤 고래는 포유동물이 아니다.
        → 어떤 고래는 비-포유동물이다.

3. **대우**: 어떠한 명제를 환질하고 환위한 뒤 다시 환질하는 것(환질-환위-환질)
    ① 전칭 긍정(A) 명제는 조건이 붙은 제한된 환위만 가능하므로 전칭 부정(E) 명제의 대우 역시 제한된 형태로만 가능
      - 모든 고래는 포유동물이다. (원 명제, 전칭 긍정)
        → 어느 고래도 비-포유동물이 아니다. (환질, 전칭 부정)
        → 어느 비-포유동물도 고래가 아니다. (환위, 전칭 부정)
        → 모든 비-포유동물은 비-고래이다. (환질, 전칭 긍정)
    ② 전칭 부정(E) 명제를 대우하면 특칭 부정(O) 명제
      - 어느 고래도 포유동물이 아니다. (원 명제, 전칭 부정)
        → 모든 고래는 비-포유동물이다. (환질, 전칭 긍정)
        → 어느 비-포유동물은 고래이다. (환위, 특칭 긍정)
        → 어느 비-고래는 비-포유동물이 아니다. (환질, 특칭 부정)
    ③ 특칭 긍정(I) 명제의 경우 대우가 불가능
    ④ 특칭 부정(O) 명제는 대우하여도 특칭 부정(O) 명제
      - 어느 고래는 포유동물이 아니다. (원 명제, 특칭 부정)
        → 어느 고래는 비-포유동물이다. (환질, 특칭 긍정)
        → 어느 비-포유동물은 고래이다. (환위, 특칭 긍정)
        → 어느 비-포유동물은 고래가 아니다. (환질, 특칭 부정)

DAY 18

쿼터 홈트

오운완

지문형 문법 연습

01 다음 글을 참고하여 (1)~(4)에 해당하는 예시를 〈보기〉에서 찾으시오.

단어의 줄기가 되는 부분에 변하는 말이 붙어 문장의 성격을 바꾸는 일을 '활용'이라고 한다. 활용하는 말에는 용언(동사, 형용사)과 서술격 조사가 있다. 용언은 어간과 어미로 이루어져 있는데, 활용어의 중심을 어간이라 하고 어간에 붙는 부분을 어미라고 한다. '먹다, 예쁘다'와 같이 어간에 어미 '-다'가 붙은 형태는 용언의 기본형이라고 부르는데 이 기본형은 사전에 표제 형태로 쓰인다.

용언의 어간이 어미와 결합할 때, (1) 어간과 어미가 변하지 않는 것을 규칙 활용이라고 한다. 예를 들어, '먹다'는 '먹어(먹-＋-어), 먹으니(먹-＋-으니), 먹어서(먹-＋-어서)와 같이 어간과 어미가 모두 변하지 않는다. 이와 반대로 어간이나 어미 또는 어간과 어미가 모두 변하는 것을 불규칙 활용이라고 한다. 불규칙 활용을 하는 상황에서는 보통 어미가 변한다. 하지만 (2) 어간이 변하는 경우도 있다. 예를 들어, '짓다'는 '지어(짓-＋-어), 지으니(짓-＋-으니), 지어서(짓-＋-어서)'와 같이 어간의 형태가 바뀐다. (3) 어간과 어미가 모두 변하는 경우로는, '하얗다'에서 '하얘서(하얗-＋-아서)'처럼 바뀌는 것이 대표적이다. (4) 어미의 형태가 변하는 경우는 '하다'에서 '하여(하-＋-어)', '이르다[至]'에서 '이르러(이르-＋-어)' 등이 있다.

┤ 보기 ├
(하늘이) 푸르다, (땅에) 묻다, (답을) 묻다
(음악을) 듣다, (색이) 노랗다, (손을) 잡다

(1) 어간과 어미가 변하지 않는 경우:

(2) 어간이 변하는 경우:

(3) 어간과 어미가 모두 변하는 경우:

(4) 어미가 변하는 경우:

공공언어 바로 쓰기 연습

02 다음 글을 참고하여 올바른 문장이 되는 표현을 고르시오.

- 주어와 서술어의 호응
  - ㉠ 주어와 서술어의 관계를 명확하게 함.
- ㉡ 외국어 번역 투 삼가기
  - '~에 있다'는 '~이다'로 바꾸어서 사용함.
  - '~에 의해 ~되다'와 같이 어색한 피동 표현은 사용하지 않음.
- 여러 뜻으로 해석되는 표현 삼가기
  - ㉢ 중의적인 문장을 사용하지 않음.

(1) ㉠을 고려하여 "누리집에서 (합격자가 / 합격자를) 발표되었다."라고 써야 한다.

(2) ㉠을 고려하여 "당부하고 싶은 점은 무엇보다 자신이 하고 싶은 것을 (해야 한다 / 해야 한다는 점이다)."라고 써야 한다.

(3) ㉡을 고려하여 "그들의 꿈은 (세계 정복에 있다 / 세계 정복이다)."라고 써야 한다.

(4) ㉡을 고려하여 "신라는 (박혁거세에 의해 세워졌다 / 박혁거세가 세웠다)."라고 써야 한다.

(5) ㉢을 고려하여 "(어머니의 그림은 / 어머니를 그린 그림은) 서재에 있다."라고 써야 한다.

(6) ㉢을 고려하여 "학생들이 (다 오지 않았다 / 아직 다 오지 않았다)."라고 써야 한다.

어휘력 기르기

03 밑줄 친 단어에 대응하는 한자어를 찾아 연결하시오.

재판은, 범인 자신이 신청한 증거까지도 공정히 살핌으로써, 법 앞에서의 만민의 평등을 <u>나타낼</u> 것입니다.	①	㉠	기피(忌避)하다
경기가 하강 국면으로 접어들자 기업들은 투자를 <u>멀리하고</u> 있다.	②	㉡	해약(解約)되다
석유가 <u>없어질</u> 때를 대비해서 대체 자원을 개발해야 한다.	③	㉢	고갈(枯渴)되다
뇌물 수수 정치인을 <u>비난하였다</u>.	④	㉣	해체(解體)하다
일의 성패는 두고 볼 일이고 이 자리에서의 약속은 <u>깨지지</u> 않도록 노력해 보지요.	⑤	㉤	지탄(指彈)하다
우리 학교는 재정적인 문제로 야구팀을 <u>없앴다</u>.	⑥	㉥	구현(具現/具顯)하다
가뭄 피해가 전국적으로 급속히 <u>퍼지고</u> 있다.	⑦	㉦	축적(蓄積)되다
복잡한 지하철 안에서 장갑이 <u>없어졌다</u>.	⑧	㉧	확산(擴散)되다
그 사내의 수상한 행동은 마치 그가 범인인 것처럼 <u>여겨질</u> 오해의 소지가 있었다.	⑨	㉨	소실(消失)되다
하루이틀의 시간이 <u>쌓여서</u> 세월이 된다.	⑩	㉩	간주(看做)되다

문해력 기르기

04 다음 글을 읽고 O/X를 판단하시오.

미국의 사회학자 그라노베터는 구직과 취업 과정에서 사회적 연결망이 중요하다는 것을 발견하였다. 취업 과정에서 사회적 연결망은 정보를 유통시키고 주요 행위자에게 영향력을 행사하는 통로 구실을 한다. 구직자들은 연결망으로부터 직장에 대한 정보를 획득하고, 고용주들은 지원자에 대한 자세한 정보를 파악한다. 특히 그라노베터에 따르면, 취업 과정에서는 약한 연결이 더 효과적이다. 약한 연결은 친밀도가 낮고 지속 기간이 짧으며 호혜적 서비스가 적은 연결을, 강한 연결은 그 반대의 것을 의미하는데, 취업 과정에서는 약한 연결이 더 넓은 범위의 정보를 제공하기 때문에 취업자에게 더 큰 도움을 준다.

한국의 취업 과정에서는 사회적 연결망이 독특하게 작용한다. 한국에서는 전문 기술직, 관리직 취업자는 연결망을 통해 취업 정보를 얻는 비율이 낮으며, 아는 사람의 주선보다 시험을 통해 취업하는 비율이 높다. 반면 생산직 취업자는 공식적 경로보다 개인적 연고를 통해 취업하는 경우가 많고, 단순 사무직이나 노무직 취업자도 직접 접촉보다 연결망을 통해 취업하는 경우가 많다. 우리는 한국 사회에서는 취업자들이 선호하는 직장이 사회적으로 뚜렷하게 서열화되어 있고, 직장의 고용주가 선호하는 취업자의 출신 학교와 전공도 뚜렷하게 서열화되어 있다는 사실에서 그 이유를 찾을 수 있다. 즉 기업의 규모와 평판은 공개된 취업 정보이며, 출신 학교와 전공은 취업자의 여러 특성에 대한 표지 구실을 한다.

(1) 강한 연결은 다양한 정보와 자원을 제공하여 취업 및 고용 과정에서 연결망 구성원들에게 도움을 준다. ⓞ | ⓧ

(2) 한국 사회에서는 전문직 취업과 관련하여 학교 및 기업에 대한 사회적 평판이 약한 연결을 대신한다. ⓞ | ⓧ

(3) 미국 사회에서 전문 기술직 구직자들은 사회적 연결망을 통하기보다는 공식화된 경쟁적 채용 절차를 거쳐 취업한다. ⓞ | ⓧ

05 다음 글을 읽고 O/X를 판단하시오.

　문화 상품의 저작권을 보호하기 위해 기본적으로 필요한 요소는 해당 저작권의 가치에 대한 소비자 인식이다. 문제는 소비자들이 수년간 지속된 공짜 문화 상품의 매력에서 헤어 나오지 못하고 있다는 점이다. 이러한 소비자 인식에 근본적 변화가 없다면 문화 상품의 가치는 인정받지 못할 것이다.
　저작권 보호에 대한 의식이 높은 나라에서는 저작권 보호를 위해 공유 프로그램 사이트를 폐쇄하고, 공유 프로그램을 만들어 무단으로 유포한 사람을 체포하며, 때로는 불법으로 내려 받기를 많이 한 소비자에게도 강한 법적 조치를 취하고 있다. 하지만 이 나라에서 가장 중점을 둔 정책은 바로 소비자 교육이었다. 어릴 때부터 인터넷에서 무료로 받는 음악이나 영화 파일이 불법이라는 점을 정확하게 인지하게 하는 저작권 교육을 하였다. 이로 인해 소비자들의 불법 행위 감소뿐 아니라 해당 불법 행위에 대한 강력한 법적 조치도 당연하게 받아들이게 되었다. 이에 반해 우리나라의 저작권 정책은 소비자의 저작권 인식을 변화시킬 만한 교육 프로그램 하나 변변치 않은 실정이다. 우리 문화 산업을 보호하기 위해 소비자 의식의 변화를 유도할 만한 정책의 시행이 절실하다.

(1) 문화 상품의 가치를 인정하고 그 저작권을 보호하기 위해서는 해당 저작권의 가치에 대한 소비자의 인식이 필요하다. (O | X)

(2) 저작권 보호에 대한 의식이 높은 나라에서도 불법으로 내려 받기를 한 소비자에게 법적 조치를 취하지는 못하고 있다. (O | X)

(3) 저작권 보호에 대한 의식이 높은 나라에서 가장 중점을 둔 저작권 정책은 불법 사이트와 유포자의 처벌이었다. (O | X)

06 다음 글을 읽고 O/X를 판단하시오.

　우리의 삶에서 돈의 힘은 막강하다. 우리 중에는 막강한 돈의 힘을 누리는 부자도 있지만 열악한 여건 속에서 겨우 생존해 나가는 사람들도 셀 수 없이 많다. 놀라운 점은 가난한 사람들의 수가 많은데도 오늘날 전 세계의 연간 총생산액은 약 50조 달러, 한국 돈으로 환산하면 약 4경 7,500조에 달한다. 그런데 만약 이 액수가 사실 100조 달러라면 어떨까? 다시 말해, 보이지 않는 어딘가에 또 다른 50조 달러가 있다는 것이다. 믿기 힘들겠지만 그 돈은 분명 우리 주위에 존재한다.
　인도네시아의 한 지역이 지진 해일로 폐허가 되자 수천 명의 자원봉사자들이 세계 각국에서 피해자들을 돕기 위해 모여들었다. 어떤 이는 자기 몸이 불편함에도 환자인 남편을 간병하고 자녀를 돌봐 '최고의 엄마상'을 받기도 했다. 이런 일들은 비록 무보수 활동일지라도 돈을 받은 대가로 하는 경제 활동만큼이나 가치 있는 일이다. 돈을 지불받지 않지만 아주 가치 있고 중요한 활동이 하나 더 있다. 바로 어머니의 가사 노동이다. 만일 어머니가 같은 일을 다른 집에서 한다면 당연히 그에 맞는 보수가 지급될 것이다. 그러니 이 모든 노동은 돈이 실제로 오가지 않을 뿐, 돈이 되는 생산적인 활동이다.
　따라서 우리는 경제적 수치만으로 부를 평가하는 방식에서 벗어나야 한다. 그런데 여전히 자본주의 사회에서는 눈앞의 돈으로만 부를 평가하고, 이를 행복의 기준으로 삼는 사람이 너무나도 많다. 행복의 기준이 반드시 돈에 있는 것은 아니다. 경제적인 부를 기준으로 평가하고 이로써 행복을 찾으려는 사회는 머지않아 그 수명을 다할 것이다.

(1) 글쓴이는 자본주의 사회가 진정한 행복을 누리기에 가장 적합하다고 주장할 것이다. (O | X)

(2) '보이지 않는 돈'은 돈의 힘을 누리는 부자에 비해 가난한 사람이 더 많이 가지고 있다. (O | X)

(3) 자본주의 사회에서는 경제적 수치로 부를 평가하고 이를 행복의 기준으로 삼는 것이 가장 적절하다고 할 수 있다. (O | X)

논리 연습

07 다음의 명제들이 양립할 수 있는지 없는지 구분하고, 양립할 수 없다면 '반대'되는지, '모순'되는지 구분하시오.

> '양립할 수 있다.'는 두 명제가 동시에 참일 수 있음을 의미한다. 두 명제가 '양립할 수 없는' 또는 '상충되는' 경우는 두 명제가 동시에 참일 수 없는 경우를 말하며, 크게 '반대'와 '모순'의 경우가 있다. 반대 관계에 있는 두 명제는 동시에 참일 수 없다. 하지만 동시에 거짓일 수는 있다. 반면 '모순'은 두 명제가 동시에 참일 수도, 동시에 거짓일 수도 없는 관계이다.

(1) 나는 사과를 먹는다. 나는 사과를 먹지 않는다.
▶ (양립 가능 / 양립 불가능 / 반대 / 모순)

(2) 정치가 중 정직한 사람은 거의 없다. 정직한 사람들 중 대부분은 정치가이다.
▶ (양립 가능 / 양립 불가능 / 반대 / 모순)

(3) 이탈리아인들은 아침에 커피를 마신다. 어떤 이탈리아인들도 아침에 커피를 마시지 않는다.
▶ (양립 가능 / 양립 불가능 / 반대 / 모순)

(4) 그 문제는 아무도 풀 수 없거나 잘못된 문제이다. 그 문제는 잘못되지 않았고 누군가는 그 문제를 풀 수 있다.
▶ (양립 가능 / 양립 불가능 / 반대 / 모순)

(5) 그는 그 일을 결코 후회하지 않는다. 그는 그 일에 대해 후회한 적이 있다.
▶ (양립 가능 / 양립 불가능 / 반대 / 모순)

(6) 모든 행위는 이기적 동기에서 비롯된다. 어떤 행위는 이타적 동기에서 비롯된다.
▶ (양립 가능 / 양립 불가능 / 반대 / 모순)

(7) 학생들은 협동학습을 통해 사회성을 기를 수 있다. 학생들은 개인 프로젝트를 통해 자기 주도성을 기를 수 있다.
▶ (양립 가능 / 양립 불가능 / 반대 / 모순)

(8) 이 법안은 국회를 통과했다. 이 법안은 국회를 통과하지 못했다.
▶ (양립 가능 / 양립 불가능 / 반대 / 모순)

(9) 피자는 청소년들이 가장 좋아하는 음식이다. 하지만 피자는 건강에 좋지 않다.
▶ (양립 가능 / 양립 불가능 / 반대 / 모순)

(10) 대부분의 사람들이 진실을 말하지 않는다. 어떤 사람들은 언제나 진실만 말한다.
▶ (양립 가능 / 양립 불가능 / 반대 / 모순)

DAY 19

지문형 문법 연습

01 다음 글을 읽고 O/X를 판단하시오.

본용언은 단독으로 쓰여도 서술어로서의 기능을 가질 수 있지만, 보조 용언은 본래의 어휘적 의미를 잃고 본용언 뒤에서 동작의 완료, 진행, 유지 등 문법적 의미를 더한다.

ㄱ. 그 사람이 인기가 많은가 보다.
ㄴ. 그 영화가 보고 싶다.

ㄱ의 '많다'와 ㄴ의 '보다'는 주어의 특정한 행위를 주되게 서술하는 본용언이고, ㄱ의 '보다'는 추측의 의미를, ㄴ의 '싶다'는 희망의 의미를 덧붙이는 보조 용언이다. 이처럼 '보다'는 본용언과 보조 용언으로 모두 쓰이는 용언이므로, 문장에서 그 쓰임을 구별해서 이해해야 한다.

본용언과 보조 용언은 의미를 기준으로 구별하는 방법 외에 본용언과 보조 용언 사이에 다른 문장 성분을 넣거나, 행위나 작용의 선후 관계를 나타내는 연결 어미인 '-아서/어서', '-고서'를 붙여 보는 방법도 있다. 예를 들어, ㄱ의 '많은가 보다'에 '많은가 아마 보다'와 같이 다른 문장 성분을 넣거나, '많아서 보다', '많고서 보다'와 같이 연결 어미를 붙이면 보조 용언을 통해 전달하고자 하는 의미를 정확하게 파악할 수 없게 된다.

(1) 본용언과 보조 용언 사이에 다른 성분이 올 수 있다. O | X

(2) '창문을 열어 놓았다.'의 '놓았다'는 본용언에 유지의 의미를 덧붙이므로 보조 용언이다. O | X

(3) '비도 오고 하니 부침개나 부쳐 먹자.'의 '하다'는 보조 용언이지만, '먹다'는 본용언이다. O | X

공공언어 바로 쓰기 연습

02 다음 글을 참고하여 올바른 문장이 되는 표현을 고르시오.

- 표현의 정확성
  - ㉠ 부적절한 피·사동* 표현에 유의함.
- 외국어 번역 투 삼가기
  - ㉡ '~을 통해'는 번역 투이므로 문맥에 맞게 자연스러운 표현으로 바꾸어 씀.
- 어문 규범 지키기
  - ㉢ 한자음 '률'은 모음이나 'ㄴ' 받침 뒤에서는 '율'로, 그 외의 받침 뒤에서는 '률'로 적음.

*사동: 주체가 제3의 대상에게 동작이나 행동을 하게 하는 동사의 성질

(1) ㉠을 고려하여 "저희는 서비스를 (개선시킬 / 개선할) 수 있는 방안을 모색하겠습니다."라고 써야 한다.

(2) ㉠을 고려하여 "우리는 그 작전을 상관의 명령 후에 (시행될 / 시행할) 수 있습니다."라고 써야 한다.

(3) ㉡을 고려하여 "그녀는 맛있는 음식 냄새를 (통해 / 맡자) 배고픔을 느꼈다."라고 써야 한다.

(4) ㉡을 고려하여 "(한류 박람회를 개최하여 / 한류 박람회 개최를 통해) K-콘텐츠를 활성화하고 있습니다."라고 써야 한다.

(5) ㉢을 고려하여 "우리 반은 전교에서 (출석율이 / 출석률이) 가장 높았다."라고 써야 한다.

(6) ㉢을 고려하여 "(운률에 / 운율에) 맞추어 시를 낭송했다."라고 써야 한다.

🎯 어휘력 기르기

03 ㉮~㉰가 의미하는 단어를 찾고, 그 반의어를 찾아 연결하시오.

성질이 같음. 또는 같은 성질	속도를 줄임. 또는 그 속도	사물의 관련이나 일의 결과가 반드시 그렇게 될 수밖에 없음.
㉮	㉯	㉰

㉠	㉡	㉢
필연(必然)	감속(減速)	동질(同質)

㉠	㉡	㉢
ⓐ	ⓑ	ⓒ
가속(加速)	이질(異質)	우연(偶然)

04 〈보기〉를 참고하여 빈칸을 바르게 채우시오.

> **보기**
> 효능, 단념, 단적, 당사자, 실효성, 자발적

〈가로〉
- ㉡ 효험을 나타내는 능력
  - 예) ○○이 높다.
- ㉢ 어떤 일이나 사건에 직접 관계가 있거나 관계한 사람
- ㉤ 곧바르고 명백한 것

〈세로〉
- ㉠ 실제로 효과를 나타내는 성질
- ㉣ 남이 시키거나 요청하지 아니하여도 자기 스스로 나아가 행하는 것
- ㉤ 품었던 생각을 아주 끊어 버림.

🎯 문해력 기르기

05 다음 글을 읽고 O/X를 판단하시오.

> 서양 음악사에 따르면, 기악은 르네상스 말기에 탄생하여 바로크 시대에 악기의 발달과 함께 다양한 장르를 형성하였다. 하지만 그 시대의 사람들은 가사가 있던 성악에만 익숙하였고, 그들에게 기악은 그저 내용 없는 울림일 뿐이었다. 이러한 비난을 피하기 위해 기악은 일정한 의미를 가져야만 했다.
>
> 바로크 시대의 음악가들은 이에 대한 해결책을 '정서론'과 '음형론'에서 찾으려고 했다. 이 이론들은 원래 성악 음악을 기반으로 하였지만, 시간이 흐르면서 점차 기악 음악에도 적용되기 시작했다. 정서론에서는 음악가도 청자들의 정서를 움직여야 한다고 보았다. 그렇게 하기 위해서는 곡을 지배하는 하나의 정서가 또렷하게 존재해야 했다. 이는 연설에서 한 가지 논지가 일관되게 유지되어야 설득력이 있는 것과 같은 이유에서였다.
>
> 한편, 음형론에서는 가사의 의미에 따라 적합한 음형을 표현 수단으로 삼았다. 바로크 시대의 음악 이론가인 부어마이스터는 가사의 뜻에 맞춰 가락이 올라가거나, 한동안 쉬거나, 음들이 딱딱 끊어지게 연주하는 방식 등과 같은 기법들을 사용하여 기악의 문제를 해결하려고 했다.

(1) 기악은 가사가 없는 음악이다. (O | X)

(2) '정서론'과 '음형론'은 그 음악적 기반이 다르다. (O | X)

(3) 정서론을 기반으로 하는 곡에는 한 가지의 감정만 존재한다. (O | X)

(4) 음형론은 음형의 표현 수단에 따라 가사에 의미를 부여한다. (O | X)

06 다음 글을 읽고 O/X를 판단하시오.

영화적 재현과 만화적 재현의 가장 큰 차이점은 움직임의 유무에 있다. 영화는 사진에는 존재하지 않았던 사물의 움직임인 시간을 재현한 장르이다. 반면 만화에는 공간이라는 차원만 있다. 정지된 그림이 의도에 따라 공간적으로 나열된 것이기 때문이다. 만화에도 시간이 존재한다면 그것은 독자가 만화를 읽을 때 생성된 것이라고 볼 수 있다. 독자는 정지된 이미지들을 따라가며 장면 간의 흐름을 상상으로 채워 넣는데, 이때 인물 주위에 더해진 속도선이나 동작선이 독자들의 상상력을 더욱 자극하는 역할을 한다.

영화가 정해진 프레임 속에서 일정한 속도로 전개되는 반면, 만화는 공간을 유연하게 사용하여 물리적 시간의 부재를 극복한다. 만화의 칸은 크기와 형태가 훨씬 자유롭기 때문에, 한 칸 안에 시각적 요소뿐 아니라 말풍선, 인물의 심리 상태, 장면 설명 등 언어적·비언어적 정보를 담을 수 있다. 따라서 독자의 읽기 리듬은 칸마다 달라질 수 있다. 그에 비해 영화는 일정한 속도로 전개되기 때문에 재생 속도에 따라 감상의 시간도 고정되어 있다.

영화와 만화는 이미지의 성격에서도 뚜렷한 차이가 있다. 영화는 렌즈를 통해 빛이 필름에 기록되는 기술의 산물이며 자동화된 방식이기 때문에 감독의 개인적인 흔적은 비교적 드러나지 않는다. 반면, 만화는 모든 그림을 작가가 손으로 그리기 때문에 작업 과정에서 자연스럽게 세계에 대한 작가의 해석이 드러나게 된다.

(1) 영화에는 움직임이 있지만 만화에는 움직임이 없다. O | X

(2) 만화의 속도선은 독자의 상상력을 촉진하는 효과가 있다. O | X

(3) 만화와 영화의 감상 시간은 고정되어 있다. O | X

(4) 영화와 만화는 모두 작가의 개인적인 흔적이 잘 드러나지 않는다. O | X

[07~08] 다음 글을 읽고 물음에 답하시오.

㉠ 회화식 지도는 실경(實景)을 바탕으로 한 산수화풍의 유행과 관련이 있는데, 특히 18세기 무렵의 지도들은 지역 정보 제공이라는 ㉡ 지도 본연의 목적을 달성하면서도 회화적 기법을 동원함으로써 예술적 아름다움을 겸비하였다. ㉢ 지도의 회화적 특성으로 먼저 제시할 수 있는 것은 시점이다.

동양의 산수화는 고정된 위치에서 하나의 시점으로 대상을 묘사하는 단일 시점의 초점 투시보다 한 폭의 그림 속에도 여러 개의 초점을 가진 산점 투시를 활용한 경우가 많았다. 산점 투시란 화가가 고정된 시야의 제약에서 벗어나 서로 다른 위치에서 상이한 시야로 사물을 관찰해 대상의 상하좌우를 그릴 수 있는 표현법이다. 조선 시대 회화식 지도의 일부 요소에서 산점 투시가 확인된다. 특히 사면이 산으로 둘러싸인 고을을 나타낸 ㉣ 지도는 한 장의 지도라도 주변 산이 각기 다른 초점으로 표현되었기에 사방에서 자연스레 지도를 열람할 수 있었다. 이때 열람자의 시각적 편의를 고려해 관련 지명들이 다양한 방향으로 표기된 경우도 있었다.

07 윗글을 읽고 O/X를 판단하시오.

(1) 18세기 무렵의 지도들은 지역에 대한 정보 제공에 치중했다. O | X

(2) 동양의 산수화를 그렸던 화가는 주로 고정된 시점으로 대상을 묘사하였다. O | X

(3) 사면이 산으로 둘러싸인 고을을 그린 조선의 회화식 지도는 여러 방향에서 보기에 적합하지 않다. O | X

08 ㉠~㉣ 중 지시하는 대상이 다른 하나는?

① ㉠
② ㉡
③ ㉢
④ ㉣

논리 연습

09 〈보기〉를 참고하여 명제를 기호화하시오.

---- 보기 ----

두 개 이상의 단순 명제로 구성된 합성 명제 중에서 '만일 A라면 B이다.'의 형태를 지닌 문장을 가언 명제 또는 조건 명제라고 하며 A를 조건, B를 결론이라고 한다. 이때 '만일 B가 아니면 A도 아니다.'의 문장을 원 명제의 '대우'라고 하는데, 원 명제는 'A → B'로, 대우 명제는 '~B → ~A'로 나타낼 수 있다. 이때 원 명제가 참이면 대우 명제도 참이 되고 원 명제가 거짓이면 대우 명제 역시 거짓이 된다.

'A이면 반드시 B이다.', 'B일 경우에만/때에만 A이다.', 'B에 한하여 A이다.'의 형태를 가진 가언 명제들은 모두 논리적으로 같은 의미이며, 이 명제들을 기호화하면 모두 'A → B'로 나타낼 수 있다.

---

(1) A가 참석하면 B는 불참한다.
- 원 명제 기호화:
- 대우 명제 기호화:

(2) 도전하는 경우에만 성공할 수 있다.
- 원 명제 기호화:
- 대우 명제 기호화:

(3) 만약 범인이 안경을 쓰지 않는다면, 그는 키가 크지 않다.
- 원 명제 기호화:
- 대우 명제 기호화:

(4) 탄이가 월요일에 산책한다면 화요일에도 산책한다.
- 원 명제 기호화:
- 대우 명제 기호화:

(5) 식사를 한 경우에만 과일을 먹을 수 있다.
- 원 명제 기호화:
- 대우 명제 기호화:

(6) 공무원 시험에 합격한 사람에 한하여 면접을 볼 수 있다.
- 원 명제 기호화:
- 대우 명제 기호화:

(7) 범인이 키가 클 경우에만 그는 모자를 썼다.
- 원 명제 기호화:
- 대우 명제 기호화:

(8) C국이 A국에 대한 원조를 중단한 경우에 한하여 A국이 B국을 침공한다.
- 원 명제 기호화:
- 대우 명제 기호화:

(9) A가 숙제를 한다면 B는 숙제를 하지 않는다.
- 원 명제 기호화:
- 대우 명제 기호화:

(10) 인간에게 자유의지가 없다면, 우리는 양심과 도덕의 문제에 관심을 가질 필요가 없다.
- 원 명제 기호화:
- 대우 명제 기호화:

(11) 만약 수요일에 비가 오지 않았다면, 행사는 예정대로 진행되었을 것이다.
- 원 명제 기호화:
- 대우 명제 기호화:

(12) 그 대학교에서는 신입생에 한하여 영어 시험을 무료로 응시할 수 있는 기회를 제공한다.
- 원 명제 기호화:
- 대우 명제 기호화:

DAY 20

쿼터 홈트

오 운 완

지문형 문법 연습

01 다음 글을 참고하여 밑줄 친 단어의 품사를 쓰시오.

> 품사에는 문장에서 주된 기능을 하며 조사와 결합할 수 있는 체언(명사, 대명사, 수사), 문장의 주체를 풀이해 주는 기능을 가진 용언(동사, 형용사), 체언이나 부사, 어미 따위에 붙어 그 말과 다른 말과의 문법적 관계를 표시하거나 그 말의 뜻을 보충해 주는 조사, 체언만 수식하는 관형사, 주로 용언을 수식하는 부사, 다른 말들과 관계를 맺지 않는 감탄사가 있다.
>
> 품사 통용은 동일한 형태의 한 단어가 문법적 환경에 따라 다양한 품사로 사용되는 경우이다. 이런 단어가 쓰였을 때는 문장 속에서 그 단어의 기능과 의미를 살펴보고, 앞에 수식하는 말이 붙었는지, 뒤에 조사가 붙었는지, 어떤 품사를 꾸몄는지에 따라 품사를 구분할 수 있다. 예를 들어 "마라톤을 좋아하는 사람 <u>다섯</u>이 대회에 참가했다."에서의 '다섯'은 뒤에 조사가 붙으므로 수사이지만, "마라톤을 좋아하는 <u>다섯</u> 사람이 대회에 참가했다."에서의 '다섯'은 뒤의 체언을 수식하므로 관형사이다.

(1) • <u>이</u> 나무는 소나무이다.
 • <u>이</u>는 우리가 바라던 바이다.

(2) • <u>모두</u>가 그녀를 좋아한다.
 • 그것을 <u>모두</u> 가져와.

(3) • 마음이 <u>진짜</u> 아팠어.
 • 모조품을 <u>진짜</u>처럼 만들었다.

(4) • 그럼 <u>내일</u> 봅시다.
 • 우리는 <u>내일</u>을 꿈꾸며 살아간다.

공공언어 바로 쓰기 연습

02 다음 글을 참고하여 올바른 문장이 되도록 밑줄 친 곳을 참고하여 고치시오.

> • 문장 성분의 호응
> - ㉠ <u>주어와 서술어의 관계를 명확하게 함</u>.
> - ㉡ <u>목적어와 서술어의 관계를 명확하게 함</u>.
> • ㉢ <u>외국어 번역 투 삼가기</u>
> - '~을 필요로 하다'는 번역 투이므로 문맥에 맞게 자연스러운 표현으로 바꾸어 씀.
> - '~에 대하여'는 번역 투이므로 문맥에 맞게 자연스러운 표현으로 바꾸어 씀.

(1) ㉠: 한글과 다른 문자들을 비교해 볼 때, <u>매우 조직적이며 과학적인 문자이다</u>.
▶

(2) ㉠: <u>중요한 점은</u> 현재의 독과점 실태와 해소 방안 제시가 <u>분명해야 한다</u>.
▶

(3) ㉡: 그는 <u>창작 활동과 전시회를 열었다</u>.
▶

(4) ㉡: 나는 <u>평일에는 자전거를, 주말에는 요가를 한다</u>.
▶

(5) ㉢: 규제 발굴 현장 방문단을 구성하여 <u>현장에 필요로 하는</u> 자율화 과제를 상시 발굴할 예정입니다.
▶

(6) ㉢: 연구소의 발전에 공적이 있는 <u>직원들에 대하여</u> 표창을 주고자 합니다.
▶

어휘력 기르기

03 밑줄 친 단어에 대응하는 한자어를 찾아 연결하시오.

사소한 문제가 필요 이상으로 커졌다.	①		㉠	강탈(強奪)하다
모자라는 인력은 늘려질 계획이라고 한다.	②		㉡	확대(擴大)되다
지금 정부는 이 사태의 평화적 해결법을 찾는 중이다.	③		㉢	확충(擴充)되다
인생은 이상을 이루어 가는 긴 과정이다.	④		㉣	설정(設定)되다
대법원은 대법원장과 대법관으로 이루어져 있다.	⑤		㉤	구성(構成)되다
이 작품의 무대는 중세 유럽의 한 수도원으로 정해져 있다.	⑥		㉥	강화(強化)하다
최근 이웃 나라가 군사력을 키우고 있다.	⑦		㉦	선정(選定)되다
침략군들은 원주민들에게서 행복과 평화를 빼앗았다.	⑧		㉧	실현(實現)하다
우리 회사가 수도권 지역 사업체로 뽑혔다.	⑨		㉨	위배(違背)하다
교통 법규를 어긴 사람은 처벌을 받는다.	⑩		㉩	모색(摸索)하다

문해력 기르기

04 다음 글을 읽고 O/X를 판단하시오.

프랑스의 계몽주의자들은 신화나 종교처럼 비이성적인 방식으로 역사를 해석하는 것을 배격했다. 이들은 인간의 이성을 중심으로 역사를 바라보았고, 이러한 입장은 볼테르에 의해 정립되었다. 그는 중세처럼 신을 역사의 중심으로 보던 관점을 비판했고, 역사 변화의 원인을 이성에서 찾았다. 또한, 그는 역사가 이성과 자연, 이성과 종교·정치·사회 등의 제도와 상호 작용할 때 발전한다고 보았다.

그가 말한 문화는 예술, 정치, 과학, 법률, 생활방식, 식생활, 기술, 여가 등 인간 삶 전반에 걸친 활동을 포함한다. 이 모든 것은 인간 이성의 작용으로 이루어졌다고 보았기에, 그는 문화를 역사 서술의 핵심 주제로 삼았다. 볼테르는 다양한 민족과 시대를 아우르는 방대한 문화사를 저술했으며, 모든 인류의 역사 속에서 공통적으로 작용하는 발전 요소로서 이성을 강조했다.

그는 사료를 선택할 때도 이성이 이룬 성과를 잘 드러내는 기록을 우선시했다. 또한 정치 중심의 전통적인 연대기 서술에서 벗어나 예술, 법 등 문화적 요소들을 중심으로 역사 서술을 구성했다. 이성의 진보를 보여 주기 위해 그는 역사의 시기를 알렉산드로스가 주도한 헬레니즘 시대, 아우구스투스가 통치한 로마 시대, 메디치 가문의 르네상스 시기, 루이 14세 시대처럼 구분했다. 각 시대는 이성의 발달 수준에 따라 구별되었으며, 앞선 시대의 성취는 다음 시대로 이어져 더욱 성숙한 문화를 형성했다고 본 것이다.

(1) 프랑스의 계몽주의자들은 역사를 해석할 때 이성적인 방식을 사용했다. (O | X)

(2) 볼테르는 문화가 인간의 이성적인 활동에 따라 만들어진 것이지만 이성이 모든 인류의 공통 발전 요소인 것은 아니라고 주장했다. (O | X)

(3) 전통적인 역사 서술은 정치 중심의 연대기 서술이다. (O | X)

(4) 볼테르는 시대를 이성의 발달 수준에 따라 나누었다. (O | X)

05 다음 글을 읽고 O/X를 판단하시오.

1960년대 미국에서는 텔레비전의 보급으로 인해 대중문화가 급속도로 퍼져 나갔다. 하지만 콘텐츠 제작 주체는 정부나 대기업뿐이어서 대중들은 이러한 영상 콘텐츠를 선택의 여지 없이 받아들여야 했다.

이러한 일방적인 미디어 환경 속에서 가정용 비디오카메라가 보급되었고, 사람들은 영상 메시지를 그냥 수용하는 것이 아니라, 콘텐츠를 직접 제작하고 소통하기 시작했다. 이러한 흐름에서 탄생한 비디오 아트는 텔레비전이라는 매체를 표현 수단으로 삼아, 전통적인 예술과는 다른 특징을 지니게 되었다. 즉, 대중문화에 대한 비판, 시공간의 제약으로부터의 해방, 그리고 예술가와 관람객 사이의 소통을 추구하였다.

비디오 아트는 형식에 따라 비디오 영상과 설치 비디오로 나뉜다. 비디오 영상은 의미 없는 장면이나 빈 화면처럼 실험적이고 도전적인 영상 자체를 예술로 제시한 것이다. 반면 설치 비디오는 영상이 텔레비전이나 기타 장치들과 결합된 설치 형태의 작품이다. 예를 들어, 텔레비전의 일방향적 전달 방식을 비판하기 위해 장치를 조작해 화면을 왜곡하거나, 관람객의 움직임이나 주변 환경에 따라 영상이 변하는 상호작용적 구조를 도입한 것도 있다.

이와 같이 비디오 아트는 대중문화에 수동적으로 반응하는 대신 비판적 시선을 제시하고, 예술이 고정된 형태로 완성되는 것이 아니라 예상치 못한 사건이나 관람객의 참여에 따라 변화될 수 있음을 보여 주었다. 이는 예술 감상자였던 관람객이 작품 창작의 일부가 될 수 있다는 가능성을 제시했다는 점에서, 예술의 새로운 방향을 제시한 중요한 전환점이 되었다.

(1) 텔레비전의 보급으로 인해 대중들은 소통하는 주체로 변화했다. O | X

(2) 비디오 아트는 텔레비전의 일방적인 정보 전달 방식에 순응하며 그 특성을 강화하고자 했다. O | X

(3) 설치 비디오는 영상과 다양한 장치가 결합된 형태의 예술 작품을 의미한다. O | X

(4) 비디오 아트는 예술 작품에 관람객이 참여함으로써 창작의 주체가 될 수 있다는 가능성을 보여 주었다. O | X

06 다음 글을 읽고 O/X를 판단하시오.

보통 예술이라고 하면, 고귀한 주제를 통해 감상자에게 감동을 주는 작품이나 행위를 떠올린다. 하지만 현대 예술에서는 평범한 소재를 다루기도 하고, 작품이 오히려 불쾌하거나 추한 감정을 유발하기도 한다. 이러한 예술은 '아방가르드'에서 시작되었다.

'아방가르드'란 군대에서 선두에 서서 새로운 길을 여는 병사를 뜻하던 용어이다. 하지만 예술 분야에서는 기존 관념에 도전하고 참신한 양식을 탐구하는 운동을 가리킨다. 이 예술 운동은 "예술이란 무엇인가?"라는 근본적인 질문에서 출발하였다. 과거에는 종교 집단이나 권력자의 목적을 달성하기 위한 수단으로 예술이 사용되었으며 예술가도 독립적인 창작자라기보다 특정 집단에 속한 기능인 정도로 인식되었다.

하지만 근대 이후 예술은 미적 체험을 통해 감동이나 만족을 주는 자율적 영역으로 자리 잡았고, 예술가도 창조의 주체로 존중받기 시작했다. 그럼에도 불구하고, 예술가들은 작품이 비평가들로부터 인정을 받기 위해 당대의 미적 기준과 전통을 따를 수밖에 없었고, 이는 새로운 시도나 표현을 제한하게 되었다.

아방가르드는 이러한 현실에 반기를 들며 기존의 틀을 깨뜨리고 예술의 자율성을 다시금 확보하려는 시도로 등장하였다. 이 흐름 속에서 예술가는 전통적인 규범에 순응하기보다, 그에 맞서며 새로운 방향을 제시하는 존재로 인식되었다. 그래서 아방가르드 예술가들은 당대의 미적 관습에 의도적으로 저항하며 추하거나 난해한 표현을 적극 활용했다. 또한 평범한 물건인 변기나 자전거 바퀴를 작품으로 삼거나, 일상적 행위를 그대로 예술로 제시하여 예술과 일상의 경계를 무너뜨렸다.

(1) 불쾌하거나 추한 감정을 유발하는 작품은 예술 작품이라고 칭할 수 없다. O | X

(2) 과거의 예술은 종교적 목적으로 이용되었다. O | X

(3) 근대 이후가 되어서야 예술가는 독립적인 창작자로 인정받기 시작했고 새로운 시도를 할 수 있게 되었다. O | X

(4) 아방가르드 예술가들은 평범한 물건을 활용하여 예술과 일상의 경계를 무너뜨렸다. O | X

논리 연습

07 다음 글을 읽고 명제를 기호화하시오.

원 명제가 'A → B'일 때 그 역은 'B → A'이다.
그 이는 '~A → ~B'이다. 그 대우는 '~B → ~A'이다.

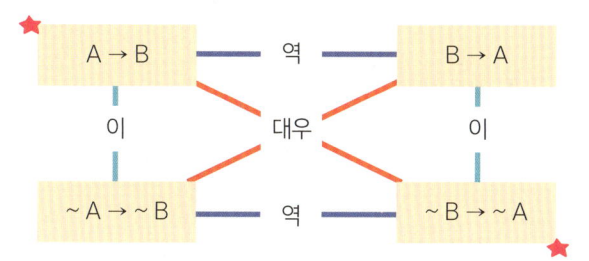

역, 이, 대우 중 대우만 원 명제와 논리적으로 동치이다.

(1) A를 교수로 위촉한다면 B도 교수로 위촉해야 한다.
- 원 명제:
- 역:
- 이:
- 대우:

(2) 철수는 비가 오면 학교에 가지 않을 것이다.
- 원 명제:
- 역:
- 이:
- 대우:

(3) 어떤 진짜 열쇠도 순금으로 되어 있지 않다.
- 원 명제:
- 역:
- 이:
- 대우:

(4) 만약 네가 파티에 가지 않는다면, 나도 파티에 가지 않을 것이다.
- 원 명제:
- 역:
- 이:
- 대우:

(5) 한 개인이 자기 소유물을 합법적 수단으로 취득할 경우 그에 대한 소유권을 가진다.
- 원 명제:
- 역:
- 이:
- 대우:

(6) A를 위원으로 위촉할 경우에만 B를 위촉해야 한다.
- 원 명제:
- 역:
- 이:
- 대우:

(7) 영희는 해가 뜨면 검은 옷을 입지 않는다.
- 원 명제:
- 역:
- 이:
- 대우:

(8) A가 찬성하면 B와 C 중 한 명 이상은 찬성한다.
- 원 명제:
- 역:
- 이:
- 대우:

(9) 장수비결에 관한 연구 결과에 따르면 행복한 결혼생활과 규칙적인 운동이 장수에 필요한 조건이라는 사실이 밝혀졌다.
- 원 명제:
- 역:
- 이:
- 대우:

DAY 21

쿼터 홈트

지문형 문법 연습

01 다음 글을 참고하여 문장 성분을 분류해 보시오.

'주어'는 서술어에서 표현하는 행동이나 상태의 주체를 가리키는 성분으로, 주격 조사 '이/가', 이를 높인 표현인 '께서', '에서(주어가 단체일 경우)'와 결합하여 표현된다.
'서술어'는 주어가 어떠함을 서술해 주는 성분으로, '어찌한다(동작), 어떠하다(형용사), 무엇이다(체언+서술격 조사)'의 형태로 나타난다. 타동사가 서술어가 되면 동작의 대상이 필요한데, 이 동작의 대상이 되는 성분이 목적어이다. 이는 목적격 조사 '을/를', 보조사가 결합하여 표현된다.
'되다, 아니다' 등과 같은 용언이 서술어가 되면 반드시 '무엇이'에 해당하는 내용, 즉 '보어'를 보충해 주어야 완전한 문장이 될 수 있다.
체언인 주어, 목적어, 보어 등을 꾸며 주는 성분을 '관형어'라 하고, 서술어, 다른 부사어, 문장 전체를 수식하여 그 뜻을 한정해 주는 성분을 '부사어'라 한다.
문장 가운데 어느 것과도 직접적인 관련을 맺지 않고 쓰이는 성분은 '독립어'라 한다.

(1)
이것은	그에게	소중한	가방이다

(2)
유진이는	수수부꾸미를	좋아한다

(3)
선현이는	대학생이	되었다

공공언어 바로 쓰기 연습

02 다음 글을 참고하여 올바른 문장이 되는 표현을 고르시오.

- 부사어와 서술어의 호응
  - ㉠ 부사어와 서술어의 관계를 명확하게 표현함.
- 대등한 구조를 보여 주는 표현 사용
  - ㉡ '-고', '와/과' 등으로 접속될 때에는 대등한 관계를 사용함.
- 어문 규범 지키기
  - ㉢ '도구, 수단'을 나타낼 때는 '로써'를 쓰고, '자격'을 나타낼 때는 '로서'를 씀.

(1) ㉠을 고려하여 "내일은 영락없이 비가 (올 것 같다 / 올 것이다)."라고 써야 한다.

(2) ㉠을 고려하여 "그의 낯빛은 흡사 가면을 (쓴 것같이 / 썼기 때문에) 하얗게 변했다."라고 써야 한다.

(3) ㉡을 고려하여 "(문서의 기밀성을 유지하고 / 문서의 기밀성 유지와) 외부로의 무단 유출을 차단하는 것이 시급하다."라고 써야 한다.

(4) ㉡을 고려하여 "근본 원인 분석과 (재발 방지 대책 마련을 해야 / 재발 방지 대책을 마련해야) 한다."라고 써야 한다.

(5) ㉢을 고려하여 "(꿀로써 / 꿀로서) 단맛을 낸다."라고 써야 한다.

(6) ㉢을 고려하여 "(계약직 신분으로써 / 계약직 신분으로서) 계약 기간 만료 후에는 고용 관계가 소멸됩니다."라고 써야 한다.

어휘력 기르기

03 다음 중 ㉠의 문맥적 의미와 가장 유사한 것은?

> 규칙적인 생활을 위해 생활 계획표를 ㉠짰다.

① 그 선생님은 학점을 짜게 준다.
② 할머니는 지금도 베틀에 올라 베를 짜신다.
③ 주말에 친구를 만나 여행 일정을 짜기로 했다.
④ 직원과 짜고 공금을 횡령한 사장이 경찰에 붙잡혔다.

04 다음 중 ㉠의 문맥적 의미와 가장 유사한 것은?

> 우리 부서에 ㉠떨어진 과제는 너무 무리라는 생각이 든다.

① 발을 헛디뎌서 구덩이로 떨어졌다.
② 갈수록 원화 가치가 떨어져서 큰일이다.
③ 곧 너에게 중요한 임무가 떨어질 것이다.
④ 아이는 잠시도 엄마에게서 떨어지지 않으려고 한다.

05 다음 중 ㉠의 문맥적 의미와 가장 유사한 것은?

> 이 사건은 우리 사회에 심각한 도덕적 문제를 ㉠던져 주었다.

① 그는 우리에게 어려운 질문을 던졌다.
② 그는 방구석을 향해 털모자를 던지고 나갔다.
③ 조국을 위하여 자신의 재물과 목숨을 던진 애국자들
④ 그 소식을 들은 사람들은 일거리를 던지고 거리로 뛰어나와 독립 만세를 외쳤다.

문해력 기르기

06 다음 글을 읽고 O/X를 판단하시오.

> '다다이즘'은 20세기 초 일어난 반문명 예술 운동이다. 이성적이고 합리적인 가치관을 바탕에 둔 서구 문명이 야만적인 전쟁을 야기한 것에 분노하면서, 기성의 가치관을 부정하고 정신을 해방시켜 개인의 진정한 근원적 욕구에 충실하고자 한 것이다.
>
> 스위스 취리히에 모인 다다이스트들은 전쟁을 성토하는 시 낭송회를 열거나 급진적인 예술 행위를 벌여 전통과 인습을 파괴하고 새로운 세계상을 세우고자 하였다. 그들은 우연성을 극대화하기 위해 즉흥적인 해프닝을 즐겼다. 한스 아르프는 종이를 찢어 캔버스 바닥에 뿌린 뒤 떨어진 상태 그대로 풀로 붙였다. 아이의 장난과 같이 여겨지는 이런 행위들을 통해 즉흥성이나 우연성이 창작의 원천임을 보여 준 것이다.

(1) '다다이즘'은 이성적·합리적 가치관을 부정하는 예술 운동이다. (O / X)

(2) '다다이즘'은 서구 문명의 지배를 받는 민족을 해방시키려 했다. (O / X)

(3) '다다이즘'은 시 낭송회를 통해 즉흥성과 우연성을 보여 주었다. (O / X)

(4) '다다이즘'의 즉흥적인 해프닝 기법은 관객과의 소통을 중시했다. (O / X)

07 다음 글을 읽고 O/X를 판단하시오.

> 전국적으로 주목되는 민속놀이로는 동채싸움과 놋다리밟기가 있다. 이 두 놀이는 놀이 주체, 놀이 방식이 서로 대조적이다. 하지만 정월 대보름 때 하는 풍년 기원의 놀이라는 점에서는 같다. 현대 사회에서는 이 놀이들을 계속해서 전승하기 위해 기능보유자도 지정하고 이를 전수하고 있는 학교도 있다. 예를 들어, 학교에서 전수하는 동채싸움의 경우, 지도자는 일정한 연출 아래 놀이를 진행하고 학생들은 사전에 정해 놓은 대로 승부를 낼 뿐 아니라 한결같이 놀이를 연습한 대로 용의주도하게 보여 준다. 하지만 전통놀이의 현대적 계승에 관해서는 연구가 따로 필요하다. 놀이도 오늘날에 맞게 재구성해야 하기 때문이다.
>
> 현대적으로 계승한다고 하여 반드시 새롭게 변형시킬 것이 아니라, 오히려 잘못 변질된 후대적 양상을 본디대로 돌이키는 것도 민주적 계승이자 현대적 변용이라고 할 수 있다. 반면, 꾸며서 하는 가짜 민속이나 관광자원으로 간주된 구경거리는 조작된 민속이므로 현대적 계승이라 볼 수 없다. 놀이하는 사람이 놀이를 즐기지 못하고 민속 문화가 값싼 구경거리로 전락되기 때문이다.

(1) 동채싸움과 놋다리밟기는 풍년을 기원하기 위해 정월 대보름에 하던 놀이이다. (O | X)

(2) 오늘날에는 동채싸움, 놋다리밟기와 같은 놀이를 전승하기 위해 노력하고 있다. (O | X)

(3) 잘못된 방식으로 계승되던 것을 원래대로 돌이키기만 하였다면 현대적 변용이 아니다. (O | X)

(4) 학교에서 전수한 동채싸움은 현대적 계승에 속한다. (O | X)

08 다음 글을 읽고 O/X를 판단하시오.

> 한국의 탈춤과 스페인의 플라멩코는 각기 다른 문화권에서 발생한 전통 예술이지만, 시대를 초월해 전승되고 있다. 탈춤은 가면극, 즉 탈을 쓰고 펼치는 춤, 노래, 연극이 결합된 종합 예술이다. 반면 플라멩코는 '칸테(Cante, 노래), 바일레(Baile, 춤), 토케(Toque, 기타 반주)'라는 세 가지 요소로 구성된다. 플라멩코에서는 신체의 움직임과 정서 표현이 중심이다.
>
> 탈춤은 공동체의 집단적 정서를 표현하며, 풍자와 해학을 통해 사회적 모순을 드러낸다. 관객과의 소통이 중요한 요소이며, 즉흥적이지만 반복되는 춤사위를 통해 공감과 웃음을 유도한다. 반면 플라멩코는 개인적인 감정 표현에 초점을 둔다. 특히 사랑, 고통, 그리움, 자유에 대한 감정이 강렬하게 드러나며, 관객은 그 감정의 진폭에 몰입하게 된다. 이때 관객은 장단에 맞추어 소리를 지르는데, 이는 플라멩코에 빠져서는 안 되는 요소이다.
>
> 탈춤은 공동체적 연대와 비판의식을 공유하며, 축제와 같은 집단 행사 속에서 공동체의 질서를 되돌아보고 정화하는 기능을 수행해 왔다. 한편, 플라멩코는 개인의 고통과 저항을 미학적으로 표현하는 예술로, 공동체보다는 개인의 감정 세계에 초점을 둔다. 그러나 두 예술 모두 억압받는 민중의 목소리를 담고 있다는 점이 같다.
>
> 이 두 예술은 전통이 계승되는 방식에서 차이가 있다. 탈춤은 마을 공동체를 중심으로 구전되었으며, 지역마다 고유한 형식과 내용의 탈춤이 존재해 전통 보존의 다양성이 뚜렷하다. 플라멩코도 안달루시아 지역의 공동체에서 구술과 실연을 통해 전승되었지만, 이후에는 예술가 개인 중심의 무대 예술로 발전하며 전통이 보다 형식화되고 세계화되었다.

(1) 탈춤과 플라멩코의 구성요소에는 모두 춤과 노래가 있다. (O | X)

(2) 탈춤에서는 관객의 참여가 중요한 요소이지만, 플라멩코에서는 중요하지 않다. (O | X)

(3) 플라멩코는 개인의 감정 세계에 초점을 두므로 민중의 목소리는 담지 못했다. (O | X)

(4) 탈춤과 플라멩코 모두 공동체를 통해 전승된 전통 예술이다. (O | X)

논리 연습

09 다음 명제와 논리적으로 동치인 문장을 고르시오.

> 법학을 수강하지 않을 경우, 윤리학도 수강하지 않는다.

① 법학을 수강한다면, 윤리학을 수강하지 않는다.
② 법학을 수강하지 않는다면, 윤리학을 수강한다.
③ 윤리학을 수강하지 않는다면, 법학도 수강하지 않는다.
④ 윤리학을 수강한다면, 법학을 수강한다.

10 다음 명제와 논리적으로 동치인 명제를 적으시오.

(1) 부동산 가격이 적정 수준에서 조절된다면, A 정책이 효과적이라고 할 수 있다.

(2) A 또는 D 둘 중 적어도 하나가 반대하면, C는 찬성하고 E는 반대한다.

♣ **교과서에서 설명하는 필요조건과 충분조건**

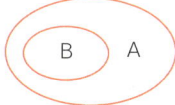
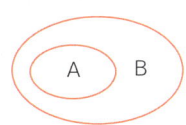

A는 B를 위한 필요조건   A는 B를 위한 충분조건

1. **필요조건**: 사건의 발생을 위한 필요조건은 만일 조건이 주어지지 않는다면 사건은 발생하지 않는다는 것
2. **필요조건을 나타내는 말**:
   A는 B에 인과적으로 필수적이다.
   A가 없으면 B는 발생하지 않는다.
   A는 B를 위한 필요조건이다.
   A가 없는 한 B는 없다.
   ~A → ~B ⇔ B → A
3. **충분조건**: 사건의 발생을 위한 충분조건은 조건이 주어진다면 사건은 발생한다는 것
4. **충분조건을 나타내는 말**:
   A는 B에 인과적으로 충분하다.
   A가 발생할 때마다 B 또한 발생할 것이다.
   A는 B를 위한 충분조건이다.
   A가 있으면 B도 있다.
   A → B

---

11 다음 글을 읽고 O/X를 판단하시오.

> 조건문인 'A → B'에서 A를 전건, B를 후건이라고 부른다. A → B에서 B는 A의 '필요조건으로서의 원인'이라고 한다. 필요조건이란 '원인이 없을 때 결과도 없는 관계'를 의미하며 B가 참이 아니면 A도 반드시 참이 아니라는 것을 뜻한다.
>
> 한편, A → B에서 A를 B의 '충분조건으로서의 원인'이라고 한다. 충분조건이란 '원인이 있을 때 결과도 있는 관계'를 말한다. 즉, A가 참일 때, B는 항상 참이라는 것을 의미한다.
>
> 'A → B'이면서 'B → A'인 경우, A는 B의 '필요충분조건으로서의 원인'이며, B도 A의 '필요충분조건으로서의 원인'이다. '필요충분조건'은 '원인이 있으면 결과가 있고, 원인이 없으면 결과도 없는 관계'이며, 'A ≡ B'로 기호화할 수 있다.

(1) 월요일이라면 유진이는 커피를 마신다. 따라서 월요일인 것은 유진이가 커피를 마시기 위한 필요조건이다. (O | X)

(2) 의식이 있어야만 자의식이 있지만, 의식이 있다고 해서 반드시 자의식을 갖는 것은 아니다. 따라서 자의식은 의식의 충분조건이다. (O | X)

(3) 대의 제도를 통해서만 공화정이 가능하다. 그러므로 대의 제도는 공화정이 되기 위한 필요조건이다. (O | X)

(4) 정사각형은 같은 길이의 네 변과 네 개의 직각으로 이루어져 있으며, 네 변의 길이와 내각의 크기가 90도로 모두 같다면 정사각형이다. 따라서 동일한 길이의 네 변과 네 개의 직각은 정사각형이기 위한 필요충분조건이다. (O | X)

DAY 22

쿼터 홈트

지문형 문법 연습

01 다음 글을 읽고 O/X를 판단하시오.

> '서술어'는 한 문장에서 주어의 움직임, 상태, 성질 따위를 서술하는 말이다. 서술어의 성격에 따라 앞에 반드시 와야 할 문장 성분의 수가 달라지는데, 이를 '서술어의 자릿수'라고 한다. 서술어의 자릿수에는 한 자리 서술어, 두 자리 서술어, 세 자리 서술어가 있다.
> '한 자리 서술어'는 '꽃이 <u>노랗다</u>.', '비가 <u>온다</u>.'와 같이 주어만 요구하는 서술어이다.
> '두 자리 서술어'는 주어 이외에 목적어, 보어, 부사어 중 하나를 추가로 요구하는 서술어이다. '나는 음식을 <u>만들었다</u>.', '내가 공무원이 <u>되다</u>.', '내가 목적지에 <u>이르다</u>.'는 각각 목적어, 보어, 부사어를 요구하므로 두 자리 서술어가 쓰인 문장이다.
> '세 자리 서술어'는 '할머니께서 우리에게 용돈을 <u>주셨다</u>.'와 같이 주어 이외에 목적어와 부사어를 요구하는 서술어이다. '그는 친구의 딸을 며느리로 <u>삼았다</u>.'와 같이 주어 외에 부사어가 있어야만 의미가 완결되는 동사와 형용사가 있는데, 그때 반드시 필요한 부사어를 '필수 부사어'라고 한다. 필수적 부사어는 문장의 구조상 반드시 요구되는 부사어로, 생략이 불가능하다.

(1) '물이 얼음이 되었다.'의 '되었다'는 주어만 요구하는 한 자리 서술어이다. ◯ | ✕

(2) '그는 처마 밑에서 비가 그치기를 기다렸다.'의 '기다렸다'가 필수적으로 요구하는 문장 성분은 3개이다. ◯ | ✕

(3) '영희는 벽에 메모지를 붙였다.'의 '붙였다'는 주어, 부사어, 목적어를 요구하는 세 자리 서술어이다. ◯ | ✕

공공언어 바로 쓰기 연습

02 다음 글을 참고하여 올바른 문장이 되도록 밑줄 친 곳을 고치시오.

> • 목적어와 서술어의 호응
>   - ㉠ <u>목적어와 서술어의 관계를 명확하게 표현함.</u>
> • 대등한 구조를 보여 주는 표현 사용
>   - ㉡ <u>'-고', '와/과' 등으로 접속될 때에는 대등한 관계를 사용함.</u>
> • 중복 오류 삼가기
>   - ㉢ <u>중복되는 표현을 사용하지 않음.</u>

(1) ㉠: 정책 실명제는 정책 추진 경과와 진행 상황을 실명과 함께 공개하는 제도이다. ○○청은 정책의 투명성을 높이고자 시행하고 있다.
   ▶

(2) ㉠: 이 기술을 작물의 생리적 특성을 활용하여 <u>한 번 파종하면 두 번 수확할 수 있다.</u>
   ▶

(3) ㉡: <u>지시 사항 이행과 추진 상황을 점검하는</u> 일은 필수이다.
   ▶ • 지시 사항 이행과 _____ 일은 필수이다.
     • _____ <u>추진 상황을 점검하는</u> 일은 필수이다.

(4) ㉢: 우리는 휴가 때에 <u>서해 바다</u>로 가서 해가 지는 광경을 보았다.
   ▶

(5) ㉢: 우리는 그 일로 인해 <u>더 이상은</u> 참을 수가 없었다.
   ▶

어휘력 기르기

03 밑줄 친 단어에 대응하는 한자어를 찾아 연결하시오.

홍수 피해가 큰 지역에서는 모든 인력을 수해 복구에 <u>집중시켰다</u>.	①	㉠	치환(置換)하다
그 조각가는 자신이 겪은 삶의 고통을 조각이라는 예술의 형태로 <u>바꾸어</u> 내었다.	②	㉡	정정(訂正)하다
어르신께서 내내 건강하옵기를 <u>바랍니다</u>.	③	㉢	동원(動員)하다
그 단체는 민중의 이념에 바탕을 둔 통일 정책을 일관되게 <u>지키고</u> 있다.	④	㉣	밀착(密着)하다
나는 담당자에게 자초지종 사정을 이야기하고 서류를 다시 찾아와서 <u>고쳐야만</u> 했다.	⑤	㉤	고수(固守)하다
껌이 바닥에 <u>붙어</u> 떨어지지 않는다.	⑥	㉥	갈망(渴望)하다
교과서를 새 교과 과정에 맞추어 <u>고치다</u>.	⑦	㉦	위임(委任)하다
인간다운 인간을 <u>기르는</u> 교육자란 시장의 장사꾼과 다릅니다.	⑧	㉧	개편(改編)하다
유럽 국가들은 시간 관리의 필요성을 강조하는 나라와 불필요한 것처럼 <u>여기는</u> 나라로 나눌 수 있다.	⑨	㉨	양성(養成)하다
아버지는 외국으로 나가시면서 큰형에게 가정사 일체를 <u>맡기고</u> 떠나셨다.	⑩	㉩	간주(看做)하다

문해력 기르기

04 다음 글을 읽고 O/X를 판단하시오.

> 운전할 때 내 차선의 차들은 움직이지 않지만 옆 차선의 차들은 꾸준히 움직이는 걸 보고, 옆 차선으로 이동했는데 원래 차선의 차들이 더 빠르게 빠지는 경험을 해 본 적 있을 것이다. 왜 우리는 내 차선보다 옆 차선이 더 빠르다고 생각할까?
> 레델메이어 교수와 티브시라니 교수는 이러한 현상이 인지적 차이에 의해 발생하는 것이라고 하였다. 그리고 이 현상에 관한 자신들의 연구 결과를 자연과학 학술지 「네이처」에 발표했다. 그들은 차들의 평균 속력이 같은 도로 상황에서 운전대에 앉은 운전자들이 어떻게 느끼는지 알아보았다. 차량 밀도가 1km당 20대 이하일 때 내 차선의 차들이 더 빠르다고 느끼는 시간과 옆 차선이 더 빠르다고 느끼는 시간이 거의 같았다. 그러나 차량 밀도가 커지기 시작하면 옆 차선의 차들이 더 빠르다고 느끼는 시간이 점점 길어지게 된다는 사실을 알아냈다. 즉 꽉 막힌 도로에서는 옆 차로를 지나는 차들을 보는 시간이 많아져 나는 내 차선의 차들이 더 느리다고 느끼게 되는 것이다.

(1) 교통 체증이 발생하는 원인은 운전자가 옆 차로를 지나는 차들을 보는 시간이 많기 때문이다. (O / X)

(2) 운전자는 주변에 차가 많을수록 내 차선의 차가 더 느리다고 느낀다. (O / X)

05 다음 글을 읽고 O/X를 판단하시오.

우리 몸에 존재하는 기관의 범위에 대해서는 아직 다양한 의견이 존재하며, 합의된 기관의 수는 총 78개이다. 그렇다면 이 중 가장 무거운 기관은 무엇일까? 우리 몸의 기관들을 나열해 보면, 폐, 뇌, 간, 대퇴골, 피부의 순서로 무거워진다는 것을 알 수 있다.

피부는 상피조직으로, 표피, 진피, 피하 조직이라는 세 층으로 이루어져 있다. 이들 중 피부의 표면을 덮고 있는 것이 표피이며, 피부의 맨 바깥쪽 층이다. 표피는 각질을 생성하고, 피부를 보호하는 역할을 한다. 진피는 표피 아래의 두꺼운 층으로, 한선, 모낭, 피지선, 혈관 등이 포함되어 있다. 이는 피부의 탄력, 윤기, 긴장도에 관여한다. 피하지방이 많이 모여 있는 피하 조직은 피부의 맨 아래에 위치하는 층이다. 이는 여자의 몸에서 많이 발달해, 여성 특유의 둥그스름한 몸매를 만든다.

한편, 사람의 피부색은 표피 속에 있는 멜라닌이라는 색소로 인해 달라진다. 멜라닌은 자외선을 흡수하여 나쁜 영향을 주는 광선을 막는 역할을 하는 색소이다. 이것이 많으면 피부색이 검은색에 가까워지며, 반대로 적으면 흰색에 가까워진다. 다시 말해 피부색은 생활하는 환경에 알맞게 변한 것이다.

(1) 우리 몸에서 가장 무거운 기관은 피부이다. (O | X)

(2) 멜라닌은 피부의 맨 아래쪽 층에 존재한다. (O | X)

(3) 백인은 흑인보다 표피 속에 멜라닌을 많이 함유하고 있을 것이다. (O | X)

[06~07] 다음 글을 읽고 물음에 답하시오.

우리는 바다에 대해 얼마나 알고 있을까? 또한 바다가 우리에게 주는 혜택에는 어떤 것들이 있을까? 지구 전체 면적 중 약 70%를 차지하고 있는 바다는 무한한 잠재적 가치를 가지고 있다. ㉠이 때문에 21세기는 바다의 시대라고도 불린다.

바다는 온실가스인 이산화탄소를 대기로부터 흡수한다. 이때 이산화탄소의 50%가 해양에서 정화되고, 지구에서 소요되는 산소의 30~50% 정도가 제공된다. 바다가 지구를 둘러싸고 있는 대기와의 상호 작용으로 지구 전체의 기후를 일정하게 유지해 준다. 또한 바다는 눈에 보이지 않는 플랑크톤부터 거대한 고래에 이르기까지 다양한 생물에게 서식지를 제공해 주고 있다. 이들은 인류에게 없어서는 안 될 꼭 필요한 생물 자원이다. 하지만 바다는 토지 간척, 해안 개발, 불필요한 어획, 해양쓰레기 등으로 오염되고 있다. 특히 바다로 들어간 미세 플라스틱은 동물성 플랑크톤이 이를 섭취하면, 먹이사슬에 의해 인간에게까지 영향을 준다.

06 윗글을 읽고 O/X를 판단하시오.

(1) 바다는 지구의 기후에 영향을 주지 않는다. (O | X)

(2) 바다는 대기로부터 흡수한 이산화탄소를 정화하기도 하고 대기에 산소를 제공하기도 한다. (O | X)

(3) 바다는 인류에게 필요한 생물 자원의 서식지를 제공한다. (O | X)

07 다음 중 ㉠이 지시하는 내용으로 가장 적절한 것은?

① 지구 전체 면적 중 약 70%를 차지하고 있기 때문에
② 무한한 잠재적 가치를 가지고 있기 때문에

논리 연습

08 다음 글을 읽고, 괄호에 들어갈 말을 고르고 벤다이어그램을 올바르게 그리시오.

> '필요조건'은 '특정 결과를 위한 필수 조건'이다. 따라서 B라는 결과가 발생하기 위해 A라는 조건이 반드시 필요하지만, 이를 갖추었다고 해서 B라는 결과가 반드시 발생할 것이라고 보장되는 것은 아니다.
>
> '충분조건'은 '특정 결과를 발생하게 만드는 조건'이다. 따라서 A라는 조건을 갖추면 B라는 결과는 반드시 발생하지만, B라는 결과가 발생할 수 있는 조건이 A 외에도 다양한 경우이다.
>
> '필요충분조건'은 '필요조건'과 '충분조건'을 모두 만족하는 조건이다. 따라서 A라는 조건이 발생하지 않고서는 B라는 결과가 발생할 수 없으며 동시에 A라는 조건이 충족되면 B라는 결과가 발생한다.
>
>
>
> A는 B를 위한 필요조건   A는 B를 위한 충분조건

(1) '동물'은 '인간'이기 위한 (필요 / 충분 / 필요충분)조건

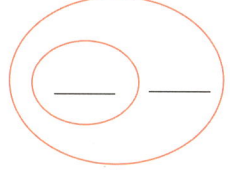

(2) '대학생'은 '학생'이기 위한 (필요 / 충분 / 필요충분)조건

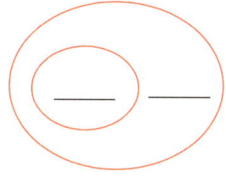

(3) '커피'는 '아메리카노'이기 위한 (필요 / 충분 / 필요충분)조건

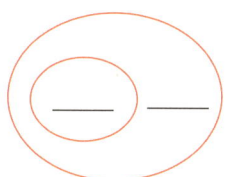

09 다음을 필요조건, 충분조건, 필요충분조건으로 구분하시오.

(1) 사각형은 정사각형이기 위한
▶ 필요조건 / 충분조건 / 필요충분조건

(2) 정사각형은 사각형이기 위한
▶ 필요조건 / 충분조건 / 필요충분조건

(3) 인간은 황인종이기 위한
▶ 필요조건 / 충분조건 / 필요충분조건

(4) 황인종은 인간이기 위한
▶ 필요조건 / 충분조건 / 필요충분조건

(5) 풍부한 영양 성분이 있어야 식물이 성장할 수 있다. 풍부한 영양분은 식물 성장의
▶ 필요조건 / 충분조건 / 필요충분조건

(6) '공무원 시험에 합격하는 것'은 공무원이 되기 위한
▶ 필요조건 / 충분조건 / 필요충분조건

✚ 필요조건과 충분조건 기출 예시

1. ㉠ 시민들의 정치참여가 증가하면 정보해석능력이 향상된다.
   ㉡ 정보해석능력이 향상되면 시민들의 정치참여가 증가한다.
   ⇨ ㉠과 ㉡이 참이면, 정보해석능력의 향상은 정치참여 증가의 필요충분조건이다.
   ㉠은 '정치참여 증가 → 정보해석능력 향상', ㉡은 '정보해석능력 향상 → 정치참여 증가'이다. 따라서 두 명제가 모두 참이라면, '정보해석능력 향상 ≡ 정치참여 증가'가 되므로, 정보해석능력의 향상은 정치참여 증가의 필요충분조건이다.

2. ~ 정치 민주화와 경제 발전이 부패 척결의 필요조건이기 때문이다.
   ⇨ 개도국의 부패 척결은 정치적 민주화 및 경제적 근대화 없이 이룩할 수 없다.
   정치 민주화와 경제 발전이 부패 척결의 필요조건이라는 것은, '부패 척결 → 정치 민주화와 경제 발전'이라는 것과 동일하다. 이는 만일 개도국에서 부패 척결이 이루어진다면 정치 민주화와 경제 발전은 자연스럽게 이루어진다는 뜻이며, '개도국의 부패 척결은 정치적 민주화 및 경제적 근대화 없이 이룩할 수 없다'는 선지의 내용과 같다.

DAY 23

쿼터 홈트

지문형 문법 연습

01 다음 글을 참고하여 ㉠~㉥에 들어갈 말을 쓰시오.

문장은 주어와 서술어 관계가 한 번 나타나는 홑문장과 두 번 이상 나타나는 겹문장으로 나뉘며, 겹문장에는 이어진문장과 안은문장이 있다.

한 문장이 하나의 성분처럼 기능하는 다른 문장을 안고 있는 문장을 안은문장, 다른 문장 속에 들어가 하나의 문장 성분처럼 쓰이는 문장을 안긴문장이라 한다. 안긴문장에는 명사절, 관형절, 부사절, 서술절, 인용절이 있다.

그중 명사절은 서술어로 쓰인 용언의 어간에 명사형 어미 '-(으)ㅁ', '-기'가 붙어 만들어지며, 명사절은 명사와 마찬가지로 문장에서 주어, 목적어, 부사어 등 다양한 문장 성분으로 쓰인다.

 ㄱ. 그 일을 하기가 쉽지 않다.
 ㄴ. 우리는 아영이가 예리했음을 깨달았다.

위의 예문에서 ㄱ의 명사절(그 일을 하기)은 주어의 기능을 하고, ㄴ의 명사절(아영이가 예리했음)은 목적어의 기능을 한다.

(1) "그것이 사실임이 틀림없다."의 명사절인 (㉠)은 문장 안에서 (㉡)의 기능을 한다.
 ㉠:
 ㉡:

(2) "그 음식은 아이가 먹기에 알맞다."의 명사절인 (㉢)은 문장 안에서 (㉣)의 기능을 한다.
 ㉢:
 ㉣:

(3) "우리는 유진이가 오기를 기다린다."의 명사절인 (㉤)은 문장 안에서 (㉥)의 기능을 한다.
 ㉤:
 ㉥:

공공언어 바로 쓰기 연습

02 ㉠~㉣은 모두 중의적인 문장이다. 괄호의 의미만으로 해석할 수 있도록 수정한 문장으로 적절하지 않은 것은?

―〈 보기 〉―

한 문장이 두 가지 이상의 의미로 해석되는 문장을 중의문이라고 한다. 일상에서 이러한 표현은 전달하고자 하는 의미를 모호하게 만든다. 따라서 수식어 추가, 어순 바꾸기 등의 방법을 활용하면 중의성을 해소할 수 있다.

㉠ 유진이는 구두를 신고 있다.
 (→ 구두를 신고 있는 동작이 진행 중임.)
㉡ 언니의 사진은 방에 있다.
 (→ 언니가 찍힌 사진임.)
㉢ 그는 아름다운 고향의 하늘을 생각한다.
 (→ 아름다운 고향을 생각함.)
㉣ 그는 내게 해바라기와 장미 두 송이를 주었다.
 (→ 받은 꽃의 개수가 세 송이임.)

① ㉠: 유진이는 구두를 신는 중이다.
② ㉡: 언니를 찍은 사진은 방에 있다.
③ ㉢: 그는 고향의 아름다운 하늘을 생각한다.
④ ㉣: 그는 내게 해바라기 한 송이와 장미 두 송이를 주었다.

어휘력 기르기

03 ㉮~㉰가 의미하는 단어를 찾고, 그 반의어를 찾아 연결하시오.

스스로 내켜서 움직이거나 작용함.	회의에서, 제출된 의안을 합당하다고 결정함.	모든 것에 두루 미치거나 통함. 또는 그런 것
㉮	㉯	㉰

㉠	㉡	㉢
능동(能動)	보편(普遍)	가결(可決)

ⓐ	ⓑ	ⓒ
특수(特殊)	수동(受動)	부결(否決)

04 〈보기〉를 참고하여 빈칸을 바르게 채우시오.

보기
자괴감, 통념, 토속적, 무력감, 유일무이, 통속적

〈가로〉
ⓒ 스스로 힘이 없음을 알았을 때 드는 허탈하고 맥 빠진 듯한 느낌
㉣ 일반적으로 널리 통하는 개념
㉤ 그 지방에만 특유한 풍속을 닮은

〈세로〉
㉠ 오직 하나뿐이고 둘도 없음.
㉡ 스스로 부끄러워하는 마음
㉣ 「1」세상에 널리 통하는
「2」비전문적이고 대체로 저속하며 일반 대중에게 쉽게 통할 수 있는

문해력 기르기

05 다음 글을 읽고 O/X를 판단하시오.

> 우리는 카멜레온을 쉽게 접할 수 없지만, 묘한 친근함이 느껴지는 동물이다. 카멜레온이 피부색을 다양하게 바꾼다는 것이 우리에게 강력한 매력으로 다가오기 때문이다. 하지만 '카멜레온이 주변 환경의 색에 맞춰 피부색을 자유자재로 바꿀 수 있다.'라는 것은 잘못 알려진 사실이다.
> 카멜레온은 빛의 온도나 세기에 따라 피부색이 바뀐다. 카멜레온의 피부 중 빛이 닿는 부분은 색이 짙어지는데, 피부에 닿는 빛이 약해지거나 온도가 낮아지면 그 색이 연하게 흐려진다. 하지만 카멜레온의 감정 변화에 따라 피부색이 바뀌는 경우도 많다. 예를 들면, 편안하거나 침착한 상태일 때는 초록색, 동요하거나 구애할 때는 노란색 또는 빨간색, 화가 나면 검은색으로 피부색이 변한다. 또한 싸움 중인 수컷 카멜레온 두 마리 중 우세한 쪽의 피부색은 휘황찬란하게 변하지만, 패배한 쪽은 우중충한 색을 띠게 된다. 이렇듯 우리가 잘 알고 있다고 생각하던 대상도 자세히 들여다보면, 몰랐던 새로운 사실을 많이 발견할 수 있다.

(1) 카멜레온은 주변 환경의 색에 맞춰 자유자재로 피부색을 바꿀 수 있다. (O | X)

(2) 수컷 카멜레온 두 마리가 싸우고 있을 때, 비기고 있는 경우가 아니라면 두 마리의 피부색 차이를 통해 어느 카멜레온이 우세한 쪽인지 알 수 있다. (O | X)

06 다음 글을 읽고 O/X를 판단하시오.

플랑크의 양자화 가설을 발전시킨 아인슈타인의 '광양자 가설'은 빛을 입자로 보아 광전 효과를 설명한 것이다. 광전 효과란 금속에 여러 종류의 빛을 비출 때 튀어나오는 전자의 운동 에너지와 비춘 빛의 진동수의 관계를 설명한 것이다. 만일 빛을 입자가 아닌 파동으로 본다면, 파장에 관계없이 금속에 빛을 강하게 비추기만 하면 충분한 에너지가 전달되어 전자가 금속에서 튀어나와야 한다. 하지만 파장이 긴 빛을 금속에 비추었지만 전자는 튀어나오지 않았다. 반면 진동수가 큰 빛은 약하게 비추어도 전자가 튀어나왔고, 같은 빛을 비추었을 때 튀어나온 전자가 가지는 운동 에너지는 모두 동일했다. 빛을 강하게 비추면 튀어나오는 전자의 수는 늘어났지만, 각각의 전자가 가지는 운동 에너지는 늘어나지 않은 것이다. 이는 빛을 파동이라고 가정할 때는 설명할 수 없는 현상이었다.

아인슈타인의 광양자 가설은 플랑크의 생각보다 훨씬 진전된 것으로, 빛을 불연속적인 에너지 알갱이, 즉 광양자로 가정하고 이 존재를 전제로 한 것이었다. 이 가설은 매우 혁신적이어서 주장된 당시 플랑크 같은 사람들도 이를 그대로 받아들이기 힘들었지만, 후에 보어의 실험을 통해 성공적으로 입증되었다.

(1) 아인슈타인은 플랑크의 광양자 가설을 발전시킨 양자화 가설을 제기했다. ⓞ/Ⓧ

(2) 아인슈타인은 빛을 파동으로 보아야 한다고 주장했다. ⓞ/Ⓧ

(3) 아인슈타인의 광양자 가설은 주장되자마자 많은 학자의 지지를 받았다. ⓞ/Ⓧ

07 다음 글을 읽고 O/X를 판단하시오.

기상과 기후라는 용어는 일상생활에서 자주 사용되지만, 그 의미가 오용되는 경우가 많다. 예를 들어, 도로 표지판에서 흔하게 볼 수 있는 '이상 기후 시 감속 운행' 문구는 잘못 쓰인 것이다. '기상'은 공기 중에서 일어나는 대기 현상 하나하나 또는 순간적으로 나타나는 대기 상태를 일컫는 말이고, '기후'는 기상의 종합적인 상태를 지칭한다. 그러므로 도로 표지판에는 '이상 기상 시 감속 운행'이라는 문구가 적혀 있어야 한다.

기후는 지표면의 특정 장소에서 매년 비슷한 때에 되풀이되어 출현하는 평균적·종합적 대기 상태로, 한 지역이 여름에는 건조해지고 겨울에는 추워지는 것이 기후의 예이다. 이러한 개념 속에는 해당 장소와 그곳에 거주하는 주민들의 삶의 의미가 포함될 수밖에 없다. 오랜 경험으로 얻어진 기후 환경에 맞도록 적응하면서 그들만의 문화를 만들어 나가게 되기 때문이다.

물론 시간 규모를 기준으로 단순히 짧은 대기 현상을 기상이라 칭하고, 보다 장기적인 경우를 기후라고 할 수도 있겠지만, 이 차이를 명확히 규정하기란 쉽지 않다. 특히 최근 기후에 대한 관심도가 높아지면서 시간에 대한 다양한 기준이 적용되고 있어 이보다는 대기 현상이 개별적인지 종합적인지를 보는 것이 더 중요할 것이다.

(1) 기상의 개념 속에는 주민들의 삶의 의미가 포함될 수밖에 없다. ⓞ/Ⓧ

(2) 도로 표지판에는 '이상 기상 시 감속 운행'이라고 적혀 있어야 적절하다. ⓞ/Ⓧ

(3) 기상과 기후의 차이를 시간 규모를 기준으로 명확히 규정하기란 쉽지 않지만, 이는 여전히 가장 중요하게 여겨지는 구별 기준이다. ⓞ/Ⓧ

논리 연습

08 다음 괄호에 들어갈 말을 고르시오.

(1) '선거일 현재 만 18세 이상의 국민은 선거권이 있으므로 투표가 가능하다.'라는 명제에서 '만 18세 이상'은 선거권을 행사하기 위한 (필요조건 / 충분조건 / 필요충분조건)이다.

(2) '버스를 운전하기 위해서는 1종 보통 운전면허뿐만 아니라 1종 대형 운전면허도 취득해야 한다.'라는 명제에서 '1종 보통 운전 면허증'은 버스를 운전하기 위한 (필요조건 / 충분조건 / 필요충분조건)이다.

09 다음을 필요조건, 충분조건, 필요충분조건으로 구분하시오.

(1) 비가 오면 도로가 젖는다. 도로가 젖기 위한 조건으로 가장 적절한 것은?
① 비가 오는 것(필요조건)
② 비가 오는 것(충분조건)
③ 비가 오는 것(필요충분조건)

(2) 고등학교를 졸업해야만 대학교에 입학할 수 있다. 대학교에 입학하기 위한 조건으로 가장 적절한 것은?
① 고등학교 졸업(필요조건)
② 고등학교 졸업(충분조건)
③ 고등학교 졸업(필요충분조건)

(3) 열이 나지 않으면 독감이 아니다. '독감이다'라는 사실에 대해 '열이 나는 것'은 어떠한 조건인가?
① 필요조건
② 충분조건
③ 필요충분조건

(4) 복권 1등에 당첨되면 부자가 될 수 있다. 부자가 되는 것의 조건으로서 '로또 1등 당첨'은 어떠한 조건인가?
① 필요조건
② 충분조건
③ 필요충분조건

(5) 1기압일 때, 물은 섭씨 100도에서 끓는다. 이는 '물이 끓으면 100도에 도달한 것이며, 100도에 도달하면 물이 반드시 끓는다'는 의미이다. 이때, 물이 끓는 것의 조건으로서 '100도 도달'은 어떤 조건인가?
① 필요조건
② 충분조건
③ 필요충분조건

DAY 24 쿼터 홈트

지문형 문법 연습

[01~02] 다음 글을 읽고 물음에 답하시오.

이어진문장은 둘 이상의 홑문장이 이어지는 방법이 어떠한가에 따라 대등하게 이어진 문장과 종속적으로 이어진 문장으로 나뉜다. 대등하게 이어진 문장은 앞 절이 뒤 절에 대해 '나열(남쪽에는 평야가 많으며, 북쪽에는 산이 많다.)', '대조(그들은 늘 만나지만, 서로 친한 사이는 아니다.)', '선택(밥을 먹든지 빵을 먹든지 어서 결정해라.)' 등의 의미를 지닌다. 또한 선행절이 후행절에 의미상 의존하지 않기 때문에, 선행절과 후행절의 순서를 도치하여도 문맥상 의미가 같다.

종속적으로 이어진 문장은 선행절이 후행절에 의미상 의존하도록 연결된 문장으로, 앞 절이 뒤 절에 대해 '원인(눈이 와서, 길이 질다.)', '조건(근로자가 없으면 기업도 없다.)', '의도(우리는 북한산에 오르려고 아침 일찍 일어났다.)', '양보(우리는 눈이 올지라도 계획대로 산에 갈 것이다.)' 등의 의미를 지닌다. 종속적으로 이어진 문장은 연결 어미 앞뒤의 문장을 도치하면 의미에 변화가 생기게 된다.

01 윗글을 참고하여 (1)~(4)에 해당하는 어미를 고르시오.

(1) 낮말은 새가 듣(고 / 거나) 밤말은 쥐가 듣는다.
(2) 눈이 내리(거든 / 지만) 날씨는 춥지 않다.
(3) 경수가 오(거나 / 며) 철수가 오(거나 / 며) 내가 상관할 바가 아니다.
(4) 내가 집에 가(면 / 는데), 저쪽에서 누군가가 소리를 질렀다.

02 다음 중 대등하게 이어진 문장은?

① 내가 먹을진대 누가 뭐라 하겠는가?
② 내가 친구를 만나러 신사동에 갔었다.
③ 어제는 하늘도 흐렸고 바람도 불었다.
④ 내일 손님이 오시거든 반갑게 맞이하여라.

공공언어 바로 쓰기 연습

03 다음 글을 참고하여 올바른 문장이 되는 표현을 고르시오.

- 표현의 정확성
  - ㉠ 문맥에 맞는 정확한 어휘를 사용할 것
  - ㉡ 부적절한 피·사동 표현에 유의함.
- 외국어 번역 투 삼가기
  - ㉢ 스스로 움직이지 않는 사물이나 추상적 대상이 능동적 행위의 주어로 나오는 문장은 삼가야 함.

(1) ㉠을 고려하여 "남의 잘못만을 탓하는 자세를 (지양하고 / 지향하고) 자기의 허물을 되돌아볼 줄 알아야 한다."라고 써야 한다.

(2) ㉠을 고려하여 "아버지는 외국으로 나가시면서 큰형에게 가정사 일체를 (위임(委任)하고 / 수임(受任)하고) 떠나셨다."라고 써야 한다.

(3) ㉡을 고려하여 "아내가 나에게 마음이 (열리고 / 열려지고) 나서는 성격이 매우 쾌활해졌다."라고 써야 한다.

(4) ㉡을 고려하여 "최근 독감 의심 환자 중 절반가량은 신종 플루 감염으로 (보여진다 / 보인다)."라고 써야 한다.

(5) ㉢을 고려하여 "(이 책은 나에게 큰 감동을 주었다 / 나는 이 책에 큰 감동을 받았다)."라고 써야 한다.

(6) ㉢을 고려하여 "(우리는 이 결과를 통해 실업난 해소 정책을 마련해야 한다는 점을 알 수 있다 / 이 결과는 우리에게 실업난 해소 정책을 마련해야 한다는 점을 말해 주고 있다)."라고 써야 한다.

어휘력 기르기

04 밑줄 친 단어에 대응하는 한자어를 찾아 연결하시오.

우리 조국의 찬란한 승리를 향해 <u>나아가자</u>!	①	㉠	토로(吐露)하다
어떤 시인도 원시의 상태로 인간이 <u>돌아가기</u>를 원하지는 않으리라.	②	㉡	회수(回收)하다
기정이도 이제는 전처럼 아내를 감시하려 들지도 않고 <u>내버려두었다</u>.	③	㉢	방임(放任)하다
헌법에서는 모든 인간은 평등하다고 먼저 <u>내세운다</u>.	④	㉣	종결(終結)하다
검찰 측에서는 서점가에 배포된 책 전부를 <u>거두어들이도록</u> 출판사에 요구했다.	⑤	㉤	도출(導出)하다
짐승을 산 채로 <u>잡았다</u>.	⑥	㉥	환원(還元)하다
봉건적 잔재를 단호하게 <u>없앴다</u>.	⑦	㉦	포획(捕獲)하다
두 나라는 전쟁을 <u>끝내기로</u> 협정을 맺었다.	⑧	㉧	전진(前進)하다
수미일관한 철학 체계를 플라톤의 암시에서 <u>이끌어 낼</u> 수 있을까?	⑨	㉨	척결(剔抉)하다
그녀는 남편에게 결혼 생활의 불만을 <u>말했다</u>.	⑩	㉩	전제(前提)하다

문해력 기르기

05 다음 글을 읽고 O/X를 판단하시오.

동물들의 의사소통에 관한 연구는 동물 행동학의 중심이다. 동물들이 말하는 것을 알아들으면 그들의 생각을 이해하거나, 그들의 행동 원인을 금방 알 수 있을 것이다. 하지만 우리는 동물들의 말을 알아듣지 못한다. 따라서 우리는 다양한 과학적인 방법을 동원해 동물들의 행동을 연구해야 한다.

동물들은 시각을 활용하여 의사를 전달하기도 한다. 어치라는 새의 경우, 사회적 지위나 마음 상태에 따라 머리 깃털을 세우는 각도가 달라진다. 어치는 기분이 안 좋거나 공격하려 할 때면 90도로 머리 깃털을 곤추세운다. 하지만 힘이 없으면 늘 머리 깃털을 낮추고 있어야 하는데, 힘도 없으면서 머리 깃털을 잘못 세우면 혼쭐이 나는 수가 있기 때문이다. 따라서 새는 지위가 높을수록 머리 깃털을 높이 세우는 경우가 많으며, 지위가 낮을수록 머리 깃털을 감추는 것이 좋다. 실제로 새들의 머리 깃털 각도를 측정해 본 결과, 각각의 각도는 새들이 가진 사회적 지위와 거의 정확히 맞아떨어졌다.

늑대의 경우, 꼬리의 위치나 모습을 통해 그들의 상태나 지위를 알 수 있다. 지위가 높은 개체만이 꼬리를 세울 수 있으며, 지위가 낮은 개체는 늘 꼬리를 감아 말고 있어야 하기 때문이다. 힘이 없는 개체가 꼬리를 바짝 세우고 있으면, 제일 힘 있는 개체는 이를 자신에게 덤비는 것으로 간주하고 싸움을 걸어온다. 그러니 자신의 지위에 맞게 행동해야 한다.

(1) 사회적 지위가 낮은 어치라도 기분이 좋지 않거나 공격하려 할 때는 머리 깃털을 90도로 곤추세운다. O | X

(2) 한 무리 내에서 힘이 없는 늑대가 꼬리를 바짝 세우고 있으면, 그 무리 안에서 그보다 힘 있는 모든 늑대들은 자신에게 덤비는 것으로 간주하고 싸움을 걸 것이다. O | X

06 다음 글을 읽고 O/X를 판단하시오.

> 자연의 나노 입자와 그 조직으로 자연의 자체 정화 메커니즘을 활용하려는 연구가 있다. 자연의 자체 정화 메커니즘은 '연꽃 효과'라고도 불리는데, 이는 자연의 자체 정화 메커니즘이 연꽃에서 처음 발견되었기 때문이다. 연꽃잎의 표면은 물과 친화력이 극도로 적은 초소수성을 띠어 잎이 조금만 기울어도 물방울은 밑으로 굴러떨어지며, 이때 오염 입자들이 함께 제거된다.
>
> 그렇다면 연꽃잎의 이러한 특성은 어떻게 생긴 것일까? 무엇보다도 결정적인 것은 잎 표면과 물방울 표면의 접촉 각도이다. 물을 좋아하여 친수성을 띠는 잎의 표면에서 물방울은 넓게 퍼져 접촉각이 매우 작아지는 반면, 소수성 잎의 표면에서는 물방울의 접촉 각도가 크다. 특히 같은 소수성 물질로 이루어져 있더라도 매끈한 표면에 비해 마이크로 및 나노 영역에서 구조화한 물질의 접촉 각도가 훨씬 커진다. 연꽃의 경우, 잎과 물방울의 실질적 접촉면은 물방울로 덮인 면의 2~3%에 불과하며, 잎의 표면이 나노미터 영역의 구조로 이루어져 있어 물방울이 굴러떨어질 때 오염 입자들을 흡수하여 함께 제거한다.

(1) 나노 입자와 그 조직은 과학자들이 발명해 낸 것이다. (O | X)

(2) 연꽃 효과는 연꽃잎의 나노미터 영역의 구조와 관련이 있다. (O | X)

(3) 연꽃잎의 경우, 물방울의 접촉각이 작은 편에 속할 것이다. (O | X)

(4) 잎의 표면이 초소수성에 가까운 성질을 가지면 가질수록, 물방울의 접촉각은 커질 것이다. (O | X)

[07~08] 다음 글을 읽고 물음에 답하시오.

> 산호를 식물로 알고 있는 사람들이 많지만, 산호는 촉수를 이용해 ㉠<u>작은 해양 생물</u>을 잡아먹으며 살아가는 자포동물이다. 산호는 크게 연산호와 ㉡<u>경산호</u>로 나뉜다. 전자는 단단한 골격이 없어 해류에 따라 이리저리 흔들린다. 또한 수온에 대한 관용도가 높아, 동해안에서도 ㉢<u>이들</u>을 찾을 수 있다. 이와 달리 경산호는 단단한 골격을 가지고 있어서, 경산호가 강한 파도, 포식자, 햇빛을 견딜 수 있도록 해 준다. 그래서 쓰나미나 태풍으로 인한 해일로부터 연안을 지켜 주기도 한다. 그리고 경산호는 수온이 20도 이상은 되어야 살 수 있다.
>
> 산호는 작은 해양 생물들을 잡아먹으며 살아가지만, 이것만으로는 충분한 영양물질을 공급받을 수 없다. 그래서 산호는 편모조류인 주산텔라와 공생한다. 주산텔라는 산호의 촉수에 보금자리를 틀어 자신을 천적으로부터 보호하는 대신, 광합성을 통해 영양물질을 산호에게 공급해 준다. ㉣<u>주산텔라가 만든 영양물질과 산소는 작은 해양 생물의 먹이가 되고, ㉤<u>이들</u>을 잡아먹기 위해 큰 해양 생물들이 이곳으로 모이게 된다. 산호초의 면적은 지구 전체 바다의 0.1% 정도지만, 모든 해양 생물의 25% 이상이 서식처로 삼고 있다. 또한 사람이 먹는 물고기의 약 25% 정도가 산호초 부근에서 잡힌다. 하지만 산호는 전 세계적으로 지구 온난화, 해양 오염 등으로 크게 위협받고 있다. 급속도로 사라지고 있는 산호가 멸종되지 않도록 사람들의 많은 관심이 필요하다.

07 윗글을 읽고 O/X를 판단하시오.

(1) 모든 산호는 쓰나미나 태풍으로 인한 해일로부터 연안을 지켜 준다. (O | X)

(2) 동해안보다 수온이 높은 제주 해안에서도 연산호가 발견될 것이다. (O | X)

(3) 산호는 편모조류와 공생하며 천적으로부터 자신을 보호한다. (O | X)

08 ㉠~㉤ 중 지시 대상이 같은 것끼리 묶은 것은?

① ㉠, ㉡
② ㉠, ㉤
③ ㉡, ㉢
④ ㉢, ㉣

논리 연습

09 다음 글을 읽고 (1)~(15)를 기호화하시오.

단순 문장은 논리적 연결사를 포함하지 않은 문장이고, 복합 문장은 논리적 연결사를 포함한 문장이다. 가령, '나는 공부한다.'는 단순 문장이고, '나는 공부한다. 그리고 엄마는 책을 본다.'는 '그리고'라는 병렬의 의미를 나타내는 논리적 연결사로 연결된 복합 문장이다.

논리학에서는 일상 언어의 명제들을 기호를 사용하여 간단하게 표기한다. 예를 들어, 앞에서 본 단순 문장은 '나'로 표기할 수 있고, 복합 문장은 '나 ∧ 엄마'로 표기할 수 있다.

A → B	A이면 반드시 B이다. B일 경우에만/때에만 A이다. B에 한하여 A이다.	
~A	부정	not A ~가 아니다/않다
A	긍정 전칭	All 모든, 전부, 다, 빠짐없이
An	특칭	Some 어떤
A ∧ B	연언	A and B 하고, 고, 그리고, 또, 및, 와, ~하는, ~인, -면서, -지만…
A ∨ B	선언	A or B ~하거나, 혹은…

(1) 사과를 좋아하는 학생들은 모두 배도 좋아한다.
▶

(2) 공직에 관심이 있는 사람은 모두 일자리 문제에 관심이 있는 사람이다.
▶

(3) 내일 시간이 있다면, 한강에 간다.
▶

(4) 철수는 축구를 좋아하거나 농구를 좋아한다.
▶

(5) A 회사의 직원 중 미혼이 아닌 사람은 모두 남성이다.
▶

(6) 갑이 회의에 참석하면, 을도 참석한다.
▶

(7) 병이 회의에 참석하지 않으면, 을도 참석하지 않는다.
▶

(8) 갑은 〈구조독해〉를 듣지 않거나 〈확인추론〉을 듣지 않는다.
▶

(9) 내일 눈이 오는 경우에만 소풍을 가지 않는다.
▶

(10) 수요일이라면 〈독해 알고리즘〉 수업을 듣는다.
▶

(11) 모든 수험생은 국어와 영어를 공부한다.
▶

(12) 이자율이 오르면 채권 가격이 하락한다.
▶

(13) A 회사의 어떤 직원들은 영화 보는 것을 좋아한다.
▶

(14) 어떤 수험생들은 한국사를 공부한다.
▶

(15) 도서관 이용자 중 책을 반납하지 않은 사람은 모두 외국인이다.
▶

DAY 25

쿼터 홈트

오운완

지문형 문법 연습

01 다음 글을 읽고 O/X를 판단하시오.

> 국어의 문장은 종결 표현에 따라 전체 문장의 의도가 좌우된다. 문장은 종결 어미로 문장을 종결하는 표현 방식에 따라 '평서문, 의문문, 명령문, 청유문, 감탄문'으로 나뉜다.
> '평서문'은 말하는 이가 듣는 이에게 특별히 요구하는 바 없이, 하고 싶은 말을 단순하게 객관적으로 진술하는 문장을 이른다.
> '의문문'은 화자가 청자에게 질문을 하여 그 해답을 요구하는 문장이다.
> '명령문'은 화자가 청자에게 어떤 행동을 하도록 요구하는 문장이므로 항상 주어가 청자이며, 서술어로는 동사만 올 수 있다.
> '청유문'은 화자가 청자에게 같이 행동할 것을 요청하는 문장이므로 주어에 화자와 청자가 함께 포함되고 서술어로는 동사만 올 수 있다. 청유형 종결 어미는 '-자'가 대표적이다.
> '감탄문'은 화자가 청자를 별로 의식하지 않거나 거의 독백 상태에서 자기의 느낌을 표현하는 문장을 이르며, '-구나', '-어라'와 같은 감탄형 어미로 문장을 끝맺는다.

(1) '이따가 가세.'는 청유문이다. (O | X)

(2) '자리에 앉아라.'는 청유문이다. (O | X)

(3) '자네 이것 좀 먹게.'는 청유문이다. (O | X)

(4) '옷이 무척 예쁘구나.'는 평서문이다. (O | X)

공공언어 바로 쓰기 연습

02 다음 글을 참고하여 올바른 문장이 되도록 (1)~(6)을 고치시오.

> ㉠ 대등한 것끼리 접속할 때는 구조가 같은 표현을 사용해야 한다.
> ㉡ 필요한 성분이 생략되지 않도록 한다.
> ㉢ 문맥에 맞는 어휘를 사용하도록 한다.

(1) ㉠: 그들은 한적한 오솔길을 걸으며 사색에 잠기기도 했고 내일을 <u>설계했다</u>.
▶

(2) ㉠: <u>그 나라 주민과의 충돌이나 민족의 정체성을 상실하는 등의 문제가 발생되기도 한다.</u>
▶ • 구와 구:

　• 절과 절:

(3) ㉡: <u>문에 기대거나 강제로 열려고 하지 마십시오.</u>
▶

(4) ㉡: 신은 <u>인간을 사랑하기도 하지만 시련을 주기도 한다</u>.
▶

(5) ㉢: 수출 증대를 위해서는 이 제품의 <u>장점과 단점을 보완해야</u> 한다.
▶

(6) ㉢: 우리 정부는 <u>직구 상품의 수출을</u> 규제하였다.
▶

어휘력 기르기

03 다음 중 ㉠의 문맥적 의미와 가장 유사한 것은?

> 고장 난 시계를 ㉠ 고쳐야 한다.

① 장마철이 오기 전에 지붕을 고쳐라.
② 어른들에게 반말하는 버릇을 고쳐라.
③ 이 병원은 병을 잘 고친다고 소문이 자자하다.
④ 몽고는 국호를 원으로 고치고 중국을 통일하였다.

04 다음 중 ㉠의 문맥적 의미와 가장 유사한 것은?

> 방명록에 이름을 ㉠ 쓰다.

① 머리에 면사포를 쓴 신부가 입장했다.
② 농사에 퇴비를 쓴 결과 수확량이 늘어났다.
③ 오늘 배운 데까지 공책에 두 번 써 오는 게 숙제이다.
④ 아르바이트에 시간을 많이 써서 공부할 시간이 없다.

05 다음 중 ㉠의 문맥적 의미와 가장 유사한 것은?

> 내가 만일 이곳을 ㉠ 나가게 된다면 새로운 일을 시작하겠다.

① 앞니가 모두 나갔다.
② 그는 전국 체전에 대표로 나갔다.
③ 차가 시동을 넣자 천천히 앞으로 나갔다.
④ 김 부장이 회사를 나가자 이 차장이 그 일까지 도맡았다.

문해력 기르기

06 다음 글을 읽고 O/X를 판단하시오.

> '빅데이터'는 디지털 환경에서 생성되는 거대한 규모의 자료를 의미한다. 이러한 데이터가 부각된다는 것은 기업들이 빅데이터의 가치를 받아들이기 시작했다는 것을 말한다. 여기에는 기업들이 데이터를 바라보는 시각이 변한 측면도 있다.
>
> 그동안 기업들은 고객이 판촉 활동에 어떻게 반응하고, 평소에 어떻게 행동하며, 사물에 대해 어떤 태도를 보이는지 알기 위해 마케팅 조사를 활용해 왔었다. 이러한 기업들의 노력이 효과가 있는 경우도 있었으나 아쉬운 점도 많았다. 기업들은 많은 광고비를 사용했지만, 그 돈이 구체적으로 어느 부분에서 효과를 내는지 알지 못했기 때문이다. 그런 상황에서 기업들은 데이터 소스로부터 궁금증과 답답함을 해결할 수 있게 되었다.

(1) 기업들이 빅데이터의 가치를 받아들이기 시작하면서 데이터를 바라보는 시각이 변하였다. (O | X)

(2) 기업의 마케팅 조사는 쓸모가 없었다. (O | X)

07 다음 글을 읽고 O/X를 판단하시오.

> 공인 인증서를 사용하는 금융권, 증권사, 전자 정부 등 거의 모든 사이트에서 개인 정보 유출이 일어날 수 있기 때문에, 해킹이 요즘 최대 이슈이다. 그러나 이 현상은 공인 인증서 자체뿐만 아니라 공인 인증서와 웹 브라우저를 연결해 주는 연결 프로그램의 취약점에 의해서도 발생할 수 있다.
> 인터넷 사용자는 특정 사이트에서 "다음 발급자가 서명하고 배포한 프로그램을 설치하고 실행하겠습니까?"라는 메시지를 흔히 볼 수 있다. 이처럼 특정 사이트에서 다른 프로그램을 설치할 수 있도록 연결해 주는 것을 연결 프로그램이라고 한다. 이 창에서 "예"라고 답하면 프로그램이 설치된다. 이는 웹 브라우저와 특정 프로그램을 연결해 주는 긍정적 역할을 하지만 보안에 취약점이 생길 수 있으며, 공격자가 이 점을 이용할 수 있다.
> 따라서 사용자는 보안에 대한 인식을 확고히 해야 한다. 신뢰할 수 있는 사이트가 아니라면 프로그램을 설치하라는 메시지가 떠도 필요한 프로그램인지 아닌지를 신중히 판단하는 보안 의식이 필요하다.

(1) 공격자는 연결 프로그램의 취약점을 이용할 수 있다. (O | X)

(2) 공인 인증서의 문제로 개인 정보가 유출될 수 있다. (O | X)

(3) 인터넷 실행 시 연결 프로그램의 설치 위치를 지정할 수 있다. (O | X)

(4) 연결 프로그램은 사용자에게 프로그램의 설치 유무를 묻는다. (O | X)

08 다음 글을 읽고 O/X를 판단하시오.

> 천년의 세월을 살아 숨 쉬는 한지는 질 좋은 닥나무가 있어서 존재할 수 있었다. 양지와 비교해 보면 한지의 우수성은 더욱 뚜렷하게 드러난다.
> 닥나무 껍질에서 뽑은 섬유를 원료로 사람이 손으로 직접 만든 한지는 습기와 같은 자연현상에 친화력이 강한 특징이 있어 창호지로 많이 쓰인다. 한지를 창호지로 사용하면 문을 달아도 바람이 시원하게 통하며 습기를 잘 흡수해 습도 조절도 하는데, 한지를 '살아 있는 종이'라고 칭하는 이유도 여기에 있다. 반면 기계로 대량 생산하는 양지의 경우 바람이 잘 통하지 않음은 물론, 습기에 대한 친화력도 상대적으로 약해 뻣뻣하게 굳은 종이라 할 수 있다. 또한, 한지는 화학 반응에도 잘 견디는 중성지이다. 양지는 산성지로 약 50~100년 정도만 지나도 누렇게 변한다. 신문지나 교과서가 조금만 시간이 지나도 누렇게 색이 바래는 이유도 종이의 원료가 산성이기 때문이다. 한지는 중성지라 세월이 흐를수록 결이 고와진다. 마지막으로 한지의 주원료인 닥나무는 그 섬유의 길이가 양지의 원료보다 훨씬 길어 더 질긴 종이를 만들 수 있다.
> 한편, 한지의 타고난 특성 외에도 한지의 질을 향상한 우리 조상들의 비법도 존재한다. 첫째는 한지를 만들 때 사용하는 식물성 풀인 '닥풀'이다. 닥풀은 섬유가 물속에서 고루 펴지게 해 종이를 얇게 만드는 데에 유용하며, 겹쳐 있는 여러 장의 젖은 종이를 쉽게 떨어뜨리게도 해 준다. 둘째는 한지 제조 과정에서 마무리 작업인 '도침' 기술이다. 도침은 종이의 표면을 매끄럽게 만들기 위해 풀칠한 종이를 여러 겹으로 겹쳐 놓은 뒤 방아로 고루 내리치는 것을 말한다. 이는 우리 조상들이 세계 최초로 고안해 낸 종이 표면 가공 기술이다.

(1) 한지를 창호지로 사용하면 문을 달아도 바람이 잘 통하며 습도 조절에도 유용하다. (O | X)

(2) 산성지는 중성지보다 화학 반응에 잘 견딘다. (O | X)

(3) 한지 제조 과정에 쓰이는 '도침' 기술은 중국에서 세계 최초로 고안된 기술을 우리나라의 환경에 맞게 보완한 것이다. (O | X)

논리 연습

09 다음 글을 참고하여 (1)~(19)를 기호화하시오.

'연언(AND)'은 명제 사이에 '그리고'가 삽입되어 만들어지는 합성 명제, 즉 'A 그리고 B'를 말한다. 이 경우에는 'A ∧ B'라는 표시를 이용하여 기호화한다. 다만, 연언을 만들 때 꼭 '그리고'만 활용되는 것은 아니다. '하지만', '그러나' 등의 역접 표현도 연언으로 기호화한다.

또한 특별히 어떤 것만을 가리켜서 이르는 '특칭'을 사용한 경우에도 연언을 이용하여 기호화한다. 가령 '어떤 사람은 영화를 본다.'라는 문장이 있다고 하자. 이 문장은 '영화를 보는 사람이 있다.'라는 문장과 같은 의미이며, '어떤 사람이 있다. 그리고 그 사람은 영화를 본다.'라는 말로 풀어 쓸 수 있다. 따라서 '사람n ∧ 영화n'이라고 기호화하여야 한다.

(1) A와 B가 찬성한다.
▶

(2) 나는 월요일과 수요일에 운동을 한다.
▶

(3) 나는 TV를 보고 동생은 음악을 듣는다.
▶

(4) 산책을 하는 사람이 있다.
▶

(5) 나는 월요일에는 밥을 먹지만 화요일에는 밥을 먹지 않는다.
▶

(6) 〈라이트〉를 들으면 〈코어〉와 〈프로〉를 모두 듣는다.
▶

(7) 나는 월요일에는 밥을 먹고 화요일에는 라면을 먹는다.
▶

(8) 탄이는 고구마와 배추를 좋아한다.
▶

(9) 음악을 좋아하는 어떤 사람은 피아노를 전공했다.
▶

(10) 내일 비가 온다면, 공부하지 않고 집에서 영화를 볼 것이다.
▶

(11) 모임에 A는 참석하지만 B는 참석하지 않는다.
▶

(12) 어떤 수험생은 저녁에 운동한다.
▶

(13) 나는 치킨과 콜라를 먹을 것이다.
▶

(14) 감기에 걸렸다면 약을 먹어야 한다.
▶

(15) 금요일에 회의를 개최하지 않으면, 화요일에도 회의를 개최하지 않고 수요일에도 개최하지 않는다.
▶

(16) 육지에 살면서 육식을 하는 포유동물은 모두 다리가 있다.
▶

(17) 김치를 먹지 않는 한국인이 있다.
▶

(18) 그는 공부는 하지 않았지만 운동은 하러 갔다.
▶

(19) 어떤 의사는 환자에게 친절하다.
▶

DAY 26

지문형 문법 연습

01 다음 글을 참고하여 (1)~(7)에 해당하는 기호를 쓰시오.

> 의문문은 화자(말하는 이)가 청자(듣는 이)에게 질문하여 그 대답을 요구하는 문장이다. 이는 판정 의문문, 설명 의문문, 수사 의문문으로 나눌 수 있다. ㉠ 판정 의문문은 의문사 없이 단순한 긍정이나 부정의 대답을 요구한다. ㉡ 설명 의문문은 '언제, 누구, 무엇'과 같은 의문사가 포함되어 있으며, 청자에게 구체적인 설명을 요구한다. ㉢ 수사 의문문은 청자의 대답을 요구하는 것이 아니며 강조, 명령, 감탄 등의 효과를 나타낸다.

(1) 너 얼른 가서 공부해야 하지 않아?
▶

(2) 밥 먹었니?
▶

(3) 너는 내일 누구와 여행을 가니?
▶

(4) 어쩜 저렇게 예쁠까?
▶

(5) 지금 비가 오니?
▶

(6) 내게 무엇을 달라고 하였지?
▶

(7) 보고서를 언제까지 제출해야 합니까?
▶

공공언어 바로 쓰기 연습

02 다음 글을 참고하여 올바른 문장이 되도록 밑줄 친 곳을 고치시오.

- ㉠ 문장 성분의 호응
  - 주어와 서술어의 관계를 명확하게 함.
  - 목적어와 서술어의 관계를 명확하게 함.
- 중복 오류 삼가기
  - ㉡ 중복되는 표현을 사용하지 않음.
- 여러 뜻으로 해석되는 표현 삼가기
  - ㉢ 중의적인 문장을 사용하지 않음.

(1) ㉠: <u>내가 가고 싶은 곳은 내 동생이 그곳을 방문했다</u>.
▶

(2) ㉠: 화재로 인해 우리는 <u>불편과 피해를 입었다</u>.
▶

(3) ㉡: <u>다시 재론할</u> 필요가 없다.
▶

(4) ㉡: <u>형부터 먼저 해라</u>.
▶

(5) ㉢: <u>사람들이 많은 곳을 가 보면 재미있는 일이 많다</u>.
▶

(6) ㉢: <u>유진이는 웃으면서 들어오는 학생에게 인사하였다</u>.
▶

어휘력 기르기

03 밑줄 친 단어에 대응하는 한자어를 찾아 연결하시오.

문장		한자어
새로운 상품이 백화점에 <u>나왔다</u>.	①	㉠ 개방(開放)하다
이곳의 지명은 이곳에서 재배되던 작물에서 <u>나왔다</u>.	②	㉡ 파생(派生)되다
외국에 <u>살고</u> 있는 동포들이 조국을 찾아왔다.	③	㉢ 유래(由來)하다
이번 사고에서 <u>산</u> 사람은 한 명도 없다.	④	㉣ 등장(登場)하다
그는 내게 당신이 가장 강경하게 문둥이들을 <u>두둔하고</u> 있다는데 그것이 사실이냐고 물었다.	⑤	㉤ 옹호(擁護)하다
당시의 지배층의 독주로 인해서 <u>생겨난</u> 사회적 아노미 현상은 미처 걷잡을 사이가 없었다.	⑥	㉥ 완화(緩和)하다
우리는 부서 간의 마찰을 <u>줄이</u>는 역할을 맡았다.	⑦	㉦ 준수(遵守)하다
서로 국가 이념이 다른 두 나라가 경제적인 협력을 위하여 국교를 <u>열었다</u>.	⑧	㉧ 생존(生存)하다
국민은 헌법을 <u>지켜야</u> 할 의무를 지닌다.	⑨	㉨ 개혁(改革)하다
국회에서는 국민 생활에 불편을 주는 낡은 법을 <u>뜯어고치기</u>로 했다.	⑩	㉩ 거주(居住)하다

문해력 기르기

04 다음 글을 읽고 O/X를 판단하시오.

점조직은 구성원의 수가 적은 기초적인 네트워크이며, 정교한 네트워크로는 행위자들이 하나의 행위자에 개별적으로 연결되어 있는 '허브'나 모든 행위자들이 서로 연결되어 있는 '모든 채널'이 있다. 네트워크가 복잡해질수록 이를 유지하는 비용이 커지지만, 정부를 비롯한 외부 세력이 이를 와해시키기도 어려워진다.

인터넷과 통신 기술의 발달은 정교한 네트워크에 대한 유지 비용을 크게 감소시켰다. 이 때문에 세계의 수많은 시민 단체, 범죄 조직, 테러 단체들이 상상할 수 없었던 힘을 발휘하게 되었다. 이렇듯 네트워크를 활용하는 비국가 행위자들의 영향력이 확대되면서 국가가 사회에서 차지하는 역할의 비중이 축소되었다.

이러한 변화로 인해, 인권과 평화의 확산을 위해 애쓰는 시민 단체들은 기존의 국가 조직이 손대지 못한 영역에서 긍정적 변화를 이끌어 낼 것이다. 반면 테러 및 범죄 조직 역시 네트워크를 통해 국가의 추격을 피해 가며 전 세계로 그 활동 범위를 넓혀 나갈 것이다.

(1) 외부 공격에 버티는 힘은 조직의 복잡성과 무관하다. (O / X)

(2) 기초적인 네트워크는 구성원의 수가 적어질수록 정교한 네트워크로 발전할 가능성이 크다. (O / X)

(3) 네트워크 유지 비용이 커지면 국가가 사회에서 차지하는 역할의 비중이 확대된다. (O / X)

(4) 기술의 발달로 인한 네트워크의 확산은 순기능과 역기능을 동시에 가진다. (O / X)

05 다음 글을 읽고 O/X를 판단하시오.

우리는 물질은 고체, 액체, 기체의 상태로 존재한다고 배워 왔다. 그러나 이 세 가지가 아닌 다른 상태가 하나 있다. 이는 '제4의 물질 상태'인 플라즈마(Plasma)이다. 플라즈마란 이온이나 전자, 양성자와 같은 전하를 띤 입자들이 매우 높은 온도에서 마치 기체처럼 섞여 있는 상태를 말한다. 보통의 기체가 중성의 원자나 분자들로 이루어져 있다는 점을 고려하면 플라즈마는 전혀 다른 성질을 지닌다는 것을 알 수 있다.

플라즈마는 다양한 미래 첨단 기술의 원천이다. 대표적으로 핵융합 발전에 의한 초고온 플라즈마는 화석 에너지를 대체할 미래의 에너지로 많은 기대를 받고 있다. 또한, 우주선에 고온의 플라즈마를 빠르게 분출하는 엔진을 탑재하면, 기존의 우주선보다 월등히 적은 양의 연료로 10배의 속도를 낼 수 있어 오랜 시간 꿈꿔 오던 화성 여행이 실현될 수도 있다.

플라즈마 관련 기술은 우리의 일상생활에서도 적용되는데, 대표적인 예시로는 PDP(Plasma Display Panel) 텔레비전을 꼽을 수 있다. 큰 화면에도 매우 얇은 두께를 가져 벽걸이 텔레비전에 적합한 PDP는 화면 구현에 플라즈마에서 나오는 자외선을 이용한다. 현재는 열이 나고 전기가 많이 소요되는 것이 가장 큰 단점으로 지적되는데, 앞으로 낮은 전압으로 플라즈마를 만들 수 있게 된다면 PDP는 차세대 디스플레이 수단의 왕좌를 차지하게 될 것이다.

(1) 플라즈마는 다양한 미래 첨단 기술의 원천일 뿐 아니라 플라즈마 관련 기술은 일상생활에서도 적용될 수 있다. (O | X)

(2) 초고압 압축 플라즈마 기술을 활용한 엔진을 탑재하면, 기존 연료의 부피를 줄여 화성 여행이 실현될 수 있다. (O | X)

(3) PDP 텔레비전은 화면이 커 열이 나는 것이 현존하는 유일한 단점이다. (O | X)

[06~07] 다음 글을 읽고 물음에 답하시오.

우리는 근사적으로라도 '-4'의 제곱근을 시각적으로 나타낼 방법이 전혀 없다. 그런데도 음수의 제곱근을 나타내는 (가)허수라는 개념이 ㉠물리학이나 공학에서 아주 유용하게 쓰이고 있다는 사실이 참 놀라운 일이다. 허수가 존재하는 것이 불가능해 보이고 일반적인 수의 규칙에서 벗어나 있는 듯 보일지라도, 허수는 명백하게 존재하는 숫자이다.

실수와 허수를 모두 포함하는 복소수는 ㉡많은 자연과학 영역에서 활용된다. ㉢전기회로에서 전위차는 보통 실수로 표현되지만, 복소수를 사용함으로써 그 위상을 나타낼 수도 있다. 유리의 굴절률 역시 일반적으로 실수이지만, 복소수의 굴절률을 통해 유리 재질이 얼마만큼의 빛 에너지를 흡수하는지를 나타낼 수 있다. 또한 ㉣상대성 이론에서 4차원의 벡터는 허수를 이용하면 아주 깔끔하게 표현할 수 있다.

06 윗글을 읽고 O/X를 판단하시오.

(1) 수학이 발전하기 위해서는 자연과학에 수학을 적극적으로 접목하려는 노력이 필요하다. (O | X)

(2) 수학적 개념의 자연과학적 응용은 그것의 시각적인 표현 가능성에 의존하지 않는다. (O | X)

(3) 수학의 진리 탐구를 위해서는 때로 자연과학적 사고가 필요하다. (O | X)

(4) 같은 현상에 대하여 수학과 자연과학이 서로 다른 해석을 제공할 때가 있다. (O | X)

07 ㉠~㉣ 중 (가)가 활용되지 않는 것은?

① ㉠ ② ㉡
③ ㉢ ④ ㉣

논리 연습

08 다음 글을 참고하여 (1)~(10)을 기호화하시오.

'선언(OR)'은 명제 사이에 '또는'이 삽입되어 만들어지는 합성 명제이다. 즉 'A 또는 B'라고 표현되며, 이는 'A ∨ B'라는 표시를 이용하여 기호화한다. 선언은 'A'인 경우, 'B'인 경우, 'A 그리고 B'인 경우를 포함하는데, 만일 A와 B 중 단 하나만 해당하는 경우라면, 이는 일반적인 선언과는 구분해야 한다. 즉 '짬뽕이나 짜장면 중 단 하나만 먹어야 해.'라는 말을 기호화할 때는 일반적인 선언과는 다르게 해야 한다는 것이다. 이를 '배타적 선언'이라고 하며, 'A Ⓥ B'로 기호화한다. '(A ∨ B) ∧ ~(A ∧ B)'와 같이 'A와 B 둘 중 하나 이상은 참이다. 그리고 A와 B가 동시에 참은 아니다.'라고 표기할 수도 있다.

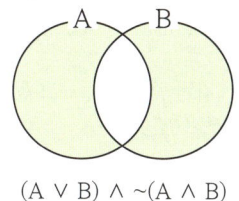

(A ∨ B) ∧ ~(A ∧ B)

(1) 비가 온다면, 집에서 영화를 보거나 음악을 듣는다.
▶

(2) 회의에 A 또는 B가 참석한다.
▶

(3) 회의에 A 또는 B 중 한 명만 참석한다.
▶

(4) A 회사의 모든 직원은 내근과 외근 중 한 가지만 한다.
▶

(5) 내일 비가 온다면, 소풍 날짜나 장소를 변경해야 한다.
▶

(6) 그 영화가 재밌다거나 흥미롭다는 것은 사실이 아니다.
▶

(7) 쇼핑몰이나 영화관에 갈 수 있다.
▶

(8) 휴대폰이나 옷 중 단 하나만 살 수 있다.
▶

(9) 그는 게임을 하거나 영화를 보지 않는다.
▶

(10) 셔츠를 산다면, 티셔츠나 바지 중 단 하나만 사야 한다.
▶

09 (1)~(3)에 제시된 명제를 벤다이어그램으로 표현했을 때 올바른 것은?

(1) 나는 오늘 커피(A)나 녹차(B) 중 하나만 마신다.

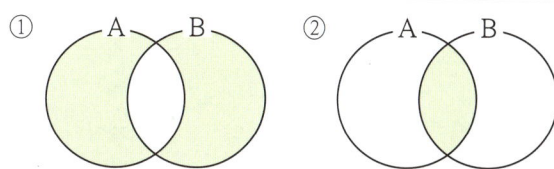

(2) 우리 반에는 컴퓨터 게임(A)과 비디오 게임(B)을 모두 좋아하는 학생이 있다.

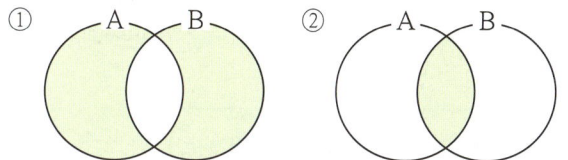

(3) 그는 친구(A)와 여자친구(B)를 고를 수 있다. 하지만 둘 다 고를 수는 없다.

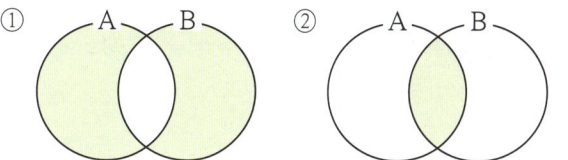

DAY 27 — 쿼터 홈트

지문형 문법 연습

01 다음 글을 읽고 O/X를 판단하시오.

> 시제는 화자가 말하는 시점인 발화시를 기준으로 동작이나 상태가 일어나는 시점인 사건시와 선후 관계를 따져 과거, 현재, 미래 시제로 나눈다.
>
> 과거 시제는 사건시가 발화시보다 앞서 있는 시제이다. 선어말 어미 '-았-/-었-', '-더-'를 사용하는 방법, 동사에서 관형사형 어미 '-(으)ㄴ'을 사용하는 방법, 용언이나 서술격 조사에서 관형사형 어미 '-던'을 사용하는 방법 등이 있다. 이때 '-았-/-었-'은 상황에 따라서는 미래에 어떤 일이 실현될 것에 대한 확신을 나타내기도 한다.
>
> 현재 시제는 발화시와 사건시가 일치하는 시제이다. 동사에서는 선어말 어미 '-는-/-ㄴ-'과 관형사형 어미 '-는'을 쓰고, 형용사와 서술격 조사에서는 선어말 어미는 쓰지 않지만, 관형사형의 경우 어미 '-(으)ㄴ'을 쓴다.
>
> 미래 시제는 사건시가 발화시보다 나중인 시제이다. 주로 선어말 어미 '-겠-'과 관형사형 어미와 의존 명사가 결합한 '-(으)ㄹ 것'이 사용된다. 이때 '-겠-'과 '-(으)ㄹ 것'은 미래 시제를 나타내는 것 이외에도 추측이나 의지 등을 표현하기도 한다.

(1) '동생은 어제 하루 종일 텔레비전을 보았다.'의 '-았-'은 과거의 사건을 말하기 위해 쓴 것이다. (O / X)

(2) '빚쟁이가 도망갔으니 돈은 이제 다 받았군.'에서 '받았군'의 '-았-'은 과거의 사건을 말하기 위해 쓴 것이다. (O / X)

(3) '지민이는 집에 있을 것이다.'의 '-(으)ㄹ 것'은 미래의 사건을 말하기 위해 쓴 것이다. (O / X)

공공언어 바로 쓰기 연습

02 다음 글을 참고하여 올바른 문장이 되는 표현을 고르시오.

> • 표현의 정확성
> - ㉠ 부적절한 피사동 표현에 유의함.
> • 대등한 구조를 보여 주는 표현 사용
> - ㉡ '-고', '와/과' 등으로 접속될 때에는 대등한 관계를 사용함.
> • 부사어와 서술어의 호응
> - ㉢ 부사어와 서술어의 관계를 명확하게 표현함.

(1) ㉠을 고려하여 "지난밤 검찰은 그를 뇌물 수수 혐의로 (구속시켰다 / 구속했다)."라고 써야 한다.

(2) ㉠을 고려하여 "미디어의 영향 아래에 (놓여진 / 놓인) 대중은 자신의 신념을 포기하고 모든 평가와 판단을 미디어에 맡긴다."라고 써야 한다.

(3) ㉡을 고려하여 "지도자는 (자유를 수호하고 / 자유 수호와) 인권을 보장하는 것을 목표로 삼아야 한다."라고 써야 한다.

(4) ㉡을 고려하여 "그는 시화전을 홍보하는 일과 (시화전의 진행 / 시화전을 진행하는 일)에 아주 열성적이다."라고 써야 한다.

(5) ㉢을 고려하여 "그 일이 벌어졌을 때 (아마 / 과연) 마음속으로라도 박수를 보내는 사람은 얼마나 될까."라고 써야 한다.

(6) ㉢을 고려하여 "비록 사람들의 관심이 최고의 자리에 오른 그 선수에게로 향하는 것은 당연한 (일이라면 / 일일지라도), 나는 훈련 트레이너의 도움이 주목받지 못하는 것 같아서 안타까웠다."라고 써야 한다.

어휘력 기르기

03 ㉮~㉰가 의미하는 단어를 찾고, 그 반의어를 찾아 연결하시오.

사물이나 현상을 전체적으로 분석·파악하는 것	자기의 이익보다는 다른 이의 이익을 더 꾀함.	이미 이루어짐. 또는 그런 것
㉮	㉯	㉰

㉠	㉡	㉢
거시적(巨視的)	이타(利他)	기성(旣成)

ⓐ	ⓑ	ⓒ
이기(利己)	신진(新進)	미시적(微視的)

04 〈보기〉를 참고하여 빈칸을 바르게 채우시오.

― 보기 ―
기제, 의의, 함유, 제고, 함의, 고조

㉠	㉡			
	㉢			
				㉣
			㉤	

〈가로〉
㉠ 인간의 행동에 영향을 미치는 심리의 작용이나 원리
㉢ 「1」 음 따위의 가락을 높임. 또는 그 높은 가락 「2」 사상이나 감정, 세력 따위가 한창 무르익거나 높아짐. 또는 그런 상태
㉤ 말이나 글 속에 어떠한 뜻이 들어 있음.

〈세로〉
㉡ 수준이나 정도 따위를 끌어올림.
㉣ 「1」 말이나 글의 속뜻
　 「2」 어떤 사실이나 행위 따위가 갖는 중요성이나 가치
㉤ 물질이 어떤 성분을 포함하고 있음.

문해력 기르기

05 다음 글을 읽고 (1)~(4)를 알 수 있는지 판단하시오.

질병을 유발하는 병원체로는 세균, 진균, 바이러스 등이 있다. 생명체의 기본 구조에 해당하는 세포막은 지질을 주성분으로 하는 이중층이다. 세균과 진균은 보통 세포막 바깥 부분에 세포벽이 있는 반면, 바이러스 표면은 세포막이 아니라 캡시드라 부르는 단백질로 이루어져 있다.

생활에서 병원체의 수를 억제하고 전염병을 예방하기 위한 목적으로 사용하는 화학 물질을 항미생물 화학제라 한다. 항미생물 화학제는 다양한 병원체가 공통으로 지닌 구조를 구성하는 성분들에 화학 작용을 일으키므로 광범위한 살균 효과가 있다. 그러나 병원체의 구조와 성분은 병원체의 종류에 따라 완전히 같지는 않으므로, 동일한 항미생물 화학제라도 그 살균 효과는 다를 수 있다.

항미생물 화학제 중 멸균제는 포자를 포함한 모든 병원체를 파괴한다. 감염 방지제는 포자를 제외한 병원체를 사멸시키며, 감염 방지제 중 독성이 약해 사람의 피부에도 사용이 가능한 것을 소독제라 부른다.

(1) 항미생물 화학제의 종류에는 무엇이 있을까? (O | X)

(2) 바이러스와 세균의 표면은 어떤 차이가 있을까? (O | X)

(3) 병원체가 사람을 감염시키는 작용 기제는 무엇일까? (O | X)

(4) 항미생물 화학제가 병원체에 대해 광범위한 살균 효과를 갖는 이유는 무엇일까? (O | X)

06 다음 글을 읽고 O/X를 판단하시오.

복제인간은 체세포 제공자를 어느 정도나 닮게 될까? 일종의 '복제인간'이라 부를 수 있는 일란성 쌍둥이의 경우 생물학적 특징뿐 아니라 비생물학적 행동까지 유사하다. 그렇다면 아인슈타인을 복제하면 복제인간도 아인슈타인과 같은 천재가 될까? 아마 아닐 것이다. 복제인간과 체세포 제공자는 완전히 다른 환경에 놓이게 되므로, 복제인간은 환경의 영향을 매우 많이 받게 될 것이기 때문이다. 어쩌면 복제인간은 외모마저 체세포 제공자와 다를지도 모른다. 이는 미토콘드리아 유전자의 차이 때문이다. 유전자에는 핵 속의 DNA에 있는 것 말고도 미토콘드리아 DNA에 있는 것이 있고, 이 미토콘드리아 유전자가 전체 유전자의 약 1%를 차지한다. 이 유전자는 세포질 속에만 존재하는 것으로서 수정 과정에서 난자를 통해 어미로부터만 유전된다. 흔히 복제인간이 체세포 제공자와 100% 같은 유전정보를 갖는다고 하는데, 이는 엄밀히 말하면 잘못된 표현이다. 복제인간은 일란성 쌍둥이와 달리, 일반적으로 체세포 제공자와 다른 사람의 난자를 이용해 복제되기 때문이다.

(1) 유전자의 유사성만을 고려할 때, 일란성 쌍둥이와 복제인간은 같다. (O | X)

(2) 복제인간은 난자 제공자로부터 미토콘드리아 유전자를 물려받게 된다. (O | X)

(3) 복제인간의 외모가 체세포 제공자와 다를 수 있는 이유는 미토콘드리아 유전자에 있다. (O | X)

(4) 복제인간이 환경의 영향으로 체세포 제공자와 여러 가지 면에서 다른 특성을 보이며 성장할 수 있다. (O | X)

07 다음 글을 읽고 O/X를 판단하시오.

1960년대까지 대부분의 사람들은 '성능 좋은 계산기'로 취급받던 컴퓨터가 이론과학의 도구가 되리라고 생각하지 못했다. 자연히 컴퓨터를 활용한 계량적인 기상 모델링은 서자 취급을 받으며 출발했다. 그러나 엄청난 속도로 계산을 수행할 수 있는 기계가 차츰 기상예보에 활용되기 시작했다. 세상 만물이 행성들처럼 법칙에 따른다는 뉴턴의 생각은 오직 컴퓨터만이 증명할 수 있었다. 결정론적인 계량적 예측은 우주선과 미사일의 정확한 궤도를 계산해 냈다. 그렇다면 바람과 구름에 대해서 그러지 못할 이유가 있는가? 기후는 훨씬 더 복잡한 현상이지만 역시 동일한 물리적 법칙들에 의해 지배된다. 다른 누구보다도 뉴턴에게 매료되었던 18세기의 수학자 라플라스가 상상한 최고의 지성은 어쩌면 충분한 용량과 계산 속도를 가진 컴퓨터일지도 모른다. 라플라스는 다음과 같이 말했다. "최고의 지성은 우주에서 가장 큰 물체와 가장 가벼운 원자의 운동을 한 공식으로 나타낼 것이다. 그의 눈에 불확실한 것은 하나도 없고, 과거도 미래도 현재처럼 보일 것이다."

(1) 컴퓨터를 활용한 기상 예측이 처음부터 호응을 받았던 것은 아니다. (O | X)

(2) 기후 현상은 복잡하지만 우주선과 미사일의 움직임과 동일한 물리 법칙을 따른다. (O | X)

(3) 컴퓨터가 개발되지 않았다면 뉴턴식의 사고가 기상학에 실제로 적용되기 어려웠을 것이다. (O | X)

(4) 라플라스는 컴퓨터가 우주의 법칙과 물체의 운동을 밝혀내는 데 중요한 역할을 할 것으로 믿었다. (O | X)

🔷 논리 연습

08 다음 글을 참고하여 (1)~(11)을 기호화하시오.

조건 명제의 경우, A → B에서 A가 참이고 B가 거짓일 때를 제외한 나머지 경우에는 참이다. '내가 방 청소를 하면 엄마가 간식을 준다.'라는 조건 명제로 아래의 진리표를 증명해 보자.

	A	B	A → B
①	T	T	T
②	T	F	F
③	F	T	T
④	F	F	T

①은 내가 방 청소를 했고 엄마가 간식을 준 경우이므로 조건 명제는 참이다. 하지만 ②는 내가 방 청소를 했는데도 엄마가 간식을 주지 않은 경우이므로 조건 명제는 거짓이다. ③은 내가 방 청소를 안 했지만, 엄마가 간식을 주었고 ④는 내가 방 청소도 안 했고 엄마가 간식도 주지 않았다. 이 두 경우에는 엄마의 행동과 관계없이 참이다. 왜냐하면 내가 방 청소를 안 했을 때 엄마가 어떠한 행동을 하겠다고 하지 않았으므로 내가 방 청소를 했을 때를 조건으로 한 명제에 대해서는 판단할 수 없는 것이다. 따라서 해당 조건 명제는 참의 진릿값을 가진다.

(1) A안이 채택되지 않는다면 B안을 채택한다.
▶

(2) 보편적으로 판단될 수 있는 판단만이 윤리적 판단이다.
▶

(3) 지혜롭지 않은 사람은 사랑을 원하면서 동시에 고통을 피하고자 한다.
▶

(4) 공무원이 되기 위해서는 공무원 시험에 합격해야만 한다.
▶

(5) 만약 A와 B를 함께 사용하는 경우가 아니라면, C와 F를 함께 사용한다.
▶

(6) 공부를 열심히 한다면, 시험에 합격할 것이다.
▶

(7) A와 B가 같이 수업을 듣는 경우가 아니라면, C와 D가 수업을 같이 듣는다.
▶

(8) 서울에 거주하면서 서울에서 일하는 20대들은 모두 대중교통을 이용한다.
▶

(9) 감기에 걸린 경우에만 감기약을 먹는다.
▶

(10) 어떤 청소년은 아침에 삼겹살을 먹는다.
▶

(11) 그 요리가 저렴하고 맛까지 좋다면 그 요리는 인기가 많을 것이다.
▶

09 〈보기〉를 참고하여 조건문의 진릿값을 판단하시오.

── 보기 ──
만약 내일 시험이 있다면, 나는 오늘 공부를 한다.

	A	B	A → B
①	T	T	T
②	T	F	F
③	F	T	T
④	F	F	T

(1) 내일 시험이 있고 나는 오늘 공부를 했다. 그렇다면 조건문은 (참 / 거짓)이다.

(2) 내일 시험도 없고 오늘 공부도 하지 않았다. 그렇다면 조건문은 (참 / 거짓)이다.

(3) 내일 시험은 없지만 오늘 공부는 했다. 그렇다면 조건문은 (참 / 거짓)이다.

(4) 내일 시험이 있지만, 오늘 공부를 하지는 않았다. 그렇다면 조건문은 (참 / 거짓)이다.

DAY 28

지문형 문법 연습

01 다음 글을 읽고 O/X를 판단하시오.

> 피동은 주어가 다른 주체에 의해 동작이나 행위를 당하는 것이다. 반면, 주어가 제힘으로 동작이나 행위를 행하는 것은 능동이라고 한다. 능동 표현을 피동 표현으로 바꾸거나 피동 표현을 능동 표현으로 바꿀 때는 문장 성분에 변화가 생긴다.
> 피동 표현은 능동사에 피동 접미사 '-이-', '-히-', '-리-', '-기-'를 붙이거나, 동사의 어간에 '-아/어지다', '-게 되다' 등을 붙여서 만든다. 그리고 일부 명사 뒤에 '-되다'를 결합하여 만들기도 한다. 피동 표현에서는 다른 주체에게 동작이나 행위를 당하는 대상이 주어가 되므로 동작이나 행위를 당한 대상이 강조된다. 그런데 한국인들은 과도한 피동 표현을 사용하는 경우가 있다. 이는 피동 표현을 만드는 요소들을 중복 사용하여 이중 피동을 만들어 사용하기 때문이다. 이중 피동은 화자의 의도를 명확하게 드러내지 못하기 때문에 원활한 의사소통을 방해한다.

(1) 주어가 다른 주체에 의해 동작이나 행동을 당하는 것을 피동이라고 한다. (O | X)

(2) 능동 표현을 피동 표현으로 바꿀 때에는 문장 성분이 변하지만, 피동 표현을 능동 표현으로 바꿀 때는 문장 성분이 변하지 않는다. (O | X)

(3) 피동 표현에서 문장의 주어는 행동을 당하는 대상이다. (O | X)

(4) 과도한 피동 표현은 원활한 의사소통을 방해한다. (O | X)

(5) '개가 도둑을 잡았다.'는 능동 표현이다. (O | X)

(6) '공터에 새 건물이 지어졌다.'는 피동 표현이 아니다. (O | X)

(7) '많은 사람들이 전쟁에 희생되었다.'는 피동 표현이다. (O | X)

공공언어 바로 쓰기 연습

02 다음 글을 참고하여 올바른 문장이 되도록 밑줄 친 곳을 고치시오.

> ㉠ 목적어와 서술어의 관계를 명확하게 한다.
> ㉡ 중복되는 표현은 지양하도록 한다.
> ㉢ 높임 표현을 적절하게 사용해야 한다.

(1) ㉠: 동생은 건강을 위해 <u>공이나 야구를 한다</u>.
▶

(2) ㉠: 우리 가족은 아침 식사로 <u>빵과 우유를 마신다</u>.
▶

(3) ㉡: <u>그의 장점은</u> 늘 부조리에 맞서 싸워 왔다는 것이 장점이다.
▶

(4) ㉡: 버스가 <u>왼쪽으로 좌회전한</u> 후, 정류장에 정차하였다.
▶

(5) ㉢: 어머니가 생필품을 <u>외할머니한테 주었다</u>.
▶

(6) ㉢: 아버지께서는 오늘 일찍 <u>잔다</u>.
▶

어휘력 기르기

03 밑줄 친 단어에 대응하는 한자어를 찾아 연결하시오.

문장		한자어
두 사람의 사이가 아주 <u>가깝다</u>. ①		㉠ 통제(統制)하다
어린이는 어른의 행동을 <u>따라 하는</u> 것을 즐긴다. ②		㉡ 지칭(指稱)하다
그 식물군은 우리나라 전역에 <u>퍼져</u> 있다. ③		㉢ 모방(模倣/摸倣/摹倣)하다
유라시아 대륙은 끝이 없을 만큼 <u>크다</u>. ④		㉣ 밀접(密接)하다
국민 소득을 <u>커지게 하다</u>. ⑤		㉤ 증대(增大)하다
우리 집에서 돼지는 뚱뚱한 동생을 <u>가리키는</u> 말이다. ⑥		㉥ 도태(淘汰/陶汰)되다
생존 경쟁에서 <u>밀려나지</u> 않으려면 힘을 길러야 한다. ⑦		㉦ 계승(繼承)하다
그 건물은 외부인의 출입을 <u>막고</u> 있다. ⑧		㉧ 방대(厖大/尨大)하다
우리가 <u>이어 나가야</u> 할 민족 문화의 전통 ⑨		㉨ 수용(受容)하다
우리는 그들의 제안을 <u>받아들이기로</u> 했다. ⑩		㉩ 분포(分布)되다

문해력 기르기

04 다음 글을 읽고 O/X를 판단하시오.

> 협상은 상반된 이해관계를 지닌 주체들이 설득과 양보를 통해 상호 이익을 증진하려는 의사소통 행위이다. 협상 주체들에게는 문제 해결의 의지와 상호 협력적 태도가 필요하다. 협상이 잘 이루어지기 위해서는 참여자들이 경쟁적 협력 관계여야 하고, 참여자들 모두 협상을 필요로 하는 구체적 상황이 갖춰져야 하며, 합의 결과에 대한 이행 의무가 존재해야 한다.
>
> 적대 관계에 있는 A 회사와 B 회사는 현재 심각한 분쟁을 겪고 있다. 하지만 A 회사와 B 회사는 이번 분쟁으로 고통받는 것은 상대 회사라며 서로 협상에 나설 필요가 없다고 주장하고 있다. 이에 한 기업 관계 전문가는 '서로 합의가 이루어져도 합의 내용을 이행하지 않을 가능성이 높다.'고 분석하였다.

(1) 두 회사가 서로를 배려하고 협력함으로써 더 이상 경쟁하지 않으려 한다면 협상이 잘 이루어지겠군. (O | X)

(2) A 회사와 B 회사는 적대적인 관계이기 때문에 서로의 이익을 증진하려는 의지를 갖고 있지 않겠군. (O | X)

(3) A 회사와 B 회사는 서로 자신의 회사가 양보해야 할 상황이 존재하지 않는다고 생각하겠군. (O | X)

(4) A 회사와 B 회사 사이에서는 협상이 이루어지기 힘들겠군. (O | X)

05 다음 글을 읽고 O/X를 판단하시오.

전통적 마케팅은 기능상의 특징과 편익에 초점을 맞추며, 소비자들이 상품의 기능적 특징을 평가하여 최고의 효용을 가져다줄 상품을 선택한다고 가정한다. 기능적 효용으로 설명되지 않는 소비자의 구매 행위는 전체 소비 행위의 비중에서 미미할 것으로 간주한다. 또한 전통적 마케팅에서는 인터뷰나 설문 조사와 같은 분석적이며 계량적인 도구를 사용하여 마케팅 전략을 수립한다. 하지만 소비 생활을 오랜 기간 지속해 온 고객들은 이제 제품의 기능적 효용에 더불어 그 이외의 것을 요구한다. 고객 체험에 중점을 두는 '체험 마케팅'의 시대가 도래한 것이다. 체험은 감각을 자극하는 계기가 되어 고객의 라이프 스타일을 브랜드로 연결시킨다. 이제 소비자들은 감성적이거나 감정적으로 영향을 받으며 창조적으로 도전받길 원한다. 체험 마케팅의 수단은 수많은 소비 패턴에 대해 맞춤 형태로 이루어질 수밖에 없다. 모든 소비자들에게 표준화된 동일한 형식을 제공하기보다는 목적이나 상황에 맞게 새로운 형식을 만드는 것이다.

(1) 체험 마케팅의 수단은 다양한 형태로 나타난다. O|X

(2) 전통적 마케팅에서는 기능적 효용 외의 요인에 의한 소비 비중이 상대적으로 작다고 본다. O|X

(3) 체험 마케팅은 오늘날 소비자들이 상품의 기능적 효용보다 감성적 측면을 더 중시함을 반영한다. O|X

(4) 전통적 마케팅은 계량화된 분석을 토대로 기능적 효용을 중시하는 소비자를 대상으로 전략을 수립한다. O|X

06 다음 글을 읽고 O/X를 판단하시오.

공유 자원은 다수의 사람이 공동으로 소유하고 소비하는 자원이다. 가령, 이름 모를 꽃, 바다에 있는 수많은 물고기들 역시도 공유 자원이다. 이러한 공유 자원은 과도하게 소비되기 때문에, 공유 자원의 비극이라는 말로 표현된다. 소유권이 없는 자원은 남용되기 쉬워 쉽게 고갈될 수 있다는 것이다. 한 사례로, 북유럽의 한 도시는 자전거 몇만 대를 시내 곳곳에 두고 시민들이 자유롭게 사용할 수 있도록 했다. 하지만 모두가 함께 공유하던 자전거들이 대부분 도난당하거나, 고장 나서 더 이상 쓸 수 없게 되었다.

공유 자원의 비극은 공산주의 국가에서 많이 발생한다. 공산주의 국가는 모든 국민이 재산을 공유하기 때문이다. 개인의 소유권이 없으므로 공유 자원을 보호하고자 하는 사람도 없다. 공산주의 국가의 주민들은 자원의 소유권 개념이 없으므로 함께 써야 할 자원을 개인이 집으로 가져와 사용하더라도 도덕적인 문제가 없다고 생각한다. 물론 사유재에 대해 개인의 소유권을 보장하는 시장 경제에서도 수산 자원이나 야생 동물 등은 소유권이 없는 공유 자원이기 때문에 공유 자원의 비극이 발생하는 것은 마찬가지이다.

(1) 자연에서 나는 동식물들은 공유 자원이 아니다. O|X

(2) 모든 사람이 모든 재산을 공유한다면 공유 자원의 비극이 발생하지 않는다. O|X

(3) 사유재에 대해 개인의 소유권을 보장하는 국가에서도 공유 자원의 비극이 발생할 수 있다. O|X

(4) 공산주의 국가의 국민들은 공유 자원을 집으로 가져와 사용하는 것이 비도덕적임을 인지하고 있다. O|X

논리 연습

07 다음 글을 참고하여 (1)~(10)을 기호화하시오.

'쌍조건명제'란 'A → B'와 'B → A'라는 두 조건문을 연언 연결사로 합친 명제로, '동치'라고도 한다. 이는 두 명제가 같은 결과를 가져오는 것을 뜻하는데, 두 단일 명제가 서로 '필요충분조건으로서의 원인'일 때 동치 관계가 성립한다. 필요충분조건은 'A이면 B인 동시에, B이면 A인 관계'가 성립하므로, 쌍조건명제의 진릿값은 (A → B) ∧ (B → A)로 나타낼 수 있다. 'A ⇔ B', 'A ↔ B' 혹은 'A ≡ B'로도 표현한다. 이때 A와 B는 서로 전건, 후건의 관계이다.

	A	B	A → B	B → A	A ⇔ B
①	T	T	T	T	T
②	T	F	F	T	F
③	F	T	T	F	F
④	F	F	T	T	T

(1) 날씨가 추워지면 눈이 오고, 눈이 오면 날씨가 춥다.
▶

(2) D, E가 모두 참석하면, B는 불참해야 한다.
▶

(3) 날씨가 추워지면 눈이 오고, 눈이 오면 날씨가 춥다는 것은 사실이 아니다.
▶

(4) 만약 C와 E를 함께 사용하는 경우가 아니라면, A나 B 둘 중에 하나를 반드시 사용해야 하고 A와 B를 함께 사용할 수는 없다.
▶

(5) 만일 이 사고와 관련된 책임이 안전관리팀의 강 과장에게 있고 또 이 사고가 위험물질 관리 시스템 RE-201과 관련되었다면, 부식제 누출 사고는 공장의 S 구역에서만 일어났어야 합니다.
▶

(6) A가 사탕을 먹는다면, B는 초콜릿을 먹는다.
▶

(7) 그가 학생이라면 공부를 열심히 한다. 그리고 그가 공부를 열심히 한다면 그는 학생이다.
▶

(8) 환율이 오르면 물가가 오르고 물가가 오르면 환율이 오른다는 것은 사실이 아니다.
▶

(9) 어떤 학생들은 국어 수업을 듣는다.
▶

(10) 일자리 문제에 관심이 있지만 노인 복지 문제에 관심이 없는 사람은 모두 공직에 관심이 있는 사람이 아니다.
▶

08 〈보기〉를 참고하여 조건문의 진릿값을 판단하시오.

― 보기 ―
A: 오늘 비가 온다. B: 나는 우산을 가지고 나간다.

	A	B	A → B	B → A	A ⇔ B
①	T	T	T	T	T
②	T	F	F	T	F
③	F	T	T	F	F
④	F	F	T	T	T

(1) 오늘 비가 오지 않았다. 하지만 나는 우산을 가지고 나갔다. 이때 '내가 우산을 가지고 나갔다면 비가 온 것이다.'는 (참 / 거짓)이다.

(2) 오늘 비가 왔다. 하지만 나는 우산을 가지고 나오지 않았다. 이때 '오늘 비가 온다면 나는 우산을 가지고 나간다. 그리고 내가 우산을 가지고 나갔다면 비가 온 것이다.'를 동시에 만족하는 조건문은 (참 / 거짓)이다.

DAY 29

쿼터 홈트

오운완

지문형 문법 연습

01 다음 글을 읽고 O/X를 판단하시오.

> 접미사는 동사나 형용사 뒤에 붙어 새로운 단어를 형성하며 다양한 문법적 특징을 가지고 있다.
>
> 먼저, 접미사는 새로운 어간을 만들어 낸다. 예컨대, '먹다'의 어근 '먹-'에 접미사 '-이-'가 붙으면, 새로운 어간 '먹이-'가 된다. '먹이다'의 어간 '먹이-'는 '먹다'의 어간 '먹-'과는 구별된다. 접미사는 품사를 바꾸는 역할을 하기도 한다. 명사 '먹이'나 '길이'는 각각 동사와 형용사의 어근에 접미사 '-이'가 붙어서 만들어진 단어이다. 또한 '웃음'이나 '달리기' 같은 경우에도 어근에 접미사 '-음'이나 '-기'가 붙어 만들어진 단어이다. 이때 '먹이'와 '길이'의 '먹-'과 '길-'은 서술어로 기능하지 못한다. 또한, 접미사는 남에게 동작을 하도록 시키는 사동의 의미를 더할 수도 있다. 예를 들면, 동사 '읽다'와 '녹다'의 어근에 각각 접미사 '-히-'와 '-이-'가 붙어 형성된 '읽히다'와 '녹이다'는 '아이에게 책을 읽히다.'와 '얼음을 녹이다.'에서와 같이 사동의 의미를 가진다. 마지막으로 접미사는 주어가 다른 주체에 의해서 동작을 당하는 피동의 의미를 더하기도 한다. '물다'의 어근 '물-'에 접미사 '-리-'가 붙어 형성된 '물리다'는 '거북이에게 손을 물리다.'와 같이 피동의 의미를 가진다.

(1) '깎다'와 '깎이다'의 어간은 '깎-'이다. (O | X)

(2) '넓이'는 '넓다'의 어간에 접미사 '-이'가 붙어 명사가 된 것이다. (O | X)

(3) '그에게 손을 잡히다.'의 '잡히다'는 '잡다'에 사동 접미사 '-이-'가 결합된 것이다. (O | X)

(4) '개에게 코가 물리다.'의 '물리다'는 '물다'에 피동 접미사 '-리-'가 결합된 것이다. (O | X)

(5) '철수에게 보따리를 들리다.'의 '들리다'는 '들다'에 사동 접미사 '-리-'가 결합된 것이다. (O | X)

공공언어 바로 쓰기 연습

02 다음 글을 참고하여 올바른 문장이 되도록 밑줄 친 곳을 고치시오.

> ㉠ 주어와 서술어의 호응을 고려해야 한다.
> ㉡ 부사어와 서술어의 호응을 고려해야 한다.
> ㉢ 불필요한 의미 중복 표현 사용을 지양해야 한다.

(1) ㉠: <u>이이의 호는</u> 율곡이며 조선을 대표하는 <u>유학자이다</u>.
▶

(2) ㉠: <u>죄수들은</u> 추운 곳으로 <u>유배하였다</u>.
▶

(3) ㉡: 수령은 <u>차마</u> 좌수에게 소송 절차 일부를 위임하였다.
▶

(4) ㉡: 이 일은 <u>결코</u> 가벼운 일이라는 것을 명심해라.
▶

(5) ㉢: 회원들은 <u>상품 구매를 싸게 구입할</u> 수 있다.
▶

(6) ㉢: 비가 올 것을 <u>미리 예상하고</u> 아침에 우산을 챙겼다.
▶

어휘력 기르기

03 다음 중 ㉠의 문맥적 의미와 가장 유사한 것은?

> 흙벽돌 위에 시멘트로 ㉠ 바른 집이지만 페인트가 깨끗하게 칠해졌다.

① 도자기에 유약을 발랐다.
② 벽의 구멍을 흙으로 발랐다.
③ 볕이 바른 언덕에 집을 지었다.
④ 숨기지 말고 바르게 대답하시오.

04 다음 중 ㉠의 문맥적 의미와 가장 유사한 것은?

> 경찰에서는 서로 ㉠ 짜고서 계획적으로 도현을 피신시킨 것이 아니냐고 행준을 몰아세웠다는 것이다.

① 그 사람은 성격이 짜다.
② 머리를 아무리 짜 보아도 대책이 없다.
③ 직원과 짜고 공금을 횡령한 사장이 경찰에 붙잡혔다.
④ 하루 종일 운 그녀는 잠긴 목소리를 겨우 짜며 말했다.

05 다음 중 ㉠의 문맥적 의미와 가장 유사한 것은?

> 노래를 잘하는 축에 ㉠ 든다.

① 그는 자꾸 잡념이 들어서 괴롭다고 한다.
② 노란 봉지에 어머니의 약이 들었다.
③ 꽃은 해가 잘 드는 데 심어야 한다.
④ 한국어는 교착어에 든다.

문해력 기르기

06 다음 글을 읽고 O/X를 판단하시오.

> 양면 시장이란 판매자와 구매자 사이의 상호작용이 가능한 플랫폼을 말한다. 이때, 플랫폼은 물리적이거나 디지털, 혹은 제도적인 공간으로서 판매자와 구매자를 연결한다. 판매자와 구매자는 이 플랫폼을 이용하며 시간이나 노력과 같은 거래비용을 줄일 수 있다. 한편, 플랫폼은 이용 집단들의 거래비용을 줄여 주는 대신, 그들에게 수수료나 중개료를 부과하여 수익을 얻는다. 대표적인 예시로는 신용카드 회사의 결제 시스템이 있다. 신용카드 회사는 카드 사용자와 가맹점을 대상으로 그들의 거래비용을 줄여 주는 대신 그들에게서 수익을 얻는 구조이다.
>
> 판매자와 구매자, 즉 이용 집단 간의 상호작용은 '네트워크 외부성'이라는 개념으로 설명할 수 있다. 네트워크 외부성이란 특정 제품이나 서비스의 사용자 수가 개별 이용자의 효용에 영향을 미치는 현상으로, 직접 네트워크 외부성과 간접 네트워크 외부성으로 나뉜다. 직접 네트워크 외부성이란 같은 집단 내에서 이용자 수가 증가함에 따라 그 집단에 속한 개인의 효용이 높아지는 것이다. 간접 네트워크 외부성은 서로 다른 집단에서 발생하는 것으로 한쪽 집단의 규모가 커져서 반대쪽 집단의 효용이 높아지는 것을 말한다. 양면 시장에서는 판매자와 구매자라는 두 개의 집단이 있으므로 간접 네트워크 외부성은 항상 작용한다.

(1) 양면 시장은 디지털 공간으로만 존재한다. O | X

(2) 판매자와 구매자는 양면 시장을 통해 거래비용을 줄일 수 있다. O | X

(3) 구매자 집단의 규모가 커진다고 해서 그 집단에 속한 구매자 개인의 효용에 변화가 생기는 것은 아니다. O | X

(4) 판매자 집단이 늘었다면, 구매자 집단의 효용은 높아진다. O | X

07 다음 글을 읽고 O/X를 판단하시오.

　원가회계란 제품의 원가와 수익을 정확하게 측정하고 분석하는 경영 관리 활동이다. 여기서 말하는 원가란 제품을 생산하거나 서비스를 제공하는 과정에서 사용된 경제적 자원을 화폐 단위로 환산한 가치를 의미한다. 기업은 원가를 항목별로 분류하고 체계적으로 분석하기 위해 원가회계를 활용하며 분석 결과를 바탕으로 경영 전략을 수립하거나 실행한다.

　원가회계에서는 원가를 제조원가와 비제조원가로 나눈다. 제조원가는 제품을 만들 때 쓴 모든 비용을 말한다. 재료비, 인건비, 기계 설비 대여비, 공장 임차료 등이 포함된다. 비제조원가는 완성된 제품을 판매하고 관리할 때 쓴 모든 비용으로, 홍보비, 운반비 등 제조원가를 제외한 나머지 비용이다. 기업들은 제품의 판매가격을 정할 때 제조원가와 비제조원가를 합한 가격에 예상되는 수익을 더하여 책정한다. 제조원가를 산출할 때는 '단위당 제조원가'를 기준으로 삼는데, 이는 특정 기간 동안 생산된 총 제조원가를 생산된 제품의 개수로 나눈 값이다.

　원가는 조업도에 따라 달라지기도 하는데, 원가회계에서는 이를 기준으로 분류하기도 한다. 조업도란 기업이 보유한 자원을 어느 정도 활용하고 있는지를 나타내는 것으로, 흔히 생산량이라고 한다. 가령, 조업도가 70%라고 하면 이는 생산 가능한 최대 생산량의 70%를 해당 기업이 생산하고 있다는 뜻이다. 대부분의 사람들은 조업도와 기업의 수익이 비례하다고 예측한다. 하지만 추가 비용이 드는 경우도 있기 때문에 단위당 제조원가의 변화를 예측하기가 어려운 경우도 많다.

(1) 기업들은 경영 전략을 수립하거나 실행할 때 원가회계를 고려한다. ⓞⓧ

(2) 재료비, 인건비, 기계 설비 대여비 등 제품을 만들 때 쓴 모든 비용을 더하면 원가가 나온다. ⓞⓧ

(3) 제조원가와 비제조원가를 합친 것이 제품의 판매가격이다. ⓞⓧ

(4) 조업도와 기업의 수익이 늘 비례하는 것은 아니다. ⓞⓧ

08 다음 글을 읽고 O/X를 판단하시오.

　경제학에서는 개별 경제 주체들이 주어진 환경 안에서 자신이 통제할 수 있는 변수들을 선택하여 최대의 이익이나 효용을 추구한다고 본다. 그러나 이러한 최적의 결과를 달성하기 어려운 상황에 직면하면, 경제 주체는 일반적으로 효율성을 기준으로 하여 차선을 고민한다. 이에 대해 립시와 랭카스터는 '차선의 이론'을 통해, 기존과는 다른 관점을 제시하였다.

　차선의 이론은 최적의 결과를 위해 요구되는 여러 조건 중 하나 이상이 만족되지 않는다면, 나머지 조건들이 모두 충족되더라도 그 결과가 반드시 차선이 되는 것은 아니라는 이론이다. 예컨대, 효율성에 필요한 10가지 조건 중 9가지만 충족된 상태가 8가지 조건이 충족된 상태보다 항상 더 우월하다고 단정할 수 없다는 것이다.

　이를 입증하기 위해서는 공평성이 함께 고려되어야 한다. 공평성에 대한 사회적 인식을 파악할 때는 '사회무차별곡선'이 사용된다. 이 곡선은 개인이 얻는 효용 수준을 종합하여 사회 전체의 후생 수준을 나타내며, 그 사회가 어떠한 방식으로 공정성을 판단하는지 간접적으로 보여 준다.

　사회무차별곡선 위의 모든 점은 다 같은 사회후생수준을 나타낸다. 이때 곡선이 원점에서 멀리 위치할수록 후생수준이 높다고 판단한다. 보통 사회무차별곡선은 원점에 대해 볼록한 모양인데, 오른쪽 아래로 갈수록 점점 기울기가 완만해진다. 이는 높은 효용을 누리는 사람의 만족은 낮게, 낮은 효용을 누리는 사람의 만족은 더 크게 평가하여 사회 전체의 후생을 측정하는 가치판단이 반영된 결과이다.

(1) 최적의 결과를 달성하기 어려운 상황에 직면한다면, 모든 경제 주체들은 효율성을 기준으로 차선을 고민한다. ⓞⓧ

(2) 최적의 결과를 위해 요구되는 10가지 조건 중 1가지만 부족한 선택지는 차선의 선택으로 가장 적절하다. ⓞⓧ

(3) 사회무차별곡선을 통해 사회의 공정성 평가 방식을 직접적으로 알 수 있다. ⓞⓧ

(4) 사회무차별곡선에서는 높은 효용을 누리는 사람과 낮은 효용을 누리는 사람을 같게 평가한다. ⓞⓧ

논리 연습

09 다음 글을 읽고 O/X를 판단하시오.

　논리 문제를 풀 때 유용한 여러 가지 규칙들이 있다. 먼저 볼 규칙들은 두 명제가 논리적으로 동치임을 가지고 응용하는 것들이다. '이중 부정 규칙'은 원 명제를 두 번 부정한 명제는 원 명제와 논리적으로 동치라는 뜻으로, A ≡ ~(~A)로 나타낸다. 예를 들어, '나는 사과를 먹었다.'와 '내가 사과를 먹지 않았다는 것은 사실이 아니다.'는 같은 의미이므로 논리적으로 동치이다.
　교환 규칙은 연언 문장이나 선언 문장의 진릿값은 각 문장의 순서에 구애받지 않는다는 것을 설명한 규칙이다. 따라서 교환 규칙에 따라 A ∧ B의 진릿값은 B ∧ A의 진릿값과 같고, A ∨ B의 진릿값은 B ∨ A의 진릿값과 같다.
　결합 규칙은 선언이나 연언 중 한 기호로 연결된 명제의 경우에는 결합 순서와 상관없이 그 진릿값이 같다는 규칙이다. (A ∨ B) ∨ C라는 명제는 모두 선언 기호로 연결되어 있으므로 A ∨ (B ∨ C)와 논리적으로 동치라는 의미이다.
　분배 규칙은 세 개의 명제에 대하여 두 개의 연산을 분배하여도 그 진릿값이 같다는 규칙이다. 가령, A ∨ (B ∧ C)라는 명제의 경우, (A ∨ B) ∧ (A ∨ C)라고 하여도 그 진릿값이 같다는 것이다. 결합 규칙의 경우 괄호 안의 연산자와 괄호 밖의 연산자가 같을 때 적용할 수 있지만, 분배 규칙은 괄호 안의 연산자가 괄호 밖의 연산자와 다를 때 적용할 수 있다.

(1) '나는 어제 치과를 가지 않았다.'를 이중 부정하면 '내가 어제 치과를 가지 않았다는 것은 사실이 아니다.'이다. 　ⓄⓍ

(2) 분배 규칙에 따라, A ∧ B ∧ C와 C ∧ B ∧ A의 진릿값은 같다. 　ⓄⓍ

(3) (A ∧ B) ∧ C와 A ∧ (B ∧ C)의 진릿값은 같다. 　ⓄⓍ

(4) A ∧ (B ∨ C)와 논리적으로 동치인 명제는 (A ∨ B) ∧ (A ∨ C)이다. 　ⓄⓍ

10 다음 글을 읽고 O/X를 판단하시오.

　드모르간의 법칙은 수학의 집합론에서 배우는 드모르간의 법칙과 동일한 원리이다. 따라서 논리학에서의 드모르간의 법칙은 논리 연산에서 연언은 선언과 부정 기호로, 선언은 연언과 부정 기호로 나타낼 수 있음을 증명한 법칙이다. 따라서 ~(A ∨ B)는 ~A ∧ ~B와 논리적 동치이고 ~(A ∧ B)는 ~A ∨ ~B와 논리적 동치이다.
　수출 규칙은 수출입 규칙이라고도 부르는데, '(A ∧ B) → C와 A → (B → C)가 논리적 동치인 것을 나타낸다. 앞의 명제는 A와 B가 참일 때 C가 참이라는 것을 의미한다. 뒤의 명제는 A가 참인 경우에 B → C가 참이라는 것을 의미한다. 이는 결국 'A이고 B이고 C이다.'라는 것과 같은 의미이므로 두 명제는 논리적으로 동치이다.
　동어 반복은 같은 명제를 선언으로 연결하거나 연언으로 연결할 경우에도 해당 명제가 도출된다는 의미이다. 'A가 참석하거나, A가 참석한다.', 또는 'A가 참석하고, A가 참석한다.'는 두 합성 명제 모두 'A가 참석한다.'와 동치이다.

(1) 드모르간 법칙에 따라 연언 기호를 부정하면 선언 기호가 된다. 　ⓄⓍ

(2) '날씨가 화창할 경우, 기분이 좋다면 그는 학교를 간다.'는 '(화창 ∧ 기분) → 학교'와 논리적으로 동치이다. 　ⓄⓍ

(3) 'A가 참석하거나, A가 참석한다.'와 'A가 참석하고, A가 참석한다.'는 논리적으로 동치라고 할 수 없다. 　ⓄⓍ

11. 다음 중 논리식이 동치가 아닌 것을 모두 고르시오.

① ~(A ∨ B) ≡ ~A ∧ ~B
② (A ∧ B) → C ≡ A → (B → C)
③ A ∨ A ≡ A
④ A ∨ B ≡ B ∧ A
⑤ ~(A ∧ B) ≡ ~A ∨ ~B
⑥ A ∨ (B ∧ C) ≡ (A ∨ B) ∧ (A ∨ C)
⑦ A ∧ (B ∨ C) ≡ (A ∨ B) ∧ (A ∨ C)

DAY 30

쿼터 홈트

오운완

📦 지문형 문법 연습

01 다음 글을 읽고 O/X를 판단하시오.

> 국어에는 '않다', '못하다', '말다', '아니다', '없다'와 같이 부정을 뜻하는 용언과 보통 함께 쓰이는 단어들이 있다. 이러한 단어들은 여러 품사에 걸쳐 나타나며, 각 단어가 호응하는 부정 용언의 종류도 서로 다를 수 있다. 그런데 문장 안에 직접적인 부정 용언이 사용되지 않았음에도 맥락상 부정의 의미를 내포할 때 쓰이는 단어들이 있다. 예를 들면, '나는 그곳에 차마 혼자 갈 수 없었다.(*나는 그곳에 차마 혼자 갈 수 있다.)'와 같이 '차마'는 부정 의미를 내포하는 '가지 못했다'와 함께 쓰인다. 그러나 '내가 그곳에 차마 혼자 갈 수 있겠니?'와 같은 의문문이 '나는 그곳에 차마 혼자 갈 수 없다.(가지 않는다 혹은 가지 못한다)'를 의미함으로써 용언의 뜻을 부정하는 문맥일 때는 '차마'를 쓰는 것이 가능하다.
>
> 부정 의미의 용언과 자주 쓰이는 단어들은 시대의 흐름에 따라 형태나 의미가 변화하기도 하고 유사해지기도 한다. 예컨대 예전에는 부정 의미가 없는 문맥에서도 쓰이던 단어가, 현대에 들어서는 부정문에서만 사용되기도 한다. 또한 '-지 아니하다'와 같은 표현들은 시간이 흐르면서 '-잖다', '-찮다'와 같이 축약된 형태로 쓰이기도 한다. 이러한 축약 표현은 원형의 의미를 유지하는 경우도 있지만, 기존의 의미와 다르게 쓰이는 경우도 있다.
>
> '*'는 비문임을 나타냄.

(1) '*나는 그 일에 대해 아무런 관심이 있다.'의 '아무런'은 긍정 의미의 용언과 같이 쓰이지 않는다. (O | X)

(2) '그는 공부밖에 모른다.'의 '밖에'는 부정 의미의 용언과 함께 쓰인다. (O | X)

(3) '그 나이대의 아이들이 좀처럼 선생님의 말을 듣겠습니까?'는 '그 나이대의 아이들은 선생님의 말을 듣지 않는다.'라는 의미이다. (O | X)

(4) '귀하지 아니하다'가 축약된 형태인 '귀찮다'는 현대에 들어서도 원형의 의미를 유지하고 있다. (O | X)

📦 공공언어 바로 쓰기 연습

02 다음 글을 참고하여 올바른 문장이 되도록 밑줄 친 곳을 고치시오.

> ㉠ 문맥을 고려하여 적절한 어미를 사용해야 한다.
> ㉡ 부적절한 피사동 표현에 유의해야 한다.
> ㉢ 불필요한 의미 중복 표현 사용을 지양해야 한다.

(1) ㉠: 상해 임시 정부는 독립운동의 <u>요람이지만</u> 우리 민족의 산실이다.
▶

(2) ㉠: 소비자보다는 사업자 위주로 <u>운영하면서</u> 이용자 배려에 소홀하였다.
▶

(3) ㉡: 날씨가 선선해지니 역시 책이 잘 <u>읽혀진다</u>.
▶

(4) ㉡: 다행히 비상문이 <u>열려져</u> 있어 인명 피해가 크지 않았습니다.
▶

(5) ㉢: 어려운 책을 <u>속독으로 읽는</u> 것은 하늘의 별 따기이다.
▶

(6) ㉢: <u>안내서 및 과업 지시서 교부는</u> 참가 신청자에게만 <u>교부한다</u>.
▶

어휘력 기르기

03 밑줄 친 단어에 대응하는 한자어를 찾아 연결하시오.

문장		한자어
나는 그 선수를 신출내기라고 업신여길 수 없었다.	①	㉠ 영위(營爲)하다
표준 방송은 535~1,605KHz의 주파수를 사용하여 음성이나 음향을 내보내는 방송이다.	②	㉡ 창립(創立)하다
행복한 가정생활을 꾸려 나가다.	③	㉢ 송출(送出)하다
순 우리 자본과 기술로 회사를 세우기로 했다.	④	㉣ 경시(輕視)하다
그는 남을 너그럽게 감싸 줄 줄 아는 사람이다.	⑤	㉤ 포용(包容)하다
그 회사는 최첨단 반도체를 많이 만들어 냈다.	⑥	㉥ 동의(同意)하다
우리 과 교수님들께서 학생들을 위한 전공 자료를 책으로 만드셨다.	⑦	㉦ 편찬(編纂)하다
그는 늘 논쟁을 조정하는 역할을 맡았다.	⑧	㉧ 양산(量産)하다
대통령은 오는 3월에 총선을 실시하는 것을 승인했다.	⑨	㉨ 단장(丹粧)하다
금은 패물로 몸을 꾸몄다.	⑩	㉩ 중재(仲裁)하다

문해력 기르기

04 다음 글을 읽고 O/X를 판단하시오.

> '가곡(歌曲)'은 시조에 곡을 붙여 관현악 반주에 맞추어 부르는 전통음악으로, '시조(時調)'와 같은 노랫말을 사용한다는 공통점이 있다. '시조'는 초장, 중장, 종장의 형식으로 이루어져 있으나, '가곡'은 5장으로 나뉘어 있다. '가곡'의 구성을 보면 시조시의 초장이 1장과 2장으로, 중장이 3장으로, 종장의 첫 3글자나 4글자가 4장으로, 마지막 나머지 부분이 5장으로 되어 있다. 시조는 종장의 끝부분에서 '하노라', '하느니' 등을 생략하고 부르지만, 가곡은 모두 부른다.

(1) 가곡은 시조의 형식과 달리 더 세분화되어 있다. (O | X)

(2) 시조는 가곡과 달리 생략하는 가사 없이 모두 부른다. (O | X)

05 다음 글을 읽고 O/X를 판단하시오.

> '가전체 소설(假傳體小說)'은 특정 사물을 의인화하여 전기 형식으로 서술하는 문학 양식이다. '술'을 의인화한 「국순전」과 「국선생전」이 여기에 속하는 작품이다. 이런 문학 양식의 근원은 신라 설총의 한문 소설인 「화왕계」로 보고 있다. 가전 양식의 형성에 우화가 관련이 있다는 견해도 있다. 그러나 동물 우화는 동물 간의 사건이 중심 내용이지만, 가전은 한 사물의 내력, 속성, 가치에 관한 내용이 중심 내용이다.

(1) 가전체 소설은 동물 간의 사건이나 한 사물의 내력, 속성, 가치에 관한 내용을 중심으로 한다. (O | X)

(2) 가전은 신라 시대의 소설에 영향을 받아 형성된 문학 양식이다. (O | X)

06 다음 글을 읽고 O/X를 판단하시오.

꿈은 현실과 관련되어 있으면서도 비현실적이라는 점에서 양면성을 지니고 있는데, 꿈의 양면성은 허구 세계를 통해 현실의 문제를 다루는 문학에 자주 사용되어 왔다. 문학 작품에서의 꿈은 크게 작품 전개 과정에서 문제를 해결하는 계기로 삽입된 것과 꿈속 세계가 작품의 전반을 차지하는 것으로 나눌 수 있다. 예를 들어, 주인공의 탄생을 알려 주는 태몽이나 주인공에게 위기나 위기를 모면할 방법을 알려 주는 현시몽(顯示夢) 등은 꿈이 작품에 삽입되는 경우이다. 꿈속 세계가 작품 대부분을 차지하는 경우는 「조신 설화」가 대표적이다. 「조신 설화」는 이광수의 「꿈」이나 김만중의 「구운몽」에 큰 영향을 미쳤는데, 이는 현실과 전혀 다르게 흐르는 꿈속의 시간을 통해 인생의 참된 가치를 성찰하게 한다. 이광수의 「꿈」은 조신의 꿈속 삶을 보다 구체적이고 현실적으로 형상화한 작품이다.

(1) 문학에서는 허구적 세계를 이용하여 현실의 문제를 탐구하기도 한다. (O | X)

(2) 현시몽은 작품을 전개할 때 문제 해결의 계기로 작용한다. (O | X)

(3) 문학 작품에 꿈이 삽입된 경우라면, 꿈속 세계가 문학 작품의 대부분을 차지할 것이다. (O | X)

(4) 「조신 설화」는 이광수의 「꿈」과 김만중의 「구운몽」 이외의 문학 작품에도 영향을 미쳤다. (O | X)

07 다음 글을 읽고 O/X를 판단하시오.

문학의 미적 범주는 문학 작품을 통해 느낄 수 있는 아름다움을 일정한 기준에 따라 구분한 것으로, 숭고미, 우아미, 비장미, 골계미가 있다. 숭고미와 우아미는 이상과 현실이 조화롭지만, 비장미와 골계미는 그렇지 않다. 특히 골계미는 부정적 상황을 참고 수용하는데, 현실의 고통을 희석시키기 위해 웃음을 활용한다. 이때 해학과 풍자를 사용한다. 해학은 사회적 현상이나 현실을 우스꽝스럽게 드러내는 방법으로, 부정적 인물에게 공격을 받는 대상을 해학적으로 표현한다. 예를 들어, 「흥보전」의 흥보를 해학적으로 표현하여 독자의 동정심을 유발한다. '풍자'란 악행, 부조리 등을 폭로하여 개인과 사회의 문제점을 공격하고 비판하는 것을 말한다. 부정적 인물에 대한 과장된 표현, 우스꽝스러운 행동 묘사 등은 골계미를 강화하는 요소가 된다. 이는 조선 후기의 판소리계 소설에서도 잘 드러난다.

판소리계 소설인 「토끼전」의 세계는 두 가지로 나뉜다. 하나는 자라, 용왕이 있는 용궁 세계, 다른 하나는 토끼가 있는 육지 세계이다. 전자는 지배 계층, 후자는 피지배 계층이 살고 있는 세계이다. 이 작품에서는 자신의 이익을 위해 권력으로 백성의 생명을 착취하는 용왕이 토끼에 의해 조롱당하는 모습을 통해 독자의 웃음을 유발한다. 이 작품의 형성 시기로 추정되는 17~18세기는 지배 계층의 부패와 무능함 때문에 피지배 계층의 불만이 커져 갔다. 이러한 불만을 표출하기 위해 판소리 등 서민 예술을 활용하였다.

(1) 해학과 풍자를 활용한 작품에서 골계미를 느낄 수 있다. (O | X)

(2) 「토끼전」에서 토끼가 용왕을 조롱한 것은 피지배 계층이 지배 계층에 대한 사회적 불만을 표현한 것이다. (O | X)

📦 논리 연습

08 다음 글을 읽고 O/X를 판단하시오.

A와 B 사이의 관계를 함축 관계라고 할 때는, A가 참이라면 B는 100% 참이라는 의미이다. 즉 A가 참이라면 B는 거짓이면 안 된다. 문제는 우리의 직관을 벗어나는 경우인데, A가 거짓이고 B가 참이어도 A → B는 참이며, A가 거짓이고 B가 거짓인 경우에도, A → B는 참인 경우이다. 즉 충분조건(A)이 거짓이라면 필요조건(B)의 참·거짓 여부와 관계없이 함축 관계는 언제나 성립한다는 것이다.

이와 연관된 함축 규칙은 'A → B'가 '~A ∨ B', '~(A ∧ ~B)'와 논리적 동치라는 것이다. 'A → B'가 성립하기 위해서는 A가 참이 아니거나 B가 참이면 되므로, 'A → B ≡ ~A ∨ B'가 도출된다. 여기에 '~A ∨ B'에 드모르간 법칙을 적용하면 '~(A ∧ ~B)'도 참임을 도출할 수 있다. 이는 'A ∧ ~B'가 'A → B'라는 조건명제의 모순임을 의미한다. 즉, 'A이며 B가 아니다.'는 'A이면 B이다.'와 모순 관계인 것이다. 이를 기호화하여 정리하면, A → B ≡ ~A ∨ B ≡ ~(A ∧ ~B)이다.

	A	B	A → B	~A ∨ B	A ∧ ~B
①	T	T	T	T	F
②	T	F	F	F	T
③	F	T	T	T	F
④	F	F	T	T	F

(1) 조건문 A → B는 ~A ∨ B와 논리적으로 동치이다. (O | X)

(2) A가 거짓이라면, 조건문 A → B의 진릿값은 B의 진릿값에 따라 달라진다. (O | X)

(3) '부산이 대한민국의 수도이면 대구는 대한민국의 수도이다.'는 참이다. (O | X)

(4) '부산이 대한민국의 수도가 아니거나 대구가 대한민국의 수도이다.'는 (3)의 명제와 논리적으로 동치이다. (O | X)

09 다음 빈칸에 들어갈 말을 〈보기〉에서 찾아 적으시오.

── 보기 ──
이중 부정 규칙, 교환 규칙, 결합 규칙, 분배 규칙, 드모르간의 법칙, 수출 규칙, 동어 반복

(1) '~(A ∧ B)'에서 ( )을 사용하면 '~A ∨ ~B'를 도출할 수 있다.

(2) '~(~A)'에서 ( )을 사용하면 'A'를 도출할 수 있다.

(3) 'A ∨ B'에서 ( )을 사용하면 'B ∨ A'를 도출할 수 있다.

(4) '(A ∧ B) → C'에서 ( )을 사용하면 'A → (B → C)'를 도출할 수 있다.

(5) 'A ∧ (B ∨ C)'에서 ( )을 사용하면 '(A ∧ B) ∨ (A ∧ C)'를 도출할 수 있다.

10 주어진 기호식이 모두 참일 때 이를 통해 논리적으로 도출할 수 있는 새로운 식을 구하시오.

── 보기 ──
• 주어진 식: A → B, B → C
• 새로 도출할 수 있는 식: A → B → C / A → C

(1) A → B, C → ~B

• 새로 도출할 수 있는 식:

DAY 31 — 쿼터 홈트

지문형 문법 연습

01 다음 글을 읽고 O/X를 판단하시오.

> 의미 자질은 단어의 의미를 분석할 때 사용하는 것으로, 한 단어를 구성하는 기본적인 의미 구성 요소를 뜻한다. 이때, 서로 대립되는 의미 자질은 [+], [-]의 형식을 사용해서 표현할 수 있다. 이러한 자질 분석을 통해 단어들 간의 의미 관계를 파악할 수 있다.
>
> 상하 관계에서는 하의어가 상의어에 비해 더 구체적인 의미를 가지므로, 하의어가 상의어의 의미 자질을 모두 갖고 있으면서도 추가적인 자질을 하나 이상 갖는다. 반면, 반의 관계에 있는 단어들은 모든 의미 자질이 동일하지만 단 하나의 의미 자질만 서로 대립된다.

단어	의미 자질
사람	[+인간]
남자	[+인간], [+남성]
신사	[+인간], [+남성], [+성숙]
숙녀	[+인간], [-남성], [+성숙]
소년	[+인간], [+남성], [-성인]

(1) 의미 자질은 단어의 구조를 분석하는 것이다. [O / X]

(2) 의미 자질 분석은 단어의 의미뿐만 아니라, 단어의 발음을 구별하는 데에도 도움이 된다. [O / X]

(3) '사람'은 '소년'의 상의어이다. [O / X]

(4) '신사'와 '소년'은 서로 반의 관계에 있는 단어이다. [O / X]

(5) '출석'과 '결석'은 서로 반의 관계에 있는 단어이다. [O / X]

(6) '동물'과 '강아지'는 상하 관계이며, '강아지'는 '동물'의 의미 자질에 추가적인 자질을 가진다. [O / X]

공공언어 바로 쓰기 연습

02 다음 글을 참고하여 올바른 문장이 되도록 (1)~(6)을 고치시오.

> ㉠ 대등한 것끼리 접속할 때는 구조가 같은 표현을 사용해야 하며, 대등한 내용이 뒤따라야 한다.
> ㉡ 필요한 성분이 생략되지 않도록 한다.
> ㉢ 문장 성분의 관계를 명확하게 한다.

(1) ㉠: 큰아이는 모범생이며, 작은아이는 미술을 좋아한다.
▶ • 큰아이는 _____, 작은아이는 우등생이다.
　• 큰아이는 공부를 좋아하며, 작은아이는 _____ _____.

(2) ㉠: 국가 정책 수립과 국제 협약을 체결하기 위해 힘을 기울여야 한다.
▶ • 국가 정책 수립과 _____ 위해 힘을 기울여야 한다.
　• _____ 국제 협약을 체결하기 위해 힘을 기울여야 한다.

(3) ㉡: 인생을 살다 보면 남을 도와주기도 하고 도움을 받기도 한다.
▶

(4) ㉡: 지하철 공사가 이제 시작됐으니, 언제 개통될지는 불투명하다.
▶

(5) ㉢: 제가 여러분에게 당부하고 싶은 것은 주변 환경을 탓하지 마시기 바랍니다.
▶

(6) ㉢: 중인이 보는 앞에서 병기에게 친히 불리어서 가까이 가는 것만 해도 여간한 우대였다.
▶

어휘력 기르기

03 ㉮~㉰가 의미하는 단어를 찾고, 그 반의어를 찾아 연결하시오.

가지고 있던 돈이나 물건 따위를 부주의로 잃어버림.	법원에 민사 소송을 제기한 사람	빨아서 거두어들임. 외부에 있는 사람이나 사물 따위를 내부로 모아들임.
㉮	㉯	㉰

㉠	㉡	㉢
흡수(吸收)	원고(原告)	유실(遺失)

ⓐ	ⓑ	ⓒ
방출(放出)	습득(拾得)	피고(被告)

04 〈보기〉를 참고하여 빈칸을 바르게 채우시오.

― 보기 ―
지연, 침해, 침범, 오용, 연기, 남용

[십자말풀이 격자: ㉠ ㉡ ㉢ ㉣ ㉤]

〈가로〉
㉠ 무슨 일을 더디게 끌어 시간을 늦춤. 또는 시간이 늦추어짐.
㉢ 남의 영토나 권리, 재산, 신분 따위를 침노하여 범하거나 해를 끼침.
㉤ 잘못 사용함.

〈세로〉
㉡ 정해진 기한을 뒤로 물려서 늘림.
㉢ 침범하여 해를 끼침.
㉣ 「1」 일정한 기준이나 한도를 넘어서 함부로 씀. 「2」 권리나 권한 따위를 본래의 목적이나 범위를 벗어나 함부로 행사함.

문해력 기르기

05 다음 글을 읽고 O/X를 판단하시오.

> 현대 시의 자기 초상은 두 가지 양상을 보인다.
> 먼저, 시인이 자신의 삶에 대해 고백하고 그것이 자아 성찰로 이어지는 경우이다. 시인은 자신의 삶을 가감 없이 드러내어 형상화하고 부족한 부분을 반성하고 성찰한다.
> 두 번째는 시인이 자신을 객체화하고 관찰하여 시상을 전개하는 경우이다. 즉 분리된 자아상을 그려 낸다고 할 수 있는데 자신을 객체화하는 매개체로는 주로 '거울'과 같이 자신을 비출 수 있는 소재가 쓰인다. 이를 통해 자신을 제3의 대상으로 지칭하고, 자신에 대한 정서를 객관화하여 나타내는 것이다.

(1) 자신의 삶을 고백하고 그것이 자아 성찰로 이어지는 경우, 시인은 객관적 성찰을 위해 분리된 자아상을 그려 낸다. (O | X)

(2) 시인은 매개체를 이용하여 자신에 대한 정서를 객관화하기도 한다. (O | X)

06 다음 글을 읽고 O/X를 판단하시오.

> '성장 소설'은 미성숙한 자아가 사건을 겪으며 성숙한 자아로 성장해 가는 과정을 그린 소설이다. 미성숙한 자아가 성장하기 위해서는 정신적 고통이 수반되어야 한다. 식민지 체험과 전쟁을 배경으로 한 60~70년대 성장 소설에는 정신적 고통이 '부권의 상실'에서 비롯되는 경우가 많았다. 이데올로기의 대립과 전쟁 속에서 아버지는 존재하지 않거나, 주변 사람들에 의해 하찮은 존재로 취급되는 경우가 많았다. 이로 인해 미성숙한 자아에게 아버지는 결핍감과 상실감을 주는 대상이 된다.

(1) 대부분의 성장 소설에서 미성숙한 자아의 정신적 고통은 '부권의 상실'에서 비롯된다. (O | X)

07 다음 글을 읽고 O/X를 판단하시오.

갑오경장 이후 우리의 근대화는 주체적으로 이룬 것이 아니라, 외세에 의해 지배 계급이 정치나 문물제도 등을 근대에 부합하게 고르는 낙하산식으로 진행되었다. 그래서 갑오경장 이후 한국의 현대 문학은 민중의 의식에 제대로 뿌리내리지 못한 개혁 운동을 바탕으로 시작될 수밖에 없었다.

공장 시설과 같은 근대 시설은 외국의 것을 그대로 가져오더라도 생산품만 잘 만들어 내면 그만이다. 하지만 정신문화 중에서도 가장 구체적인 개인의 생활 감정을 토대로 정립되는 문학의 경우 외국의 것을 그대로 가져와 심는다고 간단히 자리를 잡을 수 있는 유형이 아니다. 우리의 정신이 전혀 정비되지 않았는데, 외국의 것이 뿌리박을 수 있을 리 없었다. 따라서 근대화 과정에서 유입된 외래의 새로운 사상과 윤리의식은 우리의 머리에서 관념적으로 맴돌 뿐, 우리 민족의 생활 감정에 구체적으로 스며들지는 못했다.

문학은 가장 정서적인 것으로 감동을 수반해야 하는 것이지만, 또한 그것만으로는 충분하지 않으며 그 속에 강력한 사상과 윤리를 포함하고 있어야 한다. 하지만 한국 문학은 외래의 사상과 한국 고유의 정서라는 두 요소가 조화를 이루지 못하고 이율배반적 양상으로 발전하였다. 따라서 전래적인 한국 고유의 분위기가 반영된 한국적 소설이 있는가 하면, 다른 한편에는 신시대적이고 서구적 분위기를 풍기는 소설이 존재하게 된 것이다.

(1) 한국의 문학은 준비되지 않은 채 진행된 근대화 과정으로 인해 이율배반적인 양상을 띠게 되었다. O|X

(2) 글쓴이는 한국 문학이 바람직한 방향으로 발전하기 위해서는 외래문화의 수용을 자제해야 한다고 주장한다. O|X

(3) 한국 고유 분위기를 풍기는 소설과 서구적 분위기를 풍기는 소설이 공존하는 이유는 한국 사상과 외래의 사상이 조화를 이루지 못했기 때문이다. O|X

08 다음 글을 읽고 O/X를 판단하시오.

식욕이란 생명을 유지하기 위한 가장 기본적인 욕구이다. 이는 삶과 밀접한 관계에 있으며 상징적 의미를 지닌다. 이러한 식욕이나 식사를 중심으로 인간의 실존이나 삶의 본질을 탐구한 작품들이 있다.

박목월의 「적막한 식욕」은 '적막'과 '식욕'이라는 두 요소를 통해 삶의 이중성을 표현하고 있다. '식욕'은 생존을 위한 가장 본질적인 욕구이지만, 그 앞에 '고요하고 쓸쓸하다' 또는 '의지할 데 없이 외롭다'라는 뜻의 '적막한'이라는 형용사를 붙임으로써 생(生)과 사(死)가 공존하는 삶의 이중성과 그로 인한 고독을 형상화하고 있다. 이 시에서 '모밀묵'은 민중의 소박한 음식으로, 그것을 먹는 사람들과 동일시된다. 또한 '모밀묵'은 사람들 사이를 연결하는 매개체이자, 인생의 끝에서 느끼는 외로움을 달래주는 상징적인 음식이다. 결국, 이 작품은 '모밀묵'이라는 음식을 향한 욕구를 통해 삶의 속성을 형상화한 시라고 할 수 있다.

황지우의 「거룩한 식사」는 먹는 것이 생존과 직접 연결되지 않는 현대 사회에서, 여전히 찬밥 한 그릇이 생명의 가치를 지닌다는 사실을 강조하며 가난한 이들에 대한 연민을 담아내고 있다. 화자는 사회적으로 소외된 사람들이 외롭게 밥을 먹는 모습을 바라보며, 찬밥 한 그릇이 생명과 다름없음을 깨닫는다. 그리고 이러한 식사를 '거룩한 식사'라고 표현하면서, 생존을 위해 먹는 행위가 가진 절박함과 숭고함을 드러내고 있다.

(1) 「적막한 식욕」에서는 '적막한 식욕'이라는 표현을 통해 삶의 이중성과 그로 인한 쓸쓸함을 형상화하고 있다. O|X

(2) 「적막한 식욕」의 '모밀묵'은 민중들의 소박한 음식으로, 사람들을 위로하는 상징적인 역할을 한다. O|X

(3) 「거룩한 식사」는 찬밥 한 그릇을 생명의 상징으로 제시하며, 소외된 사람들에 대한 연민을 나타내고 있다. O|X

(4) 「거룩한 식사」는 현대 사회에서 음식이 더 이상 생명과 관계가 없다는 점을 강조하며, 식사의 의미가 퇴색되었음을 보여 준다. O|X

논리 연습

09 다음 글을 읽고 O/X를 판단하시오.

> 양도 논법이란 대전제가 두 개의 가언 명제의 연언으로 되어 있고, 소전제가 대전제의 두 전건을 선언적으로 긍정하거나 두 후건을 선언적으로 부정하는 형태인 삼단 논법을 의미한다. 이때 두 전건을 선언적으로 긍정하는 경우를 구성적 양도 논법, 두 후건을 선언적으로 부정하는 경우를 파괴적 양도 논법이라고 한다.
>
> 구성적 양도 논법은 단순 구성적 양도 논법과 복합 구성적 양도 논법으로 다시 나뉜다. 단순 구성적 양도 논법은 대전제의 두 개의 가언 명제들의 후건이 같은 경우이다. 따라서 소전제에서 가언 명제들의 전건을 선언으로 긍정하면 결론인 두 가언 명제의 후건은 정언 명제로 나타난다.
>
> [대전제] 만약 A이면 C이다. 만약 B라면 C이다.
> [소전제] A이거나 B이다.
> [결론] C이다.
>
> 복합 구성적 양도 논법은 단순 구성적 양도 논법처럼 두 개의 가언 명제가 대전제로 주어지지만, 가언 명제들의 후건이 다르기 때문에 결론이 선언 명제로 나타난다.
>
> [대전제] 만약 A이면 C이다. 만약 B라면 D이다.
> [소전제] A이거나 B이다.
> [결론] C이거나 D이다.

(1) 양도 논법은 대전제와 소전제가 모두 연언 명제 형태이다. (O | X)

(2) '오늘이 월요일이라면 수학학원에 간다. 그리고 오늘이 수요일이라면 수학학원에 간다. 오늘은 월요일 아니면 수요일이다. 따라서 오늘은 수학학원에 간다.'는 단순 구성적 양도 논법이다. (O | X)

(3) '철수가 국어를 공부하면 부모님의 칭찬을 받는다. 철수가 영어를 공부하면 선생님의 칭찬을 받는다. 철수는 국어를 공부하거나 영어를 공부할 것이다. 철수는 부모님의 칭찬을 받거나 선생님의 칭찬을 받을 것이다.'는 복합 구성적 양도 논법이다. (O | X)

10 다음 글을 읽고 O/X를 판단하시오.

> 소전제에서 두 후건을 선언적으로 부정하는 경우인 파괴적 양도 논법도 단순 파괴적 양도 논법과 복합 파괴적 양도 논법으로 나눌 수 있다.
>
> 단순 파괴적 양도 논법은 대전제의 두 개의 가언 명제의 전건이 같은 경우이다. 따라서 소전제에서 가언 명제의 후건들을 선언의 형태로 부정하면 두 가언 명제의 전건 부정이 결론이 된다. 이때 두 전건은 같으므로 정언 명제의 형태이다.
>
> [대전제] 만약 A이면 B이다. 만약 A라면 C이다.
> [소전제] B가 아니거나 C가 아니다.
> [결론] A가 아니다.
>
> 복합 파괴적 양도 논법은 단순 파괴적 양도 논법와 달리 두 가언 명제의 전건들이 다른 경우이다. 따라서 결론은 두 가언 명제들의 전건들을 선언으로 부정한 형태가 된다.
>
> [대전제] 만약 A이면 C이다. 만약 B라면 D이다.
> [소전제] C가 아니거나 D가 아니다.
> [결론] A가 아니거나 B가 아니다.

(1) 단순 파괴적 양도 논법과 복합 파괴적 양도 논법의 소전제는 모두 선언 명제의 형태이다. (O | X)

(2) '그가 모범적인 학생이라면 숙제를 할 것이다. 또한 그가 모범적인 학생이라면 제시간에 학원에 올 것이다. 하지만 숙제도 하지 않았거나 제시간에 학원에 오지도 않았다. 따라서 그는 모범적인 학생이 아니다.'는 복합 파괴적 양도 논법이다. (O | X)

DAY 32

쿼터 홈트

오 운 완

지문형 문법 연습

01 다음 중 ㉠~㉣에 해당하는 예시로 적절하지 않은 것은?

> 단어의 의미 관계 중 유의 관계는 의미가 같거나 비슷한 둘 이상의 단어가 맺는 의미 관계를 말하며, 그 짝이 되는 말들을 '유의어'라고 한다. 유의 관계의 대부분은 개념적 의미의 동일성을 전제로 한다. 그렇다고 하여 유의 관계를 이루는 단어들을 어느 경우에나 서로 바꾸어 쓸 수 있는 것은 아니다. 따라서 동일 맥락 속에서 의미의 변화가 없이 교체가 가능하면 유의 관계에 있다고 판단해야 한다.
> 그런데 우리말에서 유의 관계가 발달한 이유는 무엇일까? 우리나라는 ㉠ 한자어, 외래어, 고유어가 함께 쓰였기 때문이다. 또한 ㉡ 높임법과 감각어가 발달하고, ㉢ 국어 순화를 위해 어휘를 새로 만들었다. 그리고 ㉣ 특정 단어를 꺼리는 금기 현상으로 인해 새로운 말, 즉 완곡어가 생겨났기 때문이다.

① ㉠ 얼굴 : 안면
② ㉡ 죽다 : 돌아가다
③ ㉢ 네티즌 : 누리꾼
④ ㉣ 똥 : 볼일

공공언어 바로 쓰기 연습

02 다음 글을 참고하여 올바른 문장이 되도록 밑줄 친 부분을 고치시오.

> ㉠ 대등한 것끼리 접속할 때는 구조가 같은 표현을 사용해야 한다.
> ㉡ 필요한 성분이 생략되지 않도록 한다.
> ㉢ 문장 성분의 관계를 명확하게 한다.

(1) ㉠: 우리는 <u>균형 있는 식단 마련과 쾌적한 실내 분위기를 조성하는</u> 노력을 해 왔다.
▶

(2) ㉠: <u>경쟁력을 강화하고 생산성 향상을</u> 위해 경영 혁신이 요구되고 있다.
▶

(3) ㉡: 우리와 함께 살아가는 동물은 <u>사람을 경계하기도 하지만 의지하기도 한다.</u>
▶

(4) ㉡: 내가 이 일의 <u>책임자가 되기보다는 직접 찾기로</u> 의견을 모았다.
▶

(5) ㉢: <u>내 말의 요점은</u> 지속 가능한 기후 환경을 조성하기 위하여 우리 모두 열심히 <u>노력하자</u>.
▶

(6) ㉢: 행복의 조건으로써 물질적 기반 이외에 자질의 연마, 인격, 원만한 인간관계 등이 <u>필요하다는 것이다</u>.
▶

어휘력 기르기

03 밑줄 친 단어에 대응하는 한자어를 찾아 연결하시오.

문장		한자어
정부는 전국에 모든 위험이 사라졌음을 <u>알렸다</u>.	①	㉠ 진술(陳述)하다
나는 그 일에 대해서 경찰에게 <u>이야기하지</u> 않을 것이다.	②	㉡ 선포(宣布)하다
비참한 광경을 <u>보게</u> 되었다.	③	㉢ 절약(節約)하다
환경 오염은 기형아 출산을 <u>일으킨다</u>.	④	㉣ 신뢰(信賴)하다
지금은 신분의 구별 없이 많은 청소년들이 새로운 학문의 혜택을 <u>고르게</u> 받고 있다.	⑤	㉤ 부여(附與)되다
환자가 의사를 <u>믿지</u> 않으면 수술 효과는 떨어지게 됩니다.	⑥	㉥ 균등(均等)하다
총독에게 막강한 권한이 <u>주어졌다</u>.	⑦	㉦ 방지(防止)하다
컴퓨터의 발달로 인간은 많은 시간과 노력을 <u>아낄</u> 수 있었다.	⑧	㉧ 유발(誘發)하다
사고를 <u>막기</u> 위해서 대비를 철저히 해야 한다.	⑨	㉨ 목도(目睹)하다
그 신입 사원은 아직은 회사 일에 <u>서투르다</u>.	⑩	㉩ 미숙(未熟)하다

문해력 기르기

04 다음 글을 읽고 O/X를 판단하시오.

> 민요는 작곡이나 작사를 한 자에 대한 정보 없이 민중에 의해 구전되어 내려온 노래다. 노래로 된 구전물에는 민요 외에도 무가, 판소리, 잡가가 있으며, 가곡과 시조도 이에 포함할 수 있을 것이다. 하지만 무당은 특수 직업인이며, 광대와 가객 또한 전문적인 예능인인 점에 미루어 보면, 민요는 전문성이 약한 민중의 노래라는 면에서 노래로 된 다른 구전물들과 구별된다.
>
> 민요는 전문성이 필요치 않기 때문에 부르고자 하는 이는 누구나 자신의 만족을 위해 부를 수 있는 노래다. 이에 반해, 무가나 판소리는 전문 직업인으로서의 창자가 남에게 봉사하기 위해 부르는 것이 그 주된 목적이고, 스스로 즐기고자 하는 것은 단지 부차적인 목표에 불과하다. 또한, 민요는 여럿이 함께 있으면서 한 사람씩 돌아가며 노래한다 해도 창자와 청자가 고정적으로 정해져 있지 않으며, 그저 누구라도 노래를 부르면 창자가 되고 나머지가 청자가 될 뿐이다. 즉 민요의 가창은 남을 위해 봉사하는 것이 아니라 스스로 혹은 함께 즐기기 위한 것일 뿐이다.
>
> 민요의 또 다른 특징은 창자의 삶과 분리되지 않는 일상에서 불려 온 노래라는 것이다. 이는 민요가 노동이나 의식, 혹은 놀이와 같은 생활 속의 필요로 창조되고 존속됨을 의미한다. 이 때문에 민요는 지역의 고유 환경에 따라 다른 지역과는 상이한, 그 지역만의 특성을 강하게 띠기도 한다. 이러한 점에서 민요는 서민성이 가장 잘 드러나는 구전 예술 장르라고 할 수 있다.

(1) 노래가 아닌 것은 민요라고 할 수 없다. O | X

(2) 무가나 판소리는 전문 직업인인 창자가 남에게 봉사하기 위해 부를 뿐, 스스로 즐기고자 부르는 경우는 존재하지 않는다. O | X

(3) 민요는 창자의 삶과 분리되지 않는 일상에서 불려 온 노래이기 때문에 지역적 특성을 띠지 않는다. O | X

05 다음 글을 읽고 O/X를 판단하시오.

모더니즘시는 과거의 전통적인 방식과는 차별화된 새로움을 추구하는 예술적인 경향성에 영향을 받아 지어진 작품들을 말한다. 이러한 모더니즘시들은 현실을 객관화하는 경향이 있다. 모더니즘시에서 객관화된 현실의 의미를 파악하려면 현실에 대한 태도, 그 현실을 형상화하는 방법, 현실에 전제된 가치의 인식에 중점을 두어야 한다.

모더니즘시는 현실과 의도적으로 거리를 두고 객관적인 시각을 확보해 현실을 형상화하는데, 보통 이 태도는 현대 문명을 비판하려는 것이 전제되어 있다. 대표적인 현실 형상화 방법에는 인간이 아닌 특정 대상을 이용하여 현실을 우회적으로 드러내는 방법인 거리 두기가 있다. 즉 시적 화자는 특정 대상이 처한 현실과 일정한 거리를 두고 관찰함으로써 그 대상이 처한 상황을 객관적인 시각으로 전달하는데, 이는 결국 우리가 처한 현실을 공간적 이미지의 시어로 표현해 공간이 주는 이미지와 특정 대상들이 그 공간에서 보이는 태도를 통해 현대 문명의 부정적인 면모를 드러내면서도 현대 문명을 살아가는 사람들의 정서와 현대 문명을 벗어나고 싶은 현실과 대조되는 이상적 상황 등을 표현한다.

한편 거리 두기를 위해 제시된 대상들은 부정적인 현실을 극복하려는 적극적인 의지를 드러내기도 하지만, 반대로 소극적인 태도를 보이며 암담한 현실을 무기력하게 수용하기도 한다. 이러한 소극적인 태도는 반어적으로 작용하여 현대 문명의 폭압성을 드러내고 이런 현실에서 벗어나야 한다는 당위성을 강조하는 효과를 준다.

(1) 모더니즘시는 과거를 계승하려고 한다. ⓞ / ⓧ

(2) 모더니즘시는 보통 현대 문명을 비판하려는 태도를 가지고 있다. ⓞ / ⓧ

(3) 거리 두기 방법을 통해서는 현대 문명의 부정적인 면모만 드러낼 수 있을 뿐, 현대 문명을 살아가는 사람들의 정서는 표현하지 못한다. ⓞ / ⓧ

(4) 거리 두기를 위해 제시된 대상들이 소극적인 태도로 현실을 무기력하게 수용하는 것은 부정적인 현실에 대한 체념과 절망을 드러내는 것이다. ⓞ / ⓧ

06 다음 글을 읽고 O/X를 판단하시오.

신화란 '자연이나 인간 세계의 신비한 현상들을 신들의 활동으로 설명한 이야기'이다. 신화 속 신들은 인간화된 위대한 존재로, 오늘날 우리가 아는 절대자나 초월자로서의 신이 아니다.

신화에는 자연현상을 나름대로 설명하고자 하는 고대인의 지적 욕구와 두려운 모습으로 나타나는 자연현상들을 어떤 방법으로든 이해하도록 만들어 심리적 안정을 얻고자 하는 심리적 욕구가 포함되어 있다. 예컨대 '합당한 원인이 있는 자만이 제우스에게 번개를 맞는다'라는 추론을 통해 자신이 번개를 맞을 수도 있다는 막연한 공포에서 벗어날 수 있었다. 이러한 심리 현상은 현대에도 나타난다. 지진이나 홍수와 같은 자연재해로 인해 많은 인명 피해가 발생하면 그 원인으로 특정 죄악을 연결하는 경우가 이에 해당한다. 주어진 상황에 대해 형식 논리상의 추론 과정이 존재했다는 점에서 두 경우는 공통점을 가지며, 이를 통해 신화는 인간 사회에서 자연적으로 생겨났으며 또 확장되었다.

신화는 인류가 세상을 이해할 수 있게 해 주는 모범적 방법을 제시해 줌으로써 인류의 최초 학문인 철학의 등장에 탄탄한 기반을 제공하였다. 한편, 신화는 인간이 언제나 인간 중심적인 사고 체계로 세계를 이해하려 해 왔다는 것을 시사한다. 이러한 점에서 고대인들이나 현대인들이나 차이가 없으며, 현대인들도 여전히 신화의 시대에 머물러 있다고 할 수 있다.

(1) 신화에 등장하는 신들은 오늘날 우리가 아는 절대자나 초월자로서의 신이 아니라 인간화된 위대한 존재이다. ⓞ / ⓧ

(2) 신화에는 막연한 공포에서 벗어나기 위한 심리적 욕구가 잠재되어 있어 형식 논리상의 추론 과정과는 거리가 멀다. ⓞ / ⓧ

(3) 고대인들과 달리 현대인들은 세상의 현상들을 인간 중심적 사고 체계로 이해하려고 한다. ⓞ / ⓧ

(4) 과학의 발전으로 현대인들은 더 이상 신화의 시대에 머물러 있지 않게 되었다. ⓞ / ⓧ

논리 연습

07 다음 글을 읽고 O/X를 판단하시오.

삼단 논법에서는 결론의 주어를 소명사(S), 술어를 대명사(P), 전제에서 2번 나타나는 명사를 매개 명사(M)라고 한다. 아리스토텔레스는 삼단 논법의 타당성을 판단하기 위해서는 명제에서 주어나 술어의 범위를 파악해야 한다고 하였다. 이는 주어나 술어가 전체 대상을 지칭하는지 일부를 지칭하는지가 중요하다는 것이다. 이때 주어나 술어가 전체 대상을 지시한다면 그 명사는 '주연되었다'라고 한다. 주어의 경우, 전칭 긍정 명제와 전칭 부정 명제에서만 주연되며 술어의 경우 전칭 부정 명제와 특칭 부정 명제에서만 주연된다. 정리하면, 주어는 전칭 명제에서만, 술어는 부정 명제에서만 주연되는 것이다.

아리스토텔레스는 이 개념을 이용하여 타당성을 판단하는 규칙들을 만들었으며 이 중 하나라도 위반한 삼단 논법은 부당한 논증이라고 하였다. 첫째 규칙은 삼단 논법 안에서 매개 명사가 적어도 한 번은 주연되어야 한다는 것이다. 둘째 규칙은 전제에서 주연되지 않은 명사라면, 결론에서 주연될 수 없다는 것이다. 이는 'P가 결론에서는 주연되지만 전제에서는 주연되지 않을 때'와 'S가 결론에서는 주연되지만 전제에서는 주연되지 않을 때'로 다시 나눌 수 있다.

(1) 삼단 논법의 주어나 술어가 전체 대상을 지시하는 경우, 그 주어나 술어를 지칭하는 명사는 주연된 것이다. O | X

(2) 주어는 전칭 명제에서만 주연된다. O | X

(3) 삼단 논법에서 매개 명사가 한 번만 주연되었다면, 그 삼단 논법은 삼단 논법의 타당성을 판단하는 규칙 중 첫째 규칙을 위반한 것이다. O | X

08 다음 삼단 논법에서 소명사, 대명사, 매개 명사를 찾아 쓰시오.

[대전제] 모든 사람은 사회적 동물이다.
[소전제] 소크라테스는 사람이다.
[결론] 그러므로 소크라테스는 사회적 동물이다.

• 소명사(S):
• 대명사(P):
• 매개 명사(M):

09 다음 삼단 논법에서 소명사, 대명사, 매개 명사를 찾아 쓰시오.

[대전제] 어느 고래도 포유동물이 아니다.
[소전제] 어떤 상어는 고래이다.
[결론] 그러므로 어떤 상어는 포유동물이 아니다.

• 소명사(S):
• 대명사(P):
• 매개 명사(M):

10 다음 삼단 논법의 타당성을 판단하시오.

[대전제] 모든 수학자는 이성적인 사람이다.
[소전제] 어떤 음악가는 수학자가 아니다.
[결론] 어떤 음악가는 이성적인 사람이 아니다.

• 이 삼단 논법의 소명사는 (　　　　　), 대명사는 (　　　　　), 매개 명사는 (　　　　　)이다.
• 첫째 규칙에 따르면, 매개 명사는 적어도 한 번 주연되어야 한다. 매개 명사인 '수학자'는 대전제에서 (주연되었고 / 주연되지 않았고) 소전제에서 (주연되었다 / 주연되지 않았다).
• 둘째 규칙에 따르면, 전제에서 주연되지 않은 명사는 결론에서 주연될 수 없다. 결론에서는 (음악가 / 이성적인 사람)이(가) 주연되었다. 이 명사는 (대전제 / 소전제)에서 (주연되었다 / 주연되지 않았다).
• 이를 통해 이 삼단 논법은 (타당하다 / 타당하지 않다)는 것을 알 수 있다.

DAY 33

쿼터 홈트

지문형 문법 연습

01 ㉠~㉢에 들어갈 말을 〈보기〉에서 고르시오.

하나의 단어에 둘 이상의 의미가 있을 경우, 각각의 의미에 따라 유의어나 반의어가 달라질 수 있다. 예를 들어, '식당에 가방을 놓고 왔다.'에서 '놓다'의 유의어와 반의어는 각각 '두다'와 '챙기다'인데, '산에 덫을 놓았다.'에서 '놓다'의 유의어와 반의어는 각각 '치다'와 '거두다'가 된다.

단어	예문	유의어	반의어
뛰다	㉠ (① / ②)	달리다	걷다
	1년 만에 물가가 두 배로 뛰었다.	㉡ (③ / ④ / ⑤ / ⑥)	떨어지다
	탄이를 처음 본 아영의 가슴이 뛰었다.	두근거리다	㉢ (③ / ④ / ⑤ / ⑥)

─ 보기 ─
① 월반이란 한 학년을 뛰고 올라가는 것을 말한다.
② 그는 차에서 내리자마자 집으로 마구 뛰었다.
③ 오르다
④ 일어나다
⑤ 멈추다
⑥ 서다

공공언어 바로 쓰기 연습

02 다음 글을 참고하여 올바른 문장이 되도록 (1)~(6)을 고치시오.

㉠ 여러 뜻으로 해석되는 표현을 삼가야 한다.
㉡ 목적어와 서술어의 관계를 명확하게 한다.
㉢ 주어와 서술어의 관계를 명확하게 한다.

(1) ㉠: 나는 눈이 시리도록 파란 하늘을 보았다.
▶

(2) ㉠: 아버지의 그림은 언제나 인기가 많다.
▶

(3) ㉡: 만화 동아리에서는 창작 활동과 전시회를 열기로 했다.
▶

(4) ㉡: 이사회는 재무 지표 현황과 개선 계획을 수립하여, 다음 달부터 이를 시행하기로 하였다.
▶

(5) ㉢: 내가 바라는 점은 네가 잘됐으면 좋겠다.
▶

(6) ㉢: 내 생각은 네가 잘못을 인정하면 해결될 것이다.
▶

어휘력 기르기

03 다음 중 ㉠의 문맥적 의미와 가장 유사한 것은?

> 내 꿈이 물거품으로 ㉠ 돼 버릴지도 모른다.

① 입에 쓴 것이 몸에는 약이 <u>된다</u>.
② 모든 것이 재로 <u>되고</u> 말았다.
③ 일이 <u>되면</u> 쉬어 가면서 해라.
④ 일이 깔끔하게 <u>되었다</u>.

04 다음 중 ㉠의 문맥적 의미와 가장 유사한 것은?

> 이 물건들은 사용 목적에 ㉠ 따라 분류되었습니다.

① 어머니를 <u>따라</u> 시장 구경을 갔다.
② 머리 좋기로는 그를 <u>따를</u> 자가 없다.
③ 개발에 <u>따른</u> 공해 문제가 발생하고 있다.
④ 식순에 <u>따라</u> 다음은 애국가 제창이 있겠습니다.

05 다음 중 ㉠의 문맥적 의미와 가장 유사한 것은?

> 한 비평가가 내 글에 대하여 좋게 ㉠ 말하였다고 한다.

① 그는 김 과장을 좋지 않게 <u>말하고</u> 있다.
② 가격으로만 <u>말하면</u> 동네 시장이 가장 싸죠.
③ 경비 아저씨에게 아이가 오면 문을 열어 달라고 <u>말해</u> 두었다.
④ 누나가 내일 할머니께서 서울에 올라오신다고 나에게 <u>말해</u> 주었다.

문해력 기르기

06 다음 글을 읽고 O/X를 판단하시오.

> 언어를 사용하는 것이야말로 인간과 다른 동물을 구별하는 가장 큰 특징이다. 언어는 전달하고자 하는 '의미'와 의미를 실어 나르는 '음성(문자)'으로 구성되어 있다. 즉 언어는 의미와 음성 중 하나라도 없다면 언어라고 할 수 없게 된다. 그러나 언어 기호에서 의미와 음성의 관계는 필연적이지 않다. 한국에서는 '개'라고 부르지만, 영어로는 '도그(dog)', 일본어로는 '이누(いぬ)'라고 한다. 따라서 의미와 음성은 항상 같이 붙어 다니지만, 이들은 임의적으로 결합한다. 이러한 가운데 음성 상징어의 경우, 의미와 음성이 필연적으로 결합하는 게 아니냐는 의문이 제기되었다. 하지만 음성 상징어 또한 필연성이 없다는 결론이 나왔다. 이러한 특성을 언어의 자의성이라고 한다.
>
> 그런데 언어가 자의적이더라도, 개인이 마음대로 의미와 음성의 연결을 바꿀 수는 없다. 언어는 그 언어를 사용하는 사람들, 즉 언중 사이의 약속이기 때문이다. 언어는 사회 구성원의 의사소통 도구이므로 한 개인이 의미와 음성의 연결을 왜곡하면 언어는 의사소통 도구의 자격을 잃게 된다. 이러한 특성을 언어의 사회성 또는 불변성이라고 한다.

(1) 음성 상징어는 의미와 음성이 임의적으로 결합하여 기호로 나타난다. (O | X)

(2) 언어는 한 사회 내에서의 약속이므로, 개인이 의미와 음성의 연결을 왜곡할 수 없다. (O | X)

07 다음 글을 읽고 O/X를 판단하시오.

언어 능력은 크게 말하기, 쓰기 능력과 읽기, 듣기 능력으로 나눌 수 있다. 전자를 능동적인 영역, 후자를 수동적인 영역이라고도 한다. 이중 언어 구사자는 2가지 언어를 구사할 수 있는 사람을 말하는데, 균형이 잘 잡힌 이중 언어 화자는 양쪽 언어 전반에 있어서 거의 동일한 언어 능력을 갖고 있다. 하지만 대부분의 이중 언어 구사자는 그렇지 않다.

최근 연구에 따르면, 이중 언어 구사자가 단일 언어 구사자보다 집행 기능이 더 뛰어나다고 한다. 이는 문제 상황에서 문제를 해결하는 것과 같은 정신적 부담이 큰 활동을 이중 언어 구사자가 더 잘 해낸다는 것을 의미한다. 다중 언어 환경이 사회성을 높여 준다는 연구도 있는데, 실질적으로는 한 가지의 언어만 구사하더라도 다른 언어에 주기적으로 노출된 경우에는 상황을 파악하거나 대처하는 능력이 좋은 것으로 평가되었다. 즉, 사회성에 영향을 미치는 요소는 두 가지 언어를 구사할 수 있느냐가 아니라 여러 언어에 노출되었는가 여부라는 것이다.

(1) 언어 능력 중 말하기는 능동적인 영역이다. (O / X)

(2) 대부분의 이중 언어 구사자들은 양쪽 언어 전반에 있어서 거의 동일한 언어 능력을 갖고 있다. (O / X)

(3) 이중 언어 구사자가 단일 언어 구사자보다 문제 해결 능력이 뛰어나다. (O / X)

(4) 미국에 사는 한국어 단일 언어 구사자의 경우, 같은 지역의 이중 언어 구사자에 비해 사회성이 낮을 것이다. (O / X)

08 다음 글을 읽고 O/X를 판단하시오.

촘스키는 '선택 제약'의 관점에서 은유를 설명했다. '선택 제약'은 한 어휘가 다른 어휘와 결합하면서 나타나는 제약을 말한다. 이는 문장 속에서 주어가 서술어를 선택할 때 제약이 있을 수 있다는 것이다. 가령 '행복이 저 멀리 갔다'라는 문장은 문법적으로 문제가 없으나 '가다'라는 동사가 사람이나 동물을 주어로 요구하므로 선택 제약을 어긴 것이 된다. 즉, 은유는 문법적으로는 문제가 없지만, 의미상으로는 성립할 수 없다.

하지만 인지 화용론의 적합성 이론에서는 은유가 오히려 언어 규칙에 적합하다고 한다. 적합성 이론은 인간의 인지 체계가 적합성을 최대화하는 방식으로 의사소통한다고 하였는데, 즉 최소의 노력으로 최대의 효과를 얻으려는 경향이 있다는 것이다. 따라서 의사소통에서의 경제성이 가장 중요하다고 주장하였다. 이러한 이유로 적합성 이론에서는 어림잡아 말하는 표현과 은유를 같은 차원으로 본다. 왜냐하면 이 두 표현 방식의 발화의 형식이나 화자가 전달하고자 하는 내용적 측면은 다르지만, 같은 적합성의 측면을 공유하고 있기 때문이다.

(1) 촘스키는 문장 안에서 주어가 서술어를 선택할 때 제약이 있다고 생각하였다. (O / X)

(2) 은유는 문법적으로 문제가 없으므로 의미상으로도 성립할 수 있다. (O / X)

(3) 인지 화용론의 적합성 이론은 의사소통의 경제성만을 중시하였다. (O / X)

(4) 어림잡아 말하는 표현과 은유 사이에는 공통점이 있다. (O / X)

논리 연습

09 다음 글을 읽고 주어진 논증이 타당한지 부당한지, 어떤 형식을 사용했는지 구분하시오.

> 타당한 논증의 대표적인 예에는 전건 긍정과 후건 부정이 있다. '만약 A라면 B이다.'라는 명제가 참임이 분명할 때, 전건 긍정은 전건인 A를 참이라고 전제하는 것이다. 그러면 후건인 B도 참이 되어 주어진 명제가 도출되므로 참이 분명하다. 후건 부정은 후건인 B를 부정하는 것이다. 그러면 대우 법칙에 의해 'A가 아니다.'가 참이 되므로 이 역시 타당한 논증이 된다.
>
> 이와 달리, 전건 부정과 후건 긍정은 타당하지 않은 논증이다. '만약 A라면 B이다(A → B).'라는 명제가 참임이 분명할 때, 전건 부정은 전건인 A를 부정하면서 후건도 부정하게 되는데, 그렇게 되면 원 명제의 이(~A → ~B)를 참이라고 단정하므로 타당하지 않다. 후건 긍정의 경우, 후건인 B를 긍정하면서 전건도 긍정한다. 그러면 원 명제의 역(B → A)을 참이라고 단정하게 되므로 타당하지 않다.

(1) 비가 오면 땅이 젖는다. 비가 오지 않았다. 땅이 젖지 않았다.
  • 타당성 평가: (타당한 논증 / 부당한 논증)
  • 형식:

(2) 네가 나를 사랑한다면 내가 원하는 것을 마땅히 해 주었을 것이다. 내가 원하는 것을 해 주지 않았으니 너는 나를 사랑하지 않는다.
  • 타당성 평가: (타당한 논증 / 부당한 논증)
  • 형식:

(3) 민주주의 국가들의 주권은 국민에게 있다. 대한민국은 민주주의 국가이다. 따라서 대한민국의 주권은 국민에게 있다.
  • 타당성 평가: (타당한 논증 / 부당한 논증)
  • 형식:

(4) 뉴턴이 수학자라면, 음악가는 아니다. 뉴턴은 음악가가 아니다. 그러므로 뉴턴은 수학자이다.
  • 타당성 평가: (타당한 논증 / 부당한 논증)
  • 형식:

10 빈칸에 들어갈 말을 적거나 고르고, (1)~(3) 중 논리적으로 타당한 것을 고르시오.

(1)
> 운동을 열심히 하면 체중이 줄어든다.
> 영희는 최근 운동을 전혀 하지 않았다.
> 그러므로 영희는 체중이 늘었음에 틀림없다.

이 추론을 기호화하면, ( )이다.

이는 (전건 부정 / 후건 부정)을 사용한 (타당한 / 타당하지 않은) 추론이다.

(2)
> 박쥐가 후각 능력이 약하거나 탁월한 청각 능력이 없다면, 어둠 속을 빠르게 날아갈 수 없다.
> 박쥐는 빠르게 어둠 속을 날아갈 수 있다는 것이 확인되었다.
> 그러므로 박쥐의 청각 능력이 탁월함이 분명하다.

이 추론을 기호화하면, ( )이다.

이는 (전건 부정 / 후건 부정)을 사용한 (타당한 / 타당하지 않은) 추론이다.

(3)
> 광학에 관하여 우리가 믿고 있는 이론이 옳고 무지개에 대한 우리의 관찰을 비롯한 초기 조건이 정확하다면, 무지개의 색에 대한 정확한 설명을 할 수 있다.
> 우리는 관찰되는 무지개의 색에 대하여 정확하게 설명을 해내고 있다.
> 그러므로 우리가 믿고 있는 광학 이론은 옳다.

이 추론을 기호화하면, ( )이다.

이는 (전건 긍정 / 후건 긍정)을 사용한 (타당한 / 타당하지 않은) 추론이다.

따라서 논리적으로 타당한 것은 ((1) / (2) / (3))이다.

DAY 34

쿼터 홈트

오운완

지문형 문법 연습

01 다음 글을 읽고 O/X를 판단하시오.

> 다의어란 하나의 단어가 두 가지 이상의 서로 다른 의미를 가지는 것을 말한다. 이때, 가장 핵심이 되는 기본 의미를 중심 의미라고 하며, 중심 의미에서 확장된 의미를 주변 의미라고 한다. 다의어는 사전에 하나의 표제어로 제시되고, 중심 의미로부터 의미가 확대되어 나온 순서대로 기술한다. 또한 중심 의미는 주변 의미보다 먼저 배우고 그만큼 사용 빈도도 높다.
> 다의어가 주변 의미로 사용될 때 문법적으로 제약이 나타나기도 한다. 가령, '겁을 먹다.'라고 쓰는 것은 가능하지만 '겁을 먹이다.' 또는 '겁을 먹히다.'라고 쓰는 것은 어법상 적절하지 않다. 또한 '손'이 노동력을 뜻할 때에는 '부족하다, 남다'와 같이 특정 용언과만 쓰인다.
> 주변 의미는 중심 의미에서 확장되어 생긴 것이기 때문에 중심 의미보다 추상성이 강한 경향이 있으며, 중심 의미로부터 멀어질수록 의미가 추상적이다.

> 손 「명사」
> 「1」 사람의 팔목 끝에 달린 부분
> 「2」 손끝의 다섯 개로 갈라진 부분. = 손가락
> 「3」 일을 하는 사람. = 일손
> 「4」 어떤 일을 하는 데 드는 사람의 힘이나 노력, 기술
> 「5」 어떤 사람의 영향력이나 권한이 미치는 범위
> 「6」 사람의 수완이나 꾀

(1) 표제어에서 가장 먼저 기술되는 의미가 중심 의미이다.   O | X

(2) 중심 의미로 사용되는 다의어는 특정 용언과만 결합한다.   O | X

(3) 아이들은 '눈'의 의미 중 '사물을 보고 판단하는 힘'이라는 의미보다 '빛의 자극을 받아 물체를 볼 수 있는 감각 기관'이라는 의미를 먼저 배운다.   O | X

(4) '결론에 이르다.'와 '아이들에게 주의하라고 이르다.'의 '이르다'는 서로 다의 관계이다.   O | X

공공언어 바로 쓰기 연습

02 다음 글을 참고하여 올바른 문장이 되도록 (1)~(6)을 고치시오.

> ㉠ 목적어와 서술어의 관계를 명확하게 해야 한다.
> ㉡ 필요한 성분이 생략되지 않도록 한다.
> ㉢ 불필요한 의미 중복 표현 사용을 지양해야 한다.

(1) ㉠: 자동차에 <u>짐과 유진이를 태우고</u> 여행을 떠났다.
▶

(2) ㉠: 선생님께서는 <u>우리를 많이 아끼셨고 우리도 존경했다</u>.
▶

(3) ㉡: 나는 집에 오자마자 들고 있던 가방을 <u>두었다</u>.
▶

(4) ㉡: 그는 영업팀이 아니었지만, 인사 발령이 나서 <u>갔다</u>.
▶

(5) ㉢: <u>여가 시간</u>에 음악을 듣습니다.
▶

(6) ㉢: <u>어려운 난관</u>을 극복했다.
▶

어휘력 기르기

03 밑줄 친 단어에 대응하는 한자어를 찾아 연결하시오.

단어		한자어
다시 살아날 수 없도록 아주 뿌리째 없애 버려야 한다.	①	㉠ 근절(根絶)하다
책을 썼다.	②	㉡ 저술(著述)하다
프로이트가 처음으로 시작한 정신 분석학 이론은 문학에도 많은 영향을 미쳤다.	③	㉢ 인수(引受)되다
소송에서 원고가 졌다.	④	㉣ 무상(無常)하다
막내가 할아버지의 사랑을 독차지했다.	⑤	㉤ 독점(獨占)하다
그 회사는 부도를 막지 못하여 끝내 다른 회사에 넘어갔다.	⑥	㉥ 유사(類似)하다
그는 식성이 아버지와 비슷하다.	⑦	㉦ 제기(提起)되다
인생은 덧없다.	⑧	㉧ 패소(敗訴)하다
색다른 견해가 내놓아졌다.	⑨	㉨ 도산(倒産)하다
무리하게 사업을 확장하다가 모두 잃었다.	⑩	㉩ 창시(創始)하다

문해력 기르기

04 다음 글을 읽고 O/X를 판단하시오.

외래어란 외국에서 들어온 말이 국어 속에 퍼지면서 외국어의 색이 엷어지고, 국어 단어로서의 자격을 갖기 시작하여 국어의 일부가 된 어휘이다. 반면 외국어는 외국에서 들어온 말로, 아직 국어로 정착되지 않아 국어가 되지 못한 어휘로 규정된다. 그러나 외국에서 들어온 말이 국어에 정착되었는지 정착되지 않았는지 불분명한 경우가 많다. 일반적으로 어떤 말을 고유어나 한자어로 대체하여 표현할 수 있다면 외국어로 판단하며, 대체될 수 있는 말이 없다면 외래어로 판단하기는 한다. 다만 이러한 구분이 명확한 것은 아닌데, 이는 사람마다 외래어인지 아닌지에 대한 판단 기준이 다르기 때문이다.

특히 외국의 인명은 외래어인지 외국어인지에 대한 논란의 중심에 있다. 전문 서적에서는 원어의 철자 그대로 쓰는 경향이 강하고, 신문이나 아동 도서에서는 한글로 옮겨 적는다. 원어의 철자대로 쓰면 표기의 혼란을 막을 수 있다. 그러나 인명을 원어대로 'James'라고 적으면 '하메스', '제임스'라고 발음하거나 원어의 발음을 몰라 발음하지 못하는 사람이 생긴다. 그러나 '제임스'라고 적으면 누구나 '제임스'라고 발음할 수 있다. 그래서 외국의 인명은 본래 외국어지만 국어 생활 속에서는 한글로 옮길 수밖에 없게 된다. 결국 외국의 인명도 외래어에 포함해야 한다는 결론이 도출된다.

(1) 외래어와 달리 외국어는 아직 국어 단어로서의 자격을 갖추지 못했다. (O | X)

(2) 외국어를 원어의 철자대로 쓰면 발음의 혼란을 주므로, 모든 외국어는 결국 외래어에 포함해야 한다. (O | X)

[05~06] 다음 글을 읽고 물음에 답하시오.

언어는 크게 음성 언어와 동작 언어로 나눌 수 있다. 동작 언어는 기본적으로, 선천적으로 습득된다. 가령, 자극에 대한 반응으로 인해 자동으로 나타나는 언어를 자동적 동작 언어라고 한다. 이 동작 언어는 사람뿐만 아니라 동물도 가지고 있는데, 겁에 질린 표정이나 기쁠 때 내는 웃음소리 등이 이에 해당한다. 이와 달리 후천적 학습에 의해 습득되는 언어들도 있다. 몸짓을 매개로 하여 기호로 사용되는 동작 언어는 기호적 동작 언어라고 한다. 대부분 사회적 약속으로 기호화된 것을 학습하기 때문에, 자신이 마음대로 만들어 사용할 수는 없다. 그리고 음성 언어와 함께 쓰면서 음성 언어를 보완하는 것을 주변 언어적 동작 언어라고 한다. 이에는 음성적 요소와 동작적 요소가 있다. 음성적 요소는 음성 언어에 필요한 소리의 세기, 높낮이, 속도 등을 사용하여 특정 내용을 전달한다. 동작적인 요소는 음성 언어에 수반되는 표정, 손짓 등이 포함된다. <u>흥미로운 점은 표정이 손짓에 비해 음성 언어의 의미를 바꾸는 데 더 자주 사용된다.</u>

05 윗글을 읽고 O/X를 판단하시오.

(1) 팔이 꼬집힌 통증으로 인한 비명은 음성이므로, 이는 음성 언어에 해당한다. (O | X)

(2) 자동적 동작 언어와 달리 기호적 동작 언어는 후천적으로 습득된다. (O | X)

06 〈보기〉를 참고하여 윗글의 밑줄 친 문장을 고치시오.

― 보기 ―
문장에서 주어, 목적어, 서술어 등이 제대로 의미 결합이 안 된다면 어색한 문장이 된다. 주어와 서술어는 문장의 뼈대로, 주어와 서술어가 호응을 이루지 못하면 그 문장은 비문이 된다.

▶

07 다음 글을 읽고 O/X를 판단하시오.

언어는 정보 전달의 기능과 사회적 관계를 형성하고 유지하는 기능을 동시에 갖는다. 정보 전달의 기능은 경제성의 원리에 기반하고, 사회적 관계의 기능은 공손성의 원리에 기반한다. 하지만 두 기능은 별개로 작용하는 것이 아니다. 화자는 정보를 효과적으로 전달하면서 상대방과의 관계도 고려해야 하기 때문이다.

이를 모두 만족시키는 원리가 결정 이양의 원리이다. 결정 이양의 원리란 판단이나 결정의 최종 권한을 화자가 청자에게 넘겨주는 원리로, 이를 통해 공손함과 정보 전달의 효율성을 동시에 추구한다. 즉, 모든 내용을 명확하게 표현하지 않고 일부를 남겨 둠으로써 청자가 그 남겨진 부분을 스스로 채워 넣게 만드는 것이다. 이는 청자가 생각하고 판단할 여지를 주기 때문에 자연스럽게 상대방과의 관계를 고려하면서도 정보 전달의 효과를 높인다. 이때, 전달하려는 정보의 일부를 남겨 두는 것은 경제성의 원리와 관계가 있다.

가령, '건강한 식습관을 장려하는 것'을 목적으로 하는 상황을 가정해 보자. 화자는 건강한 식습관이 중요한 이유에 대한 근거만 제시하고, '건강하게 먹어야 한다.'는 결론을 직접 강요하지 않는다. 대신 영양소의 균형이나 잘못된 식습관의 문제점을 설명하여, 청자가 '건강한 식습관을 실천해야겠다.'라는 판단에 스스로 도달하도록 유도하는 것이다. 이 표현 방식은 일반적으로 설득 효과가 더 높다. 왜냐하면 청자가 스스로 결론을 내리면, 그 결론에 대한 확신도가 높아지기 때문이다. 따라서 결정 이양의 원리는 설득력을 높이고, 청자의 주체적인 판단을 이끌어 내는 효과적인 언어 사용 방식이라고 할 수 있다.

(1) 정보 전달과 사회적 관계의 기능은 서로 관련을 맺으며 작용한다. (O | X)

(2) 경제성의 원리와 공손성의 원리는 서로 다른 언어의 기능과 관련이 있다. (O | X)

(3) 결정 이양의 원리는 경제성의 원리와 공손성의 원리를 함께 실현한다. (O | X)

(4) 결정 이양의 원리가 적용된 표현은 청자가 결론에 대해 확신하기 어렵게 만든다. (O | X)

🔷 논리 연습

08 다음 명제들을 결합하여 진릿값을 구하시오.

(1) A → B / ~B
- A: (T / F / 알 수 없음)
- B: (T / F / 알 수 없음)

(2) A ∨ B / ~A
- A: (T / F / 알 수 없음)
- B: (T / F / 알 수 없음)

(3) ~(A ∧ B) / A
- A: (T / F / 알 수 없음)
- B: (T / F / 알 수 없음)

(4) A → C / A ∧ B
- A: (T / F / 알 수 없음)
- B: (T / F / 알 수 없음)
- C: (T / F / 알 수 없음)

(5) ~(A ∧ B) / C → A / C
- A: (T / F / 알 수 없음)
- B: (T / F / 알 수 없음)
- C: (T / F / 알 수 없음)

(6) A → B / B → ~C / C
- A: (T / F / 알 수 없음)
- B: (T / F / 알 수 없음)
- C: (T / F / 알 수 없음)

(7) ~(A ∨ B) / C → (~A ∧ D) / C
- A: (T / F / 알 수 없음)
- B: (T / F / 알 수 없음)
- C: (T / F / 알 수 없음)
- D: (T / F / 알 수 없음)

09 다음 명제들이 모두 참일 때, 반드시 참인 것은?

― 보기 ―

1. A → ~B   2. ~B → ~C   3. C

① ~A
② ~B
③ ~A ∧ ~C
④ A ∧ B

♣ 〈보기〉 명제 활용하기

둘째 명제의 대우는 (1.   )이고, 첫째 명제의 대우는 (2.   )이다. B를 매개항으로 하여 둘째 명제의 대우와 첫째 명제의 대우를 결합하면, (3.   )를 도출할 수 있다.
이때 셋째 명제에 따르면 (4. A / B / C)가 참이므로, B는 (5. 참 / 거짓), ~A는 (6. 참 / 거짓)이라는 것을 알 수 있다.
따라서 정답은 (7. ① / ② / ③ / ④)이다.

♣ 오답 선지 분석하기

② ~B
'B'가 (1. 참 / 거짓)이므로 '~B'는 (2. 참 / 거짓)이다.

③ ~A ∧ ~C
'C'가 (1. 참 / 거짓)이므로, '~A ∧ ~C'는 (2. 참 / 거짓)이다.

④ A ∧ B
'~A'가 (1. 참 / 거짓)이므로, 'A ∧ B'는 (2. 참 / 거짓)이다.

DAY 35

쿼터 홈트

오 운 완

지문형 문법 연습

01 다음 글을 참고하여 ㉠~㉣을 다의어와 동음이의어로 나누시오.

> 다의어와 동음이의어는 모두 형태는 같지만, 의미적 연관성의 측면에서 다른 점이 있다. 다의어는 하나의 단어가 여러 의미를 가지고 있어, 이들 의미는 서로 관련을 맺는다. 반면에 동음이의어는 우연히 소리는 같지만, 의미적으로는 관련을 찾기 어렵다. 예를 들어 '손으로 잡다.'에 사용된 '손'과 '손이 부족하다.'에 사용된 '손'은 의미상 관련이 있지만, '배가 아프다.'에 사용된 '배'와 '배를 먹었다.'에 사용된 '배'는 의미상 관련이 없다.

― 보기 ―
㉠ • 닭이 모이를 <u>먹다</u>.
　• 한번 <u>먹은</u> 마음이 변하지 않도록 하자.
㉡ • 벽지를 벽에 <u>바르다</u>.
　• 생선 가시를 <u>발라서</u> 버리다.
㉢ • 아이가 졸린지 눈을 스르르 <u>감는다</u>.
　• 머리를 자주 <u>감으면</u> 머릿결이 상한다.
㉣ • 국이 <u>매워서</u> 많이 먹지 못했다.
　• 어머니는 <u>매운</u> 시집살이를 하셨다.

(1) 다의어: (㉠ / ㉡ / ㉢ / ㉣)

(2) 동음이의어: (㉠ / ㉡ / ㉢ / ㉣)

공공언어 바로 쓰기 연습

02 다음 글을 참고하여 올바른 문장이 되도록 (1)~(5)를 고치시오.

> ㉠ 대등한 것끼리 접속할 때는 구조가 같은 표현을 사용해야 하며, 대등한 내용이 뒤따라야 한다.
> ㉡ 문장 성분의 관계를 명확하게 한다.

(1) ㉠: 학생들은 <u>각 지역의 청소년들과의 소통과 유적지를 답사함으로써</u> 즐거운 추억을 만들 수 있었다.
▶ • 학생들은 각 지역의 청소년들과의 소통과 ＿＿＿＿＿＿＿＿＿＿ 즐거운 추억을 만들 수 있었다.
　• 학생들은 ＿＿＿＿＿＿＿＿＿＿ 유적지를 답사함으로써 즐거운 추억을 만들 수 있었다.

(2) ㉠: 모든 개인은 환경에 관한 정보에 대해 <u>적절한 접근과 의사 결정 과정에 참여할 수 있는</u> 기회를 부여받아야 한다.
▶ • 모든 개인은 환경에 관한 정보에 대해 적절한 접근과 ＿＿＿＿＿＿＿＿＿＿ 기회를 부여받아야 한다.
　• 모든 개인은 ＿＿＿＿＿＿＿＿＿＿ 의사 결정 과정에 참여할 수 있는 기회를 부여받아야 한다.

(3) ㉡: 그는 <u>아무리 돈이 많아서</u> 그것을 쓸 줄 모른다.
▶

(4) ㉡: 새 기계는 <u>유해 물질 배출과 연료 효율을 높여</u> 주었다.
▶

(5) ㉡: <u>요점은</u> 남을 위하여 자기를 희생할 줄도 <u>알아야 한다</u>.
▶

어휘력 기르기

03 ㉮~㉰가 의미하는 단어를 찾고, 그 반의어를 찾아 연결하시오.

복잡하지 않고 간단함.	수량이나 정도가 일정한 기준보다 더 적거나 모자람. 수량이 범위에 포함되면서 그 아래인 경우	우편이나 전신, 전화 따위를 보냄.
㉮	㉯	㉰
㉠	㉡	㉢
이하(以下)	단순(單純)	발신(發信)
ⓐ	ⓑ	ⓒ
수신(受信)	복합(複合)	이상(以上)

04 〈보기〉를 참고하여 빈칸을 바르게 채우시오.

보기
개전, 유기, 배타심, 전유물, 질타, 심의

㉠	㉡				
	㉢				
			㉣		
			㉤		㉥

〈가로〉
㉠ 행실이나 태도의 잘못을 뉘우치고 마음을 바르게 고쳐먹음.
㉢ 내다 버림.
㉤ 남을 배척하는 마음. ↔ 의타심

〈세로〉
㉡ 한 사람이나 특정한 부류만 소유하거나 누리는 물건. ↔ 공유물
㉣ 큰 소리로 꾸짖음.
㉥ 심사하고 토의함.

문해력 기르기

05 ㉠의 구체적 의미로 적절하지 않은 것은?

유럽 국가들을 시간 관리, 스케줄, 최종 기한의 필요성을 강조하는 나라와 시간의 통제가 인위적이고 불필요한 것처럼 간주되는 나라로 나눌 수 있다. 첫 번째 범주에 속하는 것은 독일, 스위스 같은 '시간관념이 강한 문화'의 경우이다. 두 번째 범주는 스페인, 포르투갈 같은 '시간관념이 약한 문화'의 경우이다.

사람들이 삶을 살아가는 속도는 두 유형의 사회가 크게 다르다. 시간관념이 강한 사회에 속하는 나라에서는 ㉠ 시간이 액면 이상의 의미가 있다. 시간을 낭비하지 않고 시간을 유익하게 사용하려는 사람들에게는 시간이 강력한 자극제가 된다. 시간관념이 약한 사회에서는 시간을 그렇게 경제적인 것으로 보지 않으며, 스케줄과 최종 기한 안에 모든 것을 억지로 끼워 놓은 채 서두르며 인생을 살 필요가 없다고 여긴다. 이러한 비교는 삶의 속도를 연구하는 비교 문화 연구의 일환으로 밝혀졌다.

① 시간의 낭비가 그다지 많지 않다.
② 시간 사용의 효율성을 제고하고 있다.
③ 동일한 시간에 더 많은 일을 할 수 있게 된다.
④ 시간관념이 약한 사람에게도 호의적 태도를 보인다.

06 밑줄 친 부분이 강조하는 것으로 가장 알맞은 것은?

> 소리란 물리학적으로는 단순한 진동일 뿐이나 심리학적으로는 두뇌가 주변 환경에서 이끌어 내는 일종의 경험이다. 물리학자는 소리가 모두에게 동일하다고 말할지 모르나 심리학자는 그것이 서로 다른 동물에게 주는 감흥이 엄청나게 다르다고 말할 것이다.
> 금붕어에게는 왈츠를 연주해 줘도 아무 일도 일어나지 않는다. 그것은 춤을 추고 싶도록 만드는 것이 왈츠의 음이 아니라 음들의 관계이기 때문이다. 금붕어는 음들의 관계를 알지 못한다. 만질 수도 없고, 볼 수도 없고, 기술하거나 분류하기도 어려운 이런 관계들이 바로 음악이다. <u>우리는 어떤 이를 가리켜 음악에 대한 좋은 귀를 가진 사람이라 말하지만 사실 그런 사람은 음악을 잘 들을 수 있는 훌륭한 마음을 가진 사람이라고 말해야 옳을 것이다.</u> 동시에 발생하는 멜로디, 리듬, 하모니까지 들을 수 있는 마음 말이다. 개별적 소리들을 인식하는 데 필요한 가장 기본적 메커니즘은 우리 신경계에 이미 내장되어 있다. 그러나 그 밖의 다른 면들은 부분적으로 또는 모두 학습에 의해 다듬어진다. 그래서 마음의 훈련이 덜 되면 음들의, 보다 단순한 관계만 들을 수 있는 것이다.

① 마음이 착한 사람이 음악을 잘 이해할 수 있다.
② 인격 수양을 많이 할수록 음악을 잘 이해할 수 있다.
③ 천성이 훌륭한 사람이 음악적 감흥을 잘 느낄 수 있다.
④ 음악에 대한 조예는 음악에 대한 마음의 훈련을 쌓을 때 깊어진다.

07 다음 중 ㉠ : ㉡의 관계와 가장 유사한 것은?

> ㉠ <u>과도적인 문화</u> 속에는 한국 사회에 적합성을 가지지 못하는 차용된 외래문화가 많다. 그와 같은 ㉡ <u>차용 문화</u>는 사회 구조의 변화에 따른 전통문화의 해체에 의해서 일어나는 문화적 공백을 메우기 위해 도입된 외래문화이기 때문에 충분히 선택적으로, 비판적으로, 주체적으로 수용되었다기보다는 모방과 도입에만 급급하면서 받아들인 문화이다. 그러므로 어느 정도의 모방과 도입기를 거쳐 외래적인 행위 양식이 상당히 널리 확산되는 단계에 이르면 외래문화는 문화적 전통의 정체(正體)를 위협하게 된다.

① 자동차 : 핸들
② 시 : 소설
③ 음주 운전 : 교통사고
④ 처녀 : 총각

08 다음 글의 ㉠~㉢ 중 어색한 곳을 찾아 가장 적절하게 수정한 것은?

> 조정 제도는 ㉠ <u>중립적인</u> 제3자의 도움을 받아 분쟁의 합의를 이끌어 내는 제도를 말한다. 제3자는 어느 편에도 치우치지 않고 공정한 태도로 분쟁 해결에 도움을 준다. 이때 분쟁의 당사자들은 ㉡ <u>다양한 단체를 통해</u> 도움을 받을 수 있다. 그들은 민간단체, 행정 기관의 산하 기구 혹은 법원에 조정을 신청할 수 있다. 조정 제도는 전문가에 의해 적정한 배상액이 산정되며 세부 내용이 공개되지 않기 때문에 당사자의 ㉢ <u>정보 습득에</u> 유리하다. 당사자들은 분쟁 내용에 대한 비밀 유지를 약속받을 수 있는 것이다. 하지만 당사자 ㉣ <u>양측 모두의</u> 합의를 요한다. 어느 한쪽이 합의하지 않으면 조정안은 성립되지 못하는 한계를 지닌다.

① ㉠: 편파적인
② ㉡: 단일한 대상을 통해서만
③ ㉢: 기밀 유지에
④ ㉣: 한쪽에 의한

논리 연습

09 다음 글을 읽고 (1)~(6)이 어떤 오류에 해당하는지 적으시오.

> '잘못된 유추의 오류'는 비유를 부당하게 적용함으로써 발생하는 오류이다. 우연적 비본질적인 속성을 비교하여 결론을 이끌어 낸 경우로, 일부분이 비슷하다고 해서 나머지도 비슷할 것이라고 잘못 생각하여 발생한다. '논점 일탈의 오류'는 논점과 관계없는 것을 제시하여 무관한 결론에 이르게 되는 오류이다. '결합과 분해의 오류'는 부분의 속성을 전체(결합)로 가진다거나 전체의 속성을 부분도 가진다(분해)고 추론하는 오류이다. '흑백 논리의 오류'는 선언지를 둘만 인정하여 다른 선언지가 존재함에도 불구하고 두 선언지로만 추리하여 생기는 오류이다. '순환 논증의 오류'는 증명되어야 할 것을 당연한 것으로 여기고 논거로 삼아서, 같은 내용을 말만 바꾸어서 되풀이하는 데서 생기는 오류이다.

(1) 너희들 왜 먹을 것을 갖고 싸우니? 빨리 방에 들어가서 공부나 해!
▶

(2) 나트륨이나 염소는 유독성 물질이야. 그러니 염화나트륨도 유독성 물질이지.
▶

(3) 신은 존재한다. 성경에 그렇게 쓰여 있기 때문이다. 성경에 쓰여 있는 것은 진리다. 그것은 신의 계시로 쓰였기 때문이다.
▶

(4) 누리가 대공원에 혼자 갔다가 불량배에게 돈을 빼앗긴 것 알지? 오늘 다움이도 혼자 대공원에 갔다지 뭐니. 틀림없이 다움이도 불량배에게 돈을 뺏길 거야.
▶

(5) 미국은 돈이 많은 나라야. 그러니 미국인들은 누구나 돈이 많을 거야.
▶

(6) 내 부탁을 거절하다니, 넌 나를 싫어하는구나.
▶

10 다음 명제들이 모두 참일 때 항상 참인 것은?

―보기―
1. A → B   2. C → ~B   3. D → C

① D → B
② C → A
③ C → ~A
④ A → D

♣ 〈보기〉 명제 활용하기

(1) (1. A / B / C / D)를 매개항으로 하여 첫째 명제, 그리고 둘째 명제의 대우인 (2.   )를 결합하면, (3.   )를 도출할 수 있다.

(2) 이렇게 도출한 명제 (4.   )를 셋째 명제의 대우인 (5.   )와 결합하면, (6.   )를 도출할 수 있다.

♣ 선지 분석하기

① D → B
(2)에서 도출한 명제 (1.   )를 축약하면, (2.   )가 된다. 이를 통해 'B → ~D'는 (3. 참 / 거짓)임을 알 수 있다. 따라서 'B → ~D'의 대우인 (4.   )도 참이다. 하지만 'D → B'는 원래 명제나 대우와 동치가 아니므로, (5. 참이다 / 거짓이다 / 참인지 거짓인지 알 수 없다).

② C → A
(2)에서 도출한 명제에 따라 'A → ~C'와 'A → ~C'의 대우인 (1.   )는 (2. 참 / 거짓)이다. 이를 통해 'C → A'는 (3. 참이라는 것을 알 수 있다 / 거짓이라는 것을 알 수 있다 / 참인지 거짓인지 알 수 없다).

③ C → ~A
(2)에서 도출한 명제에 따라 'A → ~C'는 (1. 참 / 거짓)이다. 따라서 'A → ~C'의 대우인 (2.   )도 (3. 참 / 거짓)이다.

④ A → D
(2)에서 도출한 명제에 따라 'A → ~D'는 (1. 참 / 거짓)이다. 이를 통해 'A → D'는 (2. 참이라는 것을 알 수 있다 / 거짓이라는 것을 알 수 있다 / 참인지 거짓인지 알 수 없다).

DAY 36

쿼터 홈트

오 운 완

지문형 문법 연습

01 다음 글을 읽고 O/X를 판단하시오.

> 새끼 말은 망아지, 새끼 소는 송아지, 새끼 개는 강아지라고 부른다. 이 동물들은 모두 우리가 흔히 기르는 가축이며, 새끼를 나타내는 말이 모두 '-아지'로 끝난다. 그런데 돼지나 오리도 흔한 가축인데, 이들을 가리키는 고유어는 따로 없다. 그렇다고 해서 사람들이 새끼 돼지나 새끼 오리를 인식하지 못하지는 않는다. 이렇게 한 언어의 어휘 체계에서 개념은 있지만 단어가 존재하지 않는 것을 '어휘적 빈자리'라고 한다.
>
> 어휘적 빈자리는 여러 방식으로 채워지는 경우가 있다. 먼저, 단어가 아닌 구로 그 빈자리를 채우는 것이다. 국어에서 어린 돼지를 가리킬 때 '아기 돼지, 새끼 돼지'와 같이 구로 만들어서 말하는 것이 이러한 방식이다.
>
> 한자어나 외래어로 빈자리를 채우기도 한다. 우리가 무지개의 색채를 말할 때 '빨강 - 주황 - 노랑 - 초록…' 순으로 말한다. 이때 '주황(朱黃)'과 '초록(草綠)'은 그에 해당하는 고유어가 없어 한자어가 빈자리를 채우고 있다.
>
> 마지막으로, 하의어의 빈자리를 상의어로 채우는 방식이 있다. '누이'는 손위와 손아래를 모두 가리키는 단어이다. 하지만 손위를 의미하는 단어는 '누나'라고 따로 있으나 '손아래'를 의미하는 단어는 따로 없어서 상의어인 '누이'가 빈자리를 채웠다.

(1) '망아지', '송아지', '강아지'는 모두 새끼 동물을 가리키는 고유어이며, 공통적으로 '-아지'로 끝난다. (O | X)

(2) 어휘적 빈자리가 존재하면 사람들은 해당 개념 자체를 인식하지 못한다. (O | X)

(3) 국어에서 어휘적 빈자리는 구, 외래어, 상의어 등 다양한 방식으로 채워질 수 있다. (O | X)

(4) 새 휴대폰에 전화번호를 입력하면서 엄마의 첫째 딸과 셋째 딸은 각각 '큰누이', '막냇누이'라고 입력하였지만 둘째 딸은 구별하는 단어가 없이 '둘째 누이'라고 입력했다는 것은 어휘적 빈자리를 상의어로 채우는 방식이다. (O | X)

공공언어 바로 쓰기 연습

02 다음 글을 참고하여 올바른 문장이 되도록 (1)~(5)를 고치시오.

> ㉠ 대등한 것끼리 접속할 때는 구조가 같은 표현을 사용해야 한다.
> ㉡ 목적어와 서술어의 관계를 명확하게 한다.

(1) ㉠: 표준적인 언어생활의 확립과 일상적인 국어 생활을 향상하기 위해 일한다.
  ▶ • 표준적인 언어생활의 확립과 ＿＿＿＿＿ 위해 일한다.
    • ＿＿＿＿＿ 일상적인 국어 생활을 향상하기 위해 일한다.

(2) ㉠: ○○ 건설은 현장의 안전 체계 강화와 효율적인 작업 환경을 조성하기 위해 노력하고 있다.
  ▶ • ○○ 건설은 현장의 안전 체계 강화와 ＿＿＿＿＿ 위해 노력하고 있다.
    • ○○ 건설은 현장의 ＿＿＿＿＿ 효율적인 작업 환경을 조성하기 위해 노력하고 있다.

(3) ㉡: 외적 동기란 주어지는 보상과 처벌을 피하기 위해 행동을 수행하고자 하는 동기를 의미한다.
  ▶

(4) ㉡: 환경을 보호하기 위해 다회용품 사용과 일회용품 사용을 지양해야 한다.
  ▶

(5) ㉡: 가로수의 원활한 생육 공간과 훼손을 막기 위하여 다음과 같은 행위를 금합니다.
  ▶

어휘력 기르기

03 밑줄 친 단어에 대응하는 한자어를 찾아 연결하시오.

문장		한자어
이 과일 모양의 자석은 냉장고에 붙여서 장식하는 데 쓴다.	①	㉠ 점유(占有)하다
내전에 외국 군대가 끼어들다.	②	㉡ 허용(許容)하다
길이를 재다.	③	㉢ 부착(附着/付着)하다
우리 측의 제안을 협정안에 넣도록 요구하였다.	④	㉣ 개입(介入)하다
달이 자전하는 주기는 달이 지구의 둘레를 도는 주기와 같다.	⑤	㉤ 공전(公轉)하다
자유란 법이 허락하는 범위 안에서 누릴 수 있다.	⑥	㉥ 제한(制限)하다
사치품 수입을 막았다.	⑦	㉦ 침체(沈滯)되다
감독은 선수들의 사기가 가라앉지 않도록 선수들을 격려하였다.	⑧	㉧ 공급(供給)하다
불법으로 토지를 차지하다.	⑨	㉨ 포함(包含)하다
피부에 수분을 충분히 제공하다.	⑩	㉩ 측정(測定)하다

문해력 기르기

04 괄호 안에 들어갈 말로 가장 적절한 것은?

어머니가 생존하여 계시는 동안 우리는 고요히 웃는 마음의 고향을 가지는 것입니다. 우리는 결코 외로울 수 없으며, 우리는 결코 어두움 속에 살 수 없습니다. 참으로 어머니는 저 하늘에 빛나는 맑은 별과 같이도 순수합니다. 그것이 무에 이상할 것이 있겠습니까? 아무것도 이상할 것이 없습니다. 왜 그러냐 하면, 우리는 어머니 피로부터, 어머니 정신으로부터, 어머니의 진통으로부터 나온 까닭이올시다. 어머니는 (   )

어린아이는 어머니에게 말하는 것을 배웁니다. 우리가 자기 나라말을 가리켜 모어(母語)라 부르는 것은, 이 점에 있어서 결코 우연한 일이 아닙니다. 아이는 어머니에게서 도덕과 지식 일반의 최초 개념, 재미있는 옛날이야기, 지극히도 자극적인 노래와 유희를 처음 배우는 것입니다.

① 우리의 뿌리인 것입니다.
② 우리의 기둥인 것입니다.
③ 우리의 거울인 것입니다.
④ 우리의 쉼터인 것입니다.

05 괄호 안에 들어갈 문장으로 가장 적절한 것은?

　가상 현실 기술이 넘어야 할 난관은 체험자가 경험하는 생리적 반응이다. 가장 흔한 부작용이 멀미이다. 이는 눈으로 들어온 시각 정보와 귓속의 전정 기관으로 느껴진 감각 정보가 불일치할 때 발생한다. 전정 기관은 평형 감각을 담당하는 이석과 회전을 감지하는 반고리관으로 구성되며, 외부 세계를 인지하는 역할을 한다. 가상 현실 영상의 배경에 특정한 움직임이 있다면, 사람은 자신이 스스로 움직인다는 착각을 경험한다. 사람은 시각을 통해 움직임을 인지하므로, 가상 현실에서 자신이 직접 움직인다고 착각하는 것이다. 하지만 우리가 가상 현실을 볼 때는 가만히 있는 경우가 대부분이다. 이처럼 눈을 통해 움직인다는 정보가 들어왔지만, 귀에 있는 전정 기관은 아무것도 인지하지 못하므로 두뇌는 심각한 혼란을 겪게 된다. 즉, 가상 현실을 체험하는 사람이 겪는 멀미나 두통 등의 증상은 (　　　　　　　)인 셈이다.

① 가상 현실을 즐기기 위한 전제 조건
② 정보 충돌에 대한 우리 뇌의 경고 신호
③ 여러 정보를 지혜롭게 조화하려는 시도
④ 평형 감각에 발생한 문제가 유발한 결과

06 괄호 안에 들어갈 말로 가장 적절한 것은?

　인권은 인간이 누리는 기본적인 권리를 가리킨다. 즉 박탈할 수도, 양도할 수도 없는, 인간이 인간답게 생존할 수 있는 기본적인 권리를 뜻한다. 모든 인간에게는 태어나면서부터 당연히 부여되는 권리가 있으며, 이러한 권리는 국가 권력에 우선하는 것이므로 국가 권력이 함부로 할 수 없다고 생각된다. 프랑스 법학자 카렐 바작은 인권의 내용을 세 개의 범주로 나누어 설명하였다. 전통적으로 인권은 시민적·정치적 권리와 경제·사회·문화적 권리로 구분되어 왔다. 시민적·정치적 권리란 국가가 부당하게 국민 개개인의 자유를 침해할 수 없도록 방어하는 권리이며, 경제·사회·문화적 권리란 국가에 특정한 개입을 요구할 수 있는 권리이다. 경제·사회·문화적 권리는 국가에 대한 소극적인 방어를 넘어 국가에 적극적으로 무언가를 요구하는 권리이므로, 시민적·정치적 권리보다 더 발전한 개념이다. 그런데 최근에는 연대와 단결의 권리가 새로운 범주로 주목받고 있다. 이는 현대 사회에서 개인을 중심으로 한 인권이 집단 중심으로 옮겨 오고 구조적인 문제로 중심축이 변해 가는 것을 보여 준다. 다른 두 권리의 범주들은 이미 국제 사회에서 세계 인권 선언을 통해 확립된 반면, 연대와 단결의 권리는 제도적으로 확립되지 않았으며 아직 생성 단계에 있는 권리이다. 이로부터 알 수 있듯, 인권은 (　　　　　　　　　) 개념이다.

① 국제 사회에서 확정적 권리로 정의된
② 반대되는 권리들을 하나로 조화시켜 정리한
③ 새로운 권리들이 확립되어 지속적으로 확장되는
④ 국가를 통해 사회의 구조적인 문제들을 개선하는

논리 연습

07 다음 글을 읽고 (1)~(5)가 어떤 오류에 해당하는지 적으시오.

> '도박사의 오류'는 서로 독립적으로 일어나는 확률적 사건이 서로 확률에 영향을 미친다는 착각에서 기인한 논리적 오류이다. '피장파장의 오류'는 다른 사람의 비판을 같은 방식으로 비난하여 그 논증을 거부하는 것이다. '허수아비 공격의 오류'는 상대방의 논증을 왜곡한 다음 그 왜곡된 주장을 공격하는 것으로, 허수아비를 세워서 쓰러뜨리고 진짜 사람이 쓰러졌다고 주장하는 것과 같다. '주의 돌리기 오류'는 주제를 미묘하게 바꾸어 상대방의 주의를 돌리는 것이다. 이 오류는 대화의 한쪽이 상대의 입장을 완전하게 무시할 때 발생한다. '미끄럼 논증의 오류'는 도미노 논증이라고도 하는데 사태를 명백하게 바람직하지 않은 상황으로 미끄럼 타듯 들어가게 만드는 것이다.

(1) 제가 무단횡단을 한 건 사실이지만, 당신도 무단횡단을 했잖아요.
▶

(2) 과일이나 채소로부터 농약을 제거해야 할 필요성은 누누이 강조되어 왔다. 그러나 과일과 채소는 건강에 필수적이다. 당근은 비타민 A, 콩은 단백질, 포도와 귤은 비타민 C가 많다.
▶

(3) 우리가 그들에게 커피 방을 내 준다고 하자. 그들은 지금은 커피 방만 요구하지만 다음에는 체력 단련실, 그다음에는 샤워실을 만들어 달라고 할 것이다.
▶

(4) 동전이 계속해서 앞면이 네 번 나왔다. 결국 동전은 앞면이 나올 확률이 50%, 그리고 뒷면이 나올 확률이 50%이다. 그러므로 다음번에는 뒷면이 나올 것이다.
▶

(5) 모든 총기류 사용을 금지해야 한다. 총기류 사용 금지를 반대하는 사람들은 많은 범죄가 총기류와 연관되어 있다고 생각하지 않는다. 그러나 통계는 그와 반대되는 것을 증명하고 있다.
▶

08 다음 명제들이 참일 때 반드시 참이 아닌 것은?

> 1. A → (B ∧ C)　　2. ~B

① ~B ∨ ~C
② ~A
③ ~(B ∧ C) → ~A
④ B ∨ C

♣ 선지 분석하기

① ~B ∨ ~C
첫째 명제의 대우는 (1.　　　)이다. 첫째 명제의 대우의 (2. 전건 / 후건)을 드모르간의 법칙으로 정리하면 (3.　　　)이다. 이때 둘째 명제를 통해 '~B'가 (4. 참 / 거짓)이라는 것이 도출되므로, 첫째 명제의 대우의 전건인 (5.　　　)도 (6. 참 / 거짓)임을 알 수 있다.

② ~A
첫째 명제의 대우는 '~(B ∧ C) → ~A'이다. 첫째 명제의 대우의 전건을 드모르간의 법칙으로 정리하면 '~B ∨ ~C'이다. 둘째 명제를 통해 '~B'가 참이므로 첫째 명제의 (1. 전건 / 후건)인 (2.　　)도 참이다.

③ ~(B ∧ C) → ~A
첫째 명제가 (1. 참 / 거짓)이므로, 첫째 명제의 (2. 역 / 이 / 대우)인 '~(B ∧ C) → ~A'도 (3. 참 / 거짓)이다.

④ B ∨ C
'B ∨ C'는 B와 C의 개별 진릿값을 알지 못하면 참임을 도출할 수 없다.

DAY 37

지문형 문법 연습

01 (1)~(3) 중 ㉠의 예시로 가장 적절한 것은?

문장에서 어떤 대상이 높임의 대상이 되면 이에 어울리는 서술어가 와야 자연스러운 문장이 된다. 높임법은 높임의 대상에 따라 주체 높임법, 객체 높임법, 상대 높임법으로 나뉜다.

주체 높임법은 말하는 이(화자)가 서술의 주체를 높이는 방법이다. 주격 조사 '께서'와 서술어에 선어말 어미 '-(으)시-'를 사용한다. 주체 높임을 나타내는 특수 어휘도 있다. '진지(밥), 댁(집), 연세/춘추(나이), 성함/존함(이름), 계시다/있으시다(있다), 편찮으시다(아프다), 주무시다(자다), 돌아가시다(죽다), 잡수시다/드시다(먹다)' 등이 있다. 이를 활용하여 주체를 직접 높이는 경우도 있지만, 신체, 자식, 심리, 소유, 생각 등 높여야 할 대상과 밀접하게 관련이 있는 대상을 높여 주어를 간접적으로 높이는 '㉠ 간접 높임'도 있다. 이는 특수 어휘는 쓰지 않고 '-(으)시-'로만 실현된다.

객체 높임법은 서술어의 객체(목적어나 부사어가 지시하는 대상)를 높이는 방법이다. 부사격 조사 '에게' 대신 '께'를 사용한다. 객체 높임을 나타내는 특수 어휘도 있는데, '모시다, 드리다, 뵈다, 여쭈다'가 이에 해당한다.

(1) 아버지께서는 발가락이 아프시다.
- 께서: (주체 / 객체)
- -시-: (주체 / 객체)

(2) 할아버지, 진지 잡수세요.
- 진지: (주체 / 객체)
- 잡수시다: (주체 / 객체)

(3) 이 분필을 선생님께 가져다드리렴.
- 께: (주체 / 객체)
- 가져다드리다: (주체 / 객체)

공공언어 바로 쓰기 연습

02 다음 글을 참고하여 올바른 문장이 되도록 (1)~(6)을 고치시오.

㉠ 불필요한 의미 중복 표현 사용을 지양해야 한다.
㉡ 목적어와 서술어의 관계를 명확하게 한다.
㉢ 주어와 서술어의 관계를 명확하게 한다.

(1) ㉠: 서민들의 <u>애환과 기쁨이</u> 살아 있는 드라마
▶

(2) ㉠: 그 둘은 <u>판이(判異)하게 다른</u> 것으로 나타났다.
▶

(3) ㉡: 월드컵에서 보여 준 에너지를 바탕으로 <u>국민 대통합과 국가 경쟁력을 제고해야</u> 한다.
▶

(4) ㉡: 공원에서 <u>불과 물건을 태우는</u> 것을 금지합니다.
▶

(5) ㉢: 우리는 타인의 인격을 존중해야 하고 <u>나와 평등하다</u>는 생각을 지녀야 한다.
▶

(6) ㉢: <u>겨울 산은</u> 우리에게 혼자라는 것이 무엇인지를 <u>깨닫는 소중한 존재이다.</u>
▶

어휘력 기르기

03 다음 중 ⊙의 문맥적 의미와 가장 유사한 것은?

> 이번 경기에서는 우리 팀이 상대 팀에 ⊙ 이길 것으로 예상된다.

① 싸움에서 적에게 이기다.
② 술에 취해 제 몸을 이기지 못하다.
③ 그는 온갖 역경을 이기고 마침내 성공했다.
④ 그는 제 분을 못 이기고 그만 울음을 터뜨리고 말았다.

04 다음 중 ⊙의 문맥적 의미와 가장 유사한 것은?

> 양심수를 석방하라는 목소리가 ⊙ 높다.

① 우리나라는 목재의 수입 의존도가 높다.
② 형식적인 환경 정책에 비판적인 여론이 높다.
③ 어떤 동물은 사람보다 높은 시력을 갖고 있다.
④ 이 지역은 수압이 높아서 물의 공급이 원활하다.

05 다음 중 ⊙의 문맥적 의미와 가장 유사한 것은?

> 도서관에서 한 가지 책을 ⊙ 골라 내용을 살펴보자.

① 방바닥이 고르지 않고 울퉁불퉁하다.
② 그는 가쁘게 몰아쉬던 숨을 고르고 있다.
③ 그중에서 네 마음에 드는 것을 하나 골라라.
④ 울퉁불퉁한 곳을 흙으로 메워 판판하게 골라 놓았다.

문해력 기르기

06 다음 글에서 드러난 '중심성'과 '종속성'의 사례로 옳지 않은 것은?

> 상위 해석 수준과 하위 해석 수준의 특성을 구분 짓는 기준은 중심성과 종속성이다. 중심성이란 어떤 사건이나 대상 속에서 가장 중요한 역할을 하는 것이 어떤 것인지를 의미한다. 이것은 상대적으로 상위 해석 수준의 특성이 된다. 종속성이란 어떤 사건이나 대상 속에서 상대적으로 덜 중요한 특성 혹은 역할을 이야기한다. 예를 들어, 핵분열에 대해 공부하려고 강의를 듣고자 할 때, 언제 어디에서 해당 강의를 듣는지는 주변적인 것, 즉 종속적인 것이라고 할 수 있다. 가장 핵심이 되는 것, 다시 말해 중심적인 것은 해당 강의가 다루는 주제이고, 강의 시간 혹은 장소는 부수적인, 종속적인 특징이라고 할 수 있다.

	중심성	종속성
①	책의 주제	책 표지의 재질
②	메인 메뉴	디저트
③	주연 배우	단역 배우
④	어머니	아버지

✚ **유도지 작성해 보기**

지문에 제시된 중심성과 종속성의 조건을 정리해 보자.

• 중심성: 대상 속에서 (1. 가장 중요한 / 상대적으로 덜 중요한) 역할을 하는 것
• 종속성: 대상 속에서 (2. 가장 중요한 / 상대적으로 덜 중요한) 역할을 하는 것

정리한 내용을 바탕으로 선지의 조건 충족 여부를 따져 보자.

07 지문을 뒷받침하기 위한 사례로 적절하지 않은 것은?

> 다윈 의학에서는 기침이나 발열과 같은 일상생활에서 느끼는 증상을 질병이라기보다는 적응에 의해 진화된 우리 몸의 방어 체계로 여긴다. 인간은 폐의 이물질을 제거하려고 기침을 한다고 보기 때문에 아픔을 느끼는 능력도 몸에 이롭다고 여긴다. 기침이나 통증을 질병이라고 여기기보다, 우리 몸의 손상을 막기 위한 노력에서 비롯된 적응으로 보는 것이다.

① 선진국일수록 위생 상태가 좋아 면역계가 할 일이 없다. 그러다 보니 면역계가 사소한 외부 자극에도 과도하게 반응하게 되는데 이것이 알레르기 증상이다.
② 열이 나는 것은 신체가 침입 균에 대해 유리한 상황을 만들기 위한 과정이다. 따라서 미열이 난다고 해서 억지로 열을 낮출 필요는 없다.
③ 산모의 입덧 시기는 태아의 조직 분화가 일어나는 때이다. 입덧이 심하면 산모가 해로운 음식을 먹을 기회가 줄어 태아를 독소로부터 보호할 수 있게 된다.
④ 만성 결핵 환자의 혈액 속 철분 농도가 낮은 이유는 몸이 결핵균에 철분 공급을 차단하려고 일시적으로 철분 농도를 낮추기 때문이다.

♣ 유도지 작성해 보기

- 다윈 의학: 일상생활에서 느끼는 몸의 다양한 (1.   )을 우리 몸의 (2.   )로 여김.

정리한 내용을 바탕으로 선지의 조건 충족 여부를 따져 보자.

08 다음 글의 ㉠에 해당하지 않는 것은?

> 물화(物化)된 현대 자본주의 사회에서 인간의 존재는 두 가지로 나뉜다. 먼저 인간은 하나의 상품이 되었으면서도 인간이라는 것을 기억하는, 따라서 현실에서 소외당한 자신을 회복하려는 노력을 해야 하는 존재이다. 자신이 인간이라는 점을 모른다면 그에게 구원은 구원이 아닐 것이므로, 인간이라는 본질을 계속 기억하는 일은 그에게 구원의 첫째 조건이 된다.
> 반면 ㉠<u>망각의 전략을 선택하는 자</u>는 자신이 인간이었다는 기억 자체를 포기하는 인간이다. 그는 구원을 위해 기억에 매달리지 않는다. 그는 이 사회의 변화를 받아들이고, 그에 맞는 새로운 언어를 얻기 위해 망각의 정치학을 개발한다. 망각의 정치학에서는 인간이 지닌 고유의 본질을 믿는 것 자체가 무의미해지며, 물화된 자본주의 사회에서 우리가 상품이 아닌 인간이었음을 잊게 된다.

① 물화된 세계를 비판 없이 받아들인다.
② 고유의 본질을 버리고 변화를 선택한다.
③ 왜곡된 현실을 자기 합리화하여 수용한다.
④ 자신의 정체성이 분열되었음을 직시한다.

♣ 유도지 작성해 보기

지문에 제시된 ㉠의 조건을 정리해 보자.

㉠ 망각의 전략을 선택하는 자:
 ① 자신이 (1.   )을 포기함.
 ② 이 사회의 변화를 (2.   ), 그에 맞는 새로운 언어를 얻기 위해 망각의 정치학을 개발함.
 ③ 망각의 정치학에서는 (3.   )을 믿는 것 자체가 무의미함.

정리한 내용을 바탕으로 선지의 조건 충족 여부를 따져 보자.

논리 연습

09 다음 글을 참고하여 (1)~(7)이 어떤 오류에 해당하는지 적으시오.

> '성급한 일반화의 오류'란 부적합하고 대표성이 결여된 근거나 제한된 정보 등을 이용하여 특수한 사례들을 성급하게 일반화함으로써 빚어진다.
> '무지에의 호소'는 어떤 논제의 반증 예가 제기되지 못하기 때문에 그 논제가 참이라고 단정하거나, 그 논제를 증명하지 못했기 때문에 거짓이라고 단정하는 오류이다.
> '우연과 원칙 혼동의 오류'는 일반적 규칙을 특수한 경우에 적용할 때, 어떤 우연한 상황이 발생하여 일반적 규칙을 적용할 수 없는데도 불구하고 그대로 적용함으로써 발생하는 오류이다.
> '의도 확대의 오류'는 의도한 행위가 인과 관계가 없는 전혀 엉뚱한 결과를 낳았을 때 그 결과의 원인만을 추구하는 오류이다.
> '복합 질문의 오류'는 단순하게 '예'나 '아니요'라고 대답할 수 없는 몇 개의 요소 질문으로 구성된 질문 또는 수긍할 수 없거나 수긍하고 싶지 않은 것을 전제하고 질문함으로써 수긍하게 만드는 오류이다.

(1) 천당이나 지옥이 없다는 것을 증명할 수 없기에 천당이나 지옥의 존재를 인정해야 한다.

(2) 하나를 보면 열을 안다고, 너 지금 행동하는 것을 보니 형편없는 애구나.

(3) 요즘 애들은 통 버릇이 없어요. 우리 아이들도 남들로부터 버릇없이 군다는 말을 듣는데, 댁네 아이도 그렇겠지요?

(4) 우리 보관소야 손님이 물건을 맡겨 놓으면 맡아 두는 곳 아닙니까? 그게 도둑질한 물건이라도 손님이 맡겨 놓아서 맡아 둔 건데 왜 죄 없는 나를 붙잡아 가는 것입니까?

(5) '당신 그 훔친 돈 모두 유흥비로 탕진했지요?'라는 질문에 혐의자가 유흥비로 돈을 탕진한 사실이 없다는 것에만 신경 써 '아니요.'라고 대답하였고, 수사관이 '그러니까 당신은 그 돈을 훔쳤다는 것을 인정하는군요.'라고 추론했다.

(6) 담배를 피우면 폐암에 걸려 죽을 확률이 높아진다는 것도 모르니? 아니, 정말 그렇게도 죽고 싶어?

(7) 귀신은 분명히 있어. 귀신이 없다고 증명한 사람이 이제까지 없었거든.

10 다음 글의 밑줄 친 결론을 이끌어 내기 위해 추가해야 할 것은?

> A 대학교 학생들은 코딩 수업을 듣거나 외국어 수업을 듣는다. 외국어 수업을 듣는 학생들은 오전 수업을 듣는다. 따라서 <u>A 대학교 학생들은 모두 오전 수업을 듣는다.</u>

① 오전 수업을 듣는 학생들은 코딩 수업을 듣는다.
② 코딩 수업을 듣는 학생들은 오전 수업을 듣는다.
③ 코딩 수업을 듣는 학생 중에 외국어 수업을 듣는 학생은 없다.
④ 코딩 수업과 외국어 수업을 동시에 듣는 사람 중에 오전 수업을 듣지 않는 사람은 없다.

♣ 논리 유도지 작성해 보기

지문의 내용들이 명제 형식이므로 논리 기호화를 통해 해결하는 것이 편리하다.

• A 대학교 학생들은 코딩 수업을 듣거나 외국어 수업을 듣는다.
(1)
• 외국어 수업을 듣는 학생들은 오전 수업을 듣는다.
(2)
• 결론: A 대학교 학생들은 모두 오전 수업을 듣는다.
(3)

첫째 전제에서 코딩 수업을 듣지만 외국어 수업을 듣지 않는다면 결론이 도출되지 않는다. 결론인 (1.   )을 이끌어 내려면 첫째 명제의 후건인 (2.   ) 중 (3.   )과 결론의 후건인 (4.   )을 연결해 줄 수 있는 전제가 필요하다. 따라서 답은 (5. ① / ② / ③ / ④)이다.

DAY 38

쿼터 홈트

오 운 완

지문형 문법 연습

01 다음 글을 읽고 O/X를 판단하시오.

> 높임법은 높임의 대상에 따라 상대 높임법, 주체 높임법, 객체 높임법으로 나뉜다.
> 상대 높임법은 화자가 청자에 대하여 높이거나 낮추어 말하는 방법으로, 크게 격식체와 비격식체로 나뉜다.
> 주체 높임법은 문장에서 서술의 주체를 높이는 방법이다. 용언의 어간에 선어말 어미 '-(으)시-'가 붙어 표현되지만, '계시다, 잡수시다' 등 특수한 어휘로 표현되기도 한다. 주격 조사 '께서'가 쓰이기도 하고, 주어인 명사에 '-님'이 붙기도 한다.
> 객체 높임법은 문장에서 서술의 객체를 높이는 방법이다. '뵙다, 드리다, 여쭈다/여쭙다'와 같은 특수 어휘를 사용해서 표현한다. 또한 조사 '에게' 대신 '께'를 사용하기도 한다.

(1) '선현이는 어제 야근을 했어요.'는 청자에게 존대하는 문체를 사용한 문장이다. O | X

(2) '지영아, 선생님께 여쭤보고 알려 줘.'는 객체 높임법을 활용한 문장이다. O | X

(3) '나는 아버지께 과일을 드렸다.'는 객체 높임법을 활용한 문장이다. O | X

(4) '아영아, 선생님께서는 어디에 계실까?'는 객체 높임법을 활용한 문장이다. O | X

공공언어 바로 쓰기 연습

02 다음 글을 참고하여 올바른 문장이 되도록 (1)~(6)을 고치시오.

> ㉠ 문장 성분의 관계를 명확하게 한다.
> ㉡ 여러 뜻으로 해석되는 표현을 삼가야 한다.
> ㉢ 불필요한 의미 중복 표현 사용을 지양해야 한다.

(1) ㉠: 이 시는 토속적인 <u>시어의 사용과 현장감을 높이고 있</u>다.
▶

(2) ㉠: 그 일이 <u>설령</u> 실패했지만 실패도 성공의 과정이므로 절대 실망할 필요가 없다.
▶

(3) ㉡: <u>2킬로그램 정도의</u> 과일 바구니
▶

(4) ㉡: 그는 <u>마음씨 좋은</u> 할머니의 손자이다.
▶

(5) ㉢: 모레로 <u>미리 예정되었던</u> 약속이 취소되었다.
▶

(6) ㉢: <u>낙엽이 떨어지는</u> 가을이 되었다.
▶

어휘력 기르기

03 밑줄 친 단어에 대응하는 한자어를 찾아 연결하시오.

문장	번호		한자어
적들은 과연 허 상사 말처럼 허둥지둥 계곡으로 물러가고 있다.	①	㉠	해소(解消)하다
우리가 숨었던 지점은 이미 적의 공격 대상에서 벗어난 후였다.	②	㉡	수립(樹立)하다
새로운 작품 세계를 세웠다.	③	㉢	퇴각(退却)하다
산소가 일정 비율로 수소와 합하여지면 물이 된다.	④	㉣	매복(埋伏)하다
목격자들은 이날 시위가 사전 계획된 것이 아니라 돌발적으로 일어난 것이라고 진술하였다.	⑤	㉤	징수(徵收)하다
대책을 세웠다.	⑥	㉥	당도(當到)하다
그들은 다른 일행보다 산 정상에 먼저 다다랐다.	⑦	㉦	주관(主管)하다
대도시의 주차난을 없앴다.	⑧	㉧	구축(構築)하다
해당 업무를 관장하는 관청	⑨	㉨	촉발(觸發)되다
국민들로부터 세금을 공정하게 거두어들였다.	⑩	㉩	융합(融合)되다

문해력 기르기

04 다음 대화에 대한 이해로 적절하지 않은 것은?

> 팀원 1: 시상식에서 토론 대회 우승 소감을 말해야 해. 팀 구성과 역할에 대해 말한 뒤, 상대 팀과 심사 위원께 감사를 전하고, '봉사 활동이 인성 교육에 효과적인가?'라는 주제와 관련된 내 개인적 경험으로 마무리하면 어떨까?
> 팀원 2: 그보다 토론 전에 논의했던 이야기를 정리해 주는 게 좋을 것 같아. 그리고 상대 팀과 심사 위원에 대한 감사를 제일 먼저 해야 해.
> 팀원 1: 그래, 그게 낫겠다. 감사 인사를 제일 먼저 하자는 것도 좋은 의견이야.
> 팀원 2: 전문가의 말을 인용해서 토론 활동의 효과에 대해 언급한 뒤 마무리하는 건 어떨까?

① '팀원 1'은 수상 소감의 내용에 대해 구체적으로 제안하고 있다.
② '팀원 2'는 개인적인 경험을 제시하는 것에 대해 반대하고 있다.
③ '팀원 1'은 감사의 말을 제일 먼저 전하자는 의견에 동의하고 있다.
④ '팀원 2'는 봉사 활동의 효과에 대해 언급하면서 마무리하자고 제안하고 있다.

05 ㉠~㉣의 말하기 방식으로 적절하지 않은 것은?

> 은영: ㉠ <u>얘들아, 이리 와서 다문화 행사를 소개하는 발표문 초고를 함께 검토해 보자.</u>
> 철수: 제목에 중심 소재가 빠져서 행사의 의미가 드러나지 않아. 비유적 표현을 활용하는 건 어때?
> 은영: ㉡ <u>비유적 표현을 쓰면 어렵지 않을까? 제목은 쉽게 작성하는 게 좋을 것 같아.</u>
> 이준: 또 지역 주민과 함께한다는 정보를 넣는 게 좋을 것 같아. 본문에 지역 주민과 함께한다는 의의를 드러내려고 했는데, 어때?
> 철수: 그 부분은 잘 드러나는 것 같아. 그런데 우리 지역의 자랑거리와 인구도 소개하는 게 어때?
> 이준: 넣을까 했는데 주제에서 벗어나는 것 같아.
> 은영: ㉢ <u>이번 행사와 관련이 없으면 넣지 않는 게 나을 것 같아. 철수야, 다시 생각해 보는 게 어때?</u>
> 철수: 다시 생각해 보니 우리 지역의 자랑거리와 인구는 발표 주제와 직접적 연관이 없는 것 같아.
> 은영: ㉣ <u>그런데 본문의 마지막 부분에 사회 통합의 의미를 드러내는 내용을 담아 이번 행사의 의미를 강조하기로 하지 않았어?</u>
> 이준: 아, 맞다. 잊고 있었네.

① ㉠: 주제를 제시하여 참여자들의 주목을 끌고 있다.
② ㉡: 상대와 다른 의견을 낸 후 절충안을 제시하고 있다.
③ ㉢: 자신의 생각을 밝히면서 참여자의 의견을 조율하고 있다.
④ ㉣: 예전 대화 내용을 언급하여 글에서 누락된 내용을 상기시키고 있다.

06 다음 대화를 분석한 내용으로 적절하지 않은 것은?

> 학생 1: 대기업의 부정부패를 고발한 사람이 있다고 해. 그 사람 덕분에 수많은 투자자와 국민의 피해를 막았지만, 그 고발자가 누구인지는 아직도 몰라. 나는 그가 직접 나서서 자신이 한 말에 대해 책임을 지는 것도 중요하다고 생각해. 왜냐하면 정의는 드러날 때 비로소 실현된다고 생각하거든.
> 학생 2: 하지만 그렇게 하면 고발자가 보복을 당할 위험에 노출되잖아. 누구든지 진실을 말할 자유가 있고, 그 자유는 보호받아 마땅해. 나는 고발자의 인권과 안전이 우선되어야 한다고 생각해.
> 학생 3: 나는 고발자의 신상이 밝혀지는 게 옳다고 생각해. 그 사람이 고발한 정보가 사실인지 확인하기 위해서는 그의 과거 이력이나 고발 동기 같은 것도 검증해 봐야 한다고 생각하거든. 이것은 공공의 신뢰가 걸린 문제이기 때문에 필요한 일이야.
> 학생 4: 고발자가 누구든 간에 공익을 위해 행동을 했다는 결과 자체가 중요한 게 아닐까? 그 사람이 누구인지가 중요한 게 아니라, 그 고발의 목적과 그 고발로 사회에 어떠한 변화가 있었는지를 살펴봐야 해.

① 학생 1은 정의는 공개되어야 실현된다는 관점에서 고발자의 신상 공개가 필요하다고 생각한다.
② 학생 2는 개인의 책임 의식보다 인권과 신변 보호가 먼저라고 생각한다.
③ 학생 3은 고발의 신뢰성을 확보하기 위해 고발자의 과거 이력이나 고발 동기를 검증해야 한다고 생각한다.
④ 학생 4는 고발로 인해 사회에 긍정적인 변화가 생겼다면 고발자가 자신의 이익을 위해 고발하였다 하더라도 고발자의 고발을 긍정적으로 볼 것이다.

논리 연습

07 다음 글에 제시된 논리적 오류의 사례로 적절하지 않은 것은?

> 흔히 주변에서 암 검진 결과 암의 징후가 없다는 판정을 받은 후 암이 발견되면 검진이 엉터리였다고 비난하는 것을 본다. 우리 몸의 세포들을 모두 살펴보지 않은 이상 암세포가 없다고 결론지을 수 없다는 것은 논리적으로 명확한데 말이다. 우리는 1,000마리의 까마귀를 관찰하여 모두 까맣다고 해서 까맣지 않은 까마귀가 없다고 단정할 수는 없다고 학교에서 배웠다. 하지만 교실에서 범하지 않는 논리적 오류를 실생활에서는 흔히 범하곤 한다. 예를 들어, 1960년대에 의사들은 모유가 분유에 비해 이점이 있다는 증거를 찾지 못하였다. 그러자 당시 의사들은 모유가 특별한 이점이 없다고 결론지었다. 그 결과, 많은 사람들이 대가를 치러야만 했다. 수십 년이 지난 후에, 유아기에 모유를 먹지 않은 사람들은 특정 암을 비롯하여 여러 가지 질병에 걸릴 위험성이 높다는 사실이 밝혀진 것이다. 이와 같이 우리는 '증거의 없음'을 '없음의 증거'로 오인하곤 한다.

① 다양한 물질의 전기 저항을 조사한 결과 전기 저항이 0인 경우는 없었다. 따라서 전기 저항이 0인 물질은 없다.
② 어떤 사람이 술과 담배를 즐겼지만 몸에 어떤 이상도 발견되지 않았다. 따라서 그 사람에게는 술과 담배가 무해하다.
③ 경찰은 어떤 피의자가 확실한 알리바이가 있다는 것을 확인했다. 따라서 그 피의자는 해당 범죄 현장에 있지 않았다.
④ 주변에서 빛을 내는 것을 조사해 보니 열 발생이 동반되지 않는 것이 없었다. 그러므로 열을 내지 않는 발광체는 없다.
⑤ 현재까지 수많은 노력에도 불구하고 외계 지적 생명체는 발견되지 않았다. 그러므로 외계 지적 생명체는 존재하지 않는다.

08 다음 글의 내용이 참일 때, 반드시 참인 것은?

> - 영희가 친구 혹은 선생님을 만났다면, 영희는 커피를 마셨다.
> - 영희는 친구 혹은 선배를 만났다.
> - 영희는 커피를 마신 적이 없다.

① 영희는 선배를 만났다.
② 영희는 친구를 만났다.
③ 영희는 선생님을 만났다.
④ 영희는 선배와 선생님을 모두 만났다.

♣ 논리 유도지 작성해 보기

지문의 내용들이 명제 형식이므로 논리 기호화를 통해 해결하는 것이 편리하다.

• 영희가 친구 혹은 선생님을 만났다면, 영희는 커피를 마셨다.
(1)
• 영희는 친구 혹은 선배를 만났다.
(2)
• 영희는 커피를 마신 적이 없다.
(3)

(1)의 대우는 (1.   )이다.
이때 (1)의 대우의 (2. 전건 / 후건)을 드모르간 법칙에 따라 정리하면 (3.   )이 된다.
(2)에 따르면 영희는 친구 혹은 선배를 만났다. (1)의 대우의 (4. 전건 / 후건)을 통해 영희가 친구를 (5. 만났다는 것을 / 만나지 않았다는 것을) 알 수 있다. 여기서 도출한 결론과 (2)를 선언지 제거로 정리하면, 영희가 선배를 (6. 만났다는 것을 / 만나지 않았다는 것을) 도출할 수 있다.

*선언지 제거: 주어진 선언 명제(A ∨ B)가 참일 때, 선언지 중 하나를 부정(~A)하면 남은 선언지(B)는 참이다.

A ∨ B	철수는 국어를 공부하거나 영어를 공부할 것이다.
~A	철수는 국어를 공부하지 않았다.
B	철수는 영어를 공부할 것이다.

DAY 39

쿼터 홈트

지문형 문법 연습

01 다음 글을 읽고 O/X를 판단하시오.

> '뿐'은 앞에 오는 단어의 품사에 따라 띄어쓰기가 달라지는 단어이다. 가령, '그가 가진 것은 오직 이것뿐이다.'라는 문장에서는 '뿐'이 '이것'이라는 체언 뒤에 붙어서 한정의 뜻을 나타내는데, 이 경우에는 '조사'이기 때문에 앞말에 붙여 써야 한다. 반면, '그는 웃고만 있을 뿐이지 싫다 좋다 말이 없다.'에서의 '뿐'은 체언을 수식하는 관형어인 '있을' 뒤에 붙어 '따름'이라는 뜻을 나타내는 의존 명사이다. 따라서 앞말과 띄어 써야만 한다. '대로'나 '만큼'도 '뿐'과 같은 방식으로 띄어쓰기를 한다.

(1) 앞에 오는 단어의 품사에 따라 띄어쓰기가 달라지는 경우가 있다. (O | X)

(2) '소문만 들었을 뿐이라네.'의 '뿐'은 앞말과 띄어 쓰는 것이 적절하다. (O | X)

(3) '이제 믿을 것은 오직 실력뿐이다.'의 '뿐'은 앞말에 붙여 쓰는 것이 적절하다. (O | X)

(4) '그는 집을 대궐 만큼 크게 지었다.'의 띄어쓰기는 올바르다. (O | X)

(5) '시험 문제는 예상했던대로 까다로웠다.'의 띄어쓰기는 올바르다. (O | X)

공공언어 바로 쓰기 연습

02 다음 글을 참고하여 올바른 문장이 되도록 (1)~(6)을 고치시오.

> ㉠ 명사나 명사형 표현을 나열한 문장은 지양한다.
> ㉡ 여러 뜻으로 해석되는 표현을 삼가야 한다.
> ㉢ 문장 성분의 관계를 명확하게 한다.

(1) ㉠: 담당 부서에서는 관리 시스템 사용 지침에 따라 <u>지시 사항 이행과 추진 상황을 점검하는 일</u>에 소홀함이 없도록 해 주시기 바랍니다.
▶

(2) ㉠: 본 원에서는 <u>학교 폭력 예방과 재발 방지</u>를 위해 노력하고 있습니다.
▶

(3) ㉡: <u>영희와 철수는 결혼을 했다.</u>
▶

(4) ㉡: 아버지께서 <u>귤과 사과 두 개를</u> 가져오셨다.
▶

(5) ㉢: <u>잊지 말아야 할 사실은</u> 폐기물 처리장 건설을 뒤로 미루면 그로 인한 피해가 우리 모두에게 <u>돌아온다</u>.
▶

(6) ㉢: 유진이는 <u>차마</u> 아영이에게 사실을 <u>말하였다</u>.
▶

어휘력 기르기

03 ㉮~㉰가 의미하는 단어를 찾고, 그 반의어를 찾아 연결하시오.

인생이나 사물을 밝고 희망적인 것으로 봄. 앞으로의 일 따위가 잘되어 갈 것으로 여김.	생산 수단을 자본으로서 소유한 자본가가 이윤 획득을 위하여 생산 활동을 하도록 보장하는 사회 경제 체제.	대수롭지 않게 보거나 업신여김.
㉮	㉯	㉰
㉠	㉡	㉢
낙관(樂觀)	자본주의(資本主義)	경시(輕視)
㉠	㉡	㉢
ⓐ	ⓑ	ⓒ
중시(重視)	비관(悲觀)	공산주의(共産主義)

04 〈보기〉를 참고하여 빈칸을 바르게 채우시오.

── 보기 ──
단언, 판명, 추정, 결단, 판정, 추세

			㉠	
			㉡	
		㉢		
㉣				

〈가로〉
㉡ 주저하지 아니하고 딱 잘라 말함.
㉢ 어떤 사실을 판단하여 명백하게 밝힘.
㉣ 미루어 생각하여 판정함.

〈세로〉
㉠ 결정적인 판단을 하거나 단정을 내림. 또는 그런 판단이나 단정.
㉢ 판별하여 결정함.
㉣ 어떤 현상이 일정한 방향으로 나아가는 경향.

문해력 기르기

05 다음 대화를 분석한 내용으로 적절하지 않은 것은?

> 회장: 1학기 학급 야영 직후에 실시한 설문 조사 결과를 살펴보니 만족도가 생각보다 낮았습니다. 그래서 1학기 야영이 호응을 얻지 못한 이유와 개선 방안에 대해 토의하겠습니다. 이 토의 결과를 토대로 2학기 야영 계획을 세워 보겠습니다. 먼저 민주의 의견부터 듣고 싶습니다.
>
> 민주: 야영 행사 프로그램의 순서 배치에 실패한 것이 가장 큰 원인이라고 생각합니다. 친구들이 제일 좋아하는 장기자랑과 공포 체험이 모두 뒤쪽에 배치되어, 충분히 즐기지 못한 채 서둘러 끝났습니다.
>
> 선현: 친구들이 저녁 식사 준비에 스트레스를 받은 것도 원인으로 보입니다. 조별로 저녁 식사를 준비하다 보니 자신의 조가 다른 조와 비교되지 않습니까? 야영에 어울리지 않은 음식을 준비하여 눈살을 찌푸리게 한 조도 있었습니다.
>
> 회장: 프로그램의 완성도 부족과 조별로 큰 차이가 나는 저녁 식사 준비가 원인으로 지적되었습니다. 다들 동의하십니까?
>
> 민주: 사회자님, 프로그램 완성도가 아니라 프로그램 배치에 관해 말씀드린 것입니다.
>
> 회장: 아, 죄송합니다. 그러면 프로그램의 배치와 저녁 식사 준비가 문제의 원인이라는 점에는 동의하시는 거죠? (민주와 선현이 고개를 끄덕인다.)

① '회장'은 야영 만족도가 예상보다 낮은 원인과 그 개선 방안을 토의의 안건으로 제시하고 있다.
② '민주'는 사회자의 요청으로 발언하며 문제의 원인이 야영 프로그램 배치에 있었음을 주장하고 있다.
③ '선현'은 앞 발화자와 다른 측면에서 접근하여 저녁 식사 준비에 과도한 시간이 소모되었음을 문제의 원인으로 주장하고 있다.
④ '회장'이 토의 결과를 잘못 정리하자 토의 참여자가 이를 지적하고 있다.

06 ㉠~㉢에 대한 평가로 가장 적절한 것은?

> 지헌: 어디쯤 왔어? 지금 차에 탄 건 아니지?
> 민주: ㉠ <u>여기 너희 동네야.</u> (숨을 헐떡이며) 진짜 미안해. 주말이라서 그런지 차가 엄청 막히더라. (의자를 가리키며) 나 여기 앉아도 되지?
> 지헌: (고개를 끄덕이며) 자료는 가져왔어?
> 민주: ㉡ <u>이거 찾느라 도서관까지 갔다가 오느라 늦었어.</u> (사진을 내밀며) 이거 좀 봐.
> 지헌: 응? 펭귄 사진이랑 수학 과제가 상관이 있어?
> 민주: ㉢ <u>이건 황제펭귄 부부 사진인데, 너는 어느 쪽이 암컷이고 어느 쪽이 수컷인지 알겠어?</u>
> 지헌: 똑같이 생긴 것 같은데?
> 민주: 90퍼센트 확률로 왼쪽이 암컷이고 오른쪽이 수컷이야. 이 사진이 실린 기사에 펭귄의 겉모습을 보고 성별을 구별할 때 활용하는 공식이 소개되었어. 신뢰도가 90퍼센트 정도래.
> 지헌: 90퍼센트? 그 정도면 공식이 어렵겠지?
> 민주: ㉣ <u>소수점 셋째 자리까지 활용하니까 복잡하게 보이긴 하지만 곱하기 두 번에 더하기 한 번, 빼기 한 번이라 초등학생 수준으로 쉬워.</u> 그리고 기사에 황제펭귄 수컷이 암컷보다 부리가 길고 두껍다는 것도 쓰여 있었어.
> 지헌: 뭐야, 열심히 공식 소개를 하더니만. (사진을 보며) 오른쪽 펭귄 부리가 좀 더 길고 두껍네.

① ㉠: 상대의 질문과 달리 '너희 동네'라는 장소 정보를 제공하여 의사소통이 원활하게 진행되지 않도록 만든다.
② ㉡: 상대의 질문에 대해 '도서관'에 다녀왔다는 정보를 제공하여 청자가 함축된 의미를 추론하는 것을 방해한다.
③ ㉢: 상대의 질문과 달리 '황제펭귄 부부' 사진이라는 정보를 제공하여 표면적으로는 대화의 협력 원리에 어긋나 보인다.
④ ㉣: 상대의 질문에 대해 '초등학생 수준'이라는 정보를 제공하고 필요한 정보를 드러내지 않음으로써 함축된 의미를 추론하도록 이끈다.

07 갑~병의 주장을 분석한 내용으로 적절한 것만을 〈보기〉에서 모두 고르면?

> 갑: 나는 청소년들을 보호하기 위해 일정 시간 이후에는 외출을 제한하는 통금 제도가 꼭 필요하다고 생각해. 특히 야간에 청소년이 범죄에 연루되거나 피해를 입을 가능성이 높다는 연구 결과가 발표되었는데, 통금 제도는 그런 위험을 줄이기 위한 최소한의 공적 조치라고 봐.
> 을: 청소년의 자율성과 판단 능력을 무시한 일방적인 제한은 오히려 반감을 살 수 있어. 통금 시간을 일괄적으로 정해 놓는 건 청소년의 다양한 생활 맥락을 고려하지 않은 조치라고 생각해.
> 병: 제도보다 부모나 지역사회가 청소년들에게 어떤 가치를 공유하고, 청소년들을 어떻게 지도하는지가 더 중요한 게 아닐까? 그래서 나는 강제적인 통금보다 더 지속적인 관계와 교육이 필요하다고 생각해.

―〈보기〉―
ㄱ. 갑은 청소년의 자율성보다 범죄로부터의 보호라는 공익을 더 중요시한다.
ㄴ. 갑과 을은 통금 제도에 대해 의견이 일치한다.
ㄷ. 병은 통금 제도의 실효성보다는 청소년을 지도하는 사회적 환경의 역할을 더 중요하게 생각한다.

① ㄱ
② ㄴ
③ ㄱ, ㄴ
④ ㄱ, ㄷ

🔷 논리 연습

08 먼 은하계에 X, 알파, 베타, 감마, 델타 다섯 행성이 있다. 다음 진술이 참이라고 할 때, X 행성이 침공할 행성을 모두 고르면?

> ㉠ X 행성은 델타 행성을 침공하지 않는다.
> ㉡ X 행성은 베타 행성을 침공하거나 델타 행성을 침공한다.
> ㉢ X 행성이 감마 행성을 침공하지 않는다면 알파 행성을 침공한다.
> ㉣ X 행성이 베타 행성을 침공한다면 감마 행성을 침공하지 않는다.

① 베타 행성
② 감마 행성
③ 알파와 베타 행성
④ 알파와 감마 행성

♣ 논리 유도지 작성해 보기

지문의 내용들이 명제 형식이므로 논리 기호화를 통해 해결하는 것이 편리하다.

㉠ X 행성은 델타 행성을 침공하지 않는다.
(1)
㉡ X 행성은 베타 행성을 침공하거나 델타 행성을 침공한다.
(2)
㉢ X 행성이 감마 행성을 침공하지 않는다면 알파 행성을 침공한다.
(3)
㉣ X 행성이 베타 행성을 침공한다면 감마 행성을 침공하지 않는다.
(4)

㉡과 ㉠을 선언지 제거 규칙으로 정리하면, X 행성이 베타 행성을 (1. 침공한다 / 침공하지 않는다)는 것을 알 수 있다.
㉣과 ㉢을 결합하면, (2.   )를 도출할 수 있다.
따라서 X 행성이 침공하는 행성은 (3. 알파 / 베타 / 감마 / 델타) 행성이다.

09 다음 글을 읽고 (1)~(6)의 근거가 글을 뒷받침하는지, 반박하는지, 무관한지 구분하시오.

> 최근 영유아를 대상으로 한 영상 콘텐츠 소비가 급증하고 있다. 하지만 일부 학자들은 영유아 시기의 아이들은 미디어 시청 시간에 상관없이 미디어에 노출되지 않아야 한다고 주장했다.

(1) 영유아의 뇌 발달은 감각 운동 경험과 사람 간 상호작용을 통해 이루어진다. 하지만 미디어는 이러한 발달을 저해한다.
  ▶ (뒷받침 근거 / 반박 근거 / 무관한 근거)

(2) 최근 연구에 따르면, 영유아 시기에 부모와 아기가 함께 미디어를 시청하며 상호작용하는 것은 언어 자극과 더불어 사회성을 기르는 데에 효과적이다.
  ▶ (뒷받침 근거 / 반박 근거 / 무관한 근거)

(3) 양질의 콘텐츠는 영유아들의 어휘 습득에 도움이 된다.
  ▶ (뒷받침 근거 / 반박 근거 / 무관한 근거)

(4) 우리나라 영유아가 과도하게 미디어에 노출되는 이유는 우리나라가 IT 강국이기 때문이다.
  ▶ (뒷받침 근거 / 반박 근거 / 무관한 근거)

(5) 영유아 시기부터 미디어에 노출된 아이들이 그렇지 않은 아이들에 비해 공격성이 높다는 연구가 발표되었다.
  ▶ (뒷받침 근거 / 반박 근거 / 무관한 근거)

(6) 세계보건기구[WHO]는 영유아의 적절한 발달을 위해 신체 활동 시간을 늘릴 것을 권고하고 있다.
  ▶ (뒷받침 근거 / 반박 근거 / 무관한 근거)

DAY 40

쿼터 홈트

오 운 완

지문형 문법 연습

[01~02] 다음 글을 참고하여 물음에 답하시오.

> 연음과 음운 변동에 대한 지식을 활용하여 중세 국어 자료를 보면 현대 국어에서 찾기 힘든 형태의 단어를 찾을 수 있다. 현대 국어에서는 'ㅎ'을 말음으로 가진 체언을 찾기 힘들다. 그러나 중세 국어에서는 '하늟(하늘)'과 같이 'ㅎ'을 말음으로 가진 체언을 확인할 수 있다.
>
> 중세 국어 시기에는 체언 말음 'ㅎ'이 모음으로 시작하는 조사와 결합하면 '하늘히(하늘이)'와 같이 연음되어 나타난다. 또한 'ㅎ'을 말음으로 가진 체언이 '과', '도'와 같은 조사와 결합하면, '하놀콰(하늘과)', '하놀토(하늘도)'와 같이 나타난다. 이는 체언 말음 'ㅎ'이 뒤에 오는 'ㄱ, ㄷ'과 축약되어 'ㅋ, ㅌ'으로 나타난 것으로, 이를 통해서 'ㅎ'의 존재를 확인할 수 있다. 하지만 '하늘 셤기습 돗(하늘 섬기듯)'처럼 단독형으로 쓰이거나, '하늟 光明(하늘의 광명)'처럼 체언이 관형격 조사 'ㅅ' 앞에 올 때에는 'ㅎ'이 실현되지 않았다. 따라서 연음과 음운 변동을 활용하여 사례를 검토해야 체언 말음 'ㅎ'의 존재 여부를 확인할 수 있다.

01 '돐'은 돌의 옛말이다. 윗글을 읽고 ㉠~㉢을 분석하시오.

㉠ 느는 돌히 드외야(나는 돌이 되어)
▶ '돐'에 (　　　)으로 시작하는 조사 '이'가 붙어 '돌히'로 연음된 것이다.

㉡ 돌콰(돌과)
▶ '돌콰'에서 'ㅋ'은 '돐'의 말음인 'ㅎ'과 뒤에 오는 조사 '과'의 'ㄱ'이 (　　　)되어 나타난 것이다.

㉢ 돐 미틔(돌 밑의)
▶ '돐'에 (　　　　　　)이 결합한 것으로, 'ㅎ'이 (실현되었다 / 실현되지 않았다).

02 윗글을 읽고 O/X를 판단하시오.

(1) ㉡에서는 체언 말음 'ㅎ'의 존재를 알 수 없다. (O | X)

(2) ㉢에서는 'ㅎ'이 다른 음운으로 교체되어 나타났다. (O | X)

공공언어 바로 쓰기 연습

03 다음 글을 참고하여 올바른 문장이 되도록 밑줄 친 곳을 참고하여 (1)~(6)을 고치시오.

> ㉠ 주어와 서술어의 관계를 명확하게 해야 한다.
> ㉡ 불필요한 의미 중복 표현 사용을 지양해야 한다.
> ㉢ 목적어와 서술어의 관계를 명확하게 해야 한다.

(1) ㉠: ○○ 장학 재단에서 장학생 500여 명을 <u>모집되었다</u>.
▶

(2) ㉠: 구양수의 문장을 높이 평가하는 <u>이유는</u> 그의 문장이 가진 <u>간결성이다</u>.
▶

(3) ㉡: 컴퓨터는 현대 생활에 <u>필요한 필수품</u>이다.
▶

(4) ㉡: 인생을 <u>보는 관점(觀點)</u>이 새롭다.
▶

(5) ㉢: 프로젝트 성공을 위해 <u>새로운 아이디어와 구체적인 계획을 세워야</u> 한다.
▶

(6) ㉢: 안전취약계층은 주기적으로 지진 발생 시 <u>행동요령 교육과 훈련을 해야</u> 한다.
▶

어휘력 기르기

04 ㉠~㉢과 바꿔 쓸 수 있는 유사한 표현으로 적절하지 않은 것은?

> 세상에 아직 알려지지 않은 것들 중 하나가 UFO다. UFO는 미확인 비행 물체를 의미한다. 일본에서는 UFO를 비롯한 미확인 이상 현상에 대해 국가 안보 차원의 대책이 필요하다는 입장을 취하고 있다. 따라서 우리도 미확인 이상 현상에 대해 어떻게 ㉠<u>맞서야</u> 하는지에 대해 생각해 볼 필요가 있다. 그런데 UFO는 정말 ㉡<u>있는</u> 것일까? 많은 사람들이 UFO를 목격했다고 주장하지만, 대부분은 증거가 없다. 많은 사람들이 UFO를 믿는 이유는 무엇일까? 이는 인간의 상상력과 과학의 발전에 ㉢<u>말미암은</u> 것이다. 우주에 대해 알려지지 않은 것들이 많다. 그래서 우리는 우주에서 살 수 있는 다양한 생명체를 상상한다. 하지만 현재까지 우리가 상상한 생명체들이 실재한다는 증거는 사실상 없다. 따라서 UFO가 정말 있는 것인지는 아직까지도 알 수 없다. 하지만 우리는 미지의 세계를 계속해서 ㉣<u>파고들다</u> 보면, 그 과정에서 UFO의 존재 여부도 밝힐 수 있을 것이다.

① ㉠: 대립해야
② ㉡: 존재하는
③ ㉢: 기인한
④ ㉣: 연구하다

문해력 기르기

05 '지방대생 취업 할당제의 필요성'이라는 주제로 글을 쓰기 위한 계획이다. 자료의 활용이 적절하지 않은 것은?

ㄱ. 수도권 대학과 지방 대학의 평균 취업률 격차는 31.8%로 수도권 대학에 비해 지방 대학이 현저히 낮다.
ㄴ. 청년층의 높은 실업률과 비정규직 취업으로 인한 고용 불안정으로 사회 불안이 가중되고 있다.
ㄷ. 지방대생 취업 할당제를 입법화하여 시행한다.
ㄹ. 고용의 불균형이 해소될 때까지 지방대 졸업생에 대한 배려는 불가피하다.
ㅁ. 취업의 기회에 대한 균등 제공 및 고용 평등이라는 측면에 있어서 위헌의 소지가 있다.
ㅂ. 지방대생 취업 할당제에 대한 법규를 마련하여 기업이 이를 준수하도록 정부의 감독 기능을 강화한다.
ㅅ. 고용 시 지방대 출신에게 일정 비율을 할당하는 것은 취업 희망생들 전체에 대한 역차별이다.

〈자료 활용 계획〉
① 제1부 지방대생 취업에 대한 문제 제기 ·········· ㄱ
② 제2부 지방대생 취업 할당제 필요성 ········· ㄴ, ㄹ
③ 제3부 제도 시행 시 예상되는 문제점 ······· ㅁ, ㅅ
④ 제4부 구체적 대책 마련 방안 ·················· ㄷ, ㅂ

06 다음 〈개요〉의 수정 방안으로 적절하지 않은 것은?

―― 개요 ――

Ⅰ. 전력 수급 위기에 대한 논의의 필요성
　가. 전력 수급 위기와 블랙아웃의 발생
　나. 전력 생산 설비의 종류와 발전 능력

Ⅱ. 우리나라의 전력 수급 상황과 문제점
　가. 우리나라와 외국의 전력 사용량 비교 ……… ㉠
　나. 전력 수급 위기로 초래되는 문제점
　다. 전력 부족이 경제에 미치는 영향 ………… ㉡

Ⅲ. 전력 수급 위기의 원인
　가. 전력 공급과 관련한 원인
　나. 전력 소비 주체와 관련한 원인 ……………… ㉢

Ⅳ. 전력 수급 위기의 대응 방안 …………………… ㉣
　가. 정부 차원의 전력 공급 대응 방안
　나. 민간 차원의 전력 공급 대응 방안

Ⅴ. 전력 수급 위기 극복을 위한 노력 촉구

① ㉠은 상위 항목을 고려하여 '최근 우리나라의 전력 수급 동향'으로 대체한다.
② ㉡은 다른 요소와 내용이 중첩되므로 'Ⅱ-나'에 통합하여 제시한다.
③ ㉢은 'Ⅲ-가'를 고려하여 '전력 수요와 관련한 원인'으로 수정한다.
④ ㉣은 하위 내용이 다소 미흡하므로 'Ⅳ-다'로 '정부 전력 소비 방안'을 추가한다.

07 〈지침〉에 따라 〈개요〉를 작성할 때 (가)~(라)에 들어갈 내용으로 적절하지 않은 것은?

―― 지침 ――
- 서론은 보고서 작성의 배경과 필요성을 포함할 것
- 본론은 제목에서 밝힌 내용을 2개의 장으로 구성하되, 2장의 하위 항목이 3장의 하위 항목과 서로 대응하도록 할 것
- 결론은 기대 효과와 향후 과제를 순서대로 제시할 것

―― 개요 ――
- 제목: 수질 오염의 원인과 대책

〈1장〉 서론
　1. 10년 전에 비해 30% 이상 악화된 우리나라 하천의 수질
　2. 　　　　　(가)　　　　　

〈2장〉 수질 오염의 원인
　1. 　　　　　(나)　　　　　
　2. 폐수 정화 시설 관리 감독 관련 전문 인력 부재

〈3장〉 수질 오염의 대책
　1. 가정 내 친환경 세제 사용 유도 캠페인 확대
　2. 　　　　　(다)　　　　　

〈4장〉 결론
　1. 　　　　　(라)　　　　　
　2. 수질 오염 저감 정책의 지속적인 정책 효과 검토 및 개선을 위한 모니터링 체계 구축

① (가): 생활환경 및 산업활동 변화에 따른 수질 오염 문제의 심각성 대두
② (나): 가정 내 합성 세제의 사용량 증가
③ (다): 폐수 정화 시설 관리 관련 전문 인력 채용의 제도화
④ (라): 시민 참여형 수질 관리 프로그램 확대

논리 연습

08 다음 글의 내용이 참일 때, 갑이 반드시 수강해야 할 과목은?

> 갑은 A~E 과목에 대해 수강신청을 준비하고 있다. 갑이 수강하기 위해 충족해야 하는 조건은 다음과 같다.
>
> - A를 수강하면 B를 수강하지 않고, B를 수강하지 않으면 C를 수강하지 않는다.
> - D를 수강하지 않으면 C를 수강하고, A를 수강하지 않으면 E를 수강하지 않는다.
> - E를 수강하지 않으면 C를 수강하지 않는다.

① A
② B
③ C
④ D
⑤ E

✚ 논리 유도지 작성해 보기

지문의 내용들이 명제 형식이므로 논리 기호화를 통해 해결하는 것이 편리하다. 문장이 이어진문장의 형식이라면 조건으로 기호화하였을 때, 2가지가 되는 경우도 있다.

• A를 수강하면 B를 수강하지 않고, B를 수강하지 않으면 C를 수강하지 않는다.	
(1)	(2)
• D를 수강하지 않으면 C를 수강하고, A를 수강하지 않으면 E를 수강하지 않는다.	
(3)	(4)
• E를 수강하지 않으면 C를 수강하지 않는다.	
(5)	

1) (1)의 후건과 (2)의 전건이 같으므로 (1)의 (1.   )와 (2)의 (2.   )를 결합하면 (1)′ (3.   )가 도출된다.
2) (4)의 후건과 (5)의 전건이 같으므로 (4)의 (1.   )와 (5)의 (2.   )를 결합하면 (2)′ (3.   )가 도출된다.
3) (1)′와 (2)′를 통해 (1.   )를 수강하든 수강하지 않든 갑이 (2.   )는 수강하지 않는다는 것을 알 수 있다.
4) (3)의 대우는 (1.   )이다. 이때, 3)의 결론을 통해 (3)의 대우인 (2.   )의 전건이 긍정되므로 후건인 (3.   )가 반드시 도출된다. 따라서 갑이 반드시 수강해야 할 과목은 (4.   )이다.

09 다음 글을 읽고, (1)~(6)의 근거가 밑줄 친 부분을 뒷받침하는지, 반박하는지, 무관한지 구분하시오.

> 트랜스 지방은 불포화 지방산과 글리세롤이 결합한 지질의 한 종류이다. 트랜스 지방이 혈관에 쌓이면 혈관벽을 딱딱하게 만들어 심장병이나 동맥경화와 같은 각종 심혈관계 질환의 발병률이 높아진다고 한다. 따라서 <u>학자들은 트랜스 지방의 섭취를 제한할 것을 권고하고 있다.</u>

(1) 세계보건기구[WHO]는 트랜스 지방의 섭취가 심장병의 발병률 증가와 밀접한 관련이 있다는 연구 결과를 바탕으로, 하루 섭취량을 2g 미만으로 제한할 것을 권고하고 있다.
▶ (뒷받침 근거 / 반박 근거 / 무관한 근거)

(2) 트랜스 지방은 상온에 두어도 쉽게 산패되지 않기 때문에 제과·제빵 분야에서 많이 사용된다.
▶ (뒷받침 근거 / 반박 근거 / 무관한 근거)

(3) 적절한 양의 트랜스 지방은 심혈관계 질환 발병과 통계적으로 유의미한 관련이 없다는 심장 협회의 발표가 있었다.
▶ (뒷받침 근거 / 반박 근거 / 무관한 근거)

(4) 트랜스 지방은 보통 액체 상태의 식물성 기름에 수소를 첨가하는 공정을 통해 생성된다.
▶ (뒷받침 근거 / 반박 근거 / 무관한 근거)

(5) 마가린을 많이 소비하는 지역에서 마가린의 트랜스 지방 함량을 낮추자, 동맥경화의 발병률이 1년 사이에 10% 감소하였다.
▶ (뒷받침 근거 / 반박 근거 / 무관한 근거)

(6) 트랜스 지방이 많은 음식을 자주 섭취한 집단은 섭취하지 않은 집단에 비해 심근경색 발생률이 유의미하게 높았다는 실험 결과가 발표되었다.
▶ (뒷받침 근거 / 반박 근거 / 무관한 근거)

MEMO

매일 15분 가볍지만 알찬
'진짜 훈련'

이유진 국어
쿼터 홈트 1

2026 9급 공무원 시험 대비

정답 및 해설

이유진 국어
쿼터 홈트 1

어휘 | 문해 | 사고

쿼터 홈트 DAY 01

01 ①
해설 무지개는 200개가 넘는 색으로 이루어져 있는데, 이러한 무지개의 색은 수십, 수백 가지로 분류될 수 있다. 그러나 우리나라에서는 일곱 가지로만, 로데시아에서는 세 가지로만 분류한다는 것은 언어라는 안경을 통해 세상을 바라본 것이다. 따라서 ①이 ㉠의 예시로 가장 적절하다.

오답 해설
② 언어를 습득하지 못한 탄이가 자신의 배고픔을 해결하기 위해 사고하고 행동하여 문제를 해결하는 경우이다. 이는 언어가 우리의 사고를 절대적으로 지배한다고 보기 어렵다고 생각하는 관점에 대한 예시이므로, ㉠의 예시로 적절하지 않다.

02
(1) ① 국회의원 ○○○명을 선출하였다.
② 국회의원 ○○○명이 선출되었다.
해설 '국회의원'은 '총선'에 의해 선출되는 존재이므로, 목적어 '국회의원 ○○○명을'은 서술어 '선출되었다'와 어울리지 않는다. 따라서 '국회의원 ○○○명을 선출하였다'로 고치거나, '국회의원 ○○○명이 선출되었다'로 고쳐야 한다.

(2) 학생은 ~ 받아야 한다.
해설 '학생'은 보충 수업을 받아야 하는 대상이므로 '시켜야 한다'와 어울리지 않는다. 따라서 '시켜야 한다'를 '받아야 한다'로 고쳐야 한다.

(3) 무엇보다 중요한 점은 ~ 사용되어야 한다는 것(점)이다.
해설 주어 '(무엇보다 중요한) 점은'에 대한 서술어가 없으므로, 이에 어울리는 서술어로 '~는 것(점)이다'를 추가해야 한다.

(4) 까닭은 ~ 업신여겼기 때문이다.
해설 주어 '(우리가 패배한) 까닭은'과 서술어 '업신여겼다'가 어울리지 않으므로, 이에 맞는 서술어로 '~때문이다'를 추가해야 한다.

03 ④
해설 '㉠ 보다가'는 '감상하다' 정도의 유의어로 대체 가능하며, 'A가 B를 보다'의 구조를 가지는 서술어이다. ④의 '보는'도 '어떤 대상(영화)을 보다(감상하다)'라는 의미로 사용된 것이므로, 문맥상 ㉠의 의미와 가장 가깝다.
• 보다¹: ❶【…을】「2」 눈으로 대상을 즐기거나 감상하다.
  예 연극을 <u>보다</u>.

오답 해설
① 보다¹: ❶【…을】「7」 상대편의 형편 따위를 헤아리다.
  예 그의 사정을 <u>보니</u> 딱하게 되었다.
② 보다¹: ❶【…을】「13」 음식상이나 잠자리 따위를 채비하다.
  예 어머니는 술상을 <u>보느라</u> 바쁘시다.
③ 보다¹: ❶【…을】「17」 어떤 일을 당하거나 겪거나 얻어 가지다.
  예 이익을 <u>보다</u>.

04 ④
해설 '㉠ 놓으세요'는 '털어버리다' 정도의 유의어로 대체 가능하며, 'A가 B(걱정, 근심)를 놓다'의 구조를 가지는 서술어이다. ④의 '놓았다'도 'A가 B(한시름)를 놓다(털어버리다)'는 의미로 사용된 것이므로, 문맥상 ㉠의 의미와 가장 가깝다.
• 놓다: ❶【…을】「3」 걱정이나 근심, 긴장 따위를 잊거나 풀어 없애다.
  예 무사하다는 편지가 왔다고 하기에 겨우 마음을 <u>놓았다</u>.

오답 해설
① 놓다: ❸【…에/에게 …을】「3」 집이나 돈, 쌀 따위를 세나 이자를 받고 빌려주다.
  예 그는 세를 <u>놓고</u> 다달이 돈을 받는 사람이었다.
② 놓다: ❷【…에 …을】「4」 무늬나 수를 새기다.
  예 비단에 꽃무늬를 <u>놓다</u>.
③ 놓다: ❸【…에/에게 …을】「2」 상대에게 어떤 행동을 하다.
  예 사랑하는 남녀 사이에 방해를 <u>놓다</u>.

05 ②
해설 '㉠ 구하고'는 '청하다, 부탁하다' 정도의 유의어로 대체 가능하며, 'A가 B(공모자)에게 C(동의해 주기)를 구하다(청하다)'의 구조를 가지는 서술어이다. ②의 '구하려고'도 'A가 B(선배)에게 C(조언해 주기)를 구하다(청하다)'라는 의미로 사용된 것이므로, 문맥상 ㉠의 의미와 가장 가깝다.
• 구하다¹: 「2」【…에/에게 …을】상대편이 어떻게 하여 주기를 청하다.
  예 주인에게 양해를 <u>구하다</u>.

오답 해설
① 구하다³: 「2」【…을】위태롭거나 어려운 지경에서 벗어나게 하다.
  예 인질을 <u>구해</u> 내다.
③ 구하다³: 「1」【…을】물건 따위를 주어 어려운 생활 형편을 돕다.
  ≒ 구제(救濟)하다
  예 극빈자를 <u>구하다</u>.
④ 구하다¹: 「1」【…을】필요한 것을 찾다. 또는 그렇게 하여 얻다.
  예 어머니는 세간을 팔아서 먹을 것을 <u>구해</u> 오시곤 했다.

06 ① - ㉠ / ② - ㉢ / ③ - ㉤ / ④ - ㉡ / ⑤ - ㉣ /
⑥ - ㉧ / ⑦ - ㉨ / ⑧ - ㉦ / ⑨ - ㉥

07
(1) 왜냐하면
해설 빈칸 앞에는 국가 간의 경계가 느슨해지고 자본주의적 세계화가 가속화되었다는 내용이, 빈칸 뒤에는 정보 통신 기술이 발달하고 다국적 기업이 늘어나 세계 자원의 이동과 교류가 빈번해졌다는 내용이 제시되어 있다. 뒤의 내용이 앞의 내용의 원인이 되므로, 빈칸에는 인과의 상황에서 뒤의 내용이 원인일 때 사용하는 접속어인 '왜냐하면'이 들어가야 한다.

(2) 그리고
해설 빈칸 앞에는 오스트레일리아 부족 사람들은 문제 상황이 발생하면 생계 활동을 멈춘다는 내용이, 빈칸 뒤에는 주어진 상황이 성스러운 것인지 속된 것인지 판별하는 집합 의례를 행한다는 내용이 제시되어 있다. 뒤의 내용은 앞의 내용에 병렬적으로 추가되는 내용을 제시하고 있으므로, 빈칸에는 순접(병렬)의 상황에서 사용하는 접속어인 '그리고'가 들어가야 한다.

08 ㉠ 즉 / ㉡ 예를 들면

해설 ㉠의 앞에서는 '철학자 흄의 경험주의적 인식론'에 대해 제시하고, ㉠의 뒤에서는 우리가 어떠한 대상에 대해 인상을 형성하고 그것이 참된 관념으로 전환된다며 경험주의적 인식론을 풀어 설명하고 있다. ㉠ 앞의 내용을 ㉠의 뒤에서 상세히 풀어 설명하고 있으므로, ㉠에는 앞의 내용을 상술할 때 사용하는 접속어 '즉'이 들어가는 것이 가장 적절하다.
㉡의 앞에서는 '경험주의적 인식론'을 상술한 내용을, ㉡의 뒤에서는 '쓰레기'를 예시로 들어 참된 관념이 인상에서 비롯된다는 것을 설명하고 있다. ㉡ 앞의 내용을 ㉡의 뒤에서 예를 들어 상술하고 있으므로 ㉡에는 예시를 들 때 사용하는 '예를 들면'이 들어가는 것이 가장 적절하다.

09 ㉠ 그래서 / ㉡ 하지만 / ㉢ 예를 들어

해설 ㉠의 앞 무역하는 배가 이익을 얻기 위해서는 목적지로 신속하게 이동해야 한다는 내용이며, ㉠의 뒤는 배의 속도를 높이기 위해서는 돛이 두 개 이상 필요했을 것이라는 내용이다. ㉠의 앞은 배의 속도가 빨라야 하는 이유를, ㉠의 뒤는 배의 속도를 높이기 위한 방법을 이야기하고 있으므로 ㉠에는 인과관계를 나타낼 때 사용하는 접속어인 '그래서'가 들어가야 한다.
㉡의 앞은 중복 출연이 긍정적으로 보일 수 있음을 말하고 있으나, ㉡의 뒤는 중복 출연으로 인해 광고 효과가 잘 나타나지 않으면 경제적 부담으로 이어질 수 있다는 부정적인 측면을 언급하고 있다. 따라서 ㉡에는 역접의 상황에서 사용하는 접속어인 '하지만'이 들어가야 한다.
㉢의 앞 물체가 유체 속을 움직일 때 운동을 방해하는 방향으로 저항력이 생긴다는 일반적인 상식에 해당하고, ㉢의 뒤는 이 상식에 대한 예시에 해당한다. 따라서 '예를 들어'가 가장 적절하다.

10

(1) ㉠

해설 '박수를 치는 것'이나 '눈물을 흘리는 것'은 몸짓이나 표정으로 느낌을 나타낸 것이므로, '비언어적 표현'에 해당한다.

(2) ㉡

해설 '억울한 말투'와 '부드러운 어조'는 언어적 표현에 포함된 말투이므로, '준언어적 표현'에 해당한다.

11

(1) 전제 지시어: 왜냐하면, ~ 때문에, 그 이유는, ~이므로, ~에서 알 수 있듯이, ~라는 사실은
(2) 결론 지시어: 그러므로, 따라서, 그래서, 반드시 ~이다, ~를 의미한다, ~이 도출된다, ~임에 틀림없다, ~을 함축한다

12

(1) • 전제: 일기예보에서 비가 올 것이라고 말했다.
    • 결론: 내일은 비가 올 것이다.
(2) • 전제: 우리 도시에서 준비하는 축제는 언제나 성황을 이룬다.
    • 결론: 어제 우리 도시에서 한 축제는 성공적이었을 것이다.
(3) • 전제: 동생이 저녁을 안 먹는다고 하였다.
    • 결론: 이것은 동생이 나 몰래 간식을 먹었다는 것임을 추론할 수 있다.
(4) • 전제: 연구자가 어떤 조사 방법을 택하느냐에 따라 측정 결과가 달라질 수 있다.
    • 결론: 연구자는 조사 방법을 택하는 데에 있어 신중해야 한다.
(5) • 전제: 몸이 결핵균에 철분 공급을 차단하려고 일시적으로 철분 농도를 낮춘다.
    • 결론: 만성 결핵 환자는 혈액 속 철분 농도가 낮다.
(6) • 전제: 학생들은 수업 시간에 자연스럽게 영어를 사용하며 습득할 수 있다.
    • 결론: 일부 과목들은 영어로만 수업하는 것이 낫다.

쿼터 홈트 DAY 02

01 ① - ㉣ / ② - ㉥ / ③ - ㉠ / ④ - ㉢ / ⑤ - ㉤ / ⑥ - ㉡ / ⑦ - ㉧ / ⑧ - ㉦

① - ㉣
해설 연필의 개념을 '연필'이라는 기호로 표기한 것은 '언어의 기호성'에 해당한다.

② - ㉥
해설 한 단어가 지역에 따라 다른 말로 불린다는 것은 언어의 형식과 의미가 자의적이고 임의적인 관계에 있다는 것을 의미한다. 이는 '언어의 자의성'에 해당한다.

③ - ㉠
해설 언어는 그 언어를 사용하는 사람들(언중) 사이의 약속이므로 개인이 함부로 바꿀 수 없다. 이는 '언어의 사회성'에 해당한다.

④ - ㉢
해설 시간의 흐름에 따라 신생의 과정을 겪으면서 형식적 문법 요소에 변화가 생긴 경우로, 이러한 특성은 '언어의 역사성'에 해당한다.

⑤ - ㉤
해설 자음과 모음을 나눌 수 있다는 것은 연속적으로 이어져 있는 것을 쪼개어 표현할 수 있다는 것으로, 이러한 언어의 특성은 '언어의 분절성'에 해당한다.

⑥ - ㉡
해설 언어 기호들은 하나의 체계를 이루고 일정한 규칙에 따라 배열되며 일정한 질서 아래 실현된다는 체계(규칙)가 있는데, 이 규칙을 지

키지 않으면 문장이나 표현이 어색해진다. 이러한 특성은 '언어의 체계성'에 해당한다.

⑦ - ⓒ
해설 언어를 통해 상상의 산물을 무한하게 창조적으로 표현한 것은 '언어의 개방성'에 해당한다.

⑧ - ⓐ
해설 동일한 부류의 사물들에서 공통적인 속성을 뽑아낸 것은 '언어의 추상성'에 해당한다.

02

(1) ① 버리는 자에게는 ~ 과태료가 부과됩니다.
    ② 버리는 자는 ~ 과태료를 내야 합니다.
해설 '쓰레기를 함부로 버리는 사람'은 과태료를 내야 하는 대상이므로, '부과됩니다'라는 서술어와 호응하지 않는다. 따라서 '~버리는 자는'을 '~버리는 자에게는'으로 고치거나, '부과됩니다'를 '내야 합니다'로 고쳐야 한다.

(2) 언제 그 도로가 (철도가) 개통될지 모른다.
해설 '공사가'는 '시작되고'의 주어이지, '개통될지'의 주어는 아니다. '모른다'에 호응하는 전체 주어(우리는)가 빠져 있지만, 문맥상 지장이 없기 때문에 생략이 가능하다. 그러나 '개통될지'에 해당하는 '도로가(철도가)' 등의 주어를 생략할 경우에는 문맥상 결함이 생긴다.

(3) 침울한 감정에 사로잡혔다.
해설 중심 주어는 '나'인데 이에 호응하는 서술어가 '감정이었다'가 되어 '나 = 감정'의 등식이 되어 버린다. 그러므로 '나는'에 호응하는 적절한 서술어를 만들어 주어야 한다.

(4) ① 이 지역은 ~ 무단 입산자를 처벌하는 곳입니다.
    ② 이 지역에 무단 입산하는 자는 ~ 처벌받게 됩니다.
해설 '이 지역이 처벌받게 된다'라는 논리가 되면서 주어와 서술어의 호응이 이루어지지 않고 있다. 처벌을 받게 되는 주체는 '입산자'이므로 주어와 서술어가 호응하도록 고쳐야 한다.

(5) 내가 하고 싶은 말은 ~ 바란다는 것이다.
해설 주어 '내가 하고 싶은 말은'과 서술어 '바란다'가 어울리지 않으므로, 이에 맞는 서술어로 '~는 것이다'를 추가해야 한다.

(6) 새로운 아이디어를 발굴하고
해설 목적어인 '새로운 아이디어'와 호응하는 서술어가 없으므로, 이와 호응하는 적절한 서술어를 만들어 주어야 한다.

(7) 무엇보다 중요한 점은 ~ 필요하다는 것이다.
해설 주어 '무엇보다 중요한 점은'과 서술어 '필요하다'가 어울리지 않으므로, 이에 맞는 서술어로 '~는 것이다'를 추가해야 한다.

03 ①

해설 그 사건으로 인해 역사의 방향이 다른 방향으로 바뀌었다고 하였으므로, ㉠은 '다른 방향이나 상태로 바꾸다'를 의미하는 '전환(轉換)하다'와 바꾸어 쓸 수 있다.
예 야간 수업을 주간으로 전환했더니 적응이 잘 안된다.

오답 해설
② 환기(喚起)하다: 주의나 여론, 생각 따위를 불러일으키다.
예 선생님은 학생들의 흥미를 환기하기 위해 커다란 도표를 펼치셨다.

04 ②

해설 '예사(例事)롭다'는 '흔히 있을 만하다', '늘 가지는 태도와 다른 것이 없다'를 의미한다. 따라서 ㉠은 '뛰어나거나 색다른 점이 없이 보통이다'를 의미하는 '평범(平凡)하다'와 바꾸어 쓸 수 있다.
예 그는 반에서 그다지 눈에 잘 띄지 않는 평범한 학생일 뿐이다.

오답 해설
① '비범하다'는 '평범하다'의 반대말이다.
 • 비범(非凡)하다: 보통 수준보다 훨씬 뛰어나다.
  예 그만한 나이에 벌써 조직을 이끌다니 그는 비범한 인물임에 틀림없다.

05 ①

해설 그의 의견이 항상 나의 생각과 어긋난다는 의미이므로, ㉠은 '서로 반대로 되어 어그러지거나 어긋나게 되다'를 의미하는 '배치(背馳)되다'와 바꾸어 쓸 수 있다.
예 너의 행동은 네가 평소 말해 왔던 이념에 배치된 것이었다.

오답 해설
② 배제(排除)되다: 받아들여지지 아니하고 물리쳐져 제외되다.
 예 그들은 사회 복지 정책에서 배제된 계층이었다.

06 ①

해설 대중들이 예술을 즐긴다는 의미이므로, '누리어 가지다'를 의미하는 '향유(享有)하다'와 바꾸어 쓸 수 있다.
예 문화생활을 향유하다.

오답 해설
② 유지(維持)하다: 어떤 상태나 상황을 그대로 보존하거나 변함없이 계속하여 지탱하다.
 예 아름다운 몸매를 유지하기 위해서는 규칙적인 운동을 해야 한다.

07 ④

해설 첫째 문단에서는 우리가 여러 가지 이유로 타인을 칭찬하지 않는다고 하였으며, 둘째 문단에서는 칭찬하는 것보다 칭찬을 받아들이는 것이 더 어렵다고 하였다. 그리고 마지막 문단에서는 그럼에도 불구하고 칭찬은 우리에게 긍정적인 영향을 주므로 칭찬을 해야 한다고 하였다. 따라서 글의 주제로는 '일상에서 칭찬을 실천해야 한다'가 가장 적절하다.

오답 해설
① 둘째 문단을 통해 사람들이 칭찬을 받아들이는 것을 어려워한다는 것을 알 수 있으나, 지문에서 칭찬할 때 조심해야 한다고 말한 적은 없다.
② 첫째 문단에 따르면, '덜 친한 사람에 대한 칭찬은 아첨으로 보일까 봐 꺼린다'라고 하였다. 이는 우리가 타인에게 칭찬하는 것을 꺼리는 이유로 제시된 것일 뿐, '칭찬하기 전에 칭찬할 대상과 신

뢰를 쌓아야 한다'고 주장하기 위해 제시된 것이 아니다. 지문에서 칭찬하기 전에 칭찬할 대상과 신뢰를 쌓아야 한다고 언급한 적은 없다.
③ 마지막 문단에서 '칭찬할 줄 알아야 칭찬을 받아들일 줄도 알게 될 것이다'라고 하였지만, 이것이 '남을 칭찬하지 않으면 자신도 칭찬받을 수 없다'라는 것을 의미하는 것은 아니다.

08 ④

해설 '어떤 결과를 가져오게 한 변화나 단계 또는 기능, 작용 등을 밝히는 진술 방법'인 과정은 제시되지 않았다.

오답 해설
① 셋째 문단에서 『칭찬은 고래도 춤추게 한다』라는 책 제목을 인용하였다.
  • 인용: 남의 말이나 글을 자신의 말이나 글 속에 끌어 씀.
② 둘째 문단에서 '우쭐대는 것처럼 보일까 봐 ~ 사람도 있다'라고 하며 타인이 한 칭찬을 받아들이는 것을 어려워하는 사람들의 예시를 제시하였다.
  • 예시: 일반적·추상적 진술의 타당성을 뒷받침할 수 있도록 구체화하여 설명하는 방식
③ 첫째 문단에서 '가까운 사람에게 더 인색하다. 우리가 그를 좋게 평가한다는 것을 이미 안다고 생각하기 때문이다'라고 하며, '우리가 그를 좋게 평가한다는 것을 안다고 생각한다'라는 원인과 '가까운 사람에게 더 인색하다'라는 결과를 드러냈다.
  • 인과: 원인과 결과

09

(1) ⓒ
해설 유진이 '집 주소'에 대해 질문했는데, 아영은 알고 있으면서 모른다고 대답했다. 이는 진실한 정보를 제공하지 않은 것이므로, '질의 격률'을 어긴 것이다.

(2) ㉠
해설 유진이 '식판의 개수'에 대해 질문했는데, 아영은 '숟가락, 젓가락, 포크의 개수'에 대해 대답했다. 이는 필요 이상의 정보를 제공한 것이므로, '양의 격률'을 어긴 것이다.

(3) ㉣
해설 유진이 '밥 먹으러 갈래?'라고 질문했는데, 아영은 모호한 태도로 대답했다. 또한 간결하고 조리 있게 말하지도 않았다. 이는 '태도의 격률'을 어긴 것이다.

(4) ㉢
해설 유진이 '휴가'에 대해 질문했는데, '아영'은 이와 관련된 대답을 하지 않았다. 이는 '대화의 주제'와 관련된 것을 말한 것이 아니므로 '관련성의 격률'을 어긴 것이다.

10

(1) • 전제 1: 착하고 성실하면 언젠가는 성공한다.
  • 전제 2: 흥부는 착하고 성실하다.
  • 결론: 흥부도 언젠가는 성공할 것이다.

(2) • 전제 1: 창밖으로 긴 머리의 실루엣이 보인다.
  • 전제 2: 높은 음역대의 목소리도 들린다.
  • 결론: 밖에 있는 사람은 여자임이 틀림없다.

(3) • 전제: 쾌락주의는 일시적인 쾌락의 극대화가 아니라 장기적인 쾌락의 극대화를 목적으로 한다.
  • 결론: 쾌락주의자가 단기적, 말초적 쾌락만을 추구하는 것은 아니다.

(4) • 전제 1: 타인의 생명을 의도적으로 해치는 행위는 비도덕적이다.
  • 전제 2: 그는 타인의 생명을 의도적으로 해쳤다.
  • 결론: 그의 행위는 비도덕적이다.

(5) • 전제 1: 사람들은 비가 오면 우산을 쓴다.
  • 전제 2: 오늘은 비가 온다.
  • 결론: 사람들은 오늘 우산을 쓴다.

(6) • 전제 1: 규칙적으로 운동하는 사람은 심장이 건강하다.
  • 전제 2: 철수는 규칙적으로 운동한다.
  • 결론: 철수의 심장은 건강한 게 틀림없다.

(7) • 전제 1: 이 시험에서 60점 이상을 받아야 합격한다.
  • 전제 2: 영희는 70점을 받았다.
  • 결론: 영희는 시험에 합격했다.

(8) • 전제 1: 화폐 공급량이 급격히 증가하면 인플레이션이 발생한다.
  • 전제 2: 화폐 공급량이 급격히 증가하고 있다.
  • 결론: 현재 인플레이션이 발생한다.

쿼터 홈트 DAY 03

01

(1) ✕
해설 첫째 문단에 따르면, 초성의 'ㅇ'은 음가가 없으므로 음운으로 인정하지 않는다고 하였다. 따라서 초성 자리의 'ㄷ', 'ㅇ'을 각기 다른 음운이라고 볼 수 없다.

(2) ○
해설 단어의 구성하는 요소 중 나머지 요소는 같지만, 'ㅜ'의 소리의 길이만 다르다. 둘째 문단에서 음의 길이는 음운 중 비분절음이므로, '눈(目)[눈]'과 '눈(雪)[눈ː]'은 최소 대립쌍이 된다는 것을 알 수 있다. 참고로, 'ㅜ'를 짧게 발음하면 '눈(目)', 길게 발음하면 '눈(雪)'이다.

(3) ○
해설 첫째 문단과 마지막 문단에 따르면, 초성의 'ㅇ'은 음가가 없으므로 음운으로 인정하지 않으며, 이중 모음은 두 개의 음운으로 본다고 하였다.
'이유진'은 'ㅣ, ㅠ(ㅣ+ㅜ), ㅈ, ㅣ, ㄴ'으로 6개, '연탄'은 'ㅕ(ㅣ+ㅓ), ㄴ, ㅌ, ㅏ, ㄴ'으로 6개이다. 따라서 '이유진'과 '연탄'의 음운의 개수는 같다.

02

(1) ① 매주 수요일에 / ② 수요일마다
해설 '매주'는 '각각의 주마다'를 의미하는 부사이다. '매주 수요일마다'는 이미 '매주' 안에 포함된 뜻을 중복해서 사용한 것이다.

(2) ① 예습하는 / ② 미리 공부하는
해설 '예습'은 '앞으로 배울 것을 미리 익힘'을 의미하는데, '미리'라는 의미가 포함되어 있다.

(3) 반복해서
해설 '반복'은 '같은 일을 되풀이함'을 의미하는데, '다시'라는 의미가 포함되어 있다.

(4) ① 기간에 / ② 동안에
해설 '기간'은 '어느 때부터 다른 어느 때까지의 동안'을 의미하는데, '동안'이라는 의미가 포함되어 있다.

(5) ① 상이하다 / ② 다르다
해설 '상이하다'는 '서로 다르다'를 의미하는데, '다르다'라는 의미가 포함되어 있다.

(6) ① 과반을 차지했다. / ② 절반 넘게 차지했다.
해설 '과반'은 '절반을 넘음'을 의미하는데, '반을 넘다'라는 의미가 포함되어 있다.

(7) 결실을 보았다, 결실을 거두었다
해설 '결실'은 '일의 결과가 잘 맺어짐'을 의미하는데, '맺다'라는 의미가 포함되어 있다.

(8) ① 가장 높은 / ② 최고의
해설 '최고'는 '가장 높음'을 의미하는데, '가장'의 의미가 포함되어 있다.

(9) 받았다
해설 '접수'는 '신청이나 신고 따위를 구두나 문서로 받음' 또는 '돈이나 물건 따위를 받음'을 의미하는데, '받다'라는 의미가 포함되어 있다.

(10) ① 공기를 자주 바꾸어 주어야 / ② 환기를 자주 해야
해설 '환기'는 '탁한 공기를 맑은 공기로 바꿈'을 의미하는데, '공기'라는 의미가 포함되어 있다.

03 ① - ㉠ / ② - ㉡

해설
- 모집(募集)하다: 사람이나 작품, 물품 따위를 일정한 조건 아래 널리 알려 뽑아 모으다.
  예 자원봉사자를 <u>모집</u>하다.
- 집중(集中)하다: 「1」【(…을) …에/에게】【(…을) …으로】 한곳을 중심으로 하여 모이다. 또는 그렇게 모으다.
  예 요즘 대학생들의 관심은 취업 문제에 <u>집중</u>해 있다.
  「2」【…을 …에/에게】【…을 …으로】 한 가지 일에 모든 힘을 쏟아붓다.
  예 전문가들은 다른 것에 신경을 쓰지 않고 한 분야에 연구를 <u>집중</u>해야 한다.

04 〈가로〉 ㉡ 객관성 / ㉢ 타당성
   〈세로〉 ㉠ 주관성 / ㉣ 통일성 / ㉤ 단발성

해설
〈가로〉
㉡ 객관성(客觀性)
  예 뉴스의 <u>객관성</u>
㉢ 타당성(妥當性)
  예 그의 주장에는 상당한 <u>타당성</u>이 있다.

〈세로〉
㉠ 주관성(主觀性)
  예 학문에서는 객관성이 강조되는 반면 창작 예술의 경우에는 <u>주관성</u>이 부각된다.
㉣ 통일성(統一性)
  예 카드 섹션을 할 때는 일사불란한 팀워크와 <u>통일성</u>이 요구된다.
㉤ 단발성(單發性)
  예 이번 사고는 담당 기술자의 기계 조작 실수로 빚어진 <u>단발성</u> 사고로 보인다.

05 ③

해설 바로크 시대의 음악은 감정 표현에 치중했다. 이에 대해 한슬리크는 음악의 아름다움은 음악 외에 아무런 목적을 갖지 않아야 한다고 주장했으며 감정이 결코 본질적인 것이 될 수 없다고 보았다. 따라서 '음악적 아름다움의 성립에서 감정은 본질이 아니다'가 주제로 가장 적절하다.

오답 해설
① 한슬리크는 감정과 감각이 구분됨을 설명했다. 이를 통해 감정은 음악의 본질이 될 수 없다는 것을 궁극적으로 말하고자 하였다.
② 바로크 시대의 음악은 감정 표현에 치중했다. 그러나 한슬리크는 이에 대한 비판을 전개했으므로 주제로 적절하지 않다.
④ 한슬리크는 음악적 아름다움은 감정이 아닌 감각과 만나는 것이라고 했다. 그러나 한슬리크는 감각이 중요하다고 주장하는 것이 아닌, 감정이 음악적 본질이 아니라는 것을 말하고자 했다.

06 ③

해설 셋째 문단의 '패널' 토의 설명에서 확인할 수 있다.

오답 해설
① 찬성과 반대가 나뉜 의사소통 방식은 토론이다.
② '심포지엄'에서 하나의 논제에 대해 각자의 관점에서 의견을 제시하는 것은 전문가이다. 청중은 의견을 제시하기보다 문제에 대한 설명을 듣는다.
④ '원탁 토의'는 비공개적인 자유 토의 형태이므로 적절하지 않다.

07 ① - ㉡, ㉢ / ② - ㉠, ㉣

08

(1) 결론: 프랑스 혁명은 18세기에 시작되었다.

(2) 결론: 지금은 파일을 저장할 수 없다.

(3) 결론: A 회사는 이익을 낸다.

(4) 결론: 우리는 동일한 결과를 얻었다.

(5) 결론: A의 학습 집중력은 높아진다.

(6) 결론: 그 차량은 교통 법규를 위반했다.

(7) 결론: A는 우울증을 겪을 가능성이 있다.

(8) 결론: 민수의 선택은 자유의지에 의한 것이 아니다.

(9) 결론: 최근 대출 수요는 감소했을 것이다.

(10) 결론: 준호는 타인(다른 사람)과의 신뢰가 생겼을 것이다.

쿼터 홈트 DAY 04

01

(1) ○
해설 '걷는다'의 'ㄷ'이 'ㄴ'으로 바뀌어 [건는다]로 발음되는 것은 상이한 소리가 비슷한 발음으로 바뀌는 것이다. '비음화'가 일어난 예이다.

(2) ×
해설 '광한루[광할루]'는 'ㄴ'이 'ㄹ'로 바뀌었으므로 '유음화'의 예이지만, '앞날[암날]'은 'ㅍ'이 'ㅁ'으로 바뀌었으므로 '비음화'가 일어난 예이다.
참고 앞날[압날(음절의 끝소리 규칙) → 암날(비음화)]

(3) ○
해설 '같이'를 [가치]로 발음하는 것은 구개음화의 예이며, 구개음화는 동화에 해당한다.

(4) ○
해설 음운의 탈락과 축약은 음운의 수를 줄여 발음의 노력을 줄이는 것이므로, 음운의 개수가 변한다.

(5) ×
해설 두 음운이 하나의 음운으로 줄어드는 현상은 '축약'이다.

02

(1) 1) 구와 구: (홈페이지 접속이 되지 않는 원인 파악)과 (원활한 홈페이지 접속 구현)을 위해
 2) 절과 절: 홈페이지에 접속이 되지 않는 원인을 파악하고 / 원활한 홈페이지 접속을 구현하기 위해

(2) 1) 구와 구: (공공데이터의 개방)과 (이를 활용하기 위한 제도 보완)이 필요하다.
 2) 절과 절: 공공데이터를 개방하고 / 이를 활용하기 위한 제도를 보완하는 것이 필요하다.

(3) 1) 구와 구: (학교시설 개방을 위한 재정 지원)과 (학교시설 개방에 필요한 매뉴얼 마련)이 필요하다.
 2) 절과 절: 학교시설 개방을 위한 재정을 지원하고 / 학교시설 개방에 필요한 매뉴얼을 마련하는 것이 필요하다.

03

(1) 상보 반의어(모순 관계): ⓒ, ⓜ, ⓗ, ⓢ, ⓣ

(2) 정도 반의어(반대 관계): ⓐ, ⓒ, ⓓ, ⓞ, ⓩ

04 ㉮ - ⓒ - ⓐ / ㉯ - ㉠ - ⓒ / ㉰ - ⓒ - ⓑ

해설
- 시인(是認): 어떤 내용이나 사실이 옳거나 그러하다고 인정함.
 예 문제점을 <u>시인</u>하다.
- 부인(否認): 어떤 내용이나 사실을 옳거나 그러하다고 인정하지 아니함.
 예 피의자는 며칠 전에 한 말을 <u>부인</u>했다.

- 가열(加熱): 「1」어떤 물질에 열을 가함.
 예 <u>가열</u>에 의한 살균 방법
 「2」어떤 사건에 열기를 더함.
- 냉각(冷却): 「1」식어서 차게 됨. 또는 식혀서 차게 함.
 예 <u>냉각</u> 방법에는 여러 가지가 있다.
 「2」애정, 정열, 흥분 따위의 기분이 가라앉음. 또는 가라앉힘.
 예 남북한 사이에 <u>냉각</u> 기류가 흐른다.

- 경감(輕減): 부담이나 고통 따위를 덜어서 가볍게 함.
 예 사무 자동화로 인건비의 <u>경감</u>을 꾀한다.
- 가중(加重): 부담이나 고통 따위를 더 크게 하거나 어려운 상태를 심해지게 함.
 예 스트레스와 피로 <u>가중</u>

05 ④

해설 지문에서는 '아는 것'에 대해 다루고 있다. 인간은 무지에서부터 시작하여 사고와 탐구를 통해 부분적인 지식을 쌓는다. 그 과정에서 부분적으로 무언가를 잘못 알게 될 수도 있지만, 자신의 지식이 불완전함을 지각함으로써 바른 지식으로 나아갈 수 있다고 한다. 그러면서 바른 지식으로 나아가려면 먼저 내가 어디에 있는지 아는 것이 중요하다고 한다. 따라서 '바른 지식을 위해서는 내 위치를 먼저 파악해야 한다'는 것이 지문의 중심 내용이다.

오답 해설
① 단순히 '다양하고 넓은' 분야의 지식을 가져야 한다는 것을 지문의 중심 내용이라 보는 것은 적절하지 않다.
② 지문에서는 '자신의 지식이 불완전함을 지각함으로써' 바른 지식을 향해 나아갈 수 있다고 설명하고 있을 뿐, 불완전한 지식도 도움이 된다고 설명하지 않았다.
③ 지문에서는 지식을 쌓는 과정에서 논리적 결함이 생겨 무언가를 잘못 알게 될 수도 있지만, 자신의 지식이 불완전함을 지각함으로

써 바른 지식으로 나아갈 수 있다고 말한다. 따라서 논리적 결함이 필수 불가결하다는 말은 적절하지 않다.

06 ④

해설 지문에서는 생명체로서의 인간을 다루는 생물학과 구별되는 인문학의 목표에 대해 설명하고 있다. 생존과 번식이라는 생물학적 개념만으로는 인간에 대해 완벽히 설명할 수 없으며, 인문학의 관심 대상은 이런 차원 위에 만들어진 독특한 세계라고 한다. 따라서 글쓴이의 주장은 '인간에게 있어 생물학을 넘어서는 차원을 연구하는 것이 인문학의 목표이다'가 된다.

오답 해설
① 인문학은 인간의 삶에서 사회·정치·윤리의 차원을 고려하고자 하는 학문이다. 인문학이 이와 구별된다는 것은 오히려 글의 내용과 반대된다.
② 인간 삶에 대한 모든 탐구가 생명체의 차원에서 이루어질 수 있다는 것은, 인문학이 생명체로서의 차원 이상을 연구해야 한다고 보는 글쓴이의 주장과 대비된다.
③ 마지막 문장에 따르면 인간이 사회 원칙과 이상에 대해 고찰할 수 있는 것은 맞으나, 인간이 이러한 유일한 생명체인지에 대한 언급은 지문에 없으며 이것이 글의 핵심적인 주장이라 보기도 어렵다.

07

(1) ㉣
해설 유진이 아영에게 글을 잘 쓴다고 칭찬했지만, 아영이 '저는 아직 부족한 부분이 많습니다'라고 한 것은 자신에 대한 칭찬은 최소화하고 비방은 극대화한 것이므로, '겸양의 격률'을 지켰다는 것을 알 수 있다.

(2) ㉠
해설 아영이 상대방에게 시간을 내 달라고 직접적으로 요구하는 것이 아니라, 질문의 형식을 활용하여 상대방이 거절할 수 있는 선택지를 주어 상대방의 부담을 줄여 주고 있다. 이를 통해 '요령의 격률'을 지켰다는 것을 알 수 있다.

(3) ㉢
해설 아이스크림을 먹자는 유진의 의견에 아영은 동의하고 있으므로, '동의의 격률'을 지켰다는 것을 알 수 있다.

(4) ㉡
해설 아영은 잘 들리지 않는 책임을 자신에게 돌려 자신의 부담을 최대화하고 있으므로, '관용의 격률'을 지켰다는 것을 알 수 있다.

(5) ㉤
해설 아영이 상대방(너)이 쓴 소설에 대해 칭찬하고 있으므로, '찬동의 격률'을 지켰다는 것을 알 수 있다.

08

(1) 생략된 전제: 소크라테스는 사람이다.
(2) 생략된 전제: 미연이는 수업 시간에 발표를 했다.
(3) 생략된 전제: 문이 열려 있다.
(4) 생략된 전제: 내일은 주말이다. 강원도에는 스키장이 있다.
(5) 생략된 전제: 지완이는 18세 미만이다.
참고 '이상'은 수량이 범위에 포함되면서 그 위인 경우를, '이하'는 수량이 범위에 포함되면서 그 아래인 경우를 가리킨다. 그러나 '초과'는 수량이 범위에 포함되지 않으면서 그 위인 경우를, '미만'은 수량이 범위에 포함되지 않으면서 그 아래인 경우를 가리킨다.

쿼터 홈트 DAY 05

01

(1) ×
해설 모음조화 파괴는 표현 효과를 위해서 일부러 상이한 모음 계열을 택하는 현상이다.

(2) ×
해설 '깡충깡충'은 양성 모음 'ㅏ, ㅗ'가 쓰였으므로, 모음조화 파괴의 예로 볼 수 없다. 모음조화가 파괴된 예로는 '깡충깡충'이 있다.

(3) ×
해설 '바늘질'을 '바느질'로 쓰는 것은 음운의 개수를 줄여 발음의 노력을 줄이는 것으로, 표현을 더 효과적으로 할 수 있는 방향으로 바뀐 것이 아니다.

(4) ○
해설 '손등[손뜽]'과 같은 사잇소리 현상은 자음을 두 형태소 사이에 삽입시킴으로써 발음 강화에 의한 표현 효과를 가져오는 전형적인 이화 현상이다.

02

(1) 가장 심오한 진리를 탐구하고 ~
해설 기존의 문장은 '심오한 진리 탐구를 배양·형성하는'이 되어, 목적어와 서술어의 호응 관계가 맞지 않는다. 따라서 '진리를 탐구하고'와 같이 수정해야 한다.

(2) 승객 여러분의 건강을 지키고 쾌적한 여행 환경을 조성하기 위하여 ~
해설 '분위기나 정세 따위를 만들다'라는 의미의 '조성하다'에 대하여 '쾌적한 여행 환경'은 목적어가 될 수 있지만, '건강'은 목적어가 될 수 없다. 따라서 '건강'에 호응하는 서술어를 추가해야 한다.

(3) ① 국민 통합을 이룩하고 국가 경쟁력을 ~
② 국민을 통합하고 국가 경쟁력을 ~
해설 목적어 '국민 통합'과 '국가 경쟁력'이 서술어인 '제고해야 한다'를 공유하고 있으나, '국민 통합'은 '제고해야 한다'를 서술어로 쓰지 못하므로 이에 대한 서술어를 따로 추가해야 한다.

(4) ~ 자연을 지배도 하며 살아간다.
해설 '지배하다'는 타동사이므로 '자연에 지배도 한다'는 표현은 어색하다. 이에 호응하는 목적어 '자연을'이 있어야 한다.

03 ①

해설 '㉠ 같다'는 '동일하다' 정도의 유의어로 대체 가능하며, 'A가 B와 같다(동일하다)'의 구조를 가지는 서술어이다. ①의 '같다'도 'A가 어떤 대상과 같다(동일하다)'라는 의미로 사용된 것이므로, 문맥상 ㉠의 의미와 가장 가깝다.

- 같다: ❷「1」 다른 것과 비교하여 그것과 다르지 않다. ≒ 동일(同一)하다
  - 예 마음이 비단 같다.

오답 해설
② 같다: ❸「2」 ('같은' 꼴로 동일 명사 사이에 쓰여) '기준에 합당한'의 뜻을 나타내는 말
  - 예 그는 군인 같은 군인이다.
③ 같다: ❷「2」 ('같은' 꼴로 체언 뒤에 쓰여) 그런 부류에 속한다는 뜻을 나타내는 말
  - 예 여행을 할 때엔 반드시 신분증 같은 것을 가지고 다녀야 한다.
④ 같다: ❹ 추측, 불확실한 단정을 나타내는 말
  - 예 비가 올 것 같다.

04 ②

해설 '㉠ 차고'는 '착용하다' 정도의 유의어로 대체 가능하며, 'A가 B(몸)에 C(물건)를 차다'의 구조를 가지는 서술어이다. ②의 '차다'도 '몸(손목)에 어떤 물건(시계)을 차다(착용하다)'라는 의미로 사용된 것이므로, 문맥상 ㉠의 의미와 가장 가깝다.

- 차다³: 【…에 …을】 ❶ 물건을 몸의 한 부분에 달아매거나 끼워서 지니다.
  - 예 허리에 칼을 차다.

오답 해설
① 차다⁴: 「1」 몸에 닿은 물체나 대기의 온도가 낮다.
  - 예 겨울 날씨가 매우 차다.
③ 차다¹: ❶ 일정한 공간에 사람, 사물, 냄새 따위가 더 들어갈 수 없이 가득하게 되다. ↔ 비다
  - 예 버스에 사람이 가득 차다.
④ 차다²: 「2」 발을 힘껏 뻗어 사람을 치다.

05 ①

해설 '㉠ 풀고'는 '해결하다' 정도의 유의어로 대체 가능하며, 'A가 B(문제)를 풀다(해결하다)'의 구조를 가지는 서술어이다. ①의 '풀다'도 '어떤 대상(문제)을 풀다(해결하다)'라는 의미로 사용된 것이므로, 문맥상 ㉠의 의미와 가장 가깝다.

- 풀다: ❶「5」 모르거나 복잡한 문제 따위를 알아내거나 해결하다.
  - 예 궁금증을 풀다.

오답 해설
② 풀다: ❶「9」 사람을 동원하다.
  - 예 사람을 풀어 수소문을 하다.
③ 풀다: ❷「1」 액체에 다른 액체나 가루 따위를 섞다.
  - 예 팔팔 끓는 물에 된장을 풀다.
④ 풀다: ❶「2」 생각이나 이야기 따위를 말하다.
  - 예 생각을 풀어 나가다.

06 ④

해설 지문에서는 한국이 체벌보다 심벌을 중심으로 벌을 주는 사례를 제시하며 우세 문화를 설명한다. 이러한 우세 문화는 심통(마음의 통증)이 체통(신체의 통증)보다 더 아프다는 한국인의 집단의식이 작용했기 때문이라는 내용을 중심으로 설명하고 있으므로 '우세 문화는 신체적 고통보다 심적 고통이 더 크다는 집단 의식에 의해 만들어졌다'가 주제로 적절하다.

오답 해설
① 한국은 심통이 체통보다 더 아프다는 한국인의 집단의식이 작용하여 우세가 벌의 중심이 된다. 이는 우셋거리로 만들어 잘못을 자제시키는 우세 문화의 하나로, 한국에 우세 문화가 있다는 것을 알 수는 있지만 우세 문화가 한국 문화에만 있는 고유한 것임은 지문을 통해 알 수 없으므로 주제로 적절하지 않다.
② 한국인들은 많은 사람들이 비웃게 하여 창피를 주는 '우세'라는 심통이 체통보다 아프다는 집단의식을 가지고 있다. 이는 한국인들이 가진 집단의식에 대한 설명일 뿐, 보편적으로 우세가 신체적인 체벌보다 아프다는 내용은 제시되지 않았으므로 주제로 적절하지 않다.
③ 지문에 따르면, 한국과 다르게 서양의 학교에서는 육체의 고통을 주는 체벌의 전통은 오래되었지만 심벌의 전통이 없다. 이는 글의 핵심 내용을 설명하는 부분 정보이므로 주제로 적절하지 않다.

07 ③

해설 지문은 한슬리크의 입장을 중심으로, 여러 음악적 요소들이 만들어 내는 형식에서 음악의 아름다움이 비롯된다는 내용을 설명하고 있다. 한슬리크는 음악의 독자적 아름다움이 '음들이 움직이는 형식'에서 비롯된다고 보았다. 따라서, 지문에 따르면 음악이란 '다양한 음악적 요소들이 유기적으로 결합하여 만드는 소리의 예술'이다.

오답 해설
① 한슬리크는 음악의 가치가 감정이 아닌 형식에서 온다고 보았다. 따라서 음악을 감정의 흐름이라고 볼 수 없다.
② 지문에 '수많은 악기'의 활용과 관련된 내용은 제시되지 않았다.
④ 지문의 마지막 부분에는, 오늘날 대부분의 서양 음악에서 '화성의 진행을 통해 주제가 반복되며 변화한다'는 내용이 제시되어 있다. 따라서 음악이 '하나의 고정된 주제'를 표현하는 과정이라 볼 수 없다.

08 ① - ㉠ / ② - ㉡

① - ㉠
해설 B는 '진짜? 어땠어?'라며 상대방에게 관심을 표명하면서 화자가 계속 이야기를 이어갈 수 있도록 하고 있다. 이는 '소극적 들어주기' 방법을 사용한 것이다.

② - ㉡
해설 B는 A의 말을 자신의 말로 정리함으로써 화자 스스로 문제를 해결할 수 있도록 하고 있다. 이는 '적극적 들어주기' 방법을 사용한 것이다.

09

(1) 숨은 전제: 지금 비가 온다.

(2) 숨은 결론: 마약 복용이 범죄는 아니다.

(3) 숨은 전제: 교통 체증을 유발하는 행위는 좋은 운전법이 아니다.

(4) • 숨은 전제 1: 자녀를 사랑하는 부모는 자녀가 원하는 것을 다 사 준다.
　　• 숨은 전제 2: 우리 부모님은 내가 원하는 것을 다 사 주지 않았다.
　　• 숨은 결론: 우리 부모님은 나를 정말로 사랑하지 않았다.

10

(1) 숨은 전제: 항상 손님이 많은 식당은 음식이 맛있다.

(2) 숨은 전제: 그가 아침에 지하철을 타면 회사에 제시간에 도착한다.

(3) 숨은 전제: 조용하고 넓은 장소는 회의하기에 적합하다.

(4) 숨은 전제: 만 19세가 되면 법적으로 술을 마실 수 있다.

(5) 숨은 전제: 서울은 한국의 도시이다.

쿼터 홈트 DAY 06

01

(1) 음절의 끝소리 규칙: ㉠, ㉡, ㉣, ㉧, ㉨
[해설] ㉠ '부엌'은 'ㅋ'이 대표음인 'ㄱ'으로 바뀌어 [부억]으로 발음한다.
㉡ '꽃 아래'는 받침 뒤에 모음으로 시작하는 실질 형태소가 왔으므로, 'ㅊ'이 대표음인 'ㄷ'으로 바뀌는 음절의 끝소리 규칙이 적용된 후 연음된다.
㉣ '겉옷'은 받침 뒤에 모음으로 시작하는 실질 형태소가 왔으므로, 'ㅌ'이 대표음인 'ㄷ'으로 바뀌는 음절의 끝소리 규칙이 적용된 후 연음된다.
㉧ '밖'은 'ㄲ'이 대표음인 'ㄱ'으로 바뀌어 [박]으로 발음한다. 참고로, 쌍자음 받침은 음절의 끝소리 규칙(교체)이, 겹자음 받침은 자음군 단순화(탈락)가 일어난다.
㉨ '히읗'은 'ㅎ'이 대표음인 'ㄷ'으로 바뀌어 [히읃]으로 발음한다.

(2) 비음화: ㉢, ㉥, ㉪
[해설] ㉢ '밥물'은 'ㅂ'이 'ㅁ'의 영향을 받아 'ㅁ'으로 바뀌어 [밤물]로 발음한다.
㉥ '먹물'은 'ㄱ'이 'ㅁ'의 영향을 받아 'ㅇ'으로 바뀌어 [멍물]로 발음한다.
㉪ '닫는다'는 'ㄷ'이 'ㄴ'의 영향을 받아 'ㄴ'으로 바뀌어 [단는다]로 발음한다.

(3) 유음화: ㉤, ㉦, ㉫, ㉬
[해설] ㉤ '달님'은 'ㄴ'이 앞의 'ㄹ'의 영향을 받아 'ㄹ'로 바뀌어 [달림]으로 발음한다.

㉦ '설날'은 'ㄴ'이 앞의 'ㄹ'의 영향을 받아 'ㄹ'로 바뀌어 [설랄]로 발음한다.
㉫ '논리'는 'ㄴ'이 뒤의 'ㄹ'의 영향을 받아 'ㄹ'로 바뀌어 [놀리]로 발음한다.
㉬ '물난리'는 'ㄴ'이 앞과 뒤의 'ㄹ'의 영향을 받아 'ㄹ'로 바뀌어 [물랄리]로 발음한다.

(4) 구개음화: ㉮, ㉯
[해설] ㉮ '붙이다'는 끝소리가 'ㅌ'인 형태소가 모음 'ㅣ'로 시작하는 형식 형태소와 만나 'ㅊ'으로 바뀌어 [부치다]로 발음한다.
㉯ '해돋이'는 끝소리가 'ㄷ'인 형태소가 모음 'ㅣ'로 시작하는 형식 형태소와 만나 'ㅈ'으로 바뀌어 [해도지]로 발음한다.

02

(1) 재미있지 않다.
[해설] 부사 '여간'은 '~지 않다, ~이 아니다'와 같은 서술어와 호응한다.

(2) 문제가 아니었다.
[해설] 부사 '비단(非但)'은 부정하는 말 앞에서 '다만, 오직'의 뜻으로 쓰인다.

(3) 그토록
[해설] '그다지'는 '그러한 정도로는', '그렇게까지는'의 뜻으로 쓰이는 경우, 부정어와 호응하는 경우가 많다. 그러므로 여기서는 같은 의미를 지닌 '그토록'을 사용하는 것이 자연스럽다.

(4) 음악 소리와 같다
[해설] '마치'는 '거의 비슷하게'라는 뜻의 부사로 주로 '~같다'와 같은 서술어와 호응한다.

(5) 그럴 수가 있으랴
[해설] '하물며'는 '-랴, -ㄴ가'와 같은 의문형과 호응하는 부사이다.

03 ②

[해설] 계획이 바뀌어 달라졌다고 하였으므로, ㉠은 '바뀌어 달라지게 되다'를 의미하는 '변동(變動)되다'와 바꾸어 쓸 수 있다.
[예] 가격은 수요와 공급에 따라 <u>변동된다</u>.

[오답 해설]
① 변천(變遷)되다: 세월이 흐름에 따라 바뀌고 변하게 되다.
　[예] 식생활이 서구식으로 <u>변천되면서</u> 여러 가지 성인병이 많이 발생하고 있다.

04 ②

[해설] 쇼핑센터는 넓은 매장과 주차 공간을 가지고 있다는 의미이므로, ㉠은 '두 가지 이상을 아울러 갖추다'를 의미하는 '겸비(兼備)하다'와 바꾸어 쓸 수 있다.
[예] 그녀는 미모와 지성을 <u>겸비한</u> 여인이다.

[오답 해설]
① 정비(整備)하다: 「1」 흐트러진 체계를 정리하여 제대로 갖추다.
　　[예] 국가 체제를 <u>정비하여</u> 통일의 기반을 닦다.
　　「2」 기계나 설비가 제대로 작동하도록 보살피고 손질하다.
　　[예] 열차를 <u>정비하다</u>.

「3」 도로나 시설 따위가 제 기능을 하도록 정리하다.
예 장마를 대비하여 배수로를 <u>정비했다</u>.

05 ②

해설 다른 나라의 신화들에서는 신과 인간의 관계에 등급이 있다는 의미이므로, ㉠은 '동등한 관계가 아니라 위와 아래의 관계로 이루어지는 것'을 의미하는 '수직적(垂直的)'과 바꾸어 쓸 수 있다.
예 인간관계를 <u>수직적</u>으로 파악하다.

오답 해설
① 수평적(水平的): 대등하거나 평등한 관계로 이루어지는 것
예 우리 회사에서는 <u>수평적</u> 호칭을 사용한다.

06 ①

해설 사람들이 자신의 물건들을 서로 바꾼다고 하였으므로, ㉠은 '서로 바꾸다'를 의미하는 '교환(交換)하다'와 바꾸어 쓸 수 있다.
예 나는 지금 어제 산 신발을 치수가 큰 것으로 <u>교환하러</u> 간다.

오답 해설
② 교류(交流)하다: 「1」 근원이 다른 물줄기가 서로 섞이어 흐르다. 「2」【(…과) …을】('…과'가 나타나지 않을 때는 여럿임을 뜻하는 말이 주어로 온다) 문화나 사상 따위를 서로 통하게 하다.
예 동서 문화가 서로 <u>교류하기</u> 시작한 것은 그리 오래되지 않았다.

07 ②

해설 지문에서는 깊이 생각하면서 책을 읽지 않고 간단하고 타산적인 방법으로 책을 읽는 현대인들을 비판하며, 현대인들이 책을 이용하는 방식을 설명한다. 따라서 글쓴이가 궁극적으로 말하고자 하는 내용은 '현대인은 책을 읽고 깊이 생각하는 자세가 필요하다'는 것이다.

오답 해설
① 지문에서는 현대인들이 책을 가까이할 필요가 있다고 주장하지 않았다.
③ 지문에서는 책에서 지식을 얻기 위해 다양한 방법을 사용해야 한다고 주장하지 않았다.
④ 지문에서는 책을 읽는 것만으로는 진정한 지식을 얻을 수 없다고 주장하지 않았다. 지문은 학문을 연구하는 입장이 아닌 정보 이용자의 입장에 서 있는 현대인들을 비판하며 책 전체를 훑으면서 학문의 궁전으로 들어가려면 많은 시간과 정력의 지출이 필요하다고 이야기한다. 따라서 지문은 책을 통해 진정한 지식을 얻을 수 있다는 입장에 가깝다고 볼 수 있다.

08 ③

해설 지문의 사례는 각 개인이 다른 사람에게 비용을 유발하는 행위를 함으로써 결과적으로 모든 개인이 손해를 보는 내용을 나타내고 있다. 만약 다른 사람에게 비용을 유발하는 개인의 행동을 규제한다면, 각 개인이 10초 동안의 구경을 포기하는 대신 10분을 절약하게 될 것이므로 결과적으로 이득을 보게 된다. 따라서 지문에서 이끌어 낼 수 있는 주장은 '전체의 효율을 위해 다른 사람에게 비용을 유발하는 개인의 행동에 대한 강제력 있는 규제가 필요하다'이다.

오답 해설
① 지문의 사례는 각 개인이 주관적인 선택을 하여 사회적으로는 효율의 감소가 발생한 경우이다. 따라서 지문과는 반대되는 주장이다.
② 지문의 사례에서 개인이 10초 동안의 구경을 포기하면 모두에게 10분의 절약이라는 이익이 발생한다. 따라서 지문에 제시된 상황에서는 남에게는 도움이 되는 행위가 자신에게도 이득이 된다.
④ 지문의 사례에서 개인이 호기심을 충족하기 위해 10분의 비용을 지불하고 있는 것은 맞지만, 조직화된 집합체의 개인들은 10분의 비용을 지불하지 않고 10분을 절약한다. 따라서 모든 사람이 호기심을 충족하기 위해 비용을 아끼지 않는 것은 아니다.

09 ③

해설 지문에 따르면, '회피 전략은 협상 결과나 인간관계 모두에 대해 관심이 없을 때 사용된다'고 하였다. 사례 속 '나'는 공연에는 관심 없지만 친구와의 관계 유지에는 관심이 있어 공연에 가기로 했다. 이는 협상 결과나 인간관계 모두에 대해 관심이 없는 것이 아니므로 회피 전략이 아니다. 이는 '자신의 입장보다 상대와의 관계 유지를 우선할 때 선택'되는 유화 전략이다.

오답 해설
① 지문에 따르면, '협력 전략은 각자의 목적이나 우선순위에 대한 정보를 상호 교환하고 이를 통합하여 상호 만족할 수 있는 해결책을 찾는 것이 핵심'이라고 하였다. 사례의 맞벌이 부부는 서로의 일정을 공유하고 본인에게 더 힘든 일을 공유한 뒤 역할을 분담하였다. 이를 통해 부부는 모두에게 이익이 되는 결과를 도출하였으므로 협력 전략임을 알 수 있다.
② 지문에 따르면, '유화 전략은 자신의 입장보다 상대방과의 관계 유지를 우선할 때 선택'되며 '상대방이 제시하는 조건을 일방적으로 수용'한다고 하였다. 사례의 '나'는 갈등을 피하기 위해 상사의 조건을 일방적으로 수용하였으므로 유화 전략임을 알 수 있다.
④ 지문에 따르면, '강압 전략은 물리적, 심리적 압박 수단을 통해 상대방을 굴복시키거나 순응하게 만든다'고 하였다. 사례의 A국은 B국에 특정 수출품에 대해 무역 제재를 하겠다고 위협하며, A국에 유리한 조건을 강요했으므로 강압 전략을 사용했다는 것을 알 수 있다.

10

(1) 숨은 전제: 하이브리드 차량은 전기로도 움직이는 것이 가능하다.

(2) 숨은 전제: 물에 젖은 연필은 글씨가 잘 안 써진다.

(3) 숨은 전제: 매일 야근을 하면 수면 시간이 줄어든다.

(4) 숨은 전제: 방전된 휴대 전화로는 아무것도 할 수 없다.

(5) 숨은 전제: 대조군이 없는 실험은 결과의 신뢰도를 낮춘다.

(6) 숨은 전제: 나는 아직 식전이다.

(7) 숨은 전제: 그가 퇴근할 때 비가 왔다.

(8) 숨은 전제: 우리는 사전 예약하지 않았다.

(9) 숨은 전제: 저 동물은 고기를 먹는다.

쿼터 홈트 DAY 07

01

(1) 'ㄹ' 탈락: ⓒ, ⓐ
해설 ⓒ '바늘+-질'은 '바늘'의 'ㄹ'이 'ㅈ' 앞에서 탈락하여 '바느질'로 표기한다.
ⓐ '팔-+-는'은 용언의 어간 '팔-'의 'ㄹ'이 어미 '-는' 앞에서 탈락하여 '파는'으로 표기한다.

(2) 'ㅎ' 탈락: ⓓ, ⓑ
해설 ⓓ '넣어라'는 용언의 어간 '넣-'의 받침 'ㅎ'이 모음으로 시작하는 어미 '-어라' 앞에서 탈락하여 [너어라]로 발음한다.
ⓑ '쌓이다'는 용언의 어간 '쌓-'의 받침인 'ㅎ'이 모음으로 시작하는 접미사 앞에서 탈락하여 [싸이다]로 발음한다.

(3) 자음군 단순화: ㉠, ⓐ
해설 ㉠ '넓다'는 겹자음 중 한 자음이 탈락하여 [널따]로 발음한다. 참고로, [ㄹ]로 발음되는 어간 받침 'ㄼ' 뒤에 연결되는 예사소리는 된소리로 발음한다.
ⓐ '넓둥글다'는 겹자음 중 한 자음이 탈락하여 [넙뚱글다]로 발음한다. 참고로, 받침 'ㄼ' 뒤에 연결되는 예사소리는 예외 없이 된소리로 발음한다.

(4) 'ㅡ' 탈락: ⓛ, ⓢ
해설 ⓛ '잠가라'는 '잠그다'의 어간 끝소리 'ㅡ'가 모음으로 시작하는 어미 '-아라' 앞에서 탈락하여 '잠가라[잠가라]'로 표기한다.
ⓢ '꺼'는 '끄다'의 어간 끝소리 'ㅡ'가 모음으로 시작하는 어미 '-어' 앞에서 탈락하여 '꺼[꺼]'로 표기한다.

(5) 동음 탈락: ⓔ, ⓞ
해설 ⓔ '사-+-아'는 '사다'의 어간 끝소리 'ㅏ'와 어미 '-아'가 같은 모음이므로, '사[사]'로 표기한다.
ⓞ '타-+-아'는 '타다'의 어간 끝소리 'ㅏ'와 어미 '-아'가 같은 모음이므로, '타[타]'로 표기한다.

02

(1) 진취적이어야 한다
해설 '모름지기'는 '사리를 따져 보건대 마땅히'라는 뜻으로 '~해야 한다'라는 서술어와 호응한다.

(2) 내보내 준다고 하더라도
해설 '설령'은 '-다 하더라도' 따위와 함께 쓰이는 부사어이다.

(3) 온다면
해설 '만약'은 주로 가정 표현과 호응하는 부사어이며, '~더라도'는 '비록'과 어울리는 어미이다.

(4) 안 될걸
해설 '아마'는 '단정할 수는 없지만 미루어 짐작하거나 생각하여 볼 때 그럴 가능성이 크다는 뜻을 나타내는 말'이라는 뜻으로, 뒤에 오는 추측의 표현과 호응한다. 따라서 '안 된다'와 같이 단정할 수는 없다.

(5) 있기 때문이다
해설 '왜냐하면'은 '때문'과 함께 쓰이는 부사어이다.

03 ②

해설 '㉠ 빠지는'은 '모자라다' 정도의 유의어로 대체 가능하며, 'A에서 B가 빠지다(모자라다)'의 구조를 가지는 서술어이다. ②의 '빠지는'도 '어디(은행)에서 어떤 대상(돈)이 빠지다(모자라다)'라는 의미로 사용된 것이므로, 문맥상 ㉠의 의미와 가장 가깝다.

• 빠지다¹: ❶【…에서】「3」 원래 있어야 할 것에서 모자라다.

오답 해설
① 빠지다¹: ❸「2」 살이 여위다.
예 여동생은 요즘 얼굴이며 몸이 너무 빠져 보여서 걱정이다.
③ 빠지다¹: ❻【…에/에게】('…에/에게' 대신에 '…에 비하여'가 쓰이기도 한다) 남이나 다른 것에 비해 뒤떨어지거나 모자라다.
예 이 회사 제품의 품질은 다른 회사의 것에 빠지지 않는 우수한 것이다.
④ 빠지다¹: ❷【…에】【…에서】「4」 정신이나 기운이 줄거나 없어지다.
예 그 말을 들으니 다리에 기운이 빠져서 서 있을 수가 없었다.

04 ① - ⓒ / ② - ㉠ / ③ - ⓑ / ④ - ⓔ / ⑤ - ⓛ / ⑥ - ⓓ

해설
㉠ 분산(分散)하다: 【…을】 갈라져 흩어지다. 또는 그렇게 되게 하다.
예 군대가 여러 지역으로 분산하여 배치되다.
ⓛ 발현(發現/發顯)하다: 「1」【…을】 속에 있거나 숨은 것이 밖으로 나타나다. 또는 나타나게 하다.
예 의병 활동은 민중의 애국 애족 의식이 발현한 것으로 독립운동의 모태가 되었다.
「2」【…을 …으로】 속에 있는 것이 어떤 모습이나 결과로 나타나다. 또는 그렇게 하다.
예 그 시에서는 따듯한 감정으로 발현한 시인의 정서를 느낄 수 있다.
ⓒ 개조(改造)하다: 【…을 …으로】 고쳐 만들거나 바꾸다.
예 부엌을 거실로 개조하다.
ⓔ 교화(敎化)하다: 【…을】 가르치고 이끌어서 좋은 방향으로 나아가게 하다.
예 죄수를 교화하다.
ⓜ 구분(區分)하다: 【…을 …으로】 일정 기준에 따라 전체를 몇 개로 갈라 나누다.
예 우리는 옳고 그른 일들을 구분할 줄 알아야 한다.
ⓑ 부양(扶養)하다: 【…을】 생활 능력이 없는 사람의 생활을 돌보다.
예 가족을 부양하다.

05 ②

해설 제시된 문장은 인과의 상황에서 뒤의 내용이 앞의 내용의 결과일 때 사용하는 접속어인 '그러므로' 뒤에서, 디지털 신호를 만들기 위해 소리가 전달될 때 변하는 공기의 압력 변화 과정을 설명하고 있다. 따라서 제시된 문장의 앞에는 소리가 전달될 때의 공기의 압력과 관련한 내용이 나와야 함을 유추할 수 있다. 또한 제시된 문장의 뒤쪽에 '아날로그 파형'에 관한 언급이 있는데, ②의 바로 뒤 문장에서 '이' 아날로그 파형이라는 표현을 사용하였다. 따라서 ②의 앞에는 아날로그 파형과 관련한 내용이 제시되지 않았으므로, ②에 제시된 문장이 들어가는 것이 가장 적절하다.

06 ③

해설 〈보기〉의 문장은 역접의 상황에서 사용하는 접속어인 '그러나' 뒤에서 '그 물체들'이 화가의 분노나 고뇌나 기쁨 등의 감정을 나타내는 것이 아니라고 하였으므로, 이 문장 앞에는 '그 물체들'이 화가의 감정을 나타낸다는 내용이 등장해야 한다.
이에 가장 부합하는 위치는 ③이다. ③ 앞에는 '이렇게 창조된 물체는 그 화가의 가장 깊은 경향을 반영하고 있다'는 내용이 있는데, 이는 〈보기〉의 문장과 반대되는 내용이므로 역접의 상황에서 사용하는 접속어 '그러나'에 부합한다.

07 ②

해설 〈보기〉 이전에는 '자기 스스로 노력하고 탐구하여 얻은' 특성에 대한 내용이 나와야 한다.
② 앞에 오는 문장에는 여러 특성들이 나오고 뒤에는 그 특성을 갖기 위해 노력했음이 나온다. 따라서 〈보기〉가 들어가기에 가장 적절하다.

오답 해설
① 앞에 오는 문장에 괴테의 정신세계가 다양한 요소를 지녔다는 말만 있지, 다양한 요소가 무엇인지에 대한 설명은 없다. ①에 〈보기〉가 올 수는 없다.
③ 앞에 오는 문장에서 특성이 아닌 노력에 대한 언급을 하고 있으므로 적절하지 않다.
④ 앞에 오는 문장에 나온 진정한 인간성을 특성으로 보더라도 특성 '들'이 열거되지 않았으므로 적절하지 않다.
⑤ 이전의 문장들에서 이미 괴테의 노력에 대한 서술이 계속되어 왔는데 '그런데'로 상황을 반전시키고 다시 노력 이야기를 하는 것은 부자연스럽다.

08

(1) ×
해설 둘째 문단에 따르면, '순서나 과정을 드러내는 어휘'를 쓰면 '담화의 응집성'이 실현된다.

(2) ×
해설 마지막 문단에 따르면, '하나의 통일된 주제에 관해서만 이야기해야 담화가 이루어진다'고 하였다. 따라서 하나의 담화를 여러 주제로 구성하면 담화의 통일성이 실현되지 않을 것이다.

(3) ○
해설 둘째 문단의 '담화의 응집성은 발화들이 서로 긴밀하게 묶여 하나의 담화를 구성하도록 해 주는 형식 요소이다'와 마지막 문단의 '담화의 통일성은 담화 내 발화들이 하나의 주제로 연결되어 담화를 구성하도록 해 주는 내용 요소이다'를 통해 알 수 있다.

09

(1) 숨은 전제: 나는 입사한 지 5년이 넘었다.

(2) 숨은 전제: 외국어 면접을 통과한 사람이 해외 지사 파견 대상자가 된다.

(3) 숨은 전제: 이 약물은 동물 실험에서 부작용이 나타났다.

(4) 숨은 전제: 민수는 시력이 나쁘다.

10 ③

해설 제시된 문장의 결론은 '그가 도덕적으로 비난받고 있다'는 것이다. 이 결론이 타당하기 위해서는 그가 한 행위가 도덕적으로 비난받을 행위라는 전제가 필요하다. 따라서 '해로운 정보를 숨기는 행위는 도덕적으로 비난받는다'가 전제로 추가되어야 한다.

오답 해설
① '해로운 정보를 알리는 것은 회사에 손해가 된다'는 것은 그의 행동의 배경(왜 숨겼는지)에 대한 설명이 될 수는 있지만, '도덕적 비난'과는 직접적으로 연결되지 않는다. 따라서 추가 전제로 적절하지 않다.
② '회사의 이익을 위해서는 정보 조작도 허용된다'는 것은 결론과 정반대되는 전제이다. 즉, 이는 결론을 반박하는 전제이므로 추가 전제로 적절하지 않다.
④ 제시된 문장의 결론은 '그가 도덕적으로 비난받고 있다'는 확정적 결론이다. 따라서 '도덕적 판단은 상황에 따라 달라진다'와 같은 전제는 들어갈 수 없다.

쿼터 홀트 DAY 08

01

(1) ×
해설 마지막 문단에 따르면, 모음 축약은 발음과 표기가 일치한다. 그러나 둘째 문단에 따르면, 자음 축약은 표기의 변화는 없이 오직 발음만 바뀐다. 따라서 자음 축약의 발음과 표기는 일치하지 않는다.

(2) ○
해설 '국화'는 예사소리 'ㄱ'이 'ㅎ'과 만나 'ㅋ' 발음이 난다. 따라서 '국화[구콰]'로 발음한다. '옷 한 벌'은 단어와 단어 사이에서 자음 축약이 일어난 경우이므로, 먼저 음절의 끝소리 규칙이 적용되어야 한다. 따라서 '옷 한 벌[온한벌 → 오탄벌]'로 발음한다.

(3) ○
해설 '가지- + -어'는 단모음 'ㅣ'가 'ㅓ'와 결합하여 '가져'로 표기한다. '누- + -이다'는 단모음 'ㅜ'가 'ㅣ'와 결합하여 '뉘다'로 표기한다.

02

(1) 사업 계획을(조사) 수립하고(어미)

(2) 부패를(조사) 유발하는(어미) 제도와(조사) 관행을(조사) 시정할(어미) 것을

(3) 학습 여건을(조사) 조성하는(어미)

(4) 공연에(조사) 사용한(어미) 장비와(조사) 물품을(조사) / 파손하거나(어미) 분실한

03 ㉮ - ㉡ - ⓑ / ㉯ - ㉠ - ⓒ / ㉰ - ㉢ - ⓐ

해설

- **증진(增進)**: 기운이나 세력 따위가 점점 더 늘어 가고 나아감.
  - 예) 양국의 우호 증진과 상호 협력 방안을 논의하기 위한 회담이 개최되었다.
- **감퇴(減退)**: 기운이나 세력 따위가 줄어 쇠퇴함.
  - 예) 기억력 감퇴

- **인상(引上)**: 「1」 물건 따위를 끌어 올림.
  - 「2」 물건값, 봉급, 요금 따위를 올림.
    - 예) 공공요금의 인상
- **인하(引下)**: 「1」 물건 따위를 끌어 내림.
  - 「2」 가격 따위를 낮춤.
    - 예) 휘발유 가격 인하로 자동차 판매량이 늘고 있다.

- **이완(弛緩)**: 「1」 바짝 조였던 정신이 풀려 늦추어짐.
  - 예) 긴장의 이완
  - 「2」 잘 조성된 분위기 따위가 흐트러져 느슨해짐.
    - 예) 결속력의 이완
  - 「3」 굳어서 뻣뻣하게 된 근육 따위가 원래의 상태로 풀어짐.
    - 예) 근육의 긴장과 이완
- **경직(硬直)**: 「1」 몸 따위가 굳어서 뻣뻣하게 됨.
  - 예) 심장의 경직 상태
  - 「2」 사고방식, 태도, 분위기 따위가 부드럽지 못하여 융통성이 없고 엄격하게 됨.
    - 예) 권위주의 사회의 독선과 경직

04 〈가로〉 ㉠ 발현 / ㉢ 회귀 / ㉤ 남발
〈세로〉 ㉡ 현상 / ㉣ 귀결

해설

〈가로〉

- ㉠ **발현(發現/發顯)**: 속에 있거나 숨은 것이 밖으로 나타나거나 그렇게 나타나게 함. 또는 그런 결과
  - 예) 누구에게나 착한 심성이 있지만 누구나 그것을 발현하는 것은 아니다.
- ㉢ **회귀(回歸)**: 한 바퀴 돌아 제자리로 돌아오거나 돌아감.
  - 예) 과거로의 회귀
- ㉤ **남발(濫發)**: 「1」 법령이나 지폐, 증서 따위를 마구 공포하거나 발행함.
  - 예) 신용 카드의 남발
  - 「2」 어떤 말이나 행동 따위를 자꾸 함부로 함.
    - 예) 감탄사의 남발

〈세로〉

- ㉡ **현상(現象)**: 「1」 인간이 지각할 수 있는, 사물의 모양과 상태
  - 예) 열대야 현상
  - 「2」 『철학』 본질이나 객체의 외면에 나타나는 상
- ㉣ **귀결(歸結)**: 어떤 결말이나 결과에 이름. 또는 그 결말이나 결과
  - 예) 결국 선은 선으로 악은 악으로 귀결한다.

05 ②

해설 제시된 문장은 우리가 당연하다고 여기고 비판 없이 받아들이는 것이 클리셰라고 설명한다.
② 앞에는 클리셰를 정의하며 우리의 삶도 클리셰의 모음이라는 내용이, ② 뒤에는 상술의 상황에서 사용하는 '다시 말해' 뒤에 클리셰는 의심하지 않는 우리의 상식들이라는 내용이 제시되어 있다. 그러므로 ②에는 클리셰가 의심하지 않는 우리의 상식들이라는 내용과 유사한 내용이 제시되어야 한다. 따라서 제시된 문장은 ②에 들어가는 것이 자연스럽다.

06 ③

해설 〈보기〉의 문장은 전환의 상황에서 사용하는 접속어인 '그렇다면' 뒤에서 우리나라의 연호 사용 양상이 어떠했을지 질문하고 있다. 따라서 제시된 문장 뒤에 우리나라의 연호 사용 양상에 대한 내용이 제시되어야 한다는 것을 알 수 있다.
이에 가장 부합하는 위치는 ③이다. ③ 앞에서는 연호 제정의 의미를 설명하고 있으며, ③ 뒤에서는 우리나라의 연호 사용 양상에 대해 설명하고 있다. 따라서 제시된 문장이 들어갈 적절한 곳은 ③이다.

07 ④

해설 제시된 문장은 '입법의 모든 내용이 의인화된 단일 의식 속에 반영되었다고 간주한다'는 내용이다. '이는'이라는 표현으로 보아, 앞서 동일한 내용이 서술되었고, 제시된 문장이 그 내용을 더 쉽게 풀어내고 있음을 알 수 있다.
지문은 첫째 문단에서 법학적 해석이 문헌학적 해석과 달리 객관적으로 타당한 의미를 갖는 것을 지향한다고 서술하며, 둘째 문단에서 그 방법을 구체적으로 서술한다. ④ 앞에는 법률은 다수의 제정자가 관여하고 그 때문에 관여자마다 의견이 있을 수 있지만, 법학적 해석은 일의적이어야 하므로 국가의 의사라 할 수 있는 입법자의 의사는 이념적으로 법률의 의사와 일치한다는 내용이 제시되어 있다. 제시된 문장의 '입법의 모든 내용'은 법규를, '의인화된 단일 의식'은 일의적인 국가의 의사이자 입법자의 의사, 법률의 의사를 의미하므로, 제시된 문장은 ④에 위치해야 한다.

08 ②

해설 ㉠은 앳킨슨에 의해 '야만인'으로 묘사된 '스톤헨지를 세운 사람들'이다.

09 (정상 상태에 도달하는 동안 ~ 저항값을 감소시킨다)

10

(1) 뒷받침 근거
해설 숙제가 많아질수록 학생들이 가족과 보내는 시간이 줄어든다는 것은 숙제가 과도하게 주어지는 것의 부정적인 영향을 강조한 것이므로 주장을 뒷받침하는 근거이다.

(2) 무관한 근거
해설 일부의 특성으로는 전체를 일반화할 수 없다.

(3) 무관한 근거
해설 이 문장은 교사가 숙제를 내는 동기나 태도에 관한 진술이므로 주장과는 관련이 없다.

(4) 뒷받침 근거
해설 과도한 숙제가 수면 부족이라는 부정적 영향을 일으킨다는 것이므로 주장을 뒷받침하는 근거이다.

(5) 뒷받침 근거
해설 초등학생의 정서 발달을 과도한 숙제가 막는다는 것이다. 이는 숙제가 부정적 영향을 끼치는 근거이므로 뒷받침 근거이다.

(6) 뒷받침 근거
해설 일정 수준 이상이 되면 숙제가 많다고 해서 학업 성취도가 올라가는 것은 아니므로 과도한 숙제에 반대하는 주장을 뒷받침하는 근거이다.

(7) 무관한 근거
해설 초등학생들이 AI를 활용해 숙제를 대신한다는 것은 주장과 관련이 없다.

(8) 반박 근거
해설 수업 내 활동보다 숙제의 효과성을 강조하였으므로 지문을 반박하는 근거이다.

(9) 무관한 근거
해설 급식과 학습은 별개의 주제이므로 지문과 무관한 근거이다.

쿼터 홈트 DAY 09

01

(1) ○
해설 첫째 문단에 따르면, '음운의 첨가'란 두 음운이 합쳐질 때 그 사이에 원래 없던 음운이 새로 생겨 발음되는 현상이라고 하였다.

(2) ○
해설 '눈(어근) + 요기(어근)'는 앞말이 자음으로 끝나고 뒤에 'ㅛ'로 시작하는 모음이 오므로, 'ㄴ' 첨가 현상이 일어나 [눈뇨기]라고 발음한다.

(3) ×
해설 모음으로 끝나는 형태소(ㅣ) 뒤에 단모음으로 시작하는 형태소(ㅗ)가 올 때 반모음 'ㅣ'가 첨가되어 이중 모음(ㅛ)이 되는 현상은 'ㅣ' 모음 순행 동화의 예시이다.

02

(1) 은 1킬로그램 상당을 담은 보관함 / 은을 담은 1킬로그램 상당의 보관함
해설 '1킬로그램 상당'이 '은'을 수식하는지, '보관함'을 수식하는지 분명하지 않다.

(2) 유구하고 빛나는 전통문화를 단절시킬 가능성이 큰, 융통성이 없는 문화 정책은 재고되어야 한다.
해설 '유구한', '빛나는'이 '전통문화'를 꾸미고 있고, 또 '유구한 빛나는 전통문화를 단절시킬 가능성이 큰'과 '융통성이 없는'이라는 두 관형절이 겹쳐서 사용되었다.

(3) 이 수술은 고도로 정밀하여 후유증이 없이 안전하며, 비용도 파격적으로 저렴하다.
해설 '후유증이 없는', '안전한', '고도의 정밀한'이 모두 '수술'을 수식하고 있어 의미 파악이 어렵고 '비용'이라는 표현을 중복 사용하고 있다.

03 ③

해설 'ⓐ 헐었다'는 '무너뜨리다' 정도의 유의어로 대체 가능하며, 'A가 B를 헐다(무너뜨리다)'의 구조를 가지는 서술어이다. ③의 '헐었다'도 'A가 B(집)를 헐다(무너뜨리다)'라는 의미로 사용된 것이므로, 문맥상 ⓐ의 의미와 가장 가깝다.
• 헐다²: 【…을】「1」 집 따위의 축조물이나 쌓아 놓은 물건을 무너뜨리다.

오답 해설
① 헐다²: 【…을】「3」 일정한 액수의 돈을 쓰게 되어 그 액수의 상태를 유지하지 못하게 되다.
② 헐다¹: 「2」 물건이 오래되거나 많이 써서 낡아지다.
  예 입고 있는 옷은 찢기기도 하고 헐기도 하여 넝마와 다름없었다.
④ 헐다¹: 「1」 몸에 부스럼이나 상처 따위가 나서 짓무르다.
  예 피곤하면 입안이 금방 헌다.

04 ③

해설 'ⓐ 가진'은 '소유하다' 정도의 유의어로 대체 가능하며, 'A가 B(자격증)를 가지다(소유하다)'의 구조를 가지는 서술어이다. ③의 '가지고'도 '철수가 어떤 대상(국가기술자격증)을 가지다(소유하다)'라는 의미로 사용된 것이므로, 문맥상 ⓐ의 의미와 가장 가깝다.
• 가지다: **1**【…을】「3」 직업, 자격증 따위를 소유하다.

오답 해설
① 가지다: **3**【(…과) …을】('…과'가 나타나지 않을 때는 여럿임을 뜻하는 말이 주어로 온다)('관련'을 뜻하는 말과 함께 쓰여) 관계를 맺다.
  예 이웃과 왕래를 가지다.
② 가지다: **2**【…에/에게 …을】생각, 태도, 사상 따위를 마음에 품다.
  예 자신의 일에 자부심을 가지다.

④ 가지다: ❶【…을】「6」 거느리거나 모시거나 두다.
   예 그는 많은 형제를 <u>가졌다</u>.

05 ①

해설 '㉠ 마르지'는 '고갈되다' 정도의 유의어로 대체 가능하며, 'A(물)가 마르다(고갈되다)'의 구조를 가지는 서술어이다. ①의 '말라'도 'A(강)가 마르다'라는 의미로 사용된 것이므로, 문맥상 ㉠의 의미와 가장 가깝다.
• 마르다: 「4」 강이나 우물 따위의 물이 줄어 없어지다.

오답 해설
② 마르다: 「3」 살이 빠져 야위다.
   예 그는 언뜻 보아도 바짝 <u>마른</u> 사나이였다.
③ 마르다: 「2」 입이나 목구멍에 물기가 적어져 갈증이 나다.
   예 맨입으로 지껄였더니 입이 <u>마른다</u>.
④ 마르다: 「5」 돈이나 물건 따위가 다 쓰여 없어지다.

06 ②

해설 지문에서는 수명을 늘릴 수 있는 여러 방법 중 '노화 문제를 해결하는 것'이 가장 좋은 방법이라고 서술한 뒤, ㉠에서 '이 방법'이라는 지시 표현을 사용하고 있다. 이때 ㉠은 단순히 '수명을 늘릴 수 있는 여러 방법 중 가장 좋은 방법'이 아니라, 그중 가장 좋은 방법으로 제시된 '노화 문제 해결'을 지시하는 것이다.

07 ②

해설 당시의 유학자 중 서학을 수용하는 데 적극적이었던 이들은 서학을 무조건 따르자고 주장하지 않았으며, 그들에게 서학은 분석의 대상이었다. 그리고 이어지는 문장에서 '㉠(그들)'은 서학을 검토하며 이를 선별적으로 수용했다고 하였으므로, '㉠(그들)'이 '당시의 유학자'가 아니라 '서학 수용에 적극적인 이들'이라는 것을 알 수 있다.

08

(1) ㉠: ①, ③ / (2) ㉡: ②

해설 ㉠은 '자기지향적 동기를 말한 사람들' 모두이다. 이 집단에는 '①(자기지향적 동기만 말한 사람)'과 '③(자기지향적 동기와 타인지향적 동기 모두 말한 사람)'이 포함된다.
㉡은 '자기지향적 동기를 말하지 않은 사람들'이다. 이 집단에는 '②(타인지향적 동기만 말한 사람)'만 포함된다.

09 ①

해설 고정부에서는 언어의 고유 표기 체계가 읽기 과정에 영향을 미친다고 하였다.
ㄱ. '철자 읽기가 명료하다는 것'의 의미를 밝혔다. 따라서 ㄱ 앞에는 '철자 읽기'에 대한 언급이 있어야 한다.
ㄴ. '그 예'로 이탈리아어와 스페인어가 있다고 하였으므로, '그 예'가 의미하는 바를 찾아야 한다.
ㄷ. '알파벳 언어'의 표기 체계에 따라 철자 읽기의 명료성 수준이 달라진다고 하였다. 고정부에서 '언어의 고유 표기 체계'가 언급되었으므로 고정부 바로 다음에 와야 하며, '철자 읽기'에 대한 언급이 있으므로 ㄷ은 ㄱ 앞에 와야 한다. → 선지 ②, ③ 탈락
ㄹ. 앞의 말과 비교할 때 쓰는 '이에 비해'가 제시되었으므로 ㄹ의 앞에는 영어와 달리, '철자 읽기의 명료성이 높은' 언어의 예시가 언급되었을 것임을 알 수 있다. 이를 통해 ㄴ의 '이탈리아어와 스페인어'가 '철자 읽기의 명료성이 높은' 언어임을 알 수 있다.
ㅁ. '이 두 언어'라고 하였으므로 ㅁ은 ㄴ 뒤에 이어진다는 것을 알 수 있다. → 선지 ③ 탈락
이를 종합하면, '고정부 - ㄷ - ㄱ(철자 읽기가 명료하다는 것의 의미) - ㄴ(철자 읽기가 명료한 언어의 예시) - ㅁ(이탈리아어와 스페인어가 철자 읽기가 명료한 언어인 이유) - ㄹ(반대로, 철자 읽기의 명료성이 낮은 영어)'의 순서로 배열하는 것이 가장 적절하다는 것을 알 수 있다.

♣ **배열 유도지 작성해 보기**
1. 언어의 고유 표기 체계
2. 알파벳 언어
3. 이에 비해 4. 높은 5. 예시 6. 뒤 7. ②, ④
8. 철자 읽기가 명료하다는 것 9. ㄷ 10. ②
11. 이탈리아어 12. 스페인어 13. ㄹ 14. ㄹ 15. 뒤 16. ②, ④
17. 이탈리아어 18. 스페인어 19. ㅁ 20. ㄴ 21. ③

10

(1) 뒷받침 근거
해설 산업혁명 이후의 인간 활동이 기후 변화(강수량 변화)에 영향을 미쳤다는 것이므로 뒷받침 근거이다.

(2) 반박 근거
해설 자연적 요인이 기후 변화의 주요 원인이라는 것이므로 반박 근거이다.

(3) 반박 근거
해설 지구 기온 변화는 인류와 무관하게도 발생해 왔다는 것이므로 반박 근거이다.

(4) 뒷받침 근거
해설 권위 있는 기관의 보고서에서 지구 온난화의 지배적인 원인이 인간의 활동이라 하였으므로 주장을 뒷받침한다.

(5) 무관한 근거
해설 해양 쓰레기 증가도 환경 문제이기는 하지만, 기후 변화의 원인과는 논리적으로 관련이 없다.

(6) 뒷받침 근거
해설 인간 활동과 기후 변화 간 시기적 일치를 강조한 것이므로 주장을 뒷받침하는 근거이다.

(7) 뒷받침 근거
해설 실제 관측된 기후 변화 현상을 제시하고 있으므로 이는 주장을 뒷받침하는 근거이다.

(8) 무관한 근거
해설 해양 생태계 영향에 대한 것은 기후 변화 원인과는 다른 주제이므로 무관한 근거이다.

(9) 반박 근거
해설 인간 외의 지질학적 요인이 기후 변화에 영향을 미쳤다는 것이므로 반박 근거이다.

(10) 무관한 근거
해설 기술 개발이 이루어지는 것은 기술적 대응 상황일 뿐, 기후 변화의 주요 원인을 다루고 있는 것이 아니다.

쿼터 홈트 DAY 10

01
㉠ 가-, 있-
㉡ 해당 요소 없음
㉢ 그, 얼굴, 빛
㉣ 의, 이, -은, 을, -었-, -다
㉤ 우리, 비
㉥ 맞-, 있-
㉦ 해당 요소 없음
㉧ 는, 를, -고, -었-, -다

02
(1) 감사합니다
해설 보내 준 것을 받은 그때만 감사하고 지금은 아닌 것으로 오해할 수 있다. 감사는 현재의 마음을 표현하는 것으로 현재 시제로 하여야 한다.

(2) 예상됩니다
해설 '-겠-'은 '미래의 일이나 추측'을 나타내는 의미가 있다. '예상'하는 대상은 미래 시점이지만, 예상하는 행위는 현재 이루어지는 일이므로 '예상됩니다'라고 써야 한다.

(3) 왔지만
해설 '밤새('밤사이'의 준말)'는 '밤이 지나는 동안'을 의미하므로, 과거형으로 서술해야 옳다.

(4) 부르려 한다
해설 '바야흐로'는 '이제 한창, 지금 바로'란 뜻이므로 과거형과 어울리지 않는다.

(5) 봄이다
해설 '바야흐로'는 '지금 막', '이제 한창'의 뜻으로, 과거 시제와는 호응하지 않고 뒤에 주로 현재 시제가 온다.

03 ②
해설 그의 성격이 바뀌게 되었다고 하였으므로, ㉠은 '모양이나 모습이 달라지거나 바뀌게 되다'를 의미하는 '변모(變貌)되다'와 바꾸어 쓸 수 있다.
예 과거에는 논밭이었던 곳이 지금은 화려한 거리로 <u>변모되어</u> 있었다.

오답 해설
① 대체(代替)되다: 다른 것으로 바뀌다. ≒ 교체(交替/交遞)되다
예 자동차 부품이 국산품으로 <u>대체된다</u>.

04 ① - ㉣ / ② - ㉠ / ③ - ㉡ / ④ - ㉢ / ⑤ - ㉥ / ⑥ - ㉤

해설
㉠ 전파(傳播)하다: 【…을 …에/에게】【…을 …으로】전하여 널리 퍼뜨리다.
예 우리의 우수한 문화를 세계에 <u>전파하다</u>.
㉡ 보존(保存)하다: 잘 보호하고 간수하여 남기다.
예 환경을 <u>보존하다</u>.
㉢ 정체(停滯)되다: 사물이 발전되거나 나아가지 못하고 한자리에 머물러 그치게 되다.
예 우리나라의 경제 성장이 <u>정체된다</u>.
㉣ 해명(解明)하다: 【…에/에게 …을】【…에/에게 -고】('…을' 대신에 '…에 대하여'가 쓰이기도 한다) 까닭이나 내용을 풀어서 밝히다.
예 그는 기자에게 사건의 진상을 즉각 <u>해명하였다</u>.
㉤ 전망(展望)하다: 「1」넓고 먼 곳을 멀리 바라보다.
예 그는 산 정상에 올라 발아래의 풍경을 <u>전망하였다</u>.
「2」【…을 …으로】【…을 -고】【…으로】【-고】앞날을 헤아려 내다보다.
예 기업인들은 컴퓨터 관련 산업을 21세기의 주도적인 사업으로 <u>전망하고</u> 있다.
㉥ 거론(擧論)하다: 어떤 사항을 논제로 삼아 제기하거나 논의하다.
예 어떤 사람들도 그날 이후 그 일에 대해서는 더 이상 <u>거론하지</u> 않았다.

05 ㉠, ㉢, ㉣ / ㉡, ㉤
해설 '사람의 몸', '저 집의 재목', '나라의 정치' 모두 잘못된 것이 발견되면 고칠 수 있는 대상이다. '백성을 좀먹는 무리들'은 '잘못'된 것 그 자체이다.

06 ③
해설 침실로 들어간 왕연희가, 다른 왕연희와 부인이 이야기를 나누고 있는 것을 보고 ㉠을 꾸짖고, 종들에게 ㉡을 결박하라고 하였다. 이에 전우치가 말한 것을 통해 다른 왕연희는 '전우치'임을 알 수 있다. 따라서 ㉠, ㉡은 모두 '전우치'이다.
왕연희가 침실로 들어가자 전우치(다른 왕연희)가 하인에게 ㉢을 '빨리 몰아 내쳐라'라고 하였다. 따라서 ㉢은 '왕연희'이다.

07 ②
해설
ㄱ. '이를 통해 영화를 보는' 관객이 받는 영향을 설명하고 있으므로 ㄱ 앞에 영화에 관한 설명이 제시되는 것이 적절하다.
ㄴ. 현대 과학의 성과에 대해 설명하고 있다.
ㄷ. '미래 사회의 공포를 보여 주는 수많은 할리우드 영화'는 인류의

'이런 걱정'을 반영한 디스토피아의 표상이라고 한다. '이런 걱정'이라고 하였으므로 ㄷ의 앞에 '이런 걱정'에 대해 언급한 문장이 제시되어야 한다.
ㄹ. 디스토피아 장르 영화의 특징을 설명한다. ㄷ에서 미래 사회의 공포를 보여 주는 예시로서 디스토피아 영화를 제시하였다. 따라서 ㄷ 뒤에 ㄹ이 이어지는 것이 자연스럽다. → 선지 ④ 탈락
ㅁ. '하지만'이라는 접속어를 이용하여 과학 발전의 단점을 설명하는 문장이므로 ㅁ 앞에는 장점에 관한 설명이 오는 것이 적절하다. 따라서 과학의 긍정적 성과를 설명한 ㄴ 뒤에 ㅁ이 와야 한다. 또한 미래 사회의 부정적인 면으로 개인의 삶이 통제될 수 있는 불안감을 설명하므로 ㅁ 뒤에 미래 사회의 부정적인 면의 예시인 할리우드 영화를 설명하는 ㄷ이 오는 것이 자연스럽다. → 선지 ①, ③, ④ 탈락

따라서 'ㄴ-ㅁ-ㄷ-ㄹ-ㄱ'의 순서가 가장 자연스럽다.

♣ 배열 유도지 작성해 보기
1. 이런 걱정 2. 이런 걱정 3. 없다 4. ①, ④
5. 이를 통해 영화를 보는 6. 영화
7. ㄷ 8. ㄷ 9. ④
10. 하지만 11. 장점 12. ㄴ 13. ㄷ 14. ①, ③, ④
15. ㄴ-ㅁ-ㄷ-ㄹ-ㄱ

08

(1) 연역 논증
해설 연역 논증은 전제가 참인 경우에 결론이 반드시 참이 되는 논증이다. 제시된 논증의 경우 구체적 진술에서 구체적 진술을 도출했지만, 전제가 참이라면 결론은 무조건 참이 되는 논증이므로 연역 논증에 해당한다.

(2) 귀납 논증
해설 귀납 논증은 전제가 참이더라도 결론이 반드시 참이라고 단정할 수 없는 논증이다. 제시된 논증은 구체적 진술에서 구체적 진술을 도출했지만, 전제가 참이더라도 결론이 반드시 참이라는 보장이 없으므로 귀납 논증이다.

(3) 연역 논증
해설 '주식 투자에서는 손해를 보는 사람이 있어야 이득을 보는 사람도 있다'는 전제와 '영호는 주식 투자에서 이득을 보았다'라는 전제를 통해 '누군가는 주식 투자에서 손해를 보았을 것이다'라는 결론을 도출했으므로 연역 논증이다.

(4) 귀납 논증
해설 지난 10년간 A 도시의 7월 평균 기온이 30도 이상이었다고 하여 올해 A 도시의 7월 평균 기온이 30도 이상일 것이라고 단정할 수는 없다. 따라서 귀납 논증이다.

(5) 귀납 논증
해설 '지금까지 우리나라의 대통령은 모두 50세 이상이었다'라는 전제가 참이라고 하여도 앞으로의 대통령들이 모두 50세 이상일 것을 100% 단정할 수 없다. 따라서 귀납 논증이다.

(6) 연역 논증
해설 '도시의 인구가 감소하면 주택 수요도 감소한다'와 'A 도시의 인구가 감소하고 있다'라는 전제가 참이라면 A 도시의 주택 수요는 반드시 감소하므로 연역 논증이다.

(7) 연역 논증
해설 '휴대폰에 배터리가 없다면 켜지지 않을 것이다'와 '휴대폰에 배터리가 없다'라는 전제가 참이라면 휴대폰은 반드시 켜지지 않을 것이다. 따라서 연역 논증이다.

(8) 귀납 논증
해설 탄이는 자신이 태어난 이후로 언니가 매일 놀아 주었다고 하였다. 이 전제가 참이라고 하여도 언니가 오늘도 탄이와 놀아 줄 것이라는 것은 100% 참이라고 단정할 수 없다. 따라서 귀납 논증이다.

(9) 귀납 논증
해설 '대부분의 사람은 오른손잡이이다'와 '유진이는 사람이다'라는 전제가 참이라고 하여도 유진이가 오른손잡이일 것이라는 것은 100% 참이라고 단정할 수 없다. 따라서 귀납 논증이다.

(10) 연역 논증
해설 '눈이 오면 항상 도로가 언다'와 '아침에 눈이 왔다'라는 전제가 참이라면 반드시 도로가 얼 것이다. 따라서 연역 논증이다.

쿼터 홈트 DAY 11

01

(1) 어근, 밤, 어근, 낮, 합성어

(2) 접사, 헛-, 어근, 소문, 파생어

(3) 어근, 장난, 접사, -꾸러기, 파생어

(4) 접사, 풋-, 어근, 사과, 파생어

(5) 어근, 손, 어근, 발, 합성어

02

(1) 최대한
해설 우리에게 불리한 것은 많이 줄여 나갈수록 좋은 것이므로 '최소한 줄여 나간다'는 말이 어색하다.

(2) 제출해
해설 서류 접수는 ○○기관에서 하는 것이다. 지원자의 관점에서는 서류를 '제출'해야 한다.
• 접수하다(接受하다): 신청이나 신고 따위를 구두(口頭)나 문서로 받다.
• 제출하다(提出하다): 문안(文案)이나 의견, 법안(法案) 따위를 내다.

(3) 정책 혁신
해설 ○○구에서 실시하는 '혁신'의 대상은 정부가 아니라 정책이다.
• 혁신(革新): 묵은 풍속, 관습, 조직, 방법 따위를 완전히 바꾸어서 새롭게 함.

(4) 임차
해설 그는 대출을 받는다고 했으므로, 돈을 빌려 사무실을 얻기로 하

였다는 것을 알 수 있다. 따라서 '임차'를 사용해야 한다.
- 임대하다(賃貸하다): 돈을 받고 자기의 물건을 남에게 빌려주다.
- 임차하다(賃借하다): 돈을 내고 남의 물건을 빌려 쓰다.

(5) 납부하여야

해설 수납은 돈을 거두어들이는 곳에서 하는 것이다. 금액을 내야 하는 사람의 관점에서는 금액을 '납부'해야 한다.
- 수납(收納): 돈이나 물품 따위를 받아 거두어들임.
- 납부(納付/納附): 세금이나 공과금을 관계 기관에 냄.

03 ④

해설 '㉠ 받았다'는 '잡다' 정도의 유의어로 대체 가능하며, 'A를 받다(잡다)'의 구조를 가지는 서술어이다. ④의 '받았다'도 'A(공)를 받다(잡다)'는 의미로 사용된 것이므로, 문맥상 ㉠의 의미와 가장 가깝다.
- 받다¹: ❷ 「1」【…을】 공중에서 밑으로 떨어지거나 자기 쪽으로 향해 오는 것을 잡다.

오답 해설
① 받다²: 「1」【…을】 머리나 뿔 따위로 세차게 부딪치다.
② 받다¹: ❶ 「3」【…에서/에게서 …을】 다른 사람이나 대상이 가하는 행동, 심리적인 작용 따위를 당하거나 입다.
  예 독재자에게 지배를 <u>받다</u>.
③ 받다¹: ❷ 「2」【…을】 어떤 상황이 자기에게 미치다.
  예 새해 복 많이 <u>받으세요</u>.

04 ① - ㉠ / ② - ㉡ / ③ - ㉥ / ④ - ㉢ / ⑤ - ㉣ / ⑥ - ㉤

해설
㉠ 제출(提出)하다: 【…을 …에/에게】【…을 …으로】 문안(文案)이나 의견, 법안(法案) 따위를 내다.
  예 보고서를 교수에게 <u>제출하다</u>.
㉡ 주도(主導)하다: 【…을】 앞장서서 조직이나 무리를 이끌다.
  예 개혁을 <u>주도하다</u>.
㉢ 해결(解決)되다: 제기된 문제가 해명되거나 얽힌 일이 잘 처리되다.
  예 노사 분규가 <u>해결되다</u>.
㉣ 내포(內包)하다: 【…을】 어떤 성질이나 뜻 따위를 속에 품다.
  예 사장의 말은 복합적인 의미를 <u>내포하고</u> 있다.
㉤ 격리(隔離)하다: 【…을 …에서/에게서】【…을 (…과)】 ('과'가 나타나지 않을 때는 여럿임을 뜻하는 말이 목적어로 온다)
  「1」 다른 것과 통하지 못하게 사이를 막거나 떼어 놓다.
  「2」 감염병 환자나 면역성이 없는 환자를 다른 곳으로 떼어 놓다.
    예 전염병 환자를 동네에서 <u>격리하다</u>.
㉥ 해제(解除)되다: 「1」 설치되었거나 장비된 것 따위가 풀려 없어지다.
    예 무장이 <u>해제되다</u>.
  「2」 묶인 것이나 행동에 제약을 가하는 법령 따위가 풀려 자유롭게 되다.
    예 계엄령이 <u>해제되다</u>.
  「3」 책임에서 벗어나 면해지다.
    예 이번에 벌어진 큰 사건으로 경찰청장은 직위가 <u>해제되었다</u>.

05 ④

해설 ㉠~㉤은 언어적 의사소통에 사용되는 '음성 언어(㉠)'와 비언어적 의사소통에 사용되는 '동작 언어(㉡)'로 나눌 수 있다.
㉢(전자)은 먼저 설명된 '음성 언어'를 의미한다.
㉣(감정적인 정보)은 '후자(동작 언어)'가 전달하는 정보이다.
음성 언어와 동작 언어가 상충되는 경우 동작 언어가 내용을 결정하는데, 그 이유는 ㉤(비언어적 메시지)은 숨길 수 없기 때문이라고 하였다. 이를 통해 ㉤(비언어적 메시지)이 동작 언어를 의미한다는 것을 알 수 있다.
따라서 ㉠, ㉢ / ㉡, ㉣, ㉤이 같은 특성이다.

06 ①

해설 ㉠~㉥은 '스트레이트 기사(㉠)'와 '피처 기사(㉡)'로 나눌 수 있다.
㉢의 '전자'는 먼저 설명된 '스트레이트 기사', ㉣의 '후자'는 나중에 설명된 '피처 기사'이다.
㉤은 '전통적인 신문 기사의 형식'이라고 하였으므로 '스트레이트 기사'와 같은 특성이며 ㉥은 '서론, 본론, 결론과 같이 체계적으로 작성하는 방식'이라고 하였으므로 '피처 기사'와 같은 특성이라고 볼 수 있다.
따라서 ㉠, ㉢, ㉤ / ㉡, ㉣, ㉥이 같은 특성이다.

07 ①

해설 고정부에는 재미없고 지루한 놀이터는 오히려 사고의 위험을 높일 수도 있다는 내용이 제시되어 있다.
ㄱ. '왜냐하면'이라는 인과의 상황에서 뒤의 내용이 앞의 내용의 원인일 때 사용하는 접속어 뒤에 아이들이 놀이기구가 수준이 낮다고 느낄 때, 놀이기구를 본래 용도와 기능에 맞지 않는 방법으로 놀고 싶어 한다는 내용이 제시되어 있다. 이는 고정부의 '지루한 놀이터는 오히려 사고의 위험을 높일 수 있다'는 내용의 원인이므로 고정부 다음에 위치하는 것이 적절하다. → 선지 ②, ④ 탈락
ㄴ. '이러한 경고 문구'가 미끄럼틀을 거꾸로 올라가는 방식으로 응용할 수 있다는 사실을 오히려 아이들에게 알려 줄 수 있다는 내용이 제시되어 있다. 따라서 ㄴ의 앞에는 '이러한 경고 문구'의 내용이 제시되어야 한다.
ㄷ. 예시를 들 때 사용하는 '예를 들면' 뒤에 미끄럼틀에 붙여 놓은 '거꾸로 올라가지 마시오'라는 경고 문구가 오히려 아이들이 미끄럼틀을 거꾸로 올라가고 싶게 만든다는 내용을 제시하고 있다. 이는 ㄴ의 '이러한 경고 문구'를 의미하므로, ㄷ이 ㄴ의 앞에 위치하는 것이 적절하다. → 선지 ②, ③, ④ 탈락
ㄹ. '이러한 유혹'이 결과적으로 아이들의 안전사고의 증가로 이어질 수 있다고 하였다. ㄹ의 '이러한 유혹'은 ㄱ의 '본래 용도와 기능에 맞지 않는 방법으로 놀고 싶은 유혹'을 의미하므로 ㄱ의 뒤에 ㄹ이 위치해야 한다. → 선지 ④ 탈락
따라서 'ㄱ - ㄹ - ㄷ - ㄴ'의 순서가 가장 자연스럽다.

> ♣ 배열 유도지 작성해 보기
> 1. 왜냐하면 2. 원인 3. 원인
> 4. 예시 5. 예를 들면 6. ②, ④
> 7. 이러한 유혹 8. 이러한 유혹 9. ㄱ 10. ㄱ 11. 뒤 12. ④
> 13. 이러한 경고 문구 14. ㄷ 15. 앞 16. ②, ③, ④
> 17. ㄱ - ㄹ - ㄷ - ㄴ

08

(1) ×

해설
ㄱ. '과거에서 지금까지 해가 늘 동쪽에서 떴다'라는 것을 전제가 참이라고 하여도 내일도 해가 동쪽에서 뜰 것이라는 것을 100% 단정할 수 없다. 따라서 귀납 논증이다.
ㄴ. '친구가 8명이 있다'와 '한 주는 7일이다'라는 전제가 참이라면, '내 친구들 중 적어도 두 명은 같은 요일에 태어났다는 것'이 반드시 참이므로 연역 논증이다.
ㄷ. '모든 까마귀가 까맣다'라는 전제가 참이라면 '이 산에 사는 까마귀는 반드시 검은색'이다. 따라서 연역 논증이다.
ㄹ. '지금까지 본 까마귀가 까맣다'라는 전제가 참이라고 하여도 앞으로 볼 까마귀가 검은색일 것이라는 것을 100% 단정할 수 없다. 따라서 귀납 논증이다.
따라서 ㄱ~ㄹ 중 ㄴ과 ㄷ만 '연역 논증'에 해당하므로 적절하지 않다.

(2) ×

해설 첫째 문단에 따르면, 논리학에서의 귀납은 전제들이 참이라고 해도 그 결론의 참이 절대적으로 보증되지는 않고 참일 것이라는 개연성이 높은 논증이라고 하였다. '개별적인 것에서 일반적인 것을 이끌어 내는 것'은 통상적으로 설명하는 귀납이다.

(3) ×

해설 둘째 문단에 따르면, 거의 타당하다거나 조금 부당한 논증은 존재하지 않는다고 하였다.

(4) ×

해설 마지막 문단에 따르면, '논증이 타당하더라도 전제가 참이 아니라면 건전하지 않을 수 있다'라고 하였다. 따라서 건전하지 않은 논증이라고 하여 모두 부당한 논증이라고 할 수 없다.

쿼터 홈트 DAY 12

01

㉠ 명사 + 명사: 돌다리, 밤낮, 앞뒤, 호두과자, 집안, 길바닥
해설 돌(명사) + 다리(명사), 밤(명사) + 낮(명사), 앞(명사) + 뒤(명사), 호두(명사) + 과자(명사), 집(명사) + 안(명사), 길(명사) + 바닥(명사)

㉡ 명사(조사 생략) + 서술어: 낯설다, 철들다, 힘쓰다, 힘들다, 빛나다, 겁나다
해설 낯(이) + 설다, 철(이) + 들다, 힘(을) + 쓰다, 힘(이) + 들다, 빛(이) + 나다, 겁(이) + 나다

㉢ 관형사 + 명사: 새해, 첫사랑
해설 새(관형사) + 해(명사), 첫(관형사) + 사랑(명사)

㉣ 용언의 관형사형 + 명사: 큰집, 하얀색, 늙은이, 작은형, 어린이
해설 큰(용언의 관형사형) + 집(명사), 하얀(용언의 관형사형) + 색(명사), 늙은(용언의 관형사형) + 이(명사), 작은(용언의 관형사형) + 형(명사), 어린(용언의 관형사형) + 이(명사)

㉤ 용언의 연결형(용언의 어간 + 어미) + 용언: 돌아가다, 뛰어가다, 들어가다
해설 돌아가다(돌- + -아 + 가다), 뛰어가다(뛰- + -어 + 가다), 들어가다(들- + -어 + 가다)

02 ②

해설
㉡ '탐사'는 '알려지지 않은 사물이나 사실 따위를 샅샅이 더듬어 조사함'을 의미한다. '공주·부여 유적지'는 이미 알려져 있는 곳이므로 '탐사'는 문맥상 적절하지 않다. '명승고적 따위를 구경하기 위하여 찾아가다'를 의미하는 '탐방'을 쓰는 것이 적절하다.
㉢ '급감'은 '급작스럽게 줄어듦'을 의미한다. 백제 역사 문화의 우수성이 전 세계에 확인된 것을 계기로 관람객들이 증가했다고 하였으므로 '급감'은 문맥상 적절하지 않다. '갑작스럽게 늘어남'을 의미하는 '급증'을 쓰는 것이 적절하다.

오답 해설
㉠ '보존'은 '잘 보호하고 간수하여 남김'을 의미한다. "'백제 역사 유적 지구'를 체계적으로 잘 보호하고 간수하기 위해서 국비 지원이 절실하다"라는 의미이므로 '보존'을 쓰는 것이 적절하다.
㉣ '권고'는 '어떤 일을 하도록 권함'을 의미한다. 제시된 문장에서는 이코모스가 충청남도에 대해 지구 내 사유 토지 공공 관리, 송산리 능산리 고분벽화 모니터링 주기 단축 등과 같은 체계적인 관리 방안을 권하였다는 의미이므로 '권고'가 적절하게 쓰였다.

03 ㉮ - ㉢ - ⓐ / ㉯ - ㉠ - ⓑ / ㉰ - ㉡ - ⓒ

해설

- 유익(有益): 이롭거나 도움이 될 만한 것이 있음.
  예 이 책은 아이들 교육에 유익하다.
- 유해(有害): 해로움이 있음.
  예 학생들에게 유해한 환경을 개선하다.

- 암묵적(暗默的): 자기의 의사를 밖으로 나타내지 아니한 것
  예 서로 암묵적으로 합의하다.
- 명시적(明示的): 내용이나 뜻을 분명하게 드러내 보이는 것
  예 그 신문은 사건의 진상을 명시적으로 다루지 않아 지탄을 받았다.

- 분할(分割): 나누어 쪼갬.
  예 주택 자금을 7년 분할로 상환하다.
- 통일(統一): 「1」 나누어진 것들을 합쳐서 하나의 조직·체계 아래로 모이게 함.
  예 남북은 반드시 통일이 되어야 한다.
  「2」 여러 요소를 서로 같거나 일치되게 맞춤.
  예 영화나 연극도 오케스트라처럼 전체적인 조화와 통일을 이루어야 한다.
  「3」 (주로 '정신'과 함께 쓰여) 여러 가지 잡념을 버리고 마음을 한곳으로 모음.
  예 정신의 통일

「4」『철학』 다양한 부분을 제시하면서 하나로도 파악되는 관계. 종합과 전체라는 개념이 뒤따른다.

04 〈가로〉 ㉠ 비평 / ㉢ 배반 〈세로〉 ㉡ 비중 / ㉣ 배치 / ㉤ 비판

해설
〈가로〉
㉠ 비평(批評): 「1」사물의 옳고 그름, 아름다움과 추함 따위를 분석하여 가치를 논함.
  예 평론가는 그의 작품에 대하여 예리한 비평을 했다.
「2」남의 잘못을 드러내어 이러쿵저러쿵 좋지 아니하게 말하여 퍼뜨림.
  예 당사자가 없는 자리에서 하는 비평은 정당하지 못하다.
㉢ 배반(背反/背叛): 믿음과 의리를 저버리고 돌아섬.
  예 그는 사랑하는 사람에게 배반을 당했다.

〈세로〉
㉡ 비중(比重): 다른 것과 비교할 때 차지하는 중요도
  예 오늘 신문들은 대통령의 특별 담화를 비중 있게 다루고 있다.
㉣ 배치(背馳): 서로 반대로 되어 어그러지거나 어긋남.
  예 그와 나는 한동안 배치 상태에 있었다.
㉤ 비판(批判): 현상이나 사물의 옳고 그름을 판단하여 밝히거나 잘못된 점을 지적함.
  예 그는 내 생각이 너무 편협하다고 비판하였다.

05 ②

해설 (가)는 '의태어'이다.
'대상의 심리까지 동시에 나타내기도(㉠)' 하는 것은 의성어와 의태어의 특징에 해당한다.
'지시 대상인 소리와 같거나 매우 가까운 소리로 인식(㉡)'되는 것은 의성어의 특징에 해당한다.
'미각, 촉각적 대상을 말소리로 바꾸는 것(㉢)'은 의태어의 특징이다.
의성어는 서로 다른 언어 사이에서 단어가 비슷해질 가능성이 높지만, 의태어는 '서로 다른 언어 사이에서 비슷해질 가능성은 거의 없다(㉣)'고 하였다.
따라서 ㉠~㉣ 중 '의태어'의 특징이 아닌 것은 ㉡이다.

06 ④

ㄱ. '하지만'이라는 역접의 상황에서 사용하는 접속어 뒤에 디젤 엔진은 미세 먼지로 알려져 있는 질소 산화물을 많이 발생시킨다는 내용이 나온다. 따라서 ㄱ의 앞에는 디젤 엔진의 긍정적인 내용이 제시되어야 한다.
ㄴ. '이런 물질들'이 가진 부정적인 영향에 대해 설명하고 있다. 따라서 ㄴ의 앞에는 '이런' 물질들이 제시되어야 한다.
ㄷ. 디젤 엔진은 가솔린 엔진에 비해 이산화탄소의 배출량이 적고 열효율이 높으며 내구성이 좋다는 장점에 대해 설명하고 있다. 따라서 ㄷ은 디젤 엔진의 단점에 대해 설명하고 있는 ㄱ의 앞에 위치하는 것이 자연스럽다. → 선지 ②, ③ 탈락
ㄹ. '예컨대'라는 예시를 들 때 사용하는 접속어 뒤에 질소 산화물을 저감하는 기술들에 대한 구체적인 예시가 나온다.
ㅁ. '그래서'라는 인과의 상황에서 앞의 내용이 원인일 때 사용하는 접속어 뒤에 디젤 엔진이 배출하는 오염 물질을 저감하기 위한 기술이 개발되고 있다는 내용이 나온다. ㅁ은 ㄱ과 ㄴ에서 설명하는 디젤 엔진의 부정적인 영향을 저감하기 위한 해결책이므로 ㄱ과 ㄴ 뒤에 위치해야 한다. 또한 기술이 개발되고 있는 것에 대해 구체적인 예시를 설명한 ㄹ이 ㅁ 뒤에 위치해 ㅁ - ㄹ로 이어지는 것이 자연스럽다. → 선지 ①, ③ 탈락
따라서 'ㄷ - ㄱ - ㄴ - ㅁ - ㄹ'의 순서가 가장 자연스럽다.

♣ 배열 유도지 작성해 보기
1. 하지만 2. 단점 3. 장점 4. 앞 5. ②, ③
6. 이런 물질들 7. 이런 8. 앞
9. 그래서 10. 원인 11. ㄱ 12. ㄴ 13. 뒤
14. 예컨대 15. ㅁ 16. ①, ③
17. ㄷ - ㄱ - ㄴ - ㅁ - ㄹ

07

(1) ×
해설 지문에서 '명제'란 '사실을 나타내는 문장'이라고 하였고, '사실을 나타낸다는 것'은 '참과 거짓으로 판명 난다는 것'이라고 하였다. 이를 통해 거짓인 문장 역시 사실을 나타내는 문장임을 알 수 있으므로 명제라는 것을 알 수 있다.

(2) ×
해설 연역 논증의 경우, 결론에서 지식이 확장되는 것이 아니라고 하였다.

(3) ×
해설 지문에서는 아무리 치밀하게 관찰한다고 하여도 귀납의 결론이 반드시 참임을 증명할 수 없다고 하였다.

(4) ○
해설 전제가 참이라고 해도 다음 주 수요일에 비가 내리지 않을 가능성이 있으므로 귀납 논증이다.

(5) ×
해설 전제가 참이라고 해도 유진이가 수학을 잘하지 않을 가능성이 있으므로 귀납 논증이다.

08

(1) ○
해설 첫째 문단에 따르면, 귀납 논증은 전제들이 결론을 절대적으로 보증하지 않기 때문에 연역 논증처럼 논증의 타당성을 평가할 수 없다고 하였다.

(2) ×
해설 '대도시에 거주하는 청소년의 97%가 근시를 겪는다고 한다. A는 대도시에 거주하는 청소년이다'라는 전제는 결론을 개연적으로만 뒷받침하므로 연역 논증이라고 할 수 없다. 또한 제시된 논증이 통계적 삼단 논증의 대표적인 형태를 가지고 있으므로 제시된 논증은 통계적 삼단 논법이다.

(3) ○
해설 둘째 문단에 따르면, 준거 집합은 '두 전제에 동시에 등장하면서 삼단 논법의 매개념과 같은 역할'을 하는 집합이라고 하였다. (2)의 '대도시에 거주하는 청소년'은 전제 (1)인 '대도시에 거주하는 청소년의 ~ 한다'와 전제 (2)인 'A는 대도시에 거주하는 청소년이다'에 모두 등장하면서 삼단 논법의 매개념과 같은 역할을 하므로 준거 집합이다.

(4) ×
해설 둘째 문단에 따르면, 귀속 집합은 '전제와 결론에 등장하면서 결론에서 C가 속한다고 주장되는 집합'이라고 하였다. (2)의 논증에서 'A'가 전제와 결론에 등장하지만 'A'는 C가 속한다고 주장되는 집합이 아닌, C 자체이므로 귀속 집합이 아니다.

> **더 알아보기**
> **귀납적 일반화와 통계적 삼단 논법**
> 1. **귀납적 일반화**
>   가장 단순한 형태의 귀납 논증으로, 표본 집단이 속해 있는 전체가 표본처럼 나타난다는 사실을 전제한다. 귀납적 일반화는 대개 '모든 X는 Y이다.'의 형식을 가지며 표본에서 얻은 결론을 그 표본이 속하는 전체에 적용하는 논증 형식인데 보편적 일반화와 통계적 일반화로 나뉜다.
>   ① **보편적 일반화**: 전 구성원의 특징을 기술하는 일반화
>   예 • 모든 백조는 흰색이다.
>   • 물은 높은 데서 낮은 곳으로 흐른다.
>   ② **통계적 일반화**: 일부 구성원의 특징에 대한 일반화
>   예 1,000명의 유권자 중 500명은 A 후보, 300명은 B 후보, 200명은 C 후보를 지지하므로 전체 유권자 중 50%가 A 후보를 지지할 것이다.
>
> 2. **통계적 삼단 논법**
>   연역 논증의 삼단 논법과 형식이 유사한 것으로, 통계적 일반화를 전제로 한 것이다. 보통 '거의', '자주' 등과 같은 용어로 시작하며 일반적으로는 다음과 같은 형태이다.
>
>   > F의 x퍼센트는 G이다.
>   > a는 F이다.
>   > 그러므로 a는 G이다.
>
>   예 대부분의 A 지역 사람들은 아침을 거르는데 그 때문에 학업에 약간의 문제가 생긴다. B는 A 지역 사람이고 아침을 먹지 않는다. 그러므로 아마도 그는 학업에 약간의 문제가 있을 것이다.

쿼터 홈트 DAY 13

01

㉠ 용언의 어간 + 명사: 늦더위, 접칼, 먹거리, 검버섯
해설 늦- + (-은) + 더위, 접- + (-은) + 칼, 먹- + (-을) + 거리, 검- + (-은) + 버섯

㉡ 용언의 어간 + 용언: 뛰놀다, 굶주리다, 여닫다, 검푸르다
해설 뛰놀다[뛰- + (어) + 놀다], 굶주리다[굶- + (-어) + 주리다], 여닫다[열- + (고) + 닫다], 검푸르다[검- + (고) + 푸르다]

㉢ 부사 + 명사: 척척박사, 산들바람
해설 척척(부사) + 박사(명사), 산들(부사) + 바람(명사)

㉣ 우리말의 어순과 같지 않은 경우: 등산, 급수
해설 등(登) + 산(山) = 오르다, 산을
급(給) + 수(水) = 주다, 물을

02

(1) 운동시설에 음식물을 반입하거나 <u>운동시설을</u> 훼손하는 행위를 금합니다.
해설 '운동시설에 음식물을 반입하는 행위를 금합니다'와 '운동시설을 훼손하는 행위를 금합니다'라는 문장이 이어졌으며, 서술어 '~ 행위를 금합니다'를 공유하고 있다. 앞 문장은 '음식물을 반입하'는 행위이고, 뒤 문장은 '운동시설을 훼손하'는 행위이므로, 뒤 문장의 목적어를 생략할 수 없다.

(2) ~ <u>아영이는</u> 탄이에게 간식을 주었다.
해설 탄이에게 간식을 준 주체가 생략되어 비문이 된 것으로, '탄이에게' 앞에 주어를 삽입해야 한다.

(3) 그래서 선생님께서 <u>나에게</u> 상을 주셨다.
해설 선생님께서 상을 준 상대를 나타내는 부사어가 부당하게 생략된 문장으로, 부사어를 삽입해야 한다.

(4) ~ 선생님 또한 <u>우리를</u> 사랑하였다.
해설 선생님이 '누구를' 사랑하였는지를 부당하게 생략한 문장으로, 목적어를 삽입해야 한다.

(5) 자세히 보니 선현이는 <u>선영이와</u> 많이 닮은 것 같다.
해설 '선현이'와 닮은 비교의 대상이 부당하게 생략된 문장으로, 비교의 대상을 나타내는 부사어를 삽입해야 한다.

03 ③

해설 '㉠ 쓸고'는 '쓰다듬다' 정도의 유의어로 대체 가능하며, 'A가 B를 쓸다(쓰다듬다)'의 구조를 가지는 서술어이다. ③의 '쓸었다'도 '어떤 대상(머리카락)을 쓸다(쓰다듬다)'는 의미로 사용된 것이므로, 문맥상 ㉠의 의미와 가장 가깝다.
• 쓸다²: 【…을】「2」 가볍게 쓰다듬거나 문지르다.

오답 해설
① 쓸다¹: 【…을】「1」 비로 쓰레기 따위를 밀어 내거나 한데 모아서 버리다.
   예 방을 쓸다.
② 쓸다²: 【…을】「7」 (주로 '쓸어' 꼴로 쓰여) 한꺼번에 모조리 모으다.
   예 그는 푼돈이나 동전은 저금통에 쓸어 넣는다.
④ 쓸다²: 【…을】「4」 전염병 따위가 널리 퍼지거나 태풍, 홍수 따위가 널리 피해를 입히다.
   예 태풍이 쓸고 간 자리에는 성한 곳이라고는 풀 한 포기도 없었다.

04 ②

해설 '㉠ 기르도록'은 '익히다' 정도의 유의어로 대체 가능하며, 'A가 B(습관)를 기르다(익히다)'의 구조를 가지는 서술어이다. ②의 '길러

라'도 '어떤 대상(버릇)을 기르다(익히다)'는 의미로 사용된 것이므로, 문맥상 ㉠의 의미와 가장 가깝다.
• 기르다: 「5」 습관 따위를 몸에 익게 하다.

오답 해설
① 기르다: 「3」 사람을 가르쳐 키우다.
   예 인재를 <u>기르다</u>.
③ 기르다: 「2」 아이를 보살펴 키우다.
   예 아이를 <u>기르기</u> 위해 그녀는 직장을 그만두어야 했다.
④ 기르다: 「6」 머리카락이나 수염 따위를 깎지 않고 길게 자라도록 하다.
   예 수염을 <u>기르다</u>.

05 ②

해설 '㉠ 미치지'는 '끼치다' 정도의 유의어로 대체 가능하며, 'A가 B에 C를 미치다(끼치다)'의 구조를 가지는 서술어이다. ②의 '미쳤다'도 'A가 B에 C(영향)를 미치다(끼치다)'는 의미로 사용된 것이므로, 문맥상 ㉠의 의미와 가장 가깝다.
• 미치다²: 「2」 【…에/에게 (…을)】 영향이나 작용 따위가 대상에 가하여지다. 또는 그것을 가하다.
   예 올해 사퇴를 하라는 압력이 그에게 <u>미쳤다</u>.

오답 해설
① 미치다¹: ❷ 【…에/에게】 (주로 '-에'의 뒤에 쓰여) 어떤 일에 지나칠 정도로 열중하다.
   예 동생은 어제 보았던 가수에게 <u>미쳐</u> 하루 종일 그의 노래만 듣는다.
③ 미치다²: 「1」 【…에/에게】【…으로】 공간적 거리나 수준 따위가 일정한 선에 닿다.
   예 우리 편 선수는 결승점에 못 <u>미쳐서</u> 넘어지고 말았다.
④ 미치다¹: ❶ 「1」 정신에 이상이 생겨 말과 행동이 보통 사람과 다르게 되다.
   예 그녀는 전쟁 통에 어린 자식을 잃고는 끝내 <u>미치고</u> 말았다.

06

(1) ×
해설 둘째 문단에 따르면, 글을 읽는 것은 독자가 작가와 서로의 생각을 주고받는 간접적인 의사소통 과정이라고 하였다. 이를 통해 읽기가 작가와 독자가 대화할 수 있는 직접적인 의사소통 과정이 아님을 알 수 있다.

(2) ×
해설 마지막 문단에 따르면, 독자와 작가 간 대화가 이루어지기 위해서는 글의 표면적 의미를 아는 것만으로는 부족하다. 이는 글의 표면적 의미를 아는 것 외에도 더 필요한 것이 있다는 것이지, 표면적 의미를 아는 것 자체가 필요 없다는 의미가 아니다.

(3) ○
해설 마지막 문단에 따르면, 글은 작가와 독자 간의 '소통'이며 이를 사회 전체로 확장하면 민족 전체의 전통을 계승·발전시키는 역할을 하게 될 것이라고 하였다. 이를 통해 글쓴이가 적극적이고 능동적인 글 읽기를 생활화해야 한다고 주장하고 있음을 알 수 있다.

07

(1) ○
해설 마지막 문단에 따르면 소크라테스의 이상 국가는 여성을 포함한 모든 시민을 적재적소에 배치함으로써 국가 경쟁력의 극대화를 꾀했으며, 이 논의를 통해 소크라테스가 여성과 남성의 능력을 동등하게 여겼다는 것을 알 수 있다고 하였다.

(2) ×
해설 첫째 문단에 따르면, 플라톤은 소크라테스가 진리를 설파한 이유로 사형을 당했다고 생각했다. 하지만 이것이 사실인지 확인할 수 없으며, 소크라테스가 설파한 진리의 내용이 무엇인지는 알 수 없다. 또한 소크라테스가 공적 영역에 여성을 포함하고자 한 내용은 플라톤이 자신의 책 『국가론』에서 소크라테스의 입을 빌려 주장한 내용일 뿐, 실제로 소크라테스가 이를 주장하였는지는 지문을 통해서 확인할 수 없다.

(3) ×
해설 둘째 문단에 따르면 '기존에 존재한 남성과 여성의 차이는 그 본성에서 비롯한 것이 아니라 교육을 달리 받은 결과'이며, '여성을 국가의 공적 영역에서 제외하는 것은 결코 자연스러운 일이 아니며 단지 관행이었을 뿐'이라고 한다. 따라서 여성이 공적 영역에서 제외당한 것은 잘못된 관행 때문이며, 이는 여성을 남성보다 더 많이 교육한다고 하여 해결되는 문제가 아니다.

08

(1) ×
해설 둘째 문단에 따르면, '어떤 개인이나 사회가 어떠한 철학을 지니고 있는지는 그 사회의 존립 여부에 큰 영향을 미치게 되기 때문'이라고 하였으므로 사회 구성원의 세계관은 그 사회의 존립 여부와 무관하다 할 수 없다.

(2) ×
해설 마지막 문단에 따르면, '올바른 철학이란 곧 체계적이고 이성적인 세계관'을 뜻한다. 지문에서는 '때로는 항상 일정한 방향을 향하는 나침반 같은 체계적 세계관이 요구'되지만, '이성을 초월한 초인간적이고 초자연적인 우상에 의존하고 있다면' 아무리 체계적 세계관이라 해도 '올바른 철학이라 할 수 없다'고 하였다. 따라서 체계적 세계관은 언제나 이성적이므로 어떤 경우든 올바른 철학에 속한다는 것은 적절하지 않은 표현이다.

09 ②

해설 지문에서 '철학'은 '세계관'이라고 표현할 수 있다고 하였다. 그리고 '사람들이 서로 다른 세계관을 가지고 생활하는 것에 우리가 관심을 가지는 이유'는 '각자의 세계관에 따라 행동이 달라지기 때문'이며, '이는 우리 모두 올바른 철학을 가져야 한다는 당위론과도 연결될 수 있다'고 서술하고 있다.
여기서 '이는'이 가리키는 것은 '각자의 세계관에 따라 행동이 달라진다는 점'이다. 어떤 세계관(철학)을 지녔느냐에 따라 개인의 행동이 달라지므로, 올바른 철학을 가져야 한다는 당위성으로 연결할 수 있기 때문이다.

10

(1) 통계적 삼단논법
해설 통계적 삼단논법은 'F의 x퍼센트는 G이다. a는 F이다. 그러므로 a는 G이다'의 형태라고 하였다. 주어진 예시도 이와 같은 형태이므로 통계적 삼단논법임을 알 수 있다.

(2) 보편적 일반화
해설 귀납적 일반화는 표본 집단이 속해 있는 전체가 표본처럼 나타난다는 사실을 전제하며 그중 보편적 일반화는 전 구성원의 특징을 기술하는 일반화이고, 통계적 일반화는 일부 구성원의 특징을 기술하는 일반화라고 하였다. 주어진 예시에서는 '모든 플라타너스'의 특징을 기술하였으므로 보편적 일반화임을 알 수 있다.

(3) 가설추리
해설 가설추리란 어떤 현상에 대한 설명을 제공하기 위한 논증으로, 여러 가설 중 최대한 그럴듯한 설명을 찾아내는 형태로 전개된다고 하였다. 주어진 예시에서는 '내 스마트폰'을 포함한 다른 스마트폰을 꽂아도 충전이 안 되는 것을 통해 충전 케이블에 문제가 있을 가능성을 가정하고 있으므로 가설추리임을 알 수 있다.

(4) 통계적 일반화
해설 귀납적 일반화는 표본 집단이 속해 있는 전체가 표본처럼 나타난다는 사실을 전제하며 그중 보편적 일반화는 전 구성원의 특징을 기술하는 일반화이고, 통계적 일반화는 일부 구성원의 특징을 기술하는 일반화라고 하였다. 주어진 예시에서는 '서울 시민 대다수는 대중교통에 만족한다'라고 하며 일부 구성원의 특징을 기술하였으므로 통계적 일반화라는 것을 알 수 있다.

(5) 통계적 삼단논법
해설 통계적 삼단논법은 'F의 x퍼센트는 G이다. a는 F이다. 그러므로 a는 G이다'의 형태라고 하였다. 주어진 예시도 이와 같은 형태이므로 통계적 삼단논법임을 알 수 있다.

(6) 가설추리
해설 가설추리란 어떤 현상에 대한 설명을 제공하기 위한 논증으로, 여러 가설 중 최대한 그럴듯한 설명을 찾아내는 형태로 전개된다고 하였다. 주어진 예시에서는 식당에서 음식을 주문한 지 40분이 지났고 나보다 늦게 들어온 사람이 주문한 음식도 나왔다고 하면서 내 주문의 누락 가능성을 가정하였으므로 가설추리임을 알 수 있다.

(7) 통계적 일반화
해설 귀납적 일반화는 표본 집단이 속해 있는 전체가 표본처럼 나타난다는 사실을 전제하며 그중 보편적 일반화는 전 구성원의 특징을 기술하는 일반화이고, 통계적 일반화는 일부 구성원의 특징을 기술하는 일반화라고 하였다. 주어진 예시에서는 '대부분의 직장인은 재택근무를 선호한다'라고 하며 일부 구성원의 특징을 기술하였으므로 통계적 일반화라는 것을 알 수 있다.

(8) 유비논증
해설 유비 논증의 경우 A와 B가 많은 점에서 유사하다는 진술로 시작하며 A의 몇 가지가 B와 유사하기 때문에 다른 점에서도 유사할 것이라고 논증한다고 하였다. 주어진 예시는 '뇌'와 '컴퓨터'가 유사하다고 하며 뇌도 전기적 신호에 의해 고장이나 오류가 날 수 있는 특징을 지닐 것이라고 추론하므로 유비 논증임을 알 수 있다.

(9) 유비논증
해설 유비 논증의 경우 A와 B가 많은 점에서 유사하다는 진술로 시작하며 A의 몇 가지가 B와 유사하기 때문에 다른 점에서도 유사할 것이라고 논증한다고 하였다. 주어진 예시는 '고양이'와 '너구리'가 유사하다고 하며 너구리도 고양이처럼 스스로 몸을 깨끗하게 관리하는 특징을 지닐 것이라고 추론하므로 유비 논증임을 알 수 있다.

(10) 가설추리
해설 가설추리란 어떤 현상에 대한 설명을 제공하기 위한 논증으로, 여러 가설 중 최대한 그럴듯한 설명을 찾아내는 형태로 전개된다고 하였다. 주어진 예시에서는 강아지밖에 없었던 집에 쓰레기통이 엎어져 있었던 것을 통해 강아지가 쓰레기통을 뒤엎어 놓았을 것이라고 가정하고 있으므로 가설추리임을 알 수 있다.

쿼터 홈트 DAY 14

01

(1) ○
해설 '팔다리'의 경우 연결되는 어근이 어떤 식으로 결합하느냐에 따라 구분하면 대등 합성어에, 어근의 직접 결합 여부에 따라 구분하면 단독형 합성어에 해당한다. 이를 통해 하나의 합성어는 합성어를 나누는 기준에 따라 다른 분류 체계에 포함되기도 한다는 것을 알 수 있다.

(2) ×
해설 '지름길('지르다'의 어간 '지르-'에 명사형 전성어미 '-ㅁ'이 결합한 후 명사 '길'과 합성)'은 '디딤돌('디디다'의 어간 '디디-'에 명사형 전성어미 '-ㅁ'이 결합한 후 명사 '돌'과 합성)'과 마찬가지로 명사형 전성어미 '-(으)ㅁ'이 결합한 경우로, 비단독형 합성어로 분류된다.

(3) ×
해설 둘째 문단에 제시된 '너도밤나무'와 같이 어근과 어근 사이에 조사가 결합하는 경우가 있으므로, 조사가 개입된 합성어가 존재할 수 있다.

(4) ×
해설 '나뭇잎(나무 + ㅅ + 잎)'에서 사이시옷은 형태소의 범주에 들어가지 않지만, 나무가 잎을 수식하는 종속 합성어에 해당한다. 따라서 사이시옷이 들어간 합성어의 유형이 존재하므로 사이시옷이 개입한 단어는 합성어가 아니라는 해당 제시문은 적절하지 않다.

02

㉠ 2000. 12. 1.
해설 첫째 문단에 따르면, 날짜를 표기해야 할 때는 연·월·일을 온점으로 표기하며 이때 '0'은 표기하지 않는다고 하였다. 따라서 '01'의 '0'은 삭제하고, '1' 뒤에 온점을 추가해야 한다.

㉡ 가. / ㉣ 나.
해설 문서의 내용을 둘 이상의 항목으로 구분할 필요가 있을 때 사용하는 항목 기호는, 첫째 항목은 '1., 2., 3., 4.', 둘째 항목은 '가., 나.,

다., 라.', 셋째 항목은 '1), 2), 3), 4)', 넷째 항목은 '가), 나), 다), 라)'와 같다. ⓒ과 ⓔ은 둘째 항목이므로, '가.', '나.'라고 써야 한다.

ⓒ 09:00 ~ 18:00
해설 첫째 문단에 따르면, 시간의 경우 24시각제를 사용하며 시·분을 쌍점으로 표기한다고 하였다.

03 ① - ⓔ / ② - ⓒ / ③ - ⓩ / ④ - ⓘ / ⑤ - ⓜ / ⑥ - ⓛ / ⑦ - ⓗ / ⑧ - ⓖ / ⑨ - ⓢ / ⑩ - ⓞ

해설
ⓖ 차용(借用)하다: 돈이나 물건 따위를 빌려서 쓰다.
　예 은행에서 사업 자금을 <u>차용하다</u>.
ⓛ 사수(死守)하다: 죽음을 무릅쓰고 지키다.
　예 우리 군은 기지를 <u>사수하기</u> 위하여 온 힘을 다하였다.
ⓒ 유입(流入)되다: 「1」액체나 기체, 열 따위가 어떤 곳으로 흘러들게 되다.
　예 중금속이 지하수에 <u>유입되다</u>.
　「2」돈, 물품 따위의 재화가 들어오게 되다.
　예 외국인 주식 자금이 국내에 <u>유입되다</u>.
　「3」문화, 지식, 사상 따위가 들어오게 되다.
　예 그는 불교가 삼국에 <u>유입된</u> 과정을 연구하고 있다.
　「4」사람이 어떤 곳으로 모여들게 되다.
　예 외지인들이 섬에 <u>유입되다</u>.
　「5」병원균 따위가 들어오게 되다.
　예 지저분한 음식에 의해 많은 병원균이 우리 몸에 <u>유입된다</u>.
ⓔ 체결(締結)하다: 「1」【…을】얽어서 맺다.
　「2」【(…과) …을】('…과'가 나타나지 않을 때는 여럿임을 뜻하는 말이 주어로 온다) 계약이나 조약 따위를 공식적으로 맺다.
　예 노사가 단체 협약을 <u>체결하다</u>.
ⓜ 투입(投入)하다: 「1」던져 넣다.
　예 주차장에 설치된 동전 투입기에 동전을 <u>투입하다</u>.
　「2」사람이나 물자, 자본 따위를 필요한 곳에 넣다.
　예 예산 중 일부를 교육비로 <u>투입했다</u>.
ⓛ 조성(造成)하다: 「1」무엇을 만들어서 이루다.
　예 한강 변에 시민 공원을 <u>조성하다</u>.
　「2」분위기나 정세 따위를 만들다.
　예 여론을 <u>조성하다</u>.
ⓢ 추종(追從)하다: 「1」【…을】남의 뒤를 따라서 좇다.
　예 기계 설계 분야에서는 그를 <u>추종할</u> 사람이 없다.
　「2」【…에/에게】【…을】어떤 사람이나 조직, 학설이나 주장 따위를 철저히 믿고 따르다.
　예 사회주의를 <u>추종하다</u>.
ⓞ 영세(零細)하다: 「2」살림이 보잘것없고 몹시 가난하다.
　예 <u>영세한</u> 계층
ⓩ 묘사(描寫)하다:【…을】【…을 …으로】어떤 대상이나 사물, 현상 따위를 언어로 서술하거나 그림을 그려서 표현하다.
　예 사건 현장을 생생하게 <u>묘사하다</u>.
ⓩ 부각(浮刻)되다: 「1」어떤 사물이 특징지어져 두드러지게 되다.
　「2」【…으로】주목받는 사람, 사물, 문제 따위로 나타나게 되다.
　예 그 문제는 새로운 쟁점으로 <u>부각되고</u> 있다.

04

(1) ×
해설 첫째 문단에 따르면, 영화를 통해 시각 문화의 발전을 확인할 수 있다고 하였다. 따라서 영화가 시각 문화의 발전에 대해 수동적으로 대응하고 있다고 보기 어렵다. 오히려 미술과 같은 고급 예술이 시각 문화의 발전에 대해 소극적이고 수동적인 성격을 띠게 될 것이라 하였다.

(2) ○
해설 둘째 문단에 따르면, 미디어는 일부 사실만을 일방향적으로 제공한다고 하였다. 이를 통해 테크놀로지 시대의 미디어는 우리에게 정보를 일방적으로 제공한다는 것을 알 수 있다.

(3) ×
해설 둘째 문단에 따르면, 새로운 테크놀로지의 세계에서 시각 매체는 상업적 용도로 변질될 소지가 있으며, 인쇄 매체의 기능 약화와 더불어 사실보다 이미지 자체가 더 큰 중요성을 지니게 할 것이라 하였다. 이는 오늘날의 인쇄 매체가 사실보다 이미지를 더 중요하게 여긴다는 의미가 아니라 인쇄 매체 기능이 약화되어 사실보다 이미지가 중요해진다는 의미이다.

05

(1) ×
해설 조선 말기에는 나라의 성세가 거의 외국에 의해 결정되었으며, 위정자의 정책은 오직 갑국의 도움을 받아 을국을 제압함에 불과하였다고 한다. 따라서 조선이 인접한 여러 나라들 사이의 갈등을 조정하는 역할을 했으리라 볼 수 없다.

(2) ×
해설 조국을 사랑한다는 이들은 탄원서를 투서하거나 청원서를 보내 국가 존망과 민족 사활의 문제를 외국인의 처분으로 결정하기만 기다렸다고 한다. 따라서 조국을 사랑한다는 이들이 국가 존망의 문제를 외국인의 처분으로 결정되기만 기다리지 않았다는 것은 적절하지 않다.

(3) ○
해설 '을사조약과 경술합방, 곧 조선이란 이름이 생긴 뒤 처음 당하는 치욕'이라고 한 부분을 통해 알 수 있다.

(4) ○
해설 글쓴이는 전반적으로 외교적 접근에 대한 부정적 입장을 나타내고 있다. 특히 조국을 사랑한다는 이들은 탄원서나 청원서를 통해 국가 존망과 민족 사활의 문제를 외국인의 처분으로 결정하기만 기다렸을 뿐이며, 국제연맹과 평화회의에 대한 선전은 민중이 힘써 전진할 의기를 없애는 매개가 될 뿐이었다고 한다. 따라서 국제연맹에 대한 선전과 같은 외교적 접근만으로는 일본의 침략에 효과적으로 저항하기 어려웠음을 알 수 있다.

06

(1) ×
해설 첫째 문단에서 아리스토텔레스는 하나의 실체 속에 형상과 질료가 공존하며 이 둘은 확연히 구분된다고 보았기에 적절하지 않다.

(2) ×
해설 청년은 노년이 되는 과정의 하나이다. 따라서 아리스토텔레스의 논의에 따르면 청년은 잠재태로, 노년은 실재태로 볼 수 있다.

(3) ○
해설 둘째 문단에서 아리스토텔레스는 변화를 잠재성이 실재화되는 과정이라고 설명했다. 씨앗이 식물의 잠재태이고 식물이 씨앗의 실재태인 것처럼 잠재태가 본성에 따라 실재태로 바뀌는 과정을 변화라고 보았다. 따라서 자연은 본성에 따라 자신의 본연의 모습을 찾으려는 목적에 따라 움직인다고 보았다. 이러한 아리스토텔레스의 논의에 비춰볼 때 실상에서의 모든 변화는 목적에 따라 움직인다고 판단할 것이기에 적절한 설명이다.

07 ①

해설 아리스토텔레스의 이론에서 설탕이라는 실체는 달고 희다는 특성을 가지며 이러한 특성이 형상을 구성한다. 그리고 이러한 특성(=달고 희다는 특성)이 구성한 형상을 담고 있는 것이 그릇(질료)이다. '설탕의 형상을 구성(②)'한다는 것은 '설탕의 실체가 달고 희다'는 특성의 역할이다.

08

(1) ○

(2) ×
해설 사람에 따라 참·거짓이 달라질 수 있는 문장이다. 즉 객관적으로 참과 거짓을 판단할 수 없으므로 명제가 아니다.

(3) ×
해설 '내가 배가 고픈 것'은 타인은 알 수 없는 주관적인 것이므로 명제가 아니다.

(4) ○
해설 '1 + 3 = 4'이므로 거짓인 명제이지만, 참 또는 거짓으로 판명되는 문장이므로 명제이다.

(5) ×
해설 의문형의 경우, 참 또는 거짓으로 판명할 수 없는 문장이므로 명제가 아니다.

(6) ○

(7) ×
해설 명령문의 경우, 참 또는 거짓으로 판정할 수 있는 문장이 아니므로 명제가 아니다.

(8) ×
해설 x의 값에 따라 문장의 참·거짓이 달라지므로, 참 또는 거짓으로 명확하게 판명할 수 없다. 따라서 명제가 아니다.

(9) ×
해설 '귀엽다'라는 서술어는 참과 거짓의 명확한 기준이 없으므로 명제가 아니다.

(10) ○

(11) ○

(12) ×
해설 '예쁘다'라는 것은 사람에 따라 평가가 달라질 수 있는 것이다. 따라서 해당 문장은 자신의 주관에 따라 참·거짓이 달라질 수 있는 문장이다. 즉 객관적으로 참과 거짓을 판명할 수 없으므로 명제가 아니다.

(13) ×
해설 의문형의 문장은 참 또는 거짓으로 나눌 수 없으므로 명제가 아니다.

(14) ○

(15) ×
해설 '행운의 숫자'라는 것은 참 또는 거짓으로 명확하게 판명될 수 있는 것이 아니므로 명제라고 할 수 없다.

(16) ×
해설 약속을 나타내는 문장은 명제에 속하지 않는다.

(17) ○
해설 2가 가장 작은 자연수라는 것은 거짓이지만, 해당 문장은 참과 거짓을 명확하게 판명할 수 있으므로 명제이다. 즉 해당 문장은 거짓인 명제이다.

(18) ×
해설 '~바랍니다'라는 종결 표현은 청자나 해당 문장을 보는 이에게 어떠한 행동을 할 것을 권유하는 청유문이므로 명제에 속하지 않는다.

(19) ○

(20) ○

쿼터 홈트 DAY 15

01

(1) ○
해설 둘째 문단에 따르면 앞말과 띄어 쓰는 경우가 있다면 명사이고, 그렇지 않으면 접사라고 하였다. '개'는 앞말과 띄어 쓸 수 없다고 하였으므로 '접사'이다.

(2) ○

(3) ×
해설 마지막 문단에 따르면, 한정적 접사는 어근의 의미를 한정하거나 보충하는 역할을 한다. 품사를 바꾸기 위해서는 '지배적 접사'를 활용해야 한다.

02 ① - ㉢ / ② - ㉠ / ③ - ㉡ / ④ - ㉠ / ⑤ - ㉨ / ⑥ - ㉣ / ⑦ - ㉤ / ⑧ - ㉥ / ⑨ - ㉦ / ⑩ - ㉧

더 알아보기
개선 대상 외래어/외국어를 다듬은 말

- 거버넌스 → 민관 협력, 협치, 관리, 정책
- 규제 프리존 → 규제 자유 구역, 규제 (대폭) 완화 지역, 무규제 지역
- 규제 샌드박스 → 규제 유예 (제도)
- 니즈 → 필요, 수요, 바람
- 데모데이 → 시연회, 시연일, 시범 행사(일), 사전 행사(일)
- 드론 → 무인기
- 라운드 테이블 → 원탁회의
- 롤모델 → 본보기, 본보기상, 모범
- 리스크 → 위험, 손실 우려, 손해 우려
- 마스터 플랜 → 종합 계획, 기본 계획, 기본 설계
- 매뉴얼 → 지침, 설명서, 안내서
- 매칭 → 연계, 연결, 대응
- 메가트렌드 → 대세, 거대 물결
- 모멘텀 → (전환) 국면, (전환) 계기, 동인(動因)
- 바우처 → 이용권
- 브라운백 미팅, 브라운백 세미나 → 도시락 강연회, 도시락 회의, 도시락 토론회
- 브로슈어 → 안내서, 소책자
- 세션 → 분과, 시간
- 스크린도어 → 안전문
- 스타트업 → 창업 초기 기업, 새싹 기업
- 싱크 탱크 → 참모진, 참모 집단, 두뇌 집단
- 아웃리치 → 현장 지원 활동, 현장 원조 활동, 거리 상담
- 아카이브 → 자료 보관소, 자료 저장소, 자료 전산화, 기록 보관
- 액션 플랜 → 실행 계획
- 어젠다 → 의제
- 오피니언 리더 → 여론 주도자, 여론 주도층
- 원스트라이크 아웃제 → 즉각 처벌 제도, 즉시 퇴출제
- 이니셔티브 → 주도권, 선제권, 구상, 발의, 발의권
- 제로화 → 원점화, 없애기, 뿌리 뽑기
- 쿼터 → 한도량, 할당량
- 클러스터 → 산학 협력 지구, 연합 지구, 협력 지구
- 킥오프 회의 → 첫 회의, 첫 기획 회의
- 태스크포스(T/F, TF) / 태스크포스팀 → 특별팀, 전담팀, (특별) 전담 조직
- 테스트 베드 → 시험장, 시험대, 시험무대, 가늠터
- 투 트랙 → 양면, 두 갈래
- 팸투어 → 홍보 여행, 초청 홍보 여행, 사전 답사 여행
- (···)풀 → (···)후보군, (···)군, (···)명단
- 허브 → 중심, 중심지
- AI → ① 인공 지능 ② 조류 독감, 조류 인플루엔자
- B2B/G2G 기업 간 → (거래)/정부 간 (거래)
- BI → 브랜드 정체성
- G20 → 주요 20개국
- ICT → 정보 통신 기술
- IoT → 사물 인터넷
- IR → 기업 설명회, 기업 상담회
- IT → 정보 기술
- MOU → 업무 협약, 양해 각서
- O2O → 온오프라인 연계, 온오프라인 연계 마케팅, 온오프라인 연계 사업
- ODA → 공적 개발 원조, 정부 개발 원조
- R&D → 연구 개발

[출처: 국립국어원, (개정판) 한눈에 알아보는 공공언어 바로 쓰기]

---

03 ㉮ - ⓒ - ⓑ / ㉯ - ㉠ - ⓒ / ㉰ - ㉢ - ⓐ

해설

- 미결(未決): 「1」 아직 결정하거나 해결하지 아니함.
  예) 미결로 남다.
  「2」 『법률』 법적 판결이 나지 않은 상태로 구금되어 있는 피의자 또는 형사 피고인
  「3」 『법률』 미결수를 가두어 두는 감방
- 기결(旣決): 이미 결정함.
  예) 기결 서류 / 기결 안건

- 다원(多元): 근원이 많음. 또는 그 근원
- 일원(一元): 단일한 근원이나 실체. = 단원
  참고) 이원(二元): 「1」 두 개의 요소
  「2」 으뜸이 되는 두 곳
  「3」 『철학』 사물이 두 개의 서로 다른 근본 원리로 이루어져 있는 일. 또는 그 근원

- 미만(未滿): 「1」 정한 수효나 정도에 차지 못함. 또는 그런 상태. 기준이 수량으로 제시될 경우에는, 그 수량이 범위에 포함되지 않으면서 그 아래인 경우를 가리킨다.
  예) 명석하기로 소문난 그는 오 세 미만에 천자문을 떼었다.
  「2」 흡족하지 못함. ≒ 미흡(未洽)
- 초과(超過): 일정한 수나 한도 따위를 넘음. 기준이 수량으로 제시될 경우에는, 그 수량이 범위에 포함되지 않으면서 그 위인 경우를 가리킨다.
  예) 30세 초과 지원 불가

04 〈가로〉 ㉠ 동기 / ㉢ 원형 / ㉤ 견고하다
  〈세로〉 ㉡ 기원 / ㉣ 형상화 / ㉥ 고저

해설

〈가로〉
㉠ 동기(動機): 어떤 일이나 행동을 일으키게 하는 계기
  예) 그 사건은 처음에는 아주 단순한 동기에서 시작되었다.
㉢ 원형(原形): 본디의 꼴
  예) 원형을 복원하다.
㉤ 견고(堅固)하다: 「1」 굳고 단단하다.
  예) 견고한 제방을 쌓다.
  「2」 사상이나 의지 따위가 동요됨이 없이 확고하다.
  예) 그는 어떠한 유혹에도 굴복하지 않고 견고하게 자기의 신념을 지켰다.

〈세로〉
㉡ 기원(起源/起原): 사물이 처음으로 생김. 또는 그런 근원
  예) 민주 정치의 기원은 고대 그리스에서 출발한다.
㉣ 형상화(形象化): 형체로는 분명히 나타나 있지 않은 것을 어떤 방법이나 매체를 통하여 구체적이고 명확한 형상으로 나타냄.
  예) 이별의 슬픔을 시로 형상화하다.
㉥ 고저(高低): 높음과 낮음. 또는 높고 낮은 정도. = 높낮이
  예) 음의 고저

05

(1) ○

해설 첫째 문단에 따르면, '우주 개발은 눈앞에 보이는 이득 없이 비용만 막대하게 들어가는 것이라며 비판하는 사람들도 있'다고 한다.

(2) ×

해설 둘째 문단에 따르면, 우주 개발은 '국가의 위상을 높이는 데에 크게 기여하고, 국가의 안보에도 중요한 역할을 한다'고 하였다. 이때 '국가의 위상을 높임'과 '국가의 안보에 중요한 역할을 함'은 우주 개발의 이점을 각각 제시한 것으로, 두 이점 사이에는 인과 관계가 없다. 오히려 우주 개발이 국가의 안보에 기여하게 되는 이유는 '위성을 활용해 주변국들에 대한 정보를 수집'하는 기능 때문이다.

(3) ×

해설 마지막 문단에 따르면, 글쓴이가 지문을 통해 주장하고자 하는 바는 '우리나라도 우주 산업의 발전을 위해 많은 노력을 해야' 한다는 것이다. 둘째 문단에서 알 수 있듯이 '국가의 위상을 높이는 데에 크게 기여하'는 것은 우주 개발이 가져올 수 있는 다양한 이점 중 하나일 뿐이다. 이를 통해 우리나라의 국가 위상을 드높일 방안을 찾아야 한다는 것이 글쓴이가 주장하고자 하는 바라고 할 수는 없다.

06

(1) ○

해설 첫째 문단에 따르면, 기온이 섭씨 29도 이하라면 돼지는 배설 장소를 가리지만, 섭씨 29도를 초과하면 배설 장소를 가리지 않는다고 하였다. 따라서 돼지우리의 기온이 섭씨 30도라면(= 섭씨 29도를 초과한 경우라면) 돼지는 장소를 가리지 않고 배설할 것이다.

- 이하: 수량이나 정도가 일정한 기준보다 더 적거나 모자람. 기준이 수량으로 제시될 경우에는, 그 수량이 범위에 포함되면서 그 아래인 경우를 가리킨다.
- 초과: 일정한 수나 한도 따위를 넘음. 기준이 수량으로 제시될 경우에는, 그 수량이 범위에 포함되지 않으면서 그 위인 경우를 가리킨다.

(2) ×

해설 첫째 문단에 따르면, 중동은 덥고 건조한 기후를 가지고 있어 돼지 사육에 적합한 지역이 아니라고 한다. 또한 둘째 문단에 따르면 중동의 환경은 돼지를 사육하기에 적절하지 않으며 시원한 환경을 만들어 주려면 비용이 많이 드는데, 이 점이 중동에서 돼지고기의 종교적 금기 조치의 필요성이 제기된 것과 관련이 있다고 하였다.

07

(1) ×

해설 지문에 따르면, '개개인의 노력 하나하나가 깨끗하고 맑은 바다를 만드는 작은 물줄기가 된다는 것을 깊이 마음속에 새기며 온 국민이 함께 협력하여 쓰레기를 줄이기 위해 노력해야 한다'라고 하였다. 따라서 개개인의 노력이 깨끗한 바다를 되찾는 데 아무런 도움이 되지 않는다고 말할 수 없다.

(2) ×

해설 지문에 따르면, 근래에 우리 바다는 '바다에 버려지거나 육지에서 밀려드는 쓰레기로 인해 몸살을 앓고 있'다. 따라서 바다의 위기는 바다에 직접적으로 버려지는 쓰레기뿐만 아니라 육지에 버려지는 쓰레기와도 관련이 있다.

08 ①

해설 ㉠(모든 부산물)은 사람이 살면서 생긴 부수적인 생산물 전체를 의미한다.

㉡(해양폐기물)은 ㉠(모든 부산물) 중 바다로 들어가 못 쓰게 된 것을 의미하며, 이는 바다 생물을 죽게 만들고 생물의 서식지를 파괴한다.

㉢(이 폐기물)은 선박사고를 일으키기도 한다고 하였으므로, 이를 통해 ㉢(이 폐기물)이 '해양폐기물'을 지시한다는 것을 알 수 있다.

따라서 ㉠~㉢ 중 지시하는 대상이 다른 하나는 ㉠이다.

09

(1) ㉠ 전칭 긍정

(2) ㉡ 전칭 부정

(3) ㉢ 특칭 긍정

(4) ㉣ 특칭 부정

(5) ㉢ 특칭 긍정

해설 '어떤' 꽃은 붉은색이라는 문장이므로 특칭 긍정이다.

(6) ㉠ 전칭 긍정

해설 '모든' 돌고래가 포유류라는 문장이므로 전칭 긍정이다.

(7) ㉡ 전칭 부정

해설 '어떤 성직자도 거짓말을 하지 않는다'라는 문장이므로 전칭 부정이다.

- 결코: 어떤 경우에도 절대로

(8) ㉠ 전칭 긍정

(9) ㉢ 특칭 긍정

(10) ㉡ 전칭 부정

(11) ㉣ 특칭 부정

(12) ㉠ 전칭 긍정

해설 제시된 문장은 '그 행사에 참여하는 모든 사람들은 7월에 태어났다'라는 의미이므로 전칭 긍정 명제이다.

10 ① - ㉡ / ② - ㉣ / ③ - ㉠ / ④ - ㉢

쿼터 홀트 DAY 16

01

(1) ○
해설 '동식물이 몸의 길이가 자라다'의 의미로 쓰인 '크다'는 '크는구나'와 같이 활용한다는 점으로 보아 동사임을 알 수 있다.

(2) ×
해설 '밤이 지나고 환해지며 새날이 오다'의 의미로 쓰인 '밝다'는 '새벽이 밝는다'와 같이 활용한다는 점으로 보아 동사임을 알 수 있다.

(3) ×
해설 '불빛 따위가 환하다'의 의미로 쓰인 '밝다'는 '달이 밝는다'와 같이 활용하지 않는다는 점으로 보아 형용사임을 알 수 있다.

(4) ○
해설 '잠에서 깨어나다'의 의미로 쓰인 '일어나다'는 '지영이는 일어난다'와 같이 활용한다는 점으로 보아 동사임을 알 수 있다.

(5) ○
해설 '나이가 비교 대상보다 적다'의 의미로 쓰인 '어리다'는 '김 선생은 어린다'와 같이 활용하지 않는다는 점으로 보아 형용사임을 알 수 있다.

02

(1) 사과는 맛도 좋고 영양도 많다.
해설 주어와 서술어의 관계를 명확하게 표현하라고 하였다. '맛'과 호응하는 서술어가 없으므로, '좋고', '풍부하고' 등으로 수정하는 것이 바람직하다.

(2) 오늘 학교에 친구들이 아무도 오지 않았다. / 오늘 학교에 친구들 중 일부가 오지 않았다.
해설 여러 뜻으로 해석되는 표현은 삼가라고 하였다. '오늘 학교에 친구들이 다 안 왔다'는 '친구들 모두가 오지 않았다'와 '친구들 중 일부가 오지 않았다'는 두 가지 해석이 가능하므로 수정하는 것이 바람직하다.

(3) 나는 어제 미국에서 온 친구를 오늘 만났다. / 나는 미국에서 온 친구를 어제 만났다. / 나는 어제, 미국에서 온 친구를 만났다.
해설 '어제'가 '미국에서 온 친구'를 수식하는지, '친구를 만났다'를 수식하는지 모호하므로, 수식의 범위를 분명하게 수정하는 것이 바람직하다.

(4) • 구: (분산된 정보의 맞춤형 제공)과 (피해 구제 창구 마련)이 필요하다.
• 절: 분산된 정보를 맞춤형으로 제공하고 / 피해 구제 창구를 마련해야 한다.
해설 '-고', '-며', '-와', '-과' 등으로 접속되는 말에는 구조가 같은 표현을 사용하라고 하였다. '분산된 정보의 맞춤형 제공'은 구이고, '피해 구제 창구를 마련해야'는 절이므로 구조가 같게 수정하는 것이 바람직하다.

(5) 시에서 형식과 내용은 결코 분리하여 생각할 수 없는 시의 구성 장치이다.
해설 일본어(외국어) 번역 투는 삼가라고 하였다. 따라서 '시에서', '시에서의' 등으로 수정하는 것이 바람직하다.

03

① - ㉠ / ② - ㉢ / ③ - ㉥ / ④ - ㉤ / ⑤ - ㉡ / ⑥ - ㉦ / ⑦ - ㉧ / ⑧ - ㉩ / ⑨ - ㉣ / ⑩ - ㉪

해설
㉠ 관철(貫徹)하다:【…을】어려움을 뚫고 나아가 목적을 기어이 이루다.
  예 주장을 관철하다.
㉡ 기술(記述)하다:【…을】【…을 …으로】【…을 -고】【-고】대상이나 과정의 내용과 특징을 있는 그대로 열거하거나 기록하여 서술하다.
  예 언어를 기술하다. / 그는 사건을 담담하게 기술했다.
㉢ 개발(開發)하다:「1」【…을 …으로】토지나 천연자원 따위를 유용하게 만들다.
  예 광산을 개발하다.
  「2」지식이나 재능 따위를 발달하게 하다.
  예 각 사원의 능력을 개발하다.
  「3」산업이나 경제 따위를 발전하게 하다.
  예 첨단 산업을 개발하고 육성하다.
  「4」새로운 물건을 만들거나 새로운 생각을 내어놓다.
  예 세계 최초로 개발한 제품
㉣ 구사(驅使)하다:「1」사람이나 동물을 함부로 몰아쳐 부리다.
  ≒ 구역하다
  「2」말이나 수사법, 기교, 수단 따위를 능숙하게 마음대로 부려 쓰다. ≒ 구역하다
  예 공격 축구를 구사하다. / 그는 영어를 유창하게 구사한다.
㉤ 와해(瓦解)되다: 조직이나 계획 따위가 산산이 무너지고 흩어지게 되다.
  예 봉건 왕조가 와해되다. / 신분 질서가 와해되다.
㉥ 직시(直視)하다:「1」정신을 집중하여 어떤 대상을 똑바로 보다.
  예 그는 나의 얼굴을 뚫어져라 직시하고 있다.
  「2」사물의 진실을 바로 보다.
  예 현실을 직시하라.
  「3」병으로 눈알을 굴리지 못하고 앞만 보다.
㉦ 배분하다(配分하다):【…에/에게 …을】몫몫이 별러 나누다.
  ≒ 분배하다
  예 인구 비율에 따라 대의원에게 투표권을 배분하다.
㉧ 감수(甘受)하다: 책망이나 괴로움 따위를 달갑게 받아들이다.
  예 많은 고통을 감수한 결과 오늘의 성공을 이루었다.
㉩ 초월(超越)하다: 어떠한 한계나 표준을 뛰어넘다.
  예 상상을 초월하다.
㉪ 변별(辨別)되다: 사물의 옳고 그름이나 좋고 나쁨이 가려지다.
  예 진위 여부가 변별되기를 바란다.

04

(1) ×
해설 첫째 문단에 따르면, '한때는 빛 공해의 영향을 받는 이들은 천문학자들뿐이라고까지 생각했다'라고 하였다. 또한 첫째 문단과 둘째 문단에서 빛 공해로 고통받는 많은 생물들에 대해 이야기하고 있다. 따라서 오늘날에는 빛 공해의 영향을 받는 이들이 천문학자들뿐이라

고 여기지 않을 것이다.

(2) ○
해설 첫째 문단에 따르면 바닷새들, 이동하는 철새들, 가로등 주변의 곤충들, 어두운 해변을 좋아하는 바다거북, 고속도로 근처에 서식하는 개구리나 두꺼비들 등 수많은 생물이 야간 조명으로 인해 고통받고 있다는 것을 알 수 있다.

(3) ×
해설 지문에서는 인공조명으로 낮을 늘리고 밤을 단축한 행위가 가져온 폐해를 지적하고 있다. 따라서 글쓴이가 이를 긍정적으로 평가하고 있다는 것은 옳지 않다.

05

(1) ×
해설 첫째 문단에 따르면, 16세기에 접어들면서 농촌 산업의 정기 장시가 '다시 발전하기 시작했다'고 하였다. 따라서 농촌의 정기 장시가 쇠퇴하였다고 볼 수 없다.

(2) ○
해설 둘째 문단에 따르면, 17세기 이후 '외국 무역에 있어서는 후시(後市) 무역을 통하여 민간인의 활동이 활발해졌다'고 하였다.

(3) ×
해설 마지막 문단에 따르면, 17세기 이후 '무기 제조 분야 등 특수한 경우를 제외하고는 관장제 수공업의 대부분이 해체'되었다고 하였으므로, 무기 제조 분야와 같은 경우는 해체되지 않았다는 것을 알 수 있다. 그러나 '도시의 민간 수공업과 농촌 수공업이 발전해 갔다'고 하였으므로, 도시의 민간 수공업은 쇠퇴하였다는 것은 적절하지 않다.

06

(1) ×
해설 글쓴이는 냉장고의 단점들에 대해 언급하고 있을 뿐, 이를 근거로 냉장고가 없는 삶을 위해 노력해야 한다고 주장하지 않았다.

(2) ×
해설 셋째 문단에 따르면, '냉장고를 열기만 하면 언제든지 먹을 수 있는 음식이 존재하기 때문에 자기도 모르는 사이에 음식 섭취량이 늘어나게' 된다고 하였다. 따라서 냉장고가 사람들의 음식에 대한 집착을 덜어 주어 음식 섭취량을 줄일 수 있게 해 준다고 보기 어렵다.

07 ②

해설 둘째 문단에서는 필요하지 않더라도 여러 음식을 미리 사서 냉장고에 넣어 두는 습관을 지적하고 있으며, 이는 엄청난 양의 생명을 아무렇지도 않게 죽여 보관하는 행위를 저지르는 것이라고 하였다. 따라서 ㉠(이)은 음식을 사는 것이 행위가 아니라 '필요 이상의 음식을 사서 냉장고에 저장하는 행동'을 가리킨다는 것을 알 수 있다.

08

(1) ㉠ 전칭 긍정

(2) ㉡ 전칭 부정

(3) ㉢ 특칭 긍정

(4) ㉣ 특칭 부정

(5) ㉢ 특칭 긍정

(6) ㉠ 전칭 긍정
해설 '모든'이라는 말이 제시되지는 않았지만, 제시된 문장에서의 '사과'는 주어 집합의 원소 전체를 언급하는 것이지, '특정' 사과에만 비타민 C가 들어 있다는 것이 아니다. 따라서 전칭 긍정 명제에 해당한다.

(7) ㉣ 특칭 부정

(8) ㉡ 전칭 부정
해설 제시된 문장은 '그 교실의 모든 책이 수학책이 아니다'라는 의미이므로 전칭 부정 명제이다.

(9) ㉡ 전칭 부정
해설 제시된 문장은 '모든 사자가 채식을 하지 않는다'는 의미이므로 전칭 부정 명제이다.

(10) ㉠ 전칭 긍정

(11) ㉣ 특칭 부정

(12) ㉡ 전칭 부정

(13) ㉣ 특칭 부정

(14) ㉢ 특칭 긍정

(15) ㉡ 전칭 부정

(16) ㉠ 전칭 긍정
해설 '모든'이라는 말이 제시되지는 않았지만, 제시된 문장에서의 '자동차'는 주어 집합의 원소 전체를 언급하는 것이지, '자동차'만 바퀴가 4개라는 의미가 아니다. 따라서 전칭 긍정 명제에 해당한다.

(17) ㉢ 특칭 긍정

(18) ㉢ 특칭 긍정

(19) ㉣ 특칭 부정

(20) ㉢ 특칭 긍정

쿼터 홈트 DAY 17

01

(1)
단어	는	어근	이	하나	이다
명사	조사	명사	조사	수사	조사

(2)
그	는	온갖	시련	을	겪었다
대명사	조사	관형사	명사	조사	동사

(3)
그녀	는	빨리	도착했다
대명사	조사	부사	동사

02

(1) 인증 체계를

(2) 동호회

(3) 사고 원인을 파악하고
해설 '사고 원인 파악'은 '마련하다'의 목적어로 적절하지 않으므로 적절한 서술어를 넣어야 한다.

(4) 이 기회를
해설 '이 기회'는 '삼으려는'의 부사어가 아니라 목적어이므로 목적격 조사를 써 주어야 한다.

(5) 발언자마다
해설 '각각'에 '마다'라는 의미가 포함되어 있으므로 중복 표현이다.

(6) 한 해 동안에 삼모작도
해설 '삼모작'에 '심어 거둔다'는 의미가 포함되어 있으므로 중복 표현이다.

03 ②

해설 '㉠ 타게'는 '받다' 정도의 유의어로 대체 가능하며, 'A가 B에서 C를 받다'의 구조를 가지는 서술어이다. ②의 '타다'도 '몫으로 주는 돈이나 물건을 받다'의 의미로 사용된 것이므로, 문맥상 ㉠의 의미와 가장 가깝다.
타다⁴: 「1」 【…에서/에게서 …을】 ('…에서/에게서' 대신에 '…에게'나 '…으로부터'가 쓰이기도 한다) 몫으로 주는 돈이나 물건 따위를 받다.

오답 해설
① 타다³: 【…에 …을】 다량의 액체에 소량의 액체나 가루 따위를 넣어 섞다.
예 엄마는 따뜻한 물에 분유를 <u>타서</u> 아기에게 먹였다.
③ 타다²: ❷ 「4」 【…을】 바닥이 미끄러운 곳에서 어떤 기구를 이용하여 달리다.
예 썰매를 <u>타려면</u> 꼭 장갑을 끼어야 한다.
④ 타다²: ❷ 「3」 【…을】 바람이나 물결, 전파 따위에 실려 퍼지다.
예 재판의 결과는 전파를 <u>타고</u> 빠르게 퍼져 나갔다.

04 ①

해설 '㉠ 쳐서'는 '설치하다' 정도의 유의어로 대체 가능하며, 'A에 B를 치다(설치하다)'의 구조를 가지는 서술어이다. ①의 '쳐서'도 '어떤 곳에 B(그물)를 치다(설치하다)'의 의미로 사용된 것이므로, 문맥상 ㉠의 의미와 가장 가깝다.
• 치다⁵: 【…에 …을】「1」 막이나 그물, 발 따위를 펴서 벌이거나 늘어뜨리다.
예 어머니는 햇빛을 가리기 위해 창문에 커튼을 <u>쳤다</u>.

오답 해설
② 치다³: 【…에 …을】 붓이나 연필 따위로 점을 찍거나 선이나 그림을 그리다.
예 밑줄을 <u>치다</u>.
③ 치다⁴: 【…에 …을】「1」 적은 분량의 액체를 따르거나 가루 따위를 뿌려서 넣다.
예 국에 간장을 <u>치다</u>.
④ 치다²: 【…을】「5」 일정한 장치를 손으로 눌러 글자를 찍거나 신호를 보내다.
예 할머니가 위독하시다고 어서 전보를 <u>쳐라</u>.

05 ②

해설 '㉠ 쉴'은 '결석하다' 정도의 유의어로 대체 가능하며, 'A가 B를 쉬다(결석하다)'의 구조를 가지는 서술어이다. ②의 '쉬었다'도 'A가 B(학교)를 쉬다(결석하다)'는 의미로 사용된 것이므로, 문맥상 ㉠의 의미와 가장 가깝다.
• 쉬다³: ❸ 【…을】「1」 결근이나 결석을 하다.

오답 해설
① 쉬다¹: 음식 따위가 상하여 맛이 시금하게 변하다.
③ 쉬다²: 목청에 탈이 나서 목소리가 거칠고 맑지 않게 되다.
예 목이 <u>쉬다</u>.
④ 쉬다⁴: 【…을】「1」 입이나 코로 공기를 들이마셨다 내보냈다 하다.
예 숨을 <u>쉬다</u>.

06

(1) ×
해설 둘째 문단에 따르면, 개인의 사생활을 별로 따지지 않는 미국도 고위 공직자를 임명하기 전에는 개인의 사생활도 세밀하고 복잡한 검증 절차를 거쳐 검증한다.

(2) ×
해설 둘째 문단에 따르면, 공직자가 되기 위해서는 자신의 능력 개발은 물론이고 그 자리에 걸맞은 청렴성과 도덕성을 갖추기 위해 노력해야 한다. 이는 능력 개발만큼이나 청렴성과 도덕성을 갖추는 것도 중요하다는 것이지, 능력 개발이 부족하더라도 청렴성과 도덕성을 갖추었다면 공직자로 임명되기에 적절하다는 것이 아니다.

07

(1) ×
해설 둘째 문단에 따르면 개발 주체들은 '어떤 것이 환경친화적 개발인지, 그 수단과 방법은 어떤 것이어야 하는지에 대한 공감대가 아직 충분히 형성되지 못'하였지만, 첫째 문단에 따르면 '환경친화적 개발이 필요한 시대라는 데에'는 공감대가 형성되어 있다.

(2) ×
해설 둘째 문단에 따르면, '서로 대립하는 입장들을 공평하게 반영한 합리적인 평가 기준을 마련하고, 이를 지켜 나갈 수 있도록 해야 한다'라고 하였다. 지문에서 사업 이해 당사자들의 갈등 해소 방안을 제시하고 있으므로, 이들의 갈등을 해소하는 것이 불가능할 것이라는 설명은 적절하지 않다.

08

(1) ×
해설 첫째 문단에 따르면, 지금까지도 사이버 위협에 대부분 수동적으로 대응해서, 사이버 위협이 발생한 후 이를 수습하는 데에 많은 시간과 비용이 소요된다고 하였다. 따라서 이의 해결에 수동적 태도가 필요하다는 것은 적절하지 않은 진술이다.

(2) ○
해설 둘째 문단에 따르면, 사이버 위협을 탐지하고 이를 자동으로 분류해 주는 인공지능 기술을 활용하면 사이버 위협에 대응하는 시간과 비용을 모두 줄일 수 있다.

09 ㉠: 높이고 / ㉡: 최소화

해설 둘째 문단에서는 사이버 위협에 대응하기 위해 인공지능 기술을 활용한 방법들을 설명하고 있다. 따라서 인공지능 기술을 활용한다면 사이버 위협에 대응하는 능력은 높아질 것이다. 또한 인공지능 기술을 활용하면 사이버 위협에 대응하는 시간과 비용을 줄일 수 있다고 하였으므로, 사이버 위협으로 인한 손실은 최소화할 수 있을 것이다.
• 대응력: 어떤 일이나 사태에 맞추어 태도나 행동을 취하는 능력

10

(1) ×
해설 첫째 문단에 따르면, 명제의 변형은 명제의 본래 의미는 유지하되 다른 형식의 명제로 바꾸는 것을 말한다고 하였다. 따라서 원 명제를 환위하면, 형식은 달라지지만 명제의 의미는 달라지지 않는다.

(2) ○
해설 셋째 문단에 따르면, 전칭 부정 명제와 특칭 긍정 명제는 주어와 술어의 위치를 서로 바꾸어 놓아도 원래의 의미를 잃지 않기 때문에 제약이 없다고 하였다. 따라서 주어와 술어의 위치만 바꾸면 된다.

(3) ×
해설 마지막 문단에 따르면, 특칭 부정 명제의 경우 전칭 긍정 명제와 달리 환위할 수 없다고 하였다.

11

(1) ○
해설 첫째 문단에 따르면, 전칭 긍정 명제의 환질은 '어떤 S도 non(비)-P가 아니다'라고 하였다. 이는 전칭 부정 명제이다.

(2) ×
해설 첫째 문단에 따르면, 환질은 명제의 긍정과 부정을 바꾸는 것이라고 하였다. 또한 둘째 문단에 따르면 특칭 부정 명제의 환질은 특칭 긍정 명제라고 하였다. 따라서 '어떤 S는 non-P이다'가 올바른 환질이다.

(3) ×
해설 셋째 문단에 따르면, 동일한 명제를 반복하여 환위하거나 환질해도 원래의 의미는 변하지 않는다고 하였다. 3회 이상 환위하거나 환질한다고 의미가 바뀌는 것이 아니다.

(4) ×
해설 마지막 문단에 따르면, 특칭 긍정 명제의 경우 대우가 불가능하다고 하였다.

쿼터 홈트 DAY 18

01

(1) (땅에) 묻다, (손을) 잡다
해설 '(땅에) 묻다'는 '묻어(묻- + -어), 묻으니(묻- + -으니), 묻어서(묻- + -어서)'와 같이 어간과 어미의 형태가 모두 바뀌지 않는다.
'(손을) 잡다'는 '잡아(잡- + -아), 잡으니(잡- + -으니), 잡아서(잡- + -아서)'와 같이 어간과 어미의 형태가 모두 바뀌지 않는다.

(2) (답을) 묻다, (음악을) 듣다
해설 '(답을) 묻다'는 '물어(물- + -어), 물으니(물- + -으니), 물어서(물- + -어서)'와 같이 어간의 형태가 바뀐다.
'(음악을) 듣다'는 '들어(들- + -어), 들으니(들- + -으니), 들어서(들- + -어서)'와 같이 어간의 형태가 바뀐다.

(3) (색이) 노랗다
해설 '(색이) 노랗다'는 '노래서(노랗- + -아서)'와 같이 어간과 어미의 형태가 모두 바뀐다.

(4) (하늘이) 푸르다
해설 '(하늘이) 푸르다'는 '푸르러(푸르- + -어)'와 같이 어미의 형태가 바뀐다.

02

(1) 합격자가
해설 '발표되었다'라는 서술어에는 '발표된 대상'이 주어로 필요하다. 따라서 '합격자가'를 사용해야 한다.

(2) 해야 한다는 점(것)이다
해설 '~점은'은 '~라는 점이다'라는 서술어와 호응한다. 따라서 주어와 서술어의 관계를 명확하게 하기 위해 주어 '당부하고 싶은 점은'과 호응하는 서술어인 '해야 한다는 점(것)이다'를 사용해야 한다.

(3) 세계 정복이다
해설 '~에 있다'는 '~이다'로 바꾸어서 사용하라고 하였으므로, '세계 정복이다'를 사용해야 한다.

(4) 신라는 박혁거세가 세웠다
해설 '~에 의해 ~되다'와 같이 어색한 피동 표현은 사용하지 않는다고 하였으므로, '박혁거세가 세웠다'와 같이 능동 표현을 사용해야 한다.

(5) 어머니를 그린 그림은 서재에 있다
해설 '어머니의 그림'은 '어머니가 소유하고 있는 그림', '어머니가 그린 그림', '어머니를 그린 그림'으로 해석할 수 있다. 이는 여러 뜻으로 해석되는 표현이므로 적절하지 않다.

(6) 학생들이 아직 다 오지 않았다
해설 '학생들이 다 오지 않았다'는 '학생들 중 일부'가 오지 않은 경우와 '학생들 모두'가 오지 않은 경우로 해석할 수 있다. 이는 여러 뜻으로 해석되는 표현이므로 적절하지 않다.

03 ① - ⓑ / ② - ⓐ / ③ - ⓒ / ④ - ⓜ / ⑤ - ⓛ /
⑥ - ⓔ / ⑦ - ⓞ / ⑧ - ⓩ / ⑨ - ⓧ / ⑩ - ⓢ

해설
ⓐ 기피(忌避)하다: 꺼리거나 싫어하여 피하다.
  예 그가 술자리에서 몇 번 술주정을 하고 난 뒤부터 사람들은 그를 기피하기 시작했다.
ⓑ 해약(解約)되다: 「1」 약속이나 계약 따위가 깨지다.
  「2」『법률』계약 당사자 한쪽의 의사 표시에 의하여 계약에 기초한 법률관계가 말소되다. = 해지(解止)되다
ⓒ 고갈(枯渴)되다: 「1」 물이 말라서 없어지다.
  예 오랜 가뭄으로 하천의 물이 고갈될 지경이다.
  「2」 어떤 일의 바탕이 되는 돈이나 물자, 소재, 인력 따위가 다하여 없어지다.
  예 잦은 전쟁으로 국고마저 점점 고갈되고 있다.
  「3」 느낌이나 생각 따위가 다 없어지다.
  예 인정이 메말라 가고, 정서는 고갈되어 가는 요즘의 세태가 걱정스럽다.
ⓓ 해체(解體)하다: 「1」 단체 따위를 흩어지게 하다.
  예 야구팀을 해체하다.
  「2」 체제나 조직 따위를 붕괴하게 하다.
  예 봉건적인 사회 질서를 해체하다.
  「3」 여러 가지 부속으로 맞추어진 기계 따위를 뜯어서 헤치다.
  예 교통사고 후 차를 해체하였다.
  「4」 구조물 따위를 헐어 무너뜨리다.
  예 폭약으로 건물을 해체하다.
ⓔ 지탄(指彈)하다: 잘못을 지적하여 비난하다.
  예 악덕 기업주를 지탄하다.
ⓕ 구현(具現/具顯)하다: 어떤 내용을 구체적인 사실로 나타나게 하다.
  예 토론과 설득은 민주 정치를 구현하는 방법이다.
ⓖ 축적(蓄積)되다: 지식, 경험, 자금 따위가 모여서 쌓이다.
  예 원자핵 속에는 막대한 에너지가 축적되어 있다.
ⓗ 확산(擴散)되다: 흩어져 널리 퍼지게 되다.
  예 전쟁이 확산되다.
ⓘ 소실(消失)되다: 사라져 없어지다.
  예 기록이 소실되다.
ⓙ 간주(看做)되다: 상태, 모양, 성질 따위가 그와 같다고 여겨지다.
  예 훌륭한 작품으로 간주되다.

04

(1) ×
해설 첫째 문단에 따르면, 더 넓은 범위의 정보를 제공함으로써 취업자에게 더 큰 도움을 주는 것은 약한 연결이다.

(2) ○
해설 둘째 문단에 따르면, 한국에서는 전문 기술직, 관리직 취업자는 연결망을 통해 취업 정보를 얻는 비율이 낮으며, 생산직 취업자나 단순 사무직, 노무직 취업자는 연결망을 활용해 취업하는 정도가 높다. 이는 기업과 학교 등이 뚜렷하게 서열화되어 있기 때문인데, 이때 기업의 규모와 평판은 공개된 취업 정보이며, 출신 학교와 전공은 취업자의 여러 특성에 대한 표지 구실을 한다. 참고로 첫째 문단에서는 취업 과정에서는 약한 연결이 효과적이라고 하였다. 따라서 한국 사회에서는 전문직 취업과 관련하여 연결망(약한 연결) 대신 학교 및 기업에 대한 사회적 평판이 작용하고 있음을 추론할 수 있다.

(3) ×
해설 둘째 문단에 따르면, 전문 기술직 구직자들이 사회적 연결망 대신 공식화된 경쟁적 채용 절차, 즉 시험을 통해 취업하는 것은 미국 사회가 아닌 한국 사회이다.

05

(1) ○
해설 첫째 문단의 첫째 문장에 따르면, 문화 상품의 저작권을 보호하기 위해 기본적으로 필요한 요소는 '해당 저작권의 가치에 대한 소비자 인식'이라고 하였다. 또한, 같은 문단에서 공짜 문화 상품의 매력에 빠진 소비자 인식에 근본적 변화가 없다면 문화 상품의 가치는 인정받지 못할 것이라고 하였으므로 해당 문장은 적절하다.

(2) ×
해설 둘째 문단에 따르면, 저작권 보호에 대한 의식이 높은 나라는 때로는 불법으로 내려 받기를 많이 한 소비자에게도 강한 법적 조치를 취하고 있다고 하였다.

(3) ×
해설 둘째 문단에 따르면, 저작권 보호에 대한 의식이 높은 나라에서 가장 중점을 둔 정책은 '소비자 교육'이라고 하였다.

06

(1) ×
해설 마지막 문단에 따르면, 글쓴이는 경제적 수치만으로 부를 평가하는 방식에 대해 부정적으로 평가하고 있다. 글쓴이는 행복의 기준이 반드시 돈에 있는 것은 아니라며 경제적인 부를 기준으로 평가하고 그를 통해 행복을 찾으려는 사회는 곧 그 수명을 다할 것이라고 주장한다. 따라서 글쓴이는 자본주의 사회가 진정한 행복을 누리기에 가장 적합하다고 주장하지는 않을 것이다.

(2) ×
해설 첫째 문단에 따르면, 보이지 않는 돈은 분명 우리 주위에 존재한다. 하지만 지문은 보이지 않는 돈의 존재와 그 예시를 보여 줄 뿐, 이를 통해 가난한 사람이 부자보다 더 많은 양의 보이지 않는 돈을 가진다는 정보를 도출할 수는 없다.

(3) ×
해설 마지막 문단에 따르면 글쓴이는 '자본주의 사회에서는 눈앞의 돈으로만 부를 평가하고, 그를 행복의 기준으로 삼는 사람이 너무나도 많다'라며, 경제적 수치만으로 부를 평가하는 방식에 대해 부정적으로 평가하고 있다. 따라서 자본주의 사회에서는 경제적 수치로 부를 평가하고 이를 행복의 기준으로 삼는 것이 가장 적절하다고는 할 수 없다.

07

(1) 양립 불가능, 모순
해설 내가 사과를 먹는 것과 사과를 먹지 않는 것은 동시에 참일 수 없으므로 첫째 명제와 둘째 명제는 양립할 수 없다. 또한 동시에 거짓이 될 수도 없으므로 모순 관계이다.

(2) 양립 가능
해설 정치가 중 정직한 사람이 거의 없다는 것과 정직한 사람들 중 대부분이 정치가인 것은 동시에 참일 수 있으므로 첫째 명제와 둘째 명제는 양립할 수 있다.

(3) 양립 불가능, 반대
해설 이탈리아인들이 아침에 커피를 마신다는 것과 어떤 이탈리아인들도 아침에 커피를 마시지 않는다(= 이탈리아인들은 아침에 커피를 마시지 않는다)는 것은 동시에 참일 수 없으므로 첫째 명제와 둘째 명제는 양립할 수 없다. 또한 어떤 이탈리아인들은 아침에 커피를 마시지 않고 어떤 이탈리아인들은 아침에 커피를 마신다면 두 명제 모두 거짓이 가능하므로 반대 관계임을 알 수 있다.

(4) 양립 불가능, 모순
해설 그 문제가 아무도 풀 수 없거나 잘못된 문제라는 것과 그 문제는 잘못되지 않았고 누군가는 그 문제를 풀 수 있다는 것은 동시에 참일 수 없으므로 첫째 명제와 둘째 명제는 양립할 수 없다. 또한 동시에 거짓일 수도 없으므로 모순 관계이다.

(5) 양립 불가능, 모순
해설 그가 그 일을 결코 후회하지 않았다는 것과 그가 그 일에 대해 후회한 적이 있다는 것은 동시에 참일 수 없으므로 첫째 명제와 둘째 명제는 양립할 수 없다. 또한 동시에 거짓인 것도 불가능하므로 모순 관계이다.

(6) 양립 불가능, 반대
해설 모든 행위가 이기적이면서 어떤 행위가 이타적일 수는 없으므로 첫째 명제와 둘째 명제는 양립할 수 없다. 모든 행위가 이기적이지는 않으면서(일부 행위는 이타적인 경우) 어떤 행위가 이타적이지 않은 것은 동시에 가능하므로 반대 관계임을 알 수 있다.

(7) 양립 가능
해설 학생들이 협동학습을 통해 사회성을 기르면서 개인 프로젝트를 통해 자기 주도성을 기를 수 있으므로 첫째 명제와 둘째 명제는 동시에 참일 수 있다. 따라서 첫째 명제와 둘째 명제는 양립할 수 있다.

(8) 양립 불가능, 모순
해설 이 법안이 국회를 통과했다는 것과 통과하지 못했다는 것은 동시에 참일 수 없으므로 양립할 수 없다. 또한 동시에 거짓일 수도 없으므로 모순 관계이다.

(9) 양립 가능
해설 청소년들이 가장 좋아하는 음식이 피자라는 것과 피자가 건강에 좋지 않다는 것은 동시에 참일 수 있으므로 양립할 수 있다.

(10) 양립 가능
해설 대부분의 사람들이 진실을 말하지 않는다는 것과 어떤 사람들은 언제나 진실을 말한다는 것은 동시에 참일 수 있으므로 양립할 수 있다.

쿼터 홈트 DAY 19

01

(1) ×
해설 마지막 문단에 따르면, 본용언과 보조 용언 사이에 다른 문장 성분을 넣으면 보조 용언을 통해 전달하고자 하는 의미를 정확하게 파악할 수 없다.

(2) ○
해설 '창문을 열어 놓았다'의 '놓았다'는 창문을 열어 둔 행동을 끝내고 그 결과를 '유지'한다는 의미를 덧붙이고 있는 보조 용언이다.

(3) ○
해설 본용언과 보조 용언을 구별하기 위해서는 의미를 기준으로 구별하는 방법과 본용언과 보조 용언 사이에 다른 문장 성분을 넣거나, 행위나 작용의 선후 관계를 나타내는 연결 어미인 '-아서/-어서', '-고서'를 붙여서 구별하는 방법이 있다.
'비도 오고 하니 부침개나 부쳐 먹자'의 '하다'는 이유나 근거의 의미를 덧붙이고 있다. 또한 '오고 하니'에 '비도 오고 마침 하니'와 같이 다른 문장 성분을 넣거나, '와서 하니', '오고서 하다'와 같이 연결 어미를 붙이면 '하다'를 통해 전달하고자 하는 의미를 정확하게 파악할 수 없게 된다.
'비도 오고 하니 부침개나 부쳐 먹자'의 '먹다'는 주어가 먹는 행위를 주되게 서술하고 있다. 또한 '부침개나 부쳐 맛있게 먹자'와 같이 다른 문장 성분을 넣거나, '부쳐서 먹자', '부치고서 먹자'와 같이 사용할 수 있다. 따라서 '하다'는 보조 용언, '먹다'는 본용언이다.

02

(1) 개선할
해설 '-시키다'는 주어가 남에게 어떤 행동을 하게 할 때 사용하는 사동 표현이다. 제시된 예문에는 행위를 시키는 의미가 없으므로 '개선할'을 사용해야 한다.

(2) 시행할
해설 '-되다'는 주어가 다른 사람이나 사물에 의하여 움직일 때 사용하는 피동 표현이다. 제시된 예문에는 행위를 당하는 의미가 없으므로 '시행할'을 사용해야 한다.

(3) 맡자
해설 '~을 통해'는 'through'의 번역 투이므로 문맥에 맞게 '맡자'를 사용해야 한다.

(4) 한류 박람회를 개최하여
해설 '~을 통해'는 'through'의 번역 투이므로 문맥에 맞게 '한류 박람회를 개최하여'를 사용해야 한다.

(5) 출석률이
해설 '출석'은 모음이나 'ㄴ' 받침 외의 받침으로 끝나므로 '출석율'로 적지 않고 '출석률'로 적어야 한다.

(6) 운율에
해설 '운'은 'ㄴ' 받침으로 끝나므로 '운률'로 적지 않고 '운율'로 적어야 한다.

03 ㉮ - ㉢ - ⓑ / ㉯ - ㉡ - ⓐ / ㉰ - ㉠ - ⓒ

해설

- 동질(同質): 성질이 같음. 또는 같은 성질
  예 동질의 물건도 이곳에서는 값이 천차만별이다.
- 이질(異質): 성질이 다름. 또는 다른 성질
  예 개개인의 경우에서는 사소한 거취의 차이가 전혀 이질의 사람들로 태어나게 만드는 것이다.

- 감속(減速): 속도를 줄임. 또는 그 속도
  예 앞에 가던 택시가 갑자기 감속하면서 뒤따르던 차들이 급정거했다.
- 가속(加速): 점점 속도를 더함. 또는 그 속도
  예 운전기사는 고속도로로 진입하자 차를 가속하기 시작했다.

- 필연(必然): 사물의 관련이나 일의 결과가 반드시 그렇게 될 수밖에 없음.
- 우연(偶然): 아무런 인과 관계가 없이 뜻하지 아니하게 일어난 일
  예 시초는 우연이 만들어 놓되 그 시초를 이끌어 가는 것은 필연이 아닌가.

04 〈가로〉 ㉡ 효능 / ㉢ 당사자 / ㉣ 단적
〈세로〉 ㉠ 실효성 / ㉤ 자발적 / ㉥ 단념

해설
〈가로〉
㉡ 효능(效能): 효험을 나타내는 능력
  예 그는 자신이 만든 약품의 효능을 입증하기 위해 백방으로 뛰어다녔다.
㉢ 당사자(當事者): 어떤 일이나 사건에 직접 관계가 있거나 관계한 사람. ≒ 본인(本人)
  예 당사자에게 직접 문의하다.
  ↔ 제삼자(第三者): 일정한 일에 직접 관계가 없는 사람
㉣ 단적(端的): 곧바르고 명백한 것
  예 한낮인데도 거리에는 행인이 드물었다. 그 썰렁함이 읍내의 분위기를 단적으로 말해 주고 있었다.
〈세로〉
㉠ 실효성(實效性): 실제로 효과를 나타내는 성질
  예 이 제도의 실효성 여부를 놓고 양측의 공방이 계속되고 있다.

㉤ 자발적(自發的): 남이 시키거나 요청하지 아니하여도 자기 스스로 나아가 행하는 것
  예 자발적으로 행동하다.
㉥ 단념(斷念): 품었던 생각을 아주 끊어 버림.
  예 그는 그녀를 쉽게 단념하지 못했다.
  참고 체념(諦念): 희망을 버리고 아주 단념함.

05

(1) ○
해설 첫째 문단에 따르면, 사람들은 가사가 있던 성악에만 익숙하였고 기악은 그저 내용 없는 울림일 뿐이었다. 이를 통해 성악은 가사가 있는 음악이지만, 기악은 가사가 없는 음악이라는 것을 알 수 있다.

(2) ×
해설 둘째 문단에 따르면, '정서론'과 '음형론'은 성악 음악을 기반으로 한다. 따라서 두 이론의 음악적 기반은 다르지 않다.

(3) ×
해설 둘째 문단에 따르면, 정서론에서는 음악가가 청자들의 정서를 움직여야 한다고 보았으며, 그렇게 하기 위해서는 곡을 지배하는 하나의 정서가 뚜렷하게 존재해야 했다고 하였다. 하지만 이것이 한 곡에 하나의 정서만 있어야 한다는 의미는 아니다.

(4) ×
해설 마지막 문단에 따르면, 음형론에서는 가사의 의미에 따라 적합한 음형을 표현 수단으로 삼는다. 음형의 표현 수단에 따라 가사에 의미를 부여하는 것이 아니다.

06

(1) ○
해설 첫째 문단에 따르면, 영화적 재현과 만화적 재현의 가장 큰 차이점은 움직임의 유무에 있으며 영화는 사진에는 존재하지 않았던 사물의 움직임인 시간을 재현한 장르라고 하였다. 이를 통해 영화에는 움직임이 있지만 만화에는 움직임이 없다는 것을 알 수 있다.

(2) ○
해설 첫째 문단에 따르면, 만화 속 인물 주위에 더해진 속도선이나 동작선은 그 상상력을 더욱 자극한다고 하였다.
- 촉진하다: 다그쳐 빨리 나아가게 하다.

(3) ×
해설 둘째 문단에 따르면, 만화의 칸은 크기와 형태가 훨씬 자유롭고 칸 안에 여러 정보를 담을 수도 있어서 독자의 읽기 리듬은 칸마다 달라질 수 있다고 하였다. 그에 비해 영화는 일정한 재생 속도에 따라 감상의 시간도 고정되어 있다고 하였다. 이를 통해 영화의 감상 시간은 고정되어 있지만, 만화의 감상 시간은 고정되어 있지 않다는 것을 알 수 있다.

(4) ×
해설 마지막 문단에 따르면, 영화는 자동화된 방식이기 때문에 감독의 개인적인 흔적이 비교적 드러나지 않으나, 만화는 수작업으로 진행되어 작업 과정에서 자연스럽게 세계에 대한 작가의 해석이 드러나게 된다고 하였다. 이를 통해 영화는 작가의 개인적인 흔적이 잘 드러나

지 않지만, 만화는 작가의 개인적인 흔적이 잘 드러나 있음을 알 수 있다.

07

(1) ×
해설 첫째 문단에 따르면, 18세기의 지도들은 지역 정보 제공이라는 본연의 목적을 달성하면서도, 회화적 기법을 동원함으로써 예술적 아름다움을 겸비하였다. 따라서 18세기의 지도들이 지역에 대한 정보 제공에 치중했다는 것은 알 수 없다.
• 치중하다: 어떠한 것에 특히 중점을 두다.

(2) ×
해설 둘째 문단에 따르면, '동양의 산수화는 고정된 위치에서 하나의 시점으로 대상을 묘사하는 단일 시점의 초점 투시보다 ~ 여러 개의 초점을 가진 산점 투시를 활용한 경우가 많았다'라고 하였다. 즉 동양 산수화의 화가가 주로 고정된 시점으로 대상을 묘사하였다는 것은 적절하지 않은 진술이다.

(3) ×
해설 마지막 문단에 따르면, 조선 시대 회화식 지도에서 사면이 산으로 둘러싸인 고을을 나타낸 지도는 사방에서 자연스레 지도를 열람할 수 있었으며, 관련 지명들이 다양한 방향으로 표기된 경우도 있어 열람자의 편의성을 높여 주었다.

08 ②

해설 ㉠은 '회화식 지도'로, 산수화풍의 유행과 관련이 있으며, 회화적 기법을 동원하였다고 한다. ㉢(지도)은 회화적 기법을 사용한 지도의 회화적 특성을 설명하고 있으므로, 회화식 지도를 의미한다는 것을 알 수 있다.
㉡(지도)은 지역 정보를 제공하는 지도를 의미한다.
조선 시대 회화식 지도 중 산점 투시가 확인되는 지도가 있다. 그중 ㉣(지도)은 산을 다른 초점으로 표현한 회화식 지도를 의미한다. 따라서 ㉠~㉣ 중 지시하는 대상이 다른 하나는 ㉡이다.

09

(1) • 원 명제 기호화: A → ~B
• 대우 명제 기호화: B → ~A

(2) • 원 명제 기호화: 성공 → 도전
• 대우 명제 기호화: ~도전 → ~성공

(3) • 원 명제 기호화: ~안경 → ~키 큼
• 대우 명제 기호화: 키 큼 → 안경

(4) • 원 명제 기호화: 월요일 → 화요일
• 대우 명제 기호화: ~화요일 → ~월요일

(5) • 원 명제 기호화: 과일 → 식사
• 대우 명제 기호화: ~식사 → ~과일

(6) • 원 명제 기호화: 면접 → 공무원 시험 합격
• 대우 명제 기호화: ~공무원 시험 합격 → ~면접

(7) • 원 명제 기호화: 모자 → 키
• 대우 명제 기호화: ~키 → ~모자

(8) • 원 명제 기호화: A국이 B국 침공 → C국이 A국에 대한 원조 중단
• 대우 명제 기호화: ~C국이 A국에 대한 원조 중단 → ~A국이 B국 침공

(9) • 원 명제 기호화: A → ~B
• 대우 명제 기호화: B → ~A

(10) • 원 명제 기호화: ~자유의지 → ~관심
• 대우 명제 기호화: 관심 → 자유의지

(11) • 원 명제 기호화: ~수요일 비 → 행사 진행
• 대우 명제 기호화: ~행사 진행 → 수요일 비

(12) • 원 명제 기호화: 영어 시험 무료 → 신입생
• 대우 명제 기호화: ~신입생 → ~ 영어 시험 무료

✦ 쿼터 홈트 DAY 20

01

(1) 관형사 / 대명사
해설 '이 나무는 소나무이다'의 '이'는 뒤에 오는 체언을 수식하고 있으므로 관형사이다. '이는 우리가 바라던 바이다'의 '이'는 조사와 결합하였으므로 체언(대명사)이다.

(2) 명사 / 부사
해설 '모두가 그녀를 좋아한다'의 '모두'는 조사와 결합하였으므로 체언(명사)이다. '그것을 모두 가져와'의 '모두'는 뒤에 오는 용언을 수식하고 있으므로 부사이다.

(3) 부사 / 명사
해설 '마음이 진짜 아팠어'의 '진짜'는 뒤에 오는 용언을 수식하고 있으므로 부사이다. '모조품을 진짜처럼 만들었다'의 '진짜'는 조사와 결합하였으므로 체언(명사)이다.

(4) 부사 / 명사
해설 '그럼 내일 봅시다'의 '내일'은 뒤에 오는 용언을 수식하고 있으므로 부사이다. '우리는 내일을 꿈꾸며 살아간다'의 '내일'은 조사와 결합하였으므로 체언(명사)이다.

02

(1) 한글과 다른 문자들을 비교해 볼 때, 한글은 매우 조직적이며 과학적인 문자이다.
해설 '문자이다'와 호응하는 주어가 생략되어 있으므로, 이에 해당하는 주어를 추가해야 한다.

(2) 중요한 점은 현재의 독과점 실태와 해소 방안 제시가 분명해야 한다는 점(것)이다.
해설 '중요한 점은'이라는 주어는 반드시 '~점(것)이다'라는 서술어와

호응해야 하므로, 서술어를 수정해야 한다.

(3) 그는 창작 활동을 하고 전시회를 열었다.
해설 '열었다'는 '창작 활동'이라는 목적어와 호응하지 않는다. 따라서 '창작 활동'이라는 목적어와 호응하는 서술어를 추가해야 한다.

(4) 나는 평일에는 자전거를 타고, 주말에는 요가를 한다.
해설 '자전거'라는 목적어는 서술어 '하다'와 호응하지 않는다. 따라서 '타다' 등의 서술어를 추가해야 한다.

(5) 규제 발굴 현장 방문단을 구성하여 현장에 필요한 자율화 과제를 상시 발굴할 예정입니다.
해설 '~을 필요로 하다'는 영어 번역 투이므로 문맥에 맞게 '현장에 필요한'으로 바꾸어 사용해야 한다.

(6) 연구소의 발전에 공적이 있는 직원들에게 표창을 주고자 합니다.
해설 '~에 대하여'는 영어 번역 투이므로 문맥에 맞게 '직원들에게'로 바꾸어 사용해야 한다.

03 ① - ⓒ / ② - ⓒ / ③ - ㊈ / ④ - ⓞ / ⑤ - ⓜ / ⑥ - ⓔ / ⑦ - ⓗ / ⑧ - ⓐ / ⑨ - ⓢ / ⑩ - ㊈

해설
㉠ 강탈(强奪)하다: 【…에서/에게서 …을】 남의 물건이나 권리를 강제로 빼앗다.
예 식민지에서 자원을 강탈하다.
㉡ 확대(擴大)되다: 모양이나 규모 따위가 더 크게 되다. ↔ 축소(縮小)되다
예 두 진영의 알력이 확대되어 결국 분쟁이 일어났다.
㉢ 확충(擴充)되다: 늘어나고 넓어져서 충실하게 되다.
예 복지 시설이 확충되다.
㉣ 설정(設定)되다: 새로 만들어져 정해지다.
예 서울의 무리한 지역적 팽창을 막기 위하여 서울을 둘러싼 주변 지역에 광대한 개발 제한 구역이 설정되어 있다.
㉤ 구성(構成)되다: 【…으로】 몇 가지 부분이나 요소들이 모여 일정한 전체가 짜여 이루어지다.
예 선거를 통해 국회가 구성되다.
㉥ 강화(强化)하다: 【…을】 「1」 세력이나 힘을 더 강하고 튼튼하게 하다. ↔ 약화(弱化)하다
예 국력을 강화하다.
「2」 수준이나 정도를 더 높이다.
예 3·1 운동 이후 일본은 한국에 대한 수탈과 탄압을 강화하였다.
㉦ 선정(選定)되다: 【…에】【…으로】 여럿 가운데서 어떤 것이 뽑혀 정해지다.
예 이달의 선수에 선정되다.
㉧ 실현(實現)하다: 꿈, 기대 따위를 실제로 이루다.
예 사람마다 자기 사상이나 주장을 실현하는 방식이 서로 다르다.
㉨ 위배(違背)하다: 【…을】 법률, 명령, 약속 따위를 지키지 않고 어기다.
예 교통 법규를 위배하다.
㉩ 모색(摸索)하다: 【…을】 일이나 사건 따위를 해결할 수 있는 방법이나 실마리를 더듬어 찾다.
예 외국 진출을 모색하다.

04

(1) ○
해설 첫째 문단에 따르면, 프랑스의 계몽주의자들은 비이성적인 방식으로 역사를 해석하는 것을 배격했으며 이성을 중심으로 역사를 바라보았다고 하였다. 이를 통해 프랑스의 계몽주의자들은 역사를 해석할 때 이성적인 방식을 사용했다는 것을 알 수 있다.

(2) ×
해설 둘째 문단에 따르면, 볼테르는 문화가 인간 이성의 작용으로 이루어졌다고 보았다. 또한 모든 인류의 역사 속에서 공통적으로 작용하는 발전 요소로서 이성을 강조했다.

(3) ○
해설 마지막 문단에 따르면, 볼테르는 정치 중심의 전통적인 연대기 서술에서 벗어났다고 하였다. 이를 통해 전통적인 역사 서술은 정치 중심의 연대기 서술임을 알 수 있다.

(4) ○
해설 마지막 문단에 따르면, 볼테르는 역사의 시기를 알렉산드로스가 주도한 헬레니즘 시대, 아우구스투스가 통치한 로마 시대, 메디치 가문의 르네상스 시기, 루이 14세 시대로 구분했다. 그리고 각 시대는 이성의 발달 수준에 따라 구별되었다.

05

(1) ×
해설 둘째 문단에 따르면, 가정용 비디오카메라가 보급되면서 사람들은 콘텐츠를 직접 제작하고 소통하기 시작했다고 하였다.

(2) ×
해설 둘째 문단에 따르면, 비디오 아트는 전통적인 예술과는 다른 특징을 지니며 대중문화에 대한 비판, 시공간의 제약으로부터의 해방, 그리고 예술가와 관람객 사이의 소통을 추구하였다고 한다. 이를 통해 비디오 아트는 텔레비전의 일방적인 정보 전달 방식에 순응하지 않음을 알 수 있다.

(3) ○
해설 셋째 문단에 따르면, 설치 비디오는 영상이 텔레비전이나 기타 장치들과 결합된 설치 형태의 작품이라고 하였다.

(4) ○
해설 마지막 문단에 따르면, 비디오아트는 예술 감상자였던 관람객이 작품 창작의 일부가 될 수 있다는 가능성을 제시했다는 점에서 중요한 전환점이 되었다고 하였다.

06

(1) ×
해설 첫째 문단에 따르면, 현대 예술에서는 작품이 오히려 불쾌하거나 추한 감정을 유발하기도 한다고 하였다. 이를 통해 불쾌하거나 추한 감정을 유발하는 작품도 예술 작품에 속한다는 것을 알 수 있다.

(2) ○
해설 둘째 문단에 따르면, 과거에는 종교 집단이나 권력자의 목적을

달성하기 위한 수단으로 예술이 사용되었다고 하였다.

(3) ×
해설 셋째 문단에 따르면, 근대 이후 예술가는 창조의 주체로 존중받기 시작했다고 한다. 하지만 예술가들은 작품이 비평가들로부터 인정을 받기 위해 당대의 미적 기준과 전통을 따를 수밖에 없었고, 새로운 시도나 표현을 제한하게 되었다고 하였다. 즉, 예술가는 독립적인 창작자로 인정받기 시작했지만 새로운 시도를 하지는 못하였던 것이다.

(4) ○
해설 마지막 문단에 따르면, 아방가르드 예술가들은 평범한 물건을 작품으로 삼았는데, 이를 통해 예술과 일상의 경계를 무너뜨렸다고 하였다.

07

(1) • 원 명제: A → B
 • 역: B → A
 • 이: ~A → ~B
 • 대우: ~B → ~A

(2) • 원 명제: 비 → ~학교
 • 역: ~학교 → 비
 • 이: ~비 → 학교
 • 대우: 학교 → ~비

(3) '어떤'이라는 지시어 때문에 '특칭 부정문'이라고 생각할 수 있지만 '어떤 ~도 ~아니다'라고 하였으므로 해당 문장은 '전칭 부정문'이다.
 • 원 명제: 열쇠 → ~순금
 • 역: ~순금 → 열쇠
 • 이: ~열쇠 → 순금
 • 대우: 순금 → ~열쇠

(4) • 원 명제: ~너 → ~나
 • 역: ~나 → ~너
 • 이: 너 → 나
 • 대우: 나 → 너

(5) • 원 명제: 합법취득 → 소유권
 • 역: 소유권 → 합법취득
 • 이: ~합법취득 → ~소유권
 • 대우: ~소유권 → ~합법취득

(6) 'A라면 B이다'와 다른 형식의 문장이다. 제시된 문장은 'B일 경우에만/때에만 A이다'이므로 원 명제를 'B → A'로 나타내야 한다.
 • 원 명제: B → A
 • 역: A → B
 • 이: ~B → ~A
 • 대우: ~A → ~B

(7) • 원 명제: 해 → ~검은 옷
 • 역: ~검은 옷 → 해
 • 이: ~해 → 검은 옷
 • 대우: 검은 옷 → ~해

(8) • 원 명제: A → (B ∨ C)
 • 역: (B ∨ C) → A
 • 이: ~A → ~(B ∨ C)
 • 대우: ~(B ∨ C) → ~A

(9) • 원 명제: 장수 → (결혼생활 행복 ∧ 규칙적인 운동)
 • 역: (결혼생활 행복 ∧ 규칙적인 운동) → 장수
 • 이: ~장수 → ~(결혼생활 행복 ∧ 규칙적인 운동)
 • 대우: ~(결혼생활 행복 ∧ 규칙적인 운동) → ~장수

쿼터 홈트 DAY 21

01

(1)
이것은	그에게	소중한	가방이다
주어	부사어	관형어	서술어

(2)
유진이는	수수부꾸미를	좋아한다
주어	목적어	서술어

(3)
선현이는	대학생이	되었다
주어	보어	서술어

02

(1) 올 것이다
해설 '영락(零落)없이'는 '조금도 틀리지 아니하고 꼭 들어맞게'라는 뜻으로 뒤에는 단정적인 표현이 와야 한다.

(2) 쓴 것같이
해설 '흡사'는 '거의 같을 정도로 비슷한 모양'이라는 뜻으로 주로 '같이', '처럼', '듯이'와 함께 쓰인다.

(3) 문서의 기밀성을 유지하고
해설 단어는 단어와, 구(단어 둘 이상의 문법적 단위)는 구와, 절(주어와 서술어를 갖는 문법적 단위)은 절과 대등하게 연결되어야 한다. '외부로의 무단 유출을 차단해야 한다'의 문법적 단위는 절이므로, '문서의 기밀성을 유지하고'라고 쓰는 것이 자연스럽다.
• 구와 구: (문서의 기밀성 유지)와 (외부로의 무단 유출 차단)이 시급하다.

(4) 재발 방지 대책 마련을 해야
해설 '근본 원인 분석'의 문법적 단위는 구이므로, '재발 방지 대책 마련을 해야'라고 쓰는 것이 자연스럽다.
• 절과 절: 근본 원인을 분석하고 / 재발 방지 대책을 마련해야 한다.

(5) 꿀로써
해설 '꿀'을 도구로 삼아 단맛을 낸다는 의미이므로, '로써'를 사용해야 한다.

(6) 계약직 신분으로서
해설 '계약직 신분'은 '자격'의 의미로 사용되었으므로, '로서'를 사용해야 한다.

03 ③

해설 '㉠ 짰다'는 '세우다' 정도의 유의어로 대체 가능하며, 'A가 B(계획)를 짜다(세우다)'의 구조를 가지는 서술어이다. ③의 '짜기로'도 '계획(여행 일정)을 짜다(세우다)'는 의미로 사용된 것이므로, 문맥상 ㉠의 의미와 가장 가깝다.

- 짜다¹: ❶ 【…을】「5」 계획이나 일정 따위를 세우다.
  예 시간표를 짜다.

오답 해설
① 짜다³: 「2」 (속되게) 인색하다.
  예 그 사람은 성격이 짜다.
② 짜다¹: ❶ 【…을】「2」 실이나 끈 따위를 씨와 날로 결어서 천 따위를 만들다.
  예 가마니를 짜다. / 돗자리를 짜다. / 베를 짜다.
④ 짜다¹: ❷ 【(…과)】 ('…과'가 나타나지 않을 때는 여럿임을 뜻하는 말이 주어로 온다) 어떤 부정적인 일을 하려고 몇 사람끼리만 비밀리에 의논하여 약속하다.
  예 직원과 짜고 공금을 횡령한 사장이 경찰에 붙잡혔다.

04 ③

해설 '㉠ 떨어진'은 '맡겨지다' 정도의 유의어로 대체 가능하며, 'A(일)가 B에/에게 떨어지다(맡겨지다)'의 구조를 가지는 서술어이다. ③의 '떨어질'도 '어떤 일(임무)이 B에/에게 떨어지다(맡겨지다)'는 의미로 사용된 것이므로, 문맥상 ㉠의 의미와 가장 가깝다.

- 떨어지다: ❷ 【…에/에게】「2」 급한 일이나 임무가 맡겨지다.

오답 해설
① 떨어지다: ❶ 【…에】【 …으로】「1」 위에서 아래로 내려지다.
  예 굵은 빗방울이 머리에 한두 방울씩 떨어지기 시작했다.
② 떨어지다: ❻ 「1」 값, 기온, 수준, 형세 따위가 낮아지거나 내려가다.
  예 그 마라톤 선수는 지쳐서인지 달리는 속도가 시간이 지날수록 떨어졌다.
④ 떨어지다: ❹ 【…에서/에게서】「1」 함께 하거나 따르지 않고 뒤에 처지다.
  예 여행 갔다 오는 길에 나 혼자만 대열에서 떨어져 삼촌 댁에 갔다.

05 ①

해설 '㉠ 던져'는 '제기하다' 정도의 유의어로 대체 가능하며, 'A가 B에/에게 C(문제)를 던지다(제기하다)'의 구조를 가지는 서술어이다. ①의 '던졌다'도 'A가 B에/에게 어떤 문제(어려운 질문)를 던지다(제기하다)는 의미로 사용된 것이므로, 문맥상 ㉠의 의미와 가장 가깝다.

- 던지다: ❷ 【…에/에게 …을】「5」 어떤 문제 따위를 제기하다.

오답 해설
② 던지다: ❶ 【…에/에게 …을】【 …으로 …을】 ('…에/에게' 대신에 '…을 향하여'가 쓰이기도 한다) 「1」 손에 든 물건을 다른 곳에 떨어지게 팔과 손목을 움직여 공중으로 내보내다.
  예 형은 화가 났는지 창밖으로 기타를 던져 버렸다.
③ 던지다: ❸ 【…을】「2」 재물이나 목숨을 아낌없이 내놓다.
④ 던지다: ❸ 【…을】「3」 일 따위를 중도에 그만두다.

06

(1) ○
해설 첫째 문단에서, 이성적이고 합리적인 가치관을 바탕에 둔 서구 문명이 야만적인 전쟁을 야기한 것에 분노하면서, 기성의 가치관을 부정하고 개인의 진정한 근원적 욕구에 충실하고자 한 것이 다다이즘이라고 하였다. 따라서 다다이즘은 이성적·합리적 가치관을 부정하는 예술 운동이다.

(2) ×
해설 첫째 문단에 '해방'이라는 말이 있는데, 이는 정신을 해방시킨다는 의미로 언급한 말이다. 따라서 다다이즘의 근본 취지를, 서구 문명의 지배를 받는 민족을 해방시키는 데 있었다는 측면으로 이해하는 것은 적절하지 않다.

(3) ×
해설 둘째 문단에 따르면, 시 낭송회는 전쟁을 성토하는 자리였다.

(4) ×
해설 둘째 문단에 따르면, 다다이즘은 사전 의도 없이 즉흥적으로 시행하는 해프닝을 즐겼다. 그러나 해프닝 기법이 관객과의 소통을 중시하는 것인지는 지문을 통해 알 수 없다.

07

(1) ○
해설 첫째 문단에 따르면, 동채싸움과 놋다리밟기는 정월 대보름 때 하는 풍년 기원의 놀이라고 하였다.

(2) ○
해설 첫째 문단에 따르면, 동채싸움과 놋다리밟기와 같은 놀이들을 계속해서 전승하기 위해 기능보유자도 지정하고 이를 전수하고 있는 학교도 있다고 하였다. 이를 통해 오늘날에는 동채싸움, 놋다리밟기와 같은 놀이를 전승하기 위해 노력하고 있다는 것을 알 수 있다.

(3) ×
해설 둘째 문단에 따르면, 오히려 잘못 변질된 후대적 양상을 본디대로 돌이키는 것도 민주적 계승이자 현대적 변용이라고 할 수 있다고 하였다. 따라서 잘못된 방식으로 계승되던 것을 원래대로 돌이키기만 한 것도 현대적 변용이다.

(4) ×
해설 첫째 문단에 따르면, 학교에서 전수하는 동채싸움의 경우, 지도자는 일정한 연출 아래 놀이를 진행하고 학생들은 사전에 정해 놓은 대로 승부를 낼 뿐 아니라 한결같이 연습한 대로 용의주도하게 보여준다고 하였다. 또한 둘째 문단에 따르면, 꾸며서 하는 가짜 민속은 조작된 민속이므로 현대적 계승이 아니라고 하였다.

08

(1) ○
해설 첫째 문단에 따르면, 탈춤은 춤, 노래, 연극이 결합된 종합 예술이고 플라멩코는 '칸테(Cante, 노래), 바일레(Baile, 춤), 토케(Toque, 기타 반주)'라는 세 가지 요소로 구성된다고 하였다. 두 예술 모두 춤과 노래가 구성요소에 포함된다.

(2) ×
해설 둘째 문단에 따르면, 탈춤은 관객과의 소통이 중요한 요소이며, 플라멩코에서는 관객이 장단에 맞추어 소리를 지르는 것이 빠져서는 안 되는 요소라고 하였다. 이를 통해 탈춤과 플라멩코 모두 관객의 참여가 중요한 요소임을 알 수 있다.

(3) ×
해설 셋째 문단에 따르면, 탈춤과 플라멩코 모두 억압받는 민중의 목소리를 담고 있다고 하였다.

(4) ○
해설 마지막 문단에 따르면, 탈춤은 마을 공동체를 중심으로 구전되었으며 플라멩코도 안달루시아 지역의 공동체에서 구술과 실연을 통해 전승되었다. 이를 통해 탈춤과 플라멩코 모두 공동체를 통해 전승된 전통 예술임을 알 수 있다.

09 ④

해설 원 명제와 논리적으로 동치인 것은 '대우'이다. 원 명제의 대우 명제는 '윤리학을 수강하는 경우, 법학을 수강한다'이므로 ④가 원 명제와 논리적으로 동치인 문장이다.

10

(1) A 정책이 효과적이지 않다면, 부동산 가격이 적정 수준에서 조절되지 않는다.

(2) C가 반대하거나 E가 찬성하면, A와 D가 찬성한다.
해설 '적어도 하나가 ~하다'라는 것은 선언(∨)으로 기호화할 수 있다. 따라서 원 명제는 '(~A ∨ ~D) → (C ∧ ~E)'와 같이 기호화하는 것이 가능하다. 따라서 원 명제의 대우는 '~(C ∧ ~E) → ~(~A ∨ ~D) ≡ (~C ∨ E) → (A ∧ D)'이므로 'C가 반대하거나 E가 찬성하면, A와 D가 찬성한다'라고 쓰는 것이 적절하다.

11

(1) ×
해설 제시된 명제는 '월요일 → 커피'로 기호화하여야 한다. 따라서 월요일(A)인 것은 유진이가 커피를 마시기(B) 위한 충분조건이다.

(2) ○
해설 '의식이 있어야만 자의식이 있지만, 의식이 있다고 해서 반드시 자의식을 갖는 것은 아니다'를 기호화하면 '자의식 → 의식'이다. 따라서 자의식은 의식의 충분조건이다.

(3) ○
해설 이 문장의 의미는 '대의 제도인 경우에만 공화정이 가능하다'라는 것이므로 '공화정 → 대의 제도'로 기호화하여야 한다. 따라서 대의 제도는 공화정이 되기 위한 필요조건이다.

(4) ○
해설 '정사각형은 같은 길이의 네 변과 네 개의 직각을 갖고 있다'는 것은 '정사각형 → (4변 동일 ∧ 직각 4개)'로 기호화할 수 있다. 또한 '네 변의 길이와 내각의 크기가 90도로 모두 같다면 정사각형이다'는 '(4변 동일 ∧ 직각 4개) → 정사각형'으로 기호화할 수 있다. 이를 종합하면, '정사각형 ≡ 4변 동일 ∧ 직각 4개'이다. 따라서 같은 길이의 네 변과 네 개의 직각은 정사각형이기 위한 필요충분조건이다.

퀴터 홈트 DAY 22

01

(1) ×
해설 '되었다'는 주어 이외에 보어를 추가로 요구하는 두 자리 서술어이다.

(2) ×
해설 '그는 처마 밑에서 비가 그치기를 기다렸다'의 문장 성분은 주어(그는), 부사어(처마 밑에서), 목적어(비가 그치기를), 서술어(기다렸다)이다. 이 문장에서 부사어를 생략하여도 의미가 완결되므로, '기다렸다'가 주어와 목적어를 필수적으로 요구하는 두 자리 서술어임을 알 수 있다.

(3) ○
해설 '붙였다'는 주어(영희는), 부사어(벽에), 목적어(메모지를)를 필수적으로 요구하는 세 자리 서술어이다.

> **더 알아보기**
>
> **필수적 부사어가 사용되는 경우**
> 1. '같다, 다르다, 비슷하다, 닮다' 등은 '체언+과/와'로 된 부사어가 필요하다.
>   예 이 그림이 실물과 똑같군요.
> 2. '넣다, 드리다, 두다, 던지다, 다가서다' 등은 '체언+에/에게'로 된 부사어가 필요하다.
>   예 이 편지를 우체통에 넣어라.
> 3. 수여 동사는 목적어 이외에 '체언+에게'로 된 부사어가 필요하다.
>   예 순이가 너에게 무엇을 주더냐?
> 4. '삼다, 변하다'는 '체언+(으)로'로 된 부사어가 필요하다.
>   예 • 할아버지는 조카를 양자로 삼으셨다.
>   • 물이 얼음으로 변하였다.
> 5. 이외에도 특정 용언은 '체언+부사격 조사'로 된 부사어가 필요하다.
>   예 여기다, 다니다, 주다, 부르다, 하다, 못하다, 바뀌다, 속다, 제출하다, 맞다, 적합하다, 선출하다, 어울리다, (~으로) 만들다, 일컫다, (~이라) 이르다, (~와) 의논하다, (~에서) 살다

02

(1) ○○청은 정책의 투명성을 높이고자 <u>이 제도를</u> 시행하고 있다
해설 ○○청이 시행하고 있는 목적어가 없으므로, 무엇을 시행하고 있는지를 추가해야 한다.

(2) 작물을 한 번 파종하면 두 번 수확할 수 있다
해설 무엇을 '파종'하고 '수확'하는지 빠져 있으므로, 이 서술어에 필요한 목적어를 추가해야 한다.

(3) 추진 상황 점검을 하는 / 지시 사항을 이행하고
해설 단어는 단어와, 구(단어 둘 이상의 문법적 단위)는 구와, 절(주

어와 서술어를 갖는 문법적 단위)은 절과 대등하게 연결되어야 한다. '지시 사항 이행'의 문법적 단위는 구이고, '추진 상황을 점검하는'의 문법적 단위는 절이다. 이는 서로 대등하지 않은 요소가 접속된 구문이므로, '지시 사항 이행'을 절로 고치거나 '추진 상황을 점검하는'을 구로 고쳐야 한다.

(4) 우리는 휴가 때에 <u>서해로</u> 가서 해가 지는 광경을 보았다. / 우리는 휴가 때에 <u>서쪽 바다로</u> 가서 해가 지는 광경을 보았다.
해설 '서해(西海)'는 '서쪽에 있는 바다'라는 뜻으로 그 자체에 '바다'라는 의미가 있다. 따라서 뒤에 오는 '바다'와 중복되는 표현이므로 '서해로'나 '서쪽 바다로' 정도로 수정하는 것이 적절하다.

(5) 우리는 그 일로 인해 <u>더는</u> 참을 수가 없었다.
해설 '더'는 '어떤 기준보다 정도가 심하게. 또는 그 이상으로'라는 뜻으로, 그 자체에 '이상'이라는 의미가 있다. 따라서 뒤에 오는 '이상'과 중복되는 표현이므로 '더는' 정도로 수정하는 것이 적절하다.

03 ① - ⓒ / ② - ㉠ / ③ - ㉥ / ④ - ㉤ / ⑤ - ㉡ / ⑥ - ㉣ / ⑦ - ㉧ / ⑧ - ㉨ / ⑨ - ㉦ / ⑩ - ㉩

해설
㉠ 치환(置換)하다: 【…을 …으로】 바꾸어 놓다.
   예 그녀는 유태인들이 자신들의 민족 해방이라는 과제를 그들의 종교적인 과제로 <u>치환하고</u> 있다고 주장하였다.
㉡ 정정(訂正)하다: 글자나 글 따위의 잘못을 고쳐서 바로잡다.
   예 숫자를 <u>정정하다</u>.
㉢ 동원(動員)하다: 【…에 …을】 어떤 목적을 달성하고자 사람을 모으거나 물건, 수단, 방법 따위를 집중하다.
   예 과거에는 경제 정책에 온갖 방법을 <u>동원하여</u> 공업화를 추진하였다.
㉣ 밀착(密着)하다: 【…에/에게】【(…과)】 빈틈없이 단단히 붙다.
   예 우리는 서로 <u>밀착하여</u> 체온이 떨어지는 것을 막아야 했다.
㉤ 고수(固守)하다: 【…을】 차지한 물건이나 형세 따위를 굳게 지키다.
   예 이 디자이너의 작품은 전통을 <u>고수하는</u> 한편으로 현대적 감각을 여실히 드러낸다는 점에서 각별하다.
㉥ 갈망(渴望)하다: 【…을】【-기를】 간절히 바라다.
   예 자유와 평화를 <u>갈망하다</u>.
㉦ 위임(委任)하다: 【…에/에게 …을】「1」 어떤 일을 책임 지워 맡기다.
   예 선생님께서는 반 임원회에 체육 행사 계획을 <u>위임하셨다</u>.
   「2」『법률』당사자 중 한쪽이 상대편에게 사무 처리를 맡기고 상대편은 이를 승낙하다.
㉧ 개편(改編)하다: 【…을】「1」 책이나 과정 따위를 고쳐 다시 엮다.
   예 교과서를 새 교과 과정에 맞추어 <u>개편하다</u>.
   「2」 조직 따위를 고쳐 편성하다.
   예 행정 구역을 <u>개편하다</u>.
㉨ 양성(養成)하다: 【…을】「1」 가르쳐서 유능한 사람을 길러 내다.
   예 군사를 <u>양성하다</u>. / 후계자를 <u>양성하다</u>.
   「2」 실력이나 역량 따위를 길러서 발전시키다.
   예 실력을 <u>양성하다</u>. / 좋은 습관을 <u>양성하다</u>.
   「3」 주로 어패류를 보살펴 길러 내다.
   예 식용으로 <u>양성한</u> 것 중 성장이 빠르고 싱싱한 것을 골라 산란을 시킨다.

㉩ 간주(看做)하다: 【…을 …으로】【…을 -고】【-고】 상태, 모양, 성질 따위가 그와 같다고 보거나 그렇다고 여기다.
   예 일부 소수의 의견을 대다수의 의견인 것처럼 <u>간주하고</u> 있다.

04

(1) ✕
해설 지문에서는 우리가 자신의 차선보다 옆 차선이 더 빠르다고 생각하는 이유에 대해 설명하고 있다. 이를 통해 교통 체증이 발생하는 원인에 대해 알 수 없다. 또한 둘째 문단에서 꽉 막힌 도로에서는 옆 차로를 지나는 차들을 보는 시간이 많아져 내 차선의 차들이 더 느리다고 느끼게 되는 것이라고 했지, 이 때문에 교통 체증이 발생하는 것은 아니다.

(2) ○
해설 둘째 문단에 따르면 꽉 막힌 도로에서, 즉 주변에 차가 많은 도로 상황에서 운전자는 내 차선의 차들이 더 느리다고 느끼게 된다고 하였다.

05

(1) ○
해설 첫째 문단에 따르면, 우리 몸에서 '폐, 뇌, 간, 대퇴골, 피부'의 순서로 무거워진다고 하였다. 따라서 가장 무거운 기관은 '피부'이다.

(2) ✕
해설 마지막 문단에 따르면, 멜라닌은 '표피' 속에 있다. 둘째 문단에 따르면 '표피'는 피부의 맨 바깥쪽 층, 즉 제일 위쪽에 위치하는 층이다. 반면, 피부의 맨 아래쪽 층은 '피하 조직'을 일컫는 말이므로, 멜라닌은 피부의 맨 아래쪽 층이 아니라 피부의 맨 위쪽 층에 존재한다.

(3) ✕
해설 마지막 문단에 따르면 멜라닌이 많으면 피부색이 검은색에 가까워지며, 멜라닌이 적으면 흰색에 가까워진다. 따라서 백인은 흑인보다 멜라닌을 적게 함유하고 있을 것이다.

06

(1) ✕
해설 둘째 문단에 따르면 바다는 이산화탄소를 흡수하고, 지구를 둘러싸고 있는 대기와의 상호 작용으로 지구 전체의 기후를 일정하게 유지해 준다. 따라서 바다는 지구의 기후에 영향을 준다.

(2) ○
해설 둘째 문단에 따르면 바다는 이산화탄소를 대기로부터 흡수하는데, 이산화탄소의 50%가 해양에서 정화된다고 하였다. 또한 지구에서 소요되는 산소의 30~50% 정도를 대기에 제공한다고 하였다.

(3) ○
해설 둘째 문단에 따르면 '바다는 눈에 보이지 않는 플랑크톤부터 거대한 고래에 이르기까지 다양한 생물에게 서식지를 제공해 주고 있'으며, 이들은 '인류에게 없어서는 안 될 꼭 필요한 생물 자원'이라고 한다. 따라서 바다는 인류에게 필요한 생물 자원의 서식지를 제공하고 있는 것이다.

07 ②

해설 ㉠(이 때문에)은 '21세기를 바다의 시대라고 부르게 된 이유'를 지시한다.
둘째 문단에 따르면, 바다는 이산화탄소 흡수, 산소 생산, 기후 조절, 생물 다양성 보존 등 현대 사회에서 중요한 역할을 수행하고 있다. 이는 바다의 가치를 구체적으로 서술한 것으로, 이러한 점이 21세기를 '바다의 시대'라고 부르게 된 근거가 된다.
따라서 '21세기를 바다의 시대라고 부르는 이유'를 단순히 바다의 면적이 넓다는 사실로 보기보다는, 바다가 지닌 무한한 잠재적 가치 때문이라고 보는 것이 적절하다.

08

(1) '동물'은 '인간'이기 위한 <u>필요조건</u>

해설 동물이라고 해서 인간이라고 단정 지을 수 없다. 따라서 어떤 생물이 '인간'이기 위해서는 반드시 '동물'이어야만 한다.

(2) '대학생'은 '학생'이기 위한 <u>충분조건</u>

해설 '대학생'은 '학생'의 한 부류이므로, '대학생'이라는 것만으로도 '학생'임을 알 수 있다.

(3) '커피'는 '아메리카노'이기 위한 <u>필요조건</u>

해설 커피라고 해서 모두 아메리카노라고 단정 지을 수 없다. 따라서 어떤 음료가 '아메리카노'이기 위해서는 반드시 '커피'여야 한다.

09

(1) 필요조건

(2) 충분조건

(3) 필요조건

(4) 충분조건

(5) 필요조건
해설 풍부한 영양 성분이 있어야 식물이 성장할 수 있다.

(6) 필요조건
해설 시험에 합격하지 않으면 공무원이 될 수 없다.

쿼터 홈트 DAY 23

01

(1) ㉠ 그것이 사실임 / ㉡ 주어

(2) ㉢ 아이가 먹기 / ㉣ 부사어

(3) ㉤ 유진이가 오기 / ㉥ 목적어

02 ③

해설 '아름다운 고향의 하늘을 생각한다'는 '아름다운'이 수식하는 대상이 '고향'인지 '하늘'인지 분명하지 않아 발생한 중의문이다. 그런데 '그는 고향의 아름다운 하늘을 생각한다'로 수정하면 '아름다운 고향'이 아니라 '아름다운 하늘'을 생각하는 것이 되므로, '그는 아름다운 고향, 하늘을 생각한다' 정도로 수정해야 한다.

오답 해설
① '유진이는 구두를 신고 있다'는 '구두를 신고 있는 상태의 지속'의 의미도 포함한다. 구두를 신고 있는 동작이 진행 중이라는 것만을 나타내고자 할 때는 '유진이는 구두를 신는 중이다'로 수정해야 한다.
② '언니의 사진은 방에 있다'는 관형격 조사 '의'로 인해 발생한 중의문으로, '언니의 사진'은 '언니가 찍힌 사진', '언니가 소유한 사진', '언니가 찍은 사진' 등과 같이 해석된다. 따라서 '언니가 찍힌 사진'임을 나타내고자 할 때는 '언니를 찍은 사진은 방에 있다'로 수정해야 한다.
④ '그는 내게 해바라기와 장미 두 송이를 주었다'는 '해바라기 한 송이와 장미 한 송이', '해바라기 두 송이와 장미 두 송이'의 의미도 포함한다. 따라서 받은 꽃의 개수가 세 송이임을 나타내고자 할 때는 '그는 내게 해바라기 한 송이와 장미 두 송이를 주었다'로 수정해야 한다.

03 ㉮ - ㉠ - ⓑ / ㉯ - ㉢ - ⓒ / ㉰ - ㉡ - ⓐ

해설

- 능동(能動): 스스로 내켜서 움직이거나 작용함.
  예 어려운 일일수록 <u>능동적</u>으로 대처해야 한다.
- 수동(受動): 스스로 움직이지 않고 다른 것의 작용을 받아 움직임.
  예 그 소설에서 주인공은 남이 이끄는 대로 따라가는 <u>수동적</u>인 인물로 그려지고 있다.

- 가결(可決): 회의에서, 제출된 의안을 합당하다고 결정함.
  예 이 의안의 <u>가결</u>을 선포합니다.

- 부결(否決): 의논한 안건을 받아들이지 아니하기로 결정함. 또는 그런 결정
  예 회사에서 제시한 임금안의 부결로 총파업이 결정되었다.

- 보편(普遍): 모든 것에 두루 미치거나 통함. 또는 그런 것. ≒ 일반(一般)
  예 보편의 원리
- 특수(特殊): 「1」 특별히 다름. ≒ 특이(特異)
  예 특수 제작이 된 등산화
  「2」 어떤 종류 전체에 걸치지 아니하고 부분에 한정됨. 또는 그런 것. ↔ 보편(普遍)

04 〈가로〉 ⓒ 무력감 / ⓔ 통념 / ⓕ 토속적
〈세로〉 ⓐ 유일무이 / ⓑ 자괴감 / ⓓ 통속적

해설
〈가로〉
ⓒ 무력감(無力感): 스스로 힘이 없음을 알았을 때 드는 허탈하고 맥 빠진 듯한 느낌
  예 경기에서 너무 벅찬 상대를 만나면 무력감이 든다.
ⓔ 통념(通念): 일반적으로 널리 통하는 개념
  예 사회적 통념을 깨다.
ⓕ 토속적(土俗的): 그 지방에만 특유한 풍속을 닮은
  예 토속적 정취

〈세로〉
ⓐ 유일무이(唯一無二): 오직 하나뿐이고 둘도 없음.
  예 유일무이의 존재
ⓑ 자괴감(自愧感): 스스로 부끄러워하는 마음
  예 그는 지원한 모든 회사에서 탈락 문자를 받고 자괴감이 들었다.
ⓓ 통속적(通俗的): 「1」 세상에 널리 통하는
  예 통속적 타성에 빠지다.
  「2」 비전문적이고 대체로 저속하며 일반 대중에게 쉽게 통할 수 있는
  예 통속적 연애 소설

05

(1) ×
해설 첫째 문단에 따르면, 카멜레온이 주변 환경의 색에 맞춰 자기 몸의 색을 자유자재로 바꿀 수 있다는 것은 잘못 알려진 사실이라고 하였다. 또한 둘째 문단에 따르면, 카멜레온은 빛의 온도나 세기 또는 자신의 감정 변화에 따라 자신의 피부색을 바꾼다고 하였다.

(2) ○
해설 둘째 문단에 따르면, '싸움 중인 수컷 카멜레온 두 마리 중 우세한 쪽의 피부색은 휘황찬란하게 변하지만, 패배한 쪽은 우중충한 색을 띠게 된다'라고 하였다. 따라서 싸움 중인 수컷 카멜레온 중 휘황찬란한 색을 띤 쪽이 우세한 쪽임을 알 수 있을 것이다.

06

(1) ×
해설 첫째 문단의 첫 문장에 따르면, 아인슈타인의 '광양자 가설'은 플랑크의 '양자화 가설'을 발전시킨 가설이다.

(2) ×
해설 첫째 문단의 아인슈타인의 실험에 따르면, 빛을 파동이라고 가정하면 설명할 수 없는 현상이 나타났다고 하였다. 또한 둘째 문단에 아인슈타인의 광양자 가설은 빛을 불연속적인 에너지 알갱이, 즉 광양자로 가정하고 이를 전제로 한 것이라고 하였으므로 아인슈타인은 빛을 파동으로 보아야 한다고 주장하지 않았다.

(3) ×
해설 둘째 문단에 따르면, 아인슈타인의 광양자 가설이 주장되었을 때는 이 가설이 매우 혁신적인 내용이어서 플랑크와 같은 사람들도 받아들이기 힘들었다고 하였다.

07

(1) ×
해설 둘째 문단에 따르면, 기후의 '개념 속에는 해당 장소와 그곳에 거주하는 주민들의 삶의 의미가 포함될 수밖에 없다'라고 하였다. 따라서 '기상'이 아니라 '기후' 속에 포함되는 것이다.

(2) ○
해설 첫째 문단에 따르면 '이상 기후 시 감속 운행' 문구는 잘못 쓰인 것이며, 해당 문구는 '이상 기상 시 감속 운행'이라고 적어야 옳다.

(3) ×
해설 마지막 문단에 따르면, 기상과 기후의 차이를 시간 규모를 기준으로 명확히 규정하기란 쉽지 않은 것은 적절한 표현이다. 하지만 마지막 문장에서 '이보다는 대기 현상이 개별적인지 종합적인지를 보는 것이 더 중요할 것이다'라고 하였으므로, 시간 규모를 기준으로 기상과 기후의 차이를 규정하는 것이 여전히 가장 중요하게 여겨지는 구별 기준이라는 표현은 옳지 않다.

08

(1) 충분조건
해설 만 18세 이상인 국민은 본인의 의지로 선거권을 행사하거나 불행사할 수 있지만, 선거권을 행사하기 위해서는 반드시 18세 이상이어야 한다. 이는 '만 18세 이상'이라는 원인이 있어야 '선거권 행사'라는 결과도 있는 관계이다. 따라서 충분조건의 예시이다.

(2) 필요조건
해설 '버스를 운전하기 위해서는 1종 보통 운전면허뿐만 아니라 1종 대형 운전면허도 취득해야 한다'라고 하였다. 1종 보통 운전면허만 갖추면 버스를 운전할 수 없다. 이는 원인을 갖추었다고 해서 결과가 발생하는 경우가 아니므로 필요조건의 예시이다.

09

(1) ②
해설 비가 오면 도로가 반드시 젖지만, 도로가 젖었다고 해서 비가 왔

다는 의미는 아니다. 도로가 다른 원인으로 인해 젖는 것이 가능하기 때문이다. 따라서 비가 오는 것은 도로가 젖는 것의 충분조건이다.

(2) ①
해설 이 문장은 '대학교에 입학하기 위해서는 반드시 고등학교를 졸업해야 한다'라는 의미이다. 즉, '고등학교 졸업'은 '대학 입학'을 위해 꼭 갖추어야 하는 조건이며, 이를 충족하지 않으면 대학교에 입학할 수 없다. 따라서 고등학교 졸업은 대학 입학의 필요조건이다. 하지만 고등학교를 졸업했다고 해서 반드시 대학교에 입학하는 것은 아니므로 고등학교 졸업은 대학 입학의 충분조건이 아니다.

(3) ①
해설 '열이 나지 않으면 독감이 아니다'라는 것은 '독감이라면 열이 난다는 것'이다. 따라서 열이 나는 것은 독감의 필요조건이다. 하지만 열이 난다고 해서 모두 독감인 것은 아니므로 충분조건은 아니다.

(4) ②
해설 복권 1등에 당첨되면 부자가 될 수 있다. 하지만 복권 1등에 당첨되지 않아도 부자가 될 수 있는 다른 방법이 존재한다. 따라서 '복권 1등 당첨'은 '부자가 되는 것'의 충분조건이다.

(5) ③
해설 '1기압일 때, 물은 섭씨 100도에서 끓는다'는 것은 '물이 끓으면 100도에 도달한 것이다'를 의미하며 동시에 '물이 100도에 도달하면 반드시 끓는다'는 것을 의미한다고 하였다. 즉, 이 두 명제가 서로 '100도에 도달'을 포함하고 있으므로 '100도 도달'은 물이 끓는 것의 필요조건이자 충분조건이다.

쿼터 홈트 DAY 24

01

(1) 고
해설 • -고: 두 가지 이상의 사실을 대등하게 벌여 놓는 연결 어미
• -거나: 나열된 동작이나 상태, 대상들 중에서 어느 것이든 선택될 수 있음을 나타내는 연결 어미

(2) 지만
해설 • -지만: '-지마는'의 준말로, 어떤 사실이나 내용을 시인하면서 그에 반대되는 내용을 말하거나 조건을 붙여 말할 때에 쓰는 연결 어미
• -거든: '어떤 일이 사실이면', '어떤 일이 사실로 실현되면'의 뜻을 나타내는 연결 어미

(3) 거나
해설 • -거나: 나열된 동작이나 상태, 대상들 중에서 어느 것이든 선택될 수 있음을 나타내는 연결 어미
• -며: 두 가지 이상의 동작이나 상태 따위를 나열할 때 쓰는 연결 어미

(4) 는데
해설 • -ㄴ데: 뒤 절에서 어떤 일을 설명하거나 묻거나 시키거나 제안하기 위하여 그 대상과 상관되는 상황(배경)을 미리 말할 때에 쓰는 연결 어미

• -면: 불확실하거나 아직 이루어지지 않은 사실을 가정하여 말할 때 쓰는 연결 어미

02 ③

해설 '어제는 하늘이 흐렸다'와 '어제는 바람이 불었다'의 의미 관계는 대등하다. '-고'는 '두 가지 이상의 사실을 대등하게 벌여 놓는 연결 어미'이다.

오답 해설
① '앞 절의 일을 인정하면서, 그것을 뒤 절 일의 조건이나 이유, 근거로 삼음을 나타내는 연결 어미'인 '-ㄹ진대'가 쓰인 종속적으로 이어진 문장이다.
② '가거나 오거나 하는 동작의 목적을 나타내는 연결 어미'인 '-러'가 쓰인 종속적으로 이어진 문장이다.
④ 조건을 붙여 말할 때에 쓰는 연결 어미인 '-거든'이 쓰인 종속적으로 이어진 문장이다.

03

(1) 지양하고
해설 '지양하다(止揚하다)'는 '더 높은 단계로 오르기 위하여 어떠한 것을 하지 아니하다'를 의미하고, '지향하다(志向하다)'는 '어떤 목표로 뜻이 쏠리어 향하다'를 의미한다. 제시된 문장은 '남의 잘못만을 탓하는 자세'를 하지 않고 자기의 허물을 되돌아볼 줄 알아야 한다는 내용이므로, '지양하다'를 사용해야 한다.

(2) 위임하고
해설 '위임하다(委任하다)'는 '어떤 일을 책임 지워 맡기다'를 의미하고, '수임하다(受任하다)'는 '임무나 위임을 받다'를 의미한다. 제시된 문장은 아버지가 큰형에게 가정사를 맡겼다는 내용이므로, '위임하고'를 사용해야 한다.

(3) 열리고
해설 '열려지고(열리어지고)'는 '열다'에 피동의 의미를 더하는 접미사 '-리-'와 피동의 의미를 나타내는 '-어지다'가 결합한 형태이다. 이중 피동은 과도한 피동 표현으로, 부적절한 피동 표현에 해당한다.

(4) 보인다
해설 '보여진다(보이어진다)'는 '보다'에 피동의 의미를 더하는 접미사 '-이-'와 피동의 의미를 나타내는 '-어지다'가 결합한 형태이다. 이중 피동은 과도한 피동 표현으로, 부적절한 피동 표현에 해당한다.

(5) 나는 이 책에 큰 감동을 받았다
해설 '책'은 스스로 움직이지 않는 사물이므로, 이를 능동적 행위의 주어로 사용하는 것은 삼가야 한다.

(6) 우리는 이 결과를 통해 실업난 해소 정책을 마련해야 한다는 점을 알 수 있다
해설 '결과'는 추상적 대상이므로, 이를 능동적 행위의 주어로 사용하는 것은 삼가야 한다.

04 ① - ⓒ / ② - ⓑ / ③ - ⓓ / ④ - ⓧ / ⑤ - ⓛ / ⑥ - ⓐ / ⑦ - ⓩ / ⑧ - ⓔ / ⑨ - ⓜ / ⑩ - ⓞ

해설
- ⊙ 토로(吐露)하다: 마음에 있는 것을 죄다 드러내어서 말하다.
  - 예) 친구에게 심정을 <u>토로하다</u>.
- ⓛ 회수(回收)하다: 도로 거두어들이다.
  - 예) 그는 종강하면서 학생들에게 돌린 설문지를 <u>회수하여</u> 검토하고 그 결과를 다음 학기의 강의에 반영할 계획이다.
- ⓓ 방임(放任)하다: 돌보거나 간섭하지 않고 제멋대로 내버려두다.
  - 예) 자녀를 지나치게 간섭하거나 무조건 <u>방임하는</u> 것은 좋지 않다.
- ⓔ 종결(終結)하다: 일을 끝내다.
  - 예) 검찰은 한 씨 등 네 명을 국회 의원 선거법 위반 혐의로 구속 기소하고 사실상 수사를 <u>종결하였다</u>.
- ⓜ 도출(導出)하다: 판단이나 결론 따위를 이끌어 내다.
  - 예) 추론이란 주어진 자료에서 결론을 <u>도출하는</u> 논리적 과정을 지칭하는 말이다.
- ⓑ 환원(還元)하다: 본디의 상태로 다시 돌아가다. 또는 그렇게 되게 하다.
  - 예) 미국에는 자기 수입의 일정량을 지역 사회에 <u>환원하는</u> 관습이 있다.
- ⓐ 포획(捕獲)하다: 【…을】「1」적병을 사로잡다.「2」짐승이나 물고기를 잡다.
- ⓒ 전진(前進)하다: 앞으로 나아가다.
  - 예) 우리는 목표를 향해 <u>전진하고</u> 있었다.
- ⓩ 척결(剔抉)하다: 나쁜 부분이나 요소들을 깨끗이 없애 버리다.
  - 예) 사회의 불순분자들을 <u>척결하다</u>.
- ⓧ 전제(前提)하다: 어떠한 사물이나 현상을 이루기 위하여 먼저 내세우다.

05

(1) ×
해설 둘째 문단에 따르면, '어치는 기분이 안 좋거나 공격하려 할 때면 90도로 머리 깃털을 곧추세운다. 하지만 힘이 없으면 늘 머리 깃털을 낮추고 있어야' 한다. 따라서 사회적 지위가 낮은 어치는 기분이 좋지 않거나 공격하려 할 때라도 머리 깃털을 90도로 곧추세우지 않는다.

(2) ×
해설 셋째 문단에 따르면, 늑대의 경우 '힘이 없는 개체가 꼬리를 바짝 세우고 있으면, 제일 힘 있는 개체는 이를 자신에게 덤비는 것으로 간주하고 싸움을 걸어온다'라고 하였다. 따라서 한 무리 내에서 힘이 없는 늑대가 꼬리를 바짝 세우고 있으면, 그 무리 안에서 그보다 힘이 있는 모든 늑대들이 아니라 제일 힘 있는 늑대 한 마리가 싸움을 걸 것이다.

06

(1) ×
해설 첫째 문단에 따르면, '자연의 나노 입자와 그 조직'을 통해 '자연의 자체 정화 메커니즘'을 활용해 보려고 하는 연구가 있다고 한다. 따라서 나노 입자와 그 조직이 자연에 존재하고 있으며, 과학자들이 발명해 낸 것이라고 볼 수 없다.

(2) ○
해설 첫째 문단에 제시된 바와 같이 '연꽃 효과'는 자연의 자체 정화 메커니즘을 일컫는 말인데, 둘째 문단에 따르면 연꽃잎의 표면이 나노미터 영역의 구조로 이루어져 물방울이 굴러 떨어질 때 오염 입자들을 흡수하여 함께 제거한다고 하였으므로 옳은 문장임을 알 수 있다.

(3) ×
해설 첫째 문단에 따르면, 연꽃잎의 표면은 초소수성의 성질을 띤다. 둘째 문단에 따르면 친수성을 띠는 잎의 표면에서는 물방울의 접촉각이 매우 작아지고, 소수성을 가지는 잎의 표면에서는 물방울의 접촉각이 커진다고 하였으므로 연꽃잎의 경우 물방울의 접촉각이 큰 편에 속할 것이다.

(4) ○
해설 둘째 문단에 따르면, 친수성을 띠는 잎의 표면에서는 물방울의 접촉각이 매우 작아지고, 소수성을 가지는 잎의 표면에서는 물방울의 접촉각이 커진다고 하였다. 따라서 잎의 표면이 초소수성에 가까운 성질을 가질수록 물방울의 접촉각은 커질 것이다.

07

(1) ×
해설 첫째 문단에 따르면, 경산호는 단단한 골격을 가지고 있어 강한 파도를 견뎌 쓰나미나 태풍으로 인한 해일로부터 연안을 지켜 주기도 한다. 그러나 연산호는 골격이 없어 해류에 따라 이리저리 흔들린다고 한다. 따라서 연산호는 쓰나미나 태풍으로 인한 해일로부터 연안을 지켜 줄 수 없을 것이다.

(2) ○
해설 첫째 문단에 따르면 연산호는 수온에 대한 관용도가 높다고 하였으므로, 동해안보다 수온이 높은 제주 해안에서도 연산호가 발견될 것이다.

(3) ×
해설 둘째 문단에 따르면 산호는 편모조류와 공생하며 자신에게 필요한 영양물질을 공급받고, 편모조류인 주산텔라가 산호의 촉수에 보금자리를 틀어 자신을 천적으로부터 보호한다.

08 ②

해설 '작은 해양 생물(⊙)'은 산호가 잡아먹는 생물이다.
산호는 연산호와 '경산호(ⓛ)'로 나뉜다. 전자(=연산호)는 수온에 대한 관용도가 높아 동해안에서도 '이들(ⓓ)'을 찾을 수 있다고 하였다. 이를 통해 '이들(ⓓ)'은 연산호를 가리킨다는 것을 알 수 있다.
ⓔ(주산텔라)이 만든 영양물질과 산소는 작은 해양 생물의 먹이가 된다. 그리고 '이들(ⓜ)', 즉 작은 해양 생물을 잡아먹기 위해 큰 해양 생물들이 모인다고 하였다.
따라서 ⊙~ⓜ 중 지시 대상이 같은 것끼리 묶은 것은 '⊙, ⓜ(작은 해양 생물)'이다.

09

(1) 사과 → 배
해설 '사과를 좋아한다면, 배도 좋아한다'라는 문장과 같으므로, '사과 → 배'로 기호화할 수 있다.

(2) 공직 관심 → 일자리 관심

(3) 내일 시간 → 한강

(4) 축구 ∨ 농구

(5) ~미혼 → 남성 / (A 회사 ∧ ~미혼) → 남성
해설 '미혼이 아니라면 모두 남성이다'라는 문장과 같으므로 '~미혼 → 남성'으로 기호화할 수 있다.

(6) 갑 → 을

(7) ~병 → ~을

(8) ~구조독해 ∨ ~확인추론

(9) ~소풍 → 내일 눈
해설 'B일 경우에만 A', 'B에 한하여 A'가 'A → B'로 기호화되므로 '~소풍 → 내일 눈'으로 기호화하는 것이 적절하다.

(10) 수요일 → 독해 알고리즘

(11) 국어 ∧ 영어

(12) 이자율 상승 → 채권 하락 / 이자율 → ~채권

(13) A 회사 직원n ∧ 영화n

(14) 수험생n ∧ 한국사n

(15) ~책 반납 → 외국인 / (도서관 ∧ ~책 반납) → 외국인
해설 '책을 반납하지 않았다면 모두 외국인이다'라는 문장과 같으므로 '~책 반납 → 외국인'으로 기호화할 수 있다.

쿼터 홈트 DAY 25

01

(1) ○
해설 '가세'의 종결 어미 '-세'는 하게할 자리에 쓰여, 어떤 행동을 함께 하자는 뜻을 나타내는 청유형의 종결 어미이다. 따라서 '이따가 가세'는 화자가 청자에게 같이 행동할 것을 요청하는 청유문이다.

(2) ✕
해설 '앉아라'의 '-아라'는 해라할 자리에 쓰여, 명령하는 뜻을 나타내는 종결 어미이다. 따라서 '자리에 앉아라'는 화자가 청자에게 어떤 행동을 하도록 요구하는 명령문이다.

(3) ✕
해설 '먹게'의 '-게'는 하게할 자리에 쓰여, 손아래나 허물없는 사이에 무엇을 시키는 뜻을 나타내는 종결 어미이다. 따라서 '자네 이것 좀 먹게'는 화자가 청자에게 같이 행동을 요청하는 것이 아니라, 화자가 청자에게 어떤 행동을 하도록 요구하는 명령문이다.

(4) ✕
해설 '예쁘구나'의 '-구나'는 해라할 자리나 혼잣말에 쓰여, 화자가 새롭게 알게 된 사실에 주목함을 나타내는 종결 어미로, 흔히 감탄의 뜻이 수반된다. 따라서 '옷이 무척 예쁘구나'는 감탄문이다.

02

(1) 그들은 한적한 오솔길을 걸으며 사색에 잠기기도 했고 내일을 설계하기도 했다.
해설 '-고'라는 연결 어미로 인해 두 문장이 병렬 관계에 있으나 문장의 구조가 서로 달라서 어색하므로 '~기도 하다'라는 서술어 구조를 통일해야 한다.

(2) • 구와 구: (그 나라 주민과의 충돌)이나 (민족의 정체성 상실) 등의 문제가 발생되기도 한다.
• 절과 절: 그 나라 주민과 충돌하거나 / 민족의 정체성을 상실하는 등의 문제가 발생되기도 한다.
해설 명사구인 '그 나라 주민과의 충돌'과 문장인 '민족의 정체성을 상실하-'가 조사 '이나'로 연결되어 문장의 대등성이 깨져 있으므로, 구와 구 혹은 절과 절로 병렬되는 문법 단위를 통일해야 한다.

(3) 문에 기대거나 문을 강제로 열려고 하지 마십시오.
해설 '열다'는 목적어가 필요한 타동사인데, 제시된 문장에는 그에 걸맞은 목적어가 없다. 따라서 목적어를 추가해야 한다.

(4) 신은 인간을 사랑하기도 하지만 인간에게 시련을 주기도 한다.
해설 '주다'는 부사어와 목적어를 필수로 요구하는 서술어인데, 목적어(시련을)는 있지만, 부사어가 없다. 따라서 부사어를 추가해야 한다.

(5) 수출 증대를 위해서는 이 제품의 장점을 강화하고 단점을 보완해야 한다.
해설 '단점'은 '보완'하는 대상이 맞지만, '장점'은 '보완'이 아니라 '강화'하는 대상이어야 한다.

(6) 우리 정부는 직구 상품의 수입을 규제하였다.
해설 '수출'은 '국내의 상품이나 기술을 외국으로 팔아 내보냄'을, '수입'은 '다른 나라로부터 상품이나 기술 따위를 국내로 사들임'을 뜻한다. '직구 상품'은 국내의 상품이 아니므로 이에 대한 수출을 규제할 수 없다. 따라서 문맥에 맞게 '수입'으로 수정해야 한다.

03 ①

해설 '㉠ 고쳐야'는 '수리하다, 수선하다' 정도의 유의어로 대체 가능하며, 'A가 B를 고치다(수리하다)'의 구조를 가지는 서술어이다. ①의 '고쳐라'도 '어떤 물건(지붕)을 고치다(수리하다)'는 의미로 사용된 것이므로, 문맥상 ㉠의 의미와 가장 가깝다.

• 고치다: **1**【…을】「1」고장이 나거나 못 쓰게 된 물건을 손질하여 제대로 되게 하다. ≒ 수리(修理)하다, 수선(修繕)하다

오답 해설
② 고치다: **1**【…을】「3」잘못되거나 틀린 것을 바로잡다.
   예 늦잠 자는 습관을 고치기가 쉽지 않다.
③ 고치다: **1**【…을】「2」병 따위를 낫게 하다. ≒ 치료(治療)하다

예 이 병원은 병을 잘 <u>고친다</u>고 소문이 자자하다.
④ 고치다: ❷【…을 …으로】「2」 이름, 제도 따위를 바꾸다.
예 상호를 순우리말로 <u>고치다</u>.

04 ③

해설 '⊙ 쓰다'는 '작성하다' 정도의 유의어로 대체 가능하며, 'A가 B를 쓰다(작성하다)'의 구조를 가지는 서술어이다. ③의 '써'도 'A가 B(이름)를 쓰다(작성하다)'는 의미로 사용된 것이므로, 문맥상 ⊙의 의미와 가장 가깝다.

• 쓰다¹: ❶【…에 …을】「1」 붓, 펜, 연필과 같이 선을 그을 수 있는 도구로 종이 따위에 획을 그어서 일정한 글자의 모양이 이루어지게 하다.
  예 연습장에 붓글씨를 <u>쓰다</u>.

오답 해설
① 쓰다²: ❶【…에 …을】「1」 모자 따위를 머리에 얹어 덮다.
  예 머리에 가발을 <u>쓰다</u>.
② 쓰다³: ❶【…에 …을】「1」 어떤 일을 하는 데에 재료나 도구, 수단을 이용하다.
  예 요즘은 문서 작성에 컴퓨터를 <u>쓰지</u> 않는 사람이 드물다.
④ 쓰다³: ❷【…에/에게 …을】「4」【…을 …으로】 어떤 일을 하는 데 시간이나 돈을 들이다.
  예 오늘 아이들에게 너무 많은 돈을 <u>썼다</u>.

05 ④

해설 '⊙ 나가게'는 '떠나다, 그만두다' 정도의 유의어로 대체 가능하며, 'A가 B에서 나가다(떠나다)'의 구조를 가지는 서술어이다. ④의 '나가자'도 'A가 B에서 나가다(떠나다)'는 의미로 사용된 것이므로, 문맥상 ⊙의 의미와 가장 가깝다.

• 떠나다: ❸【…에서】【…을】 일정한 지역이나 공간에서 벗어나거나 집이나 직장 따위를 떠나다.
  예 회사 경영이 악화되자 회사에서 <u>나가게</u> 된 사람들의 숫자가 갈수록 늘어나고 있다.

오답 해설
① 떠나다: ❻「2」 사고나 충격으로 사물 따위가 부서지거나 신체의 일부를 다치다.
  예 접촉 사고로 자동차 범퍼가 <u>나갔다</u>.
② 떠나다: ❷【…에】【…을】「2」 모임에 참여하거나, 운동 경기에 출전하거나, 선거 따위에 입후보하다.
  예 전쟁에 <u>나간</u> 군인
③ 떠나다: ❶【…에】【…으로】「2」 앞쪽으로 움직이다.
  예 그 소년은 당당하게 앞에 놓인 연단에 <u>나가</u> 자기가 하고 싶은 이야기를 하기 시작했다.

06

(1) ×
해설 첫째 문단에서 '기업들이 데이터를 바라보는 시각이 변한 측면도' 있어 '기업들이 빅데이터의 가치를 받아들이기 시작했다'고 하였다. 이는 인과 왜곡에 해당한다.

(2) ×
해설 둘째 문단에 따르면, 기업이 활용한 마케팅 조사가 '효과가 있는 경우도 있다'고 하였으므로, 기업의 마케팅 조사가 쓸모없었다고 볼 수 없다.

07

(1) ○
해설 둘째 문단에서 '이(연결 프로그램)는 웹 브라우저와 특정 프로그램을 연결해 주는 긍정적 역할을 하지만 보안에 취약점이 생길 수 있으며, 공격자가 이 점을 이용할 수 있다'라고 하였다. 즉 공격자가 연결 프로그램의 취약점을 이용할 수 있다는 것을 알 수 있다.

(2) ○
해설 첫째 문단에서 '공인 인증서를 사용하는 ~ 거의 모든 사이트에서 개인 정보 유출이 일어날 수 있다'고 하며 '이 현상은 공인 인증서 자체뿐만 아니라'라고 하였다. 즉 공인 인증서 자체의 문제만으로도 개인 정보가 유출될 수 있다.

(3) ×
해설 연결 프로그램의 설치 위치를 지정할 수 있다는 내용은 제시되지 않았다.

(4) ○
해설 둘째 문단에서 "특정 사이트에서 '다음 발급자가 서명하고 배포한 프로그램을 설치하고 실행하겠습니까?'라는 메시지를 흔히 볼 수 있다. 이처럼 특정 사이트에서 다른 프로그램을 설치할 수 있도록 연결해 주는 것을 연결 프로그램이라고 한다."를 통해 연결 프로그램은 사용자에게 프로그램의 설치 유무를 묻는다는 것을 알 수 있다.

08

(1) ○
해설 둘째 문단에 따르면, '한지를 창호지로 사용하면 문을 닫아도 바람이 시원하게 통하며 습기를 잘 흡수해 습도 조절'도 한다고 하였다.

(2) ×
해설 둘째 문단에 따르면 산성지는 조금만 시간이 지나도 누렇게 색이 바래지만, 한지와 같은 중성지는 화학 반응에 잘 견뎌 세월이 흐를수록 결이 고와진다고 하였다. 따라서 중성지가 산성지보다 화학 반응에 잘 견딘다고 해야 적절한 문장이다.

(3) ×
해설 마지막 문단에 따르면, '도침' 기술은 '우리 조상들이 세계 최초로 고안해 낸 종이 표면 가공 기술'이다.

09

(1) A ∧ B

(2) 월 운동 ∧ 수 운동

(3) 나 TV ∧ 동생 음악

(4) 사람n ∧ 산책n
해설 '산책을 하는 사람이 있다'라는 문장은 '어떤 사람이 있다. 그리고 그 사람은 산책을 한다'와 같은 의미이다. 따라서 연언 기호를 사용하여 '사람n ∧ 산책n'이라고 기호화하여야 한다.

(5) 월 밥 ∧ ~화 밥 / (월 → 밥) ∧ (화 → ~밥)

(6) 라이트 → (코어 ∧ 프로)

(7) 월 밥 ∧ 화 라면 / (월 → 밥) ∧ (화 → 라면)

(8) 고구마 ∧ 배추

(9) 음악n ∧ 피아노n
해설 '어떤 사람이 음악을 좋아한다. 그리고 그 사람은 피아노를 전공했다'라는 의미이므로 '음악n ∧ 피아노n'으로 기호화할 수 있다.

(10) 내일 비 → (~공부 ∧ 영화)

(11) A ∧ ~B

(12) 수험생n ∧ 저녁 운동n
해설 '어떤 수험생은 저녁에 운동한다'라는 문장은 모든 수험생이 아닌 '일부분'의 수험생이 저녁에 운동한다는 것이므로 '특칭' 기호를 사용해야 한다. 제시된 문장은 '저녁에 운동하는 수험생이 있다'라는 문장과 동치이다. '어떤 수험생이 있다' 그리고 '그 수험생은 저녁에 운동한다'를 기호화하면 된다.

(13) 치킨 ∧ 콜라

(14) 감기 → 약

(15) ~금요일 → (~화요일 ∧ ~수요일)

(16) (육지 ∧ 육식 ∧ 포유동물) → 다리

(17) 한국인n ∧ ~김치n
해설 '김치를 먹지 않는 한국인이 있다'라는 문장은 '어떤 한국인은 김치를 먹지 않는다'와 같은 의미이다. 따라서 연언 기호를 사용하여 '한국인n ∧ ~김치n'이라고 기호화하여야 한다.

(18) ~공부 ∧ 운동

(19) 의사n ∧ 친절n
해설 '어떤 의사는 환자에게 친절하다'라는 문장은 '어떤 사람은 의사이다. 그리고 그 사람은 환자에게 친절하다'라는 의미이므로 '의사n ∧ 친절n'으로 기호화할 수 있다.

쿼터 홈트 DAY 26

01

(1) ㉢(수사 의문문)
해설 '너 얼른 가서 공부해야 하지 않아?'는 질문의 형태를 취하고 있지만, 청자의 대답을 요구하는 것이 아니다. 이는 상대에게 공부하러 가기를 명령하는 화자의 의도를 담은 표현이다.

(2) ㉠(판정 의문문)
해설 '밥 먹었니?'는 의문사 없이 청자에게 긍정이나 부정의 대답을 요구하는 표현이다.

(3) ㉡(설명 의문문)
해설 '너는 내일 누구와 여행을 가니?'는 의문사 '누구'를 포함하고 있으며, 청자에게 누구와 여행을 가는지 구체적인 설명을 요구하는 표현이다.

(4) ㉢(수사 의문문)
해설 '어쩜 저렇게 예쁠까?'는 질문의 형태를 취하고 있지만, 청자에게 대답을 요구하는 것이 아니다. 이는 상대의 예쁨에 대한 감탄을 표현한 문장이다.

(5) ㉠(판정 의문문)
해설 '지금 비가 오니?'는 의문사 없이 청자에게 긍정이나 부정의 대답을 요구하는 표현이다.

(6) ㉡(설명 의문문)
해설 '내게 무엇을 달라고 하였지?'는 의문사 '무엇'을 포함하고 있으며, 화자가 청자에게 '자신에게 무엇을 달라고 하였는지' 구체적인 설명을 요구하는 표현이다.

(7) ㉡(설명 의문문)
해설 '보고서를 언제까지 제출해야 합니까?'는 의문사 '언제'를 포함하고 있으며, 청자에게 자신이 언제까지 보고서를 제출해야 하는지 구체적인 설명을 요구하는 표현이다.

02

(1) 내가 가고 싶은 곳은 내 동생이 방문했던 곳이다.
해설 주어가 '내가 가고 싶은 곳은'이므로 '~곳이다'라는 서술어가 배치되는 것이 적절하다.

(2) 화재로 인해 우리는 불편을 겪었고 피해를 입었다.
해설 목적어 '불편을'은 서술어 '입다'와 호응하지 않으므로, 목적어 '불편을'과 호응할 '겪다' 등과 같은 서술어를 추가해야 한다.

(3) 다시 언급할 필요가 없다. / 재론할 필요가 없다.
해설 '재론'의 '재(再)'에 '다시'라는 의미가 포함되어 있다.

(4) 형부터 해라. / 형 먼저 해라.
해설 '부터'에 '범위의 시작'이라는 의미가 포함되어 있는데, 이는 '먼저'의 의미와 중복되는 표현이다.

(5) 사람들이 여러 곳을 가 보면/사람들이 많은 곳에 가 보면 재미있는 일이 많다.
해설 '사람들이 많은 곳을 가 보면 ~'은 '사람들이 여러 장소를 간 경우'와 '사람들이 많은 장소에 간 경우'의 두 가지 의미로 해석되므로 중의성을 해소하는 방향으로 수정하여야 한다.

(6) 유진이는 웃으면서, 들어오는 학생에게 인사하였다. / 웃으면서 들어오는 학생에게 유진이는 인사하였다.
해설 '유진이는 웃으면서 들어오는 학생에게 인사하였다'는 '유진이가 웃는 경우'와 '학생이 웃는 경우'와 같이 두 가지 의미로 해석되므로 중의성을 해소하는 방향으로 수정하여야 한다.

03 ① - ② / ② - ⓒ / ③ - ⊗ / ④ - ⓞ / ⑤ - ⓜ /
⑥ - ⓛ / ⑦ - ⓗ / ⑧ - ⓙ / ⑨ - ⊛ / ⑩ - ⓩ

해설

㉠ 개방(開放)하다: 【…에/에게 …을】「1」 문이나 어떠한 공간 따위를 열어 자유롭게 드나들고 이용하게 하다. ↔ 폐쇄(閉鎖)하다
　예 학생들에게 도서관을 <u>개방하다</u>.
　「2」 금하거나 경계하던 것을 풀고 자유롭게 드나들거나 교류하게 하다.
　예 외국에 문호를 <u>개방하다</u>.

㉡ 파생(派生)되다: 【…에서】「1」 사물이 어떤 근원으로부터 갈려 나와 생기게 되다.
　예 영어는 라틴어에서 <u>파생된</u> 언어이다.
　「2」『언어』실질 형태소에 접사가 결합되어 하나의 단어가 만들어지다.

㉢ 유래(由來)하다: 【…에서/에게서】사물이나 일이 생겨나다.
　예 이곳의 지명은 이곳에서 재배되던 작물에서 <u>유래하였다</u>.

㉣ 등장(登場)하다: 어떤 사건이나 분야에서 새로운 제품이나 현상, 인물 등이 세상에 처음으로 나오다.
　예 판소리라는 새로운 장르는 문화계에 <u>등장한</u> 초기에는 별로 인기를 끌지 못했다.

㉤ 옹호(擁護)하다: 【…을】두둔하고 편들어 지키다.
　예 동료를 <u>옹호하다</u>.

㉥ 완화(緩和)하다: 【…을】「1」 긴장된 상태나 급박한 것을 느슨하게 하다.
　예 규제를 <u>완화하다</u>.
　「2」『의학』병의 증상을 줄어들게 하거나 누그러지게 하다.

㉦ 준수(遵守)하다: 전례나 규칙, 명령 따위를 그대로 좇아서 지키다.
　예 국민은 헌법을 <u>준수해야</u> 할 의무를 지닌다.

㉧ 생존(生存)하다: 살아 있거나 살아남다.
　예 불황이 지속된다면 5년 뒤에는 기업의 절반만 <u>생존할</u> 것이다.

㉨ 개혁(改革)하다: 【…을】제도나 기구 따위를 새롭게 뜯어고치다.
　예 세제를 <u>개혁하다</u>.

㉩ 거주(居住)하다: 일정한 곳에 머물러 살다. = 주거하다
　예 자네가 우리 서(署) 관할 내에 <u>거주</u>하게 되었군.

04

(1) ✕

해설 첫째 문단의 '네트워크가 복잡해질수록 이를 유지하는 비용이 커지지만, 정부를 비롯한 외부 세력이 이를 와해시키기도 어려워진다'를 통해, 조직의 복잡성은 네트워크 외부 공격에 대한 대응력에 영향을 미친다는 것을 알 수 있다.

(2) ✕

해설 첫째 문단에 기초적인 네트워크로 구성원의 수가 적은 점조직이 언급됐지만, '구성원의 수'와 '정교한 네트워크로 발전할 가능성' 사이의 관계는 지문에 언급되지 않았다.

(3) ✕

해설 둘째 문단에 따르면, 기술의 발달은 정교한 네트워크 유지에 필요한 비용을 크게 감소시켰다. 이러한 비용 감소는 비국가 행위자들의 영향을 확대시켜 국가가 사회에서 차지하는 역할의 비중을 축소시키는 결과를 낳았다. 하지만 반대의 상황에서 국가의 영향력이 커질지는 알 수 없다.

(4) ◯

해설 마지막 문단에서 네트워크 변화는 시민 단체들이 기존의 국가 조직이 손대지 못한 영역에서 긍정적인 변화를 이끌어 내는 순기능과 테러 및 범죄 조직이 활동 범위를 넓혀 나가는 역기능 모두를 가져온다고 하였다.

05

(1) ◯

해설 둘째 문단에서는 플라즈마가 다양한 미래 첨단 기술의 원천임을 설명하며 그 예시를 들고 있다. 그리고 마지막 문단에서는 플라즈마 관련 기술이 '우리의 일상생활에서도 적용됨'을 설명하고 있다. 따라서 플라즈마는 다양한 미래 첨단 기술의 원천일 뿐 아니라 플라즈마 관련 기술은 일상생활에 적용된다.

(2) ✕

해설 둘째 문단에 따르면, 화성 여행의 실현은 '우주선에 고온의 플라즈마를 빠르게 분출하는 엔진을 탑재하면, 기존의 우주선보다 월등히 적은 양의 연료로 10배의 속도를 낼 수 있어' 가능할 것이라고 하였다. 이를 통해 플라즈마 기술을 활용한 엔진을 탑재하면, 적은 양의 연료로 10배 빠른 속도를 낼 수 있는 것이지 기존 연료의 부피를 줄여 화성 여행이 가능해지는 것이 아님을 알 수 있다.

• 고온: 높은 온도
• 고압: 높은 압력

(3) ✕

해설 마지막 문단에 따르면, PDP 텔레비전의 가장 큰 단점이 '열이 나고 전기가 많이 소요되는 것'이라고 하였다. 따라서 열이 나는 것이 PDP 텔레비전의 유일한 단점이라는 표현은 옳지 않다.

06

(1) ✕

해설 수학 개념인 허수가 자연과학에서 활용되고 있는 것은 맞으나, 수학이 발전하기 위해 자연과학에 수학을 접목하려는 노력이 필요한지에 대해서는 지문에 제시되지 않았다.

(2) ◯

해설 지문에 따르면, 우리는 허수를 시각적으로 나타낼 방법이 전혀 없음에도 허수를 많은 자연과학 영역에서 유용하게 활용하고 있다. 즉, 수학적 개념의 자연과학적 응용은 그것의 시각적인 표현 가능성에 의존하지 않는다고 할 수 있다.

(3) ✕

해설 수학의 진리 탐구를 위해 자연과학적 사고가 필요하다는 것은 지문의 내용과는 거리가 멀다.

(4) ✕

해설 지문에서는 수학적 개념인 허수를 통해 여러 과학적 영역을 설명할 수 있음을 제시하고 있다. 같은 현상에 대하여 수학과 자연과학이 다른 해석을 제공한다는 것은 오히려 이러한 지문의 내용과 반대되는 내용에 가깝다.

07 ③

둘째 문단에 따르면, ㉢(전기회로에서 전위차)은 보통 실수로 표현된다고 하였다. 복소수를 사용하면 ㉢(전기회로에서 전위차)의 위상을 나타낼 수도 있지만, ㉢(전기회로에서 전위차) 자체는 허수 없이 표현된다. 따라서 ㉠~㉣ 중 '(가) 허수'가 활용되지 않는 것은 '㉢(전기회로에서 전위차)'이다.

오답 해설

① 첫째 문단에 따르면, ㉠(물리학이나 공학)에서는 '(가) 허수'라는 개념이 유용하게 쓰이고 있다고 하였다.

②, ④ 둘째 문단에 따르면, 복소수는 실수와 허수를 모두 포함한다고 하였다. 복소수는 ㉡(많은 자연과학 영역)에서 활용되므로, '(가) 허수'도 활용된다는 것을 알 수 있다.

㉣(상대성 이론에서 4차원 벡터)은 '(가) 허수'를 이용하면 깔끔하게 표현할 수 있다.

08

(1) 비 → (영화 ∨ 음악)

(2) A ∨ B

(3) A ⓥ B / (A ∨ B) ∧ ~(A ∧ B)

해설 제시된 문장의 경우, 회의에 A 또는 B 중 '한 명만' 참석한다고 하였으므로 일반적인 선언과는 다른 '배타적 선언'이다. 따라서 A ⓥ B로 기호화하여야 한다.

(4) 내근 ⓥ 외근 / (내근 ∨ 외근) ∧ ~(내근 ∧ 외근)

(5) 비 → (날짜 변경 ∨ 장소 변경)

(6) ~(재미 ∨ 흥미)

(7) 쇼핑몰 ∨ 영화관

(8) 휴대폰 ⓥ 옷 / (휴대폰 ∨ 옷) ∧ ~(휴대폰 ∧ 옷)

(9) 게임 ∨ ~영화

(10) 셔츠 → (티셔츠 ⓥ 바지) / 셔츠 → (티셔츠 ∨ 바지) ∧ ~(티셔츠 ∧ 바지)

09

(1) ①

해설 '커피'나 '녹차' 중 하나만 마신다고 하였으므로 이는 배타적 선언이다. 따라서 '(A ∨ B) ∧ ~(A ∧ B)'의 형태이다. 이를 벤다이어그램으로 표현하면, ①과 같은 형태이다.

(2) ②

해설 '컴퓨터 게임'과 '비디오 게임'을 모두 좋아한다고 하였으므로 'A ∧ B'로 기호화할 수 있다. 이를 벤다이어그램으로 표현하면, ②와 같은 형태이다.

(3) ①

해설 '친구'나 '여자친구'를 고를 수 있지만 둘 다 고를 수는 없다고 하였으므로 이는 배타적 선언이다. 따라서 '(A ∨ B) ∧ ~(A ∧ B)'의 형태이다. 이를 벤다이어그램으로 표현하면, ①과 같은 형태이다.

쿼터 홈트 DAY 27

01

(1) ○

해설 화자의 시점에서 동생이 텔레비전을 보았다는 사건이 이미 일어났으므로 '-았-'은 과거의 사건을 말하기 위해 쓴 것이다.

(2) ×

해설 화자의 시점에서 미래의 일이 이미 정하여진 사실인 양 말하고 있으므로 '받았군'의 '-았-'은 미래의 사건을 말하기 위해 쓴 것이다.

(3) ×

해설 지민이가 현재 있는 곳을 추측하고 있으므로 '-(으)ㄹ 것'은 미래의 사건을 말하기 위해 쓴 것이 아니다.

02

(1) 구속했다

해설 '-시키다'는 주어가 남에게 어떤 행동을 하게 할 때 사용하는 사동 표현이다. 제시된 문장은 '검찰이 남에게 그를 가두게 했다'라는 의미가 아니라 '검찰이 그를 가두었다'라는 의미이다. 따라서 '구속했다'를 쓰는 것이 적절하다.

(2) 놓인

해설 '놓여진(놓이어진)'은 '놓다'에 피동의 의미를 더하는 접미사 '-이-'와 피동의 의미를 나타내는 '-어지다'가 결합한 형태이다. 이중 피동은 과도한 피동 표현이므로 '놓인'을 쓰는 것이 적절하다.

(3) 자유를 수호하고

해설 단어는 단어와, 구(단어 둘 이상의 문법적 단위)는 구와, 절(주어와 서술어를 갖는 문법적 단위)은 절과 대등하다.

'인권을 보장하는'의 문법적 단위는 절이므로, 앞에는 문법적 단위가 절인 '자유를 수호하고'와 같이 쓰는 것이 적절하다.

• 구와 구: (자유 수호)와 (인권 보장)을

(4) 시화전을 진행하는 일

해설 '시화전의 진행'은 명사가 관형격 조사와 결합하여 명사를 수식하는 구조이지만, '시화전을 진행하는 일'은 관형절 '시화전을 진행하는'이 명사 '일'을 수식하는 구조이다.

'시화전을 홍보하는 일'은 관형절 '시화전을 홍보하는'이 명사 '일'을 수식하는 구조이므로, 이를 고려하여 '시화전을 진행하는 일'을 쓰는 것이 적절하다.

참고 명사에 관형격 조사를 결합하여 명사를 수식하는 구조로 통일할 경우, '그는 시화전의 홍보와 시화전의 진행에~' 정도로 쓰면 된다.

(5) 과연

해설 '아마'는 뒤에 오는 추측의 표현과 호응하여, 단정할 수는 없지만 미루어 짐작하거나 생각하여 볼 때 그럴 가능성이 크다는 뜻을 나타내는 부사이다.

'마음속으로라도'라는 표현을 통해 제시된 문장이 박수를 보내는 사람이 얼마 되지 않을 것이라는 의미를 담고 있다는 것을 알 수 있다. 이런 경우에는 '과연'이라는 부사를 활용하는 것이 더 적절하다.

(6) 일일지라도

해설 제시된 문장은 '비록'으로 시작한다. '비록'은 '-ㄹ지라도', '-지마는'과 같은 어미가 붙는 용언과 함께 쓰여 '아무리 그러하더라도'라는 뜻을 가진 부사이다. 따라서 '비록 사람들의 관심이 ~ 당연한 일일지라도'와 같이 쓰는 것이 적절하다.

'-라면'은 '이다', '아니다'의 어간이나 어미 '-으시-', '-더-', '-으리-' 뒤에 붙어 어떠한 사실을 가정하여 조건으로 삼는 뜻을 나타내는 연결 어미로 쓰이거나, '-라고 하면'이 줄어든 말로 쓰인다.

03 ㉮ - ㉠ - ⓒ / ㉯ - ㉡ - ⓐ / ㉰ - ㉢ - ⓑ

해설

- **거시적(巨視的)**: 「1」 사람의 감각으로 식별할 수 있을 정도의 것
  「2」 사물이나 현상을 전체적으로 분석·파악하는 것
    예 우주론은 우주의 탄생과 진화를 <u>거시적</u>인 안목으로 연구하는 학문이다.
- **미시적(微視的)**: 「1」 사람의 감각으로 직접 식별할 수 없을 만큼 몹시 작은 현상에 관한 것
    예 눈으로는 볼 수 없는 <u>미시적</u>인 세계
  「2」 사물이나 현상을 전체적인 면에서가 아니라 개별적으로 포착하여 분석하는 것
    예 <u>미시적</u>인 시각으로 사회 현상을 바라보다.

- **이타(利他)**: 「1」 자기의 이익보다는 다른 이의 이익을 더 꾀함.
  「2」 『불교』 자기가 얻은 공덕과 이익을 다른 이에게 베풀어 주며 중생을 구제하는 일
- **이기(利己)**: 자기 자신의 이익만을 꾀함.

- **기성(旣成)**: 「1」 이미 이루어짐. 또는 그런 것
    예 젊은이들은 <u>기성</u>의 문화를 거부했다.
    참고 비슷한말: 이성(已成) / 반대말: 미성(未成)
  「2」 신주를 만듦. 또는 그런 일
- **신진(新進)**: 「1」 어떤 사회나 분야에 새로 나섬. 또는 그런 사람
    예 <u>신진</u> 세력
  「2」 새로 벼슬에 오름. 또는 그런 사람
    예 <u>신진</u> 관료

04 〈가로〉 ㉠ 기제 / ㉢ 고조 / ㉤ 함의
〈세로〉 ㉡ 제고 / ㉣ 의의 / ㉥ 함유

해설
〈가로〉
㉠ **기제(機制)**: 인간의 행동에 영향을 미치는 심리의 작용이나 원리
  예 사람은 자신을 어느 집단과 동일시함으로써 자기 자신을 확인하며 만족을 얻는 심리적 <u>기제</u>를 가진다고 한다.
㉢ **고조(高調)**: 「1」 음 따위의 가락을 높임. 또는 그 높은 가락. ↔ 저조(低調)
  예 목이 쉰 그는 <u>고조</u>의 노래를 부를 수 없었다.
  「2」 (주로 '고조에' 꼴로 쓰여) 사상이나 감정, 세력 따위가 한창 무르익거나 높아짐. 또는 그런 상태. ↔ 저조(低調)
  예 공연의 분위기가 <u>고조</u>에 달하자, 관객 모두가 열광했다.

㉤ **함의(含意)**: 말이나 글 속에 어떠한 뜻이 들어 있음. 또는 그 뜻
  예 작품이 어떤 것을 <u>함의</u>하는지 모르겠어.

〈세로〉
㉡ **제고(提高)**: 수준이나 정도 따위를 끌어올림.
  예 근로자의 근무 의욕을 <u>제고</u>하기 위한 방책을 강구하다.
㉣ **의의(意義)**: 「1」 말이나 글의 속뜻. ≒ 의미(意味)
  예 그 말의 <u>의의</u>를 알다.
  「2」 어떤 사실이나 행위 따위가 갖는 중요성이나 가치. ≒ 뜻, 의미(意味)
  예 남북 정상 회담이 갖는 <u>의의</u>
㉥ **함유(含有)**: 물질이 어떤 성분을 포함하고 있음.
  예 해조류로 만든 비료는 칼륨을 많이 <u>함유</u>한다.

05

(1) ○
해설 항미생물 화학제의 종류로서 멸균제, 감염 방지제, 소독제가 제시되어 있다.

(2) ○
해설 세균과 진균은 세포막 바깥 부분에 세포벽이 있고, 바이러스 표면에는 세포막이 아니라 캡시드라 부르는 단백질로 이루어져 있다고 하였다.

(3) ✕
해설 지문은 병원체의 종류 및 기본 구조, 병원체를 억제하기 위한 항미생물 화학제의 작용 방식과 종류 등을 다루고 있다. 하지만 병원체가 사람을 감염시키는 작용 기제에 대해서는 지문에 제시되지 않았다.

(4) ○
해설 항미생물 화학제가 병원체에 대해 광범위한 살균 효과를 갖는 이유는 다양한 병원체가 공통으로 지닌 구조를 구성하는 성분들에 화학 작용을 일으키기 때문이다.

06

(1) ✕
해설 유전자의 유사성만을 고려하더라도, 일란성 쌍둥이와 복제인간이 같다고 볼 수 없다. 일란성 쌍둥이를 일종의 '복제인간'이라고 부를 수 있다고 하였으나, 복제인간이 체세포 제공자와는 다른 사람의 난자를 물려받을 경우 미토콘드리아 유전자에 차이가 생기기 때문이다. 하지만 일란성 쌍둥이는 동일한 어머로부터 태어났으므로 미토콘드리아 유전자까지 동일하다. 따라서 일란성 쌍둥이가 유전자의 유사성이라는 측면에서 복제인간에 비해 더 우월하다고 볼 수 있다.

(2) ○
해설 미토콘드리아 유전자는 세포질 속에만 존재하는 것으로서 수정 과정에서 난자를 통해 어머로부터만 유전된다고 한다. 따라서 복제인간은 난자 제공자(=어머니)로부터 미토콘드리아 유전자를 물려받게 될 것이다.

(3) ○
해설 복제인간은 외모마저 체세포 제공자와 다를지 모르는데, 이는 미토콘드리아 유전자가 난자를 통해 어머로부터만 유전되기 때문이다.

따라서 체세포 제공자와는 다른 사람의 난자를 물려받을 경우 미토콘드리아 유전자가 달라져 복제인간의 외모가 체세포 제공자와 다를 수 있는 것이다.

(4) ○
해설 복제인간과 체세포 제공자는 완전히 다른 환경에 놓이게 되므로, 복제인간은 환경의 영향을 매우 많이 받게 될 것이라고 하였다. 따라서 복제인간이 환경의 영향으로 체세포 제공자와 다른 특성을 보이며 성장할 수 있을 것이라 추론할 수 있다.

07

(1) ○
해설 1960년대까지 대부분의 사람들은 컴퓨터가 이론과학의 도구가 되리라고 생각하지 못했으며, 자연히 컴퓨터를 활용한 계량적인 기상 모델링도 서자 취급을 받으며 출발했다고 하였다. 따라서 컴퓨터를 활용한 기상 예측이 처음부터 과학자들의 호응을 받았던 것은 아니다.

(2) ○
해설 계량적 예측은 우주선과 미사일의 정확한 궤도를 계산해 냈으며, 기후는 복잡한 현상이지만 동일한 물리적 법칙들에 의해 지배된다고 하였다.

(3) ○
해설 세상 만물이 행성들처럼 법칙에 따른다는 뉴턴의 생각은 오직 컴퓨터만이 증명할 수 있었다고 하였다. 따라서 컴퓨터가 개발되지 않았다면 뉴턴식의 사고가 기상학에 실제로 적용되기 어려웠을 것이라 추론할 수 있다.

(4) ×
해설 라플라스가 컴퓨터를 가리켜 최고의 지성이라 말한 것이 아니다. 라플라스는 최고의 지성이 원자의 운동을 한 공식으로 나타낼 수 있을 것이라 예측했을 뿐이고, 지문에서는 라플라스가 상상한 '최고의 지성'이 컴퓨터일지도 모른다고 말한 것이다.

08

(1) ~A → B

(2) 윤리 → 보편
해설 '보편적으로 판단될 수 있는 판단'이 '윤리적 판단'의 필요조건이라는 것이므로, 화살표의 방향이 '보편'을 향해야 한다. 만일 이렇게 함축 관계를 파악하는 것이 어렵다면, '만'이 들어간 방향으로 화살표가 가야 한다고 기억하면 쉽다.

(3) ~지혜 → (사랑 원함 ∧ 고통 피하고자 함)

(4) 공무원 → 공시 합격

(5) ~(A ∧ B) → (C ∧ F)

(6) 공부 → 합격

(7) ~(A ∧ B) → (C ∧ D)

(8) (서울 거주 ∧ 서울 근무 ∧ 20대) → 대중교통

(9) 감기약 → 감기

해설 '감기에 걸린 경우'가 '감기약 복용'의 필요조건이므로 화살표의 방향이 '감기에 걸린 경우'로 향하여야 한다. 만일 이렇게 함축 관계를 파악하는 것이 어렵다면, '만'이 들어간 방향으로 화살표가 가야 한다고 기억하면 쉽다.

(10) 청소년n ∧ 삼겹살n
해설 '아침에 삼겹살을 먹는 청소년이 있다'라는 문장과 동치인 문장이므로, '어떤 청소년이 있다. 그리고 그 청소년은 아침에 삼겹살을 먹는다'를 기호화하면 된다.

(11) (저렴 ∧ 맛) → 인기

09

(1) 참
해설 내일 시험이 있다(A)는 것이 참이고 내가 오늘 공부를 했다(B)는 것이 참이면 조건문(A → B)은 참이다.

(2) 참
해설 내일 시험이 있다(A)는 것이 거짓이고 내가 오늘 공부를 했다(B)는 것도 거짓이면 조건문(A → B)은 참이다.

(3) 참
해설 내일 시험이 있다(A)는 것이 거짓이고 내가 오늘 공부를 했다(B)는 것이 참이면 조건문(A → B)은 참이다.

(4) 거짓
해설 내일 시험이 있다(A)는 것이 참이고 내가 오늘 공부를 했다(B)는 것이 거짓이면 조건문(A → B)은 거짓이다.

쿼터 홈트 DAY 28

01

(1) ○
해설 첫째 문단에 따르면, 피동은 주어가 다른 주체에 의해 동작이나 행위를 당하는 것이라고 하였다.

(2) ×
해설 첫째 문단에 따르면, 능동 표현을 피동 표현으로 바꾸거나 피동 표현을 능동 표현으로 바꿀 때는 문장 성분에 변화가 생긴다고 하였다. 따라서 피동 표현을 능동 표현으로 바꿀 때에는 문장 성분이 변하지 않는다는 것은 적절하지 않다.

(3) ○
해설 둘째 문단에 따르면, 피동 표현에서는 다른 주체에게 동작이나 행동을 당한 대상이 주어라고 하였다.

(4) ○
해설 둘째 문단에 따르면, 과도한 피동 표현은 피동 표현을 만드는 요소들이 중복된 것인데, 화자의 의도를 명확하게 드러내지 못하기 때문에 원활한 의사소통을 방해한다.

(5) ◯
해설 '개가 도둑을 잡았다'는 '개'가 제힘으로 도둑을 잡는 행위를 한 것이므로 능동 표현이다.

(6) ✕
해설 '공터에 새 건물이 지어졌다'는 '새 건물'이 '(사람)'에 의해 지어짐을 당한 것이므로 피동 표현이다. '지어졌다'가 '짓다'의 어간 '짓-'에 '-어지다'가 붙은 형태라는 것을 통해서도 피동 표현임을 알 수 있다.

(7) ◯
해설 '많은 사람들이 전쟁에 희생되었다'는 '많은 사람들'이 전쟁에 의해 희생을 당한 것이므로 피동 표현이다. '희생되다'가 '희생'이라는 명사에 '-되다'가 붙은 형태라는 것을 통해서도 피동 표현임을 알 수 있다.

02

(1) 동생은 건강을 위해 공을 차거나 야구를 한다.
해설 '공'과 '하다'는 호응하지 않으므로, '차다'와 같은 서술어를 추가해야 한다.

(2) 우리 가족은 아침 식사로 빵을 먹고 우유를 마신다.
해설 '빵'과 '마시다'는 호응하지 않으므로, '먹다'와 같은 서술어를 추가해야 한다.

(3) 그의 장점은 늘 부조리에 맞서 싸워 왔다는 것이다.
해설 주어 '그의 장점은'과 서술어 '장점이다'에서 '장점'이 중복 사용되었다. 이는 불필요한 중복 표현이므로, 서술어를 '~것(점)이다'로 수정해야 한다.

(4) 버스가 좌회전한 후, 정류장에 정차하였다. / 버스가 왼쪽으로 회전한 후, 정류장에 정차하였다.
해설 '좌회전(左回轉)'은 '차 따위가 왼쪽으로 돎'을 의미하는데, 이 단어에 '왼쪽'이라는 의미가 이미 사용되었으므로 이를 수정해야 한다.

(5) 어머니가 생필품을 외할머니께 드렸다.
해설 '어머니'에게 '외할머니'는 높임의 대상이므로, 높임의 격 조사 '께'와 '주다'의 높임말인 '드리다'를 사용해야 한다.

(6) 아버지께서는 오늘 일찍 주무신다.
해설 말하는 이가 서술의 주체를 높이기 위해 주격 조사 '께서'를 사용하였다. 또한 '자다'를 높이기 위해 특수 어휘인 '주무시다'를 사용해야 한다.

03
① - ② / ② - © / ③ - ⊗ / ④ - ◎ / ⑤ - ⑩ / ⑥ - ⓒ / ⑦ - ⑭ / ⑧ - ⑦ / ⑨ - ⊙ / ⑩ - ⓧ

해설
⊙ 통제(統制)하다: 【…을】「1」일정한 방침이나 목적에 따라 행위를 제한하거나 제약하다.
  「2」권력으로 언론·경제 활동 따위에 제한을 가하다.
  예 물가를 통제하다.
ⓒ 지칭(指稱)하다: 【…을】【…을 …으로】【…을 -고】어떤 대상을 가리켜 이르다.
  예 『삼국사기』에서는 발해를 북국(北國)으로 지칭하고 있다.
ⓒ 모방(模倣/摸倣/摹倣)하다: 【…을】 다른 것을 본뜨거나 본받다.
  예 남의 작품을 모방하다.

② 밀접(密接)하다: 【(…과)】('…과'가 나타나지 않을 때는 여럿임을 뜻하는 말이 주어로 온다) 아주 가깝게 맞닿아 있다. 또는 그런 관계에 있다.
  예 글을 읽는 과정은 글을 쓰는 과정과 밀접한 관련이 있다.
⑩ 증대(增大)하다: 【(…을)】양이 많아지거나 규모가 커지다. 또는 양을 늘리거나 규모를 크게 하다.
  예 국민 소득이 증대하다.
⑭ 도태(淘汰/陶汰)되다:「1」물건 따위가 물속에서 일어져 좋은 것만 골라지고 불필요한 것이 가려져서 버려지다.
  「2」【…에서】여럿 중에서 불필요하거나 무능한 것이 줄어 없어지다.
  예 우리는 치열한 경쟁 사회에서 도태되지 않도록 열심히 살아야 한다.
⊗ 계승(繼承)하다: 【…을】「1」조상의 전통이나 문화유산, 업적 따위를 물려받아 이어 나가다.
  예 후대에까지 독립 정신을 기리고 계승해야 한다.
  「2」선임자의 지위나 권력 따위를 이어받다.
  예 왕의 아들이 왕위를 계승하였다.
◎ 방대(厖大/尨大)하다: 규모나 양이 매우 크거나 많다.
  예 회사는 방대한 조직을 정리하는 군살 빼기에 착수했다.
⊙ 수용(受容)하다: 【…을】「1」어떠한 것을 받아들이다.
  예 새로운 사상을 수용하다.
  「2」감상(鑑賞)의 기초를 이루는 작용으로, 예술 작품 따위를 감성으로 받아들여 즐기다.
  예 다양한 독서 활동을 통해 학생들은 문학 작품을 수용하고 생산하는 능력을 기를 수 있다.
ⓧ 분포(分布)되다: 【…에】일정한 범위에 흩어져 퍼져 있다.
  예 정부는 이 지역에 분포된 천연기념물을 보호하도록 했다.

04

(1) ✕
해설 첫째 문단을 통해 협상은 상반된 이해관계를 지닌 주체들이 경쟁적 협력 관계에 있는 상황에서 이루어진다는 것을 알 수 있다. 따라서 협력하는 자세를 지니고 경쟁하지 않으려 한다면 협상이 이루어질 수 없다.

(2) ◯
해설 A 회사와 B 회사는 적대 관계이며 협상에 대한 의지도 없다. 따라서 A 회사와 B 회사는 협상을 통해 상호 이익을 증진하려는 의지가 없다는 것을 알 수 있다.

(3) ◯
해설 A 회사와 B 회사는 적대적인 관계이며, 이 분쟁으로 고통받는 것은 상대 회사라고 주장하고 있다. 따라서 A 회사와 B 회사는 서로 양보해야 할 상황이 존재하지 않는다고 생각한다는 것을 알 수 있다.

(4) ◯
해설 A 회사와 B 회사는 경쟁적 협력 관계가 아니며, 협상을 필요로 하는 구체적인 상황도 갖추어지지 않았다. 또한 협상이 이루어진다고 하더라도 합의 내용을 이행하지 않을 가능성이 높다는 점에서 두 회사 사이에서는 협상이 이루어지기 힘들 것이라는 것을 알 수 있다.

05

(1) ○
해설 체험 마케팅의 수단은 수많은 소비 패턴에 대해 맞춤 형태로 이루어질 수밖에 없다고 한다. 따라서 그 수단이 다양한 형태로 나타날 것임을 추론할 수 있다.

(2) ○
해설 둘째 문장의 '기능적 효용으로 설명되지 않는 소비자의 구매 행위가 전체 소비 비중에서 미미할 것으로 간주한다'를 통해 전통적 마케팅에서는 기능적 효용 외의 요인에 의한 소비 비중이 상대적으로 작다는 것을 알 수 있다.

(3) ×
해설 소비 생활을 오랜 기간 지속해 온 고객들은 이제 제품의 기능적 효용에 더불어 그 이외의 것을 요구하게 되었다고 한다. 즉, 체험 마케팅은 오늘날 소비자들이 상품의 기능적 효용에 '더불어' 감성적 측면을 중시함을 반영하는 것이지, 기능적 효용보다 감성적 측면을 더 중시함을 반영하는 것이 아니다.

(4) ○
해설 전통적 마케팅은 분석적이며 계량적인 도구를 사용하여 마케팅 전략을 수립하며, 기능적 효용에 초점을 맞추는 소비자를 대상으로 한다.

06

(1) ×
해설 첫째 문단에 따르면, 산이나 들에 있는 이름 모를 꽃(식물), 바다에 있는 수많은 물고기들(동물) 역시 공유 자원이다.

(2) ×
해설 둘째 문단에 따르면, 모든 사람이 모든 재산을 공유하는 공산주의 국가에서도 공유 자원의 비극은 발생할 수 있다.

(3) ○
해설 둘째 문단에 따르면, 사유재에 대해 개인의 소유권을 보장하는 시장 경제에서도 수산 자원이나 야생 동물 등은 공유 자원이기 때문에 공유 자원의 비극이 발생한다.

(4) ×
해설 둘째 문단에 따르면, 공산주의 국가의 주민들은 함께 써야 할 자원, 즉 공유 자원을 개인이 집으로 가져와 사용하더라도 도덕적인 문제가 없다고 생각한다.

07

(1) 추운 날씨 ⇔ 눈

(2) (D ∧ E) → ~B

(3) ~(추운 날씨 ⇔ 눈)
해설 '날씨가 추워지면 눈이 오고, 눈이 오면 날씨가 춥다'라는 문장을 부정하는 문장이므로 (1)을 기호화한 것에 부정 기호화를 추가해야 한다.

(4) ~(C ∧ E) → A Ⓥ B
참고 배타적 선언: 선언은 'A'인 경우, 'B'인 경우, 'A 그리고 B'인 경우를 포함하는데, 만일 A와 B 중 단 하나만 해당하는 경우라면, 'A Ⓥ B'로 기호화한다.

(5) (강 과장 책임 ∧ RE) → S만
해설 'S만'이라는 부분이 중요하다. 'S'라고만 기호화한다면, 사고가 S 구역 외의 다른 구역에서도 동시에 일어난 경우까지 포함하게 되므로 옳지 않다.

(6) A 사탕 → B 초콜릿

(7) 학생 ⇔ 공부

(8) ~(환율 ⇔ 물가)

(9) 학생n ∧ 국어 수업n

(10) (일자리 ∧ ~노인 복지) → ~공직

08

(1) 거짓
해설 조건문은 'B → A' 형태이다. 이때 A는 거짓이지만 B는 참인 경우이므로 조건문 'B → A'는 거짓이다.

(2) 거짓
해설 조건문은 'A ⇔ B' 형태이다. 이때 A는 참이지만 B는 거짓인 경우이므로 조건문 'A ⇔ B'는 거짓이다.

쿼터 홈트 DAY 29

01

(1) ×
해설 둘째 문단에 따르면, 접미사는 새로운 어간을 만들어 낸다. 그 예시인 '먹다'와 '먹이다'의 경우에 '먹다'의 어간은 '먹-'이지만 '먹이다'의 어간은 '먹이-'라고 하였다.
이를 통해 '깎다'의 어간은 '깎-'이지만 '깎이다'의 어간은 '깎이-'임을 알 수 있다.

(2) ○
해설 둘째 문단에 따르면, 접미사는 동사나 형용사 뒤에 붙어 품사를 바꾸는 역할을 하기도 한다. '길이'의 경우 '길다'의 어간에 접미사 '-이'가 붙어 명사가 되었다고 하였으므로 '넓이'도 '넓다'의 어간에 접미사 '-이'가 붙어 명사가 된 것임을 알 수 있다.

(3) ×
해설 '그에게 손을 잡히다'는 누군가가 그에 의해 손을 잡는 동작을 당하게 되는 것이므로 '잡히다'가 피동사임을 알 수 있다.

(4) ○
해설 '개에게 코가 물리다'는 누군가가 개에게 코를 무는 동작을 당하게 되는 것이므로 '물리다'가 피동사임을 알 수 있다.

(5) ○
해설 '철수에게 보따리를 들리다'는 누군가가 철수에게 보따리를 드는 동작을 시킨 것이므로 '들리다'가 사동사임을 알 수 있다.

02

(1) 이이의 호는 율곡이며 그(이이)는 조선을 대표하는 유학자이다.
해설 서술어 '유학자이다'는 '이이의 호는'과 호응하지 않으므로 이와 호응하는 주어를 추가해야 한다.

(2) 죄수들은 추운 곳으로 유배되었다. / 죄수들을 추운 곳으로 유배하였다.
해설 '죄수들'은 유배하는 대상이 아니라, 유배되는 대상이다.

(3) 수령은 차마 좌수에게 소송 절차 일부를 위임할 수 없었다.
해설 '차마'는 뒤에 오는 동사를 부정하는 문맥에서 쓰이는 부사이다.

(4) 이 일은 결코 가벼운 일이 아니라는 것을 명심해라.
해설 '결코'는 '아니다', '없다', '못하다' 따위의 부정어와 함께 쓰이는 부사이다.

(5) 회원들은 상품을 싸게 구입할 수 있다. / 회원들은 상품을 싸게 구매할 수 있다.
해설 '구매하다'는 '물건 따위를 사들이다'라는 의미이고, '구입하다'는 '물건 따위를 사들이다'라는 의미이다. 이 두 단어는 '사들이다'라는 의미가 중복되므로 이를 수정해야 한다.

(6) 비가 올 것을 예상하고 아침에 우산을 챙겼다.
해설 '예상하다'는 '어떤 일을 직접 당하기 전에 미리 생각하여 두다'를 의미하는데, '미리 예상하다'는 이미 '예상하다' 안에 포함된 뜻을 중복해서 사용한 것이다.

03 ②

해설 '㉠ 바른'은 '덧붙이다' 정도의 유의어로 대체 가능하며, 'A를 B로 바르다(덧붙이다)'의 구조를 가지는 서술어이다. ②의 '발랐다'도 'A를 B로 바르다(덧붙이다)'는 의미로 사용된 것이므로, 문맥상 ㉠의 의미와 가장 가깝다.

- 바르다¹: **2** 【…을 …에】【…을 …으로】「2」 차지게 이긴 흙 따위를 다른 물체의 표면에 고르게 덧붙이다.
  예 흙을 벽에 <u>바르다</u>.

오답 해설
① 바르다¹: **2** 【…에 …을】 물이나 풀, 약, 화장품 따위를 물체의 표면에 문질러 묻히다.
  예 상처에 약을 <u>바르다</u>.
③ 바르다³: 「4」 그늘이 지지 아니하고 햇볕이 잘 들다.
  예 기르던 잉꼬가 죽자 아이들은 양지가 <u>바른</u> 곳에 묻어 주었다.
④ 바르다³: 「3」 사실과 어긋남이 없다.
  예 숨기지 말고 <u>바르게</u> 대답하시오.

04 ③

해설 '㉠ 짜고서'는 '작당하다' 정도의 유의어로 대체 가능하며, 'A가 짜다(작당하다)'의 구조를 가지는 서술어이다. ③의 '짜고'도 'A가 짜다(작당하다)'는 의미로 사용된 것이므로, 문맥상 ㉠의 의미와 가장 가깝다.

- 짜다¹: **2** 【…과】 ('…과'가 나타나지 않을 때는 여럿임을 뜻하는 말이 주어로 온다) 어떤 부정적인 일을 하려고 몇 사람끼리만 비밀리에 의논하여 약속하다.

오답 해설
① 짜다³: 「형용사」 「2」 (속되게) 인색하다.
  예 월급이 <u>짜다</u>. / 그 선생님은 학점을 <u>짜게</u> 준다.
② 짜다²: 【…을】 「3」 어떤 새로운 것을 생각해 내기 위하여 온 힘을 기울이거나, 온 정신을 기울이다.
  예 생각을 <u>짜다</u>. / 지혜를 <u>짜다</u>.
④ 짜다²: 【…을】 「4」 잘 나오지 아니하거나 생기지 아니하는 것을 억지로 만들다.
  예 어린아이는 장난감을 사 달라고 울고 <u>짜고</u> 했다.

05 ④

해설 '㉠ 든다'는 '속하다' 정도의 유의어로 대체 가능하며, 'A가 B에 들다(속하다)'의 구조를 가지는 서술어이다. ④의 '든다'도 'A가 어떤 범주(교착어)에 들다(속하다)'는 의미로 사용된 것이므로, 문맥상 ㉠의 의미와 가장 가깝다.

- 들다¹: **2** 【…에】「3」 어떤 범위나 기준, 또는 일정한 기간 안에 속하거나 포함되다.
  예 반에서 5등 안에 <u>들다</u>.

오답 해설
① 들다¹: **5** 【…이】「5」 의식이 회복되거나 어떤 생각이나 느낌이 일다.
  예 그는 그녀가 괜한 고집을 부리고 있다는 생각이 <u>들었다</u>.
② 들다¹: **2** 【…에】「4」 안에 담기거나 그 일부를 이루다.
  예 그 글에는 이런 내용이 <u>들어</u> 있다.
③ 들다¹: **1** 【…에】【…으로】「2」 빛, 별, 물 따위가 안으로 들어오다.
  예 이 방에는 볕이 잘 <u>든다</u>. / 오후가 되면 햇빛이 안방으로 <u>든다</u>.

06

(1) ×
해설 첫째 문단에 따르면, 플랫폼은 물리적이거나 디지털, 혹은 제도적인 공간이라고 하였다. 따라서 플랫폼은 디지털 공간으로만 존재하는 것이 아니라, 다양한 형태로 존재할 수 있다는 것을 알 수 있다.

(2) ○
해설 첫째 문단에 따르면, 판매자와 구매자는 이 플랫폼을 이용하며 시간이나 노력과 같은 거래비용을 줄일 수 있다고 하였다.

(3) ×
해설 둘째 문단에 따르면, 직접 네트워크 외부성은 같은 집단 내에서 이용자 수가 증가함에 따라 그 집단에 속한 개인의 효용이 높아진다고 하였다. 이를 통해 구매자 집단의 규모가 커지면 그 집단에 속한 구매자 개인의 효용에 변화가 생긴다는 것을 알 수 있다.

(4) ○
해설 둘째 문단에 따르면, 간접 네트워크 외부성은 한쪽 집단의 규모가 커져서 반대쪽 집단의 효용이 높아지는 것을 말한다. 따라서 판매자 집단이 늘었다면, 다른 집단인 구매자 집단의 효용은 높아진다는 것을 알 수 있다.

07

(1) ○
해설 첫째 문단에 따르면, 기업은 원가회계를 분석한 것을 바탕으로 경영 전략을 수립하거나 실행한다고 하였다.

(2) ×
해설 첫째 문단에 따르면, 원가란 제품을 생산하거나 서비스를 제공하는 과정에서 사용된 경제적 자원을 화폐 단위로 환산한 가치라고 하였다. 또한 둘째 문단에 따르면, 원가는 제조원가와 비제조원가를 합한 가격이라고 하였다. 이를 통해 원가는 제품을 만들 때 쓴 비용뿐만 아니라 완성된 제품을 판매하고 관리할 때 든 비용인 비제조원가까지 합한 비용임을 알 수 있다.

(3) ×
해설 둘째 문단에 따르면, 기업들은 제품의 판매가격을 정할 때 제조원가와 비제조원가를 합한 가격에 예상되는 수익을 더하여 책정한다고 하였다. 따라서 제품의 판매가격은 제조원가 + 비제조원가 + 예상 수익임을 알 수 있다.

(4) ○
해설 마지막 문단에 따르면, 대부분의 사람들은 조업도와 기업의 수익이 비례하다고 예측하지만 추가 비용이 드는 경우도 있다고 하였다. 즉, 조업도와 기업의 수익이 늘 비례하는 것은 아니라는 것이다.

08

(1) ×
해설 첫째 문단에 따르면, 최적의 결과를 달성하기 어려운 상황에 직면하면, 경제 주체는 '일반적으로' 효율성을 기준으로 하여 차선을 고민한다고 하였다. 즉, 모든 경제 주체들이 효율성을 기준으로 차선을 고민하는 것이 아니다.

(2) ×
해설 둘째 문단의 예시에 따르면, '효율성에 필요한 10가지 조건 중 9가지만 충족된 상태가 8가지 조건이 충족된 상태보다 항상 더 우월하다고 단정할 수 없다'고 하였다. 따라서 최적의 결과를 위해 요구되는 10가지 조건 중 1가지만 부족한 선택지가 차선의 선택으로 가장 적절하다고 단정할 수 없다.

(3) ×
해설 셋째 문단에 따르면, 사회무차별곡선은 '그 사회가 어떠한 방식으로 공정성을 판단하는지 간접적으로 보여 준다'고 하였다. 따라서 사회 공정성 평가 방식을 직접적으로 알 수 있는 것은 아니다.

(4) ×
해설 마지막 문단에 따르면, 사회무차별곡선에서는 '높은 효용을 누리는 사람의 만족은 낮게, 낮은 효용을 누리는 사람의 만족은 더 크게 평가'한다고 하였다.

09

(1) ×
해설 '나는 어제 치과를 가지 않았다'를 한 번 부정한 것이 '내가 어제 치과를 가지 않았다는 사실은 사실이 아니다'이다. 이를 다시 부정하면 '내가 어제 치과를 갔다는 사실은 사실이 아니다'이다. '내가 어제 치과를 가지 않았다는 사실은 사실이 아니다'는 원 명제를 이중 부정한 것이 아니라 한 번만 부정한 것이다.

(2) ×
해설 분배 규칙에 따른 것이 아니라 교환 규칙에 따른 것이다.

(3) ○
해설 선언이나 연언으로 연결된 명제의 경우 결합 순서에 상관없이 진릿값이 같으므로 두 명제의 진릿값은 같다.

(4) ×
해설 $A \land (B \lor C)$와 논리적으로 동치인 명제는 $(A \land B) \lor (A \land C)$이다.

10

(1) ○
해설 드모르간 법칙에 따라 연언 기호를 부정하면 선언 기호가 되며, 선언 기호를 부정하면 연언 기호가 된다.

(2) ○
해설 제시된 명제의 경우, 수출 규칙을 이용해 기호화하면 된다. 따라서 제시된 명제는 '화창 → 기분 → 학교'로 기호화할 수 있으며 이와 논리적으로 동치인 명제는 '화창 ∧ 기분 → 학교'이다.

(3) ×
해설 제시된 명제의 경우, 앞의 명제는 $A \lor A$이고 뒤의 명제는 $A \land A$이다. 이는 모두 원 명제 A와 논리적으로 동치이다. 이를 통해 두 명제 역시 서로 논리적으로 동치임을 알 수 있다.

11 ④, ⑦

① $\sim(A \lor B) \equiv \sim A \land \sim B$
해설 '드모르간 법칙'에 의해 '$\sim(A \lor B)$'와 '$\sim A \land \sim B$'는 동치이다.

② $(A \land B) \to C \equiv A \to (B \to C)$
해설 '수출 규칙'에 의해 '$(A \land B) \to C$'와 '$A \to (B \to C)$'는 동치이다.

③ $A \lor A \equiv A$
해설 '동어 반복'에 의해 '$A \lor A$'와 'A'는 동치이다.

④ $A \lor B \equiv B \land A$
해설 '$A \lor B$'는 둘 중 하나만 참이어도 참이 되지만, '$B \land A$'는 둘 다 참이어야 참이 되므로 서로 논리적으로 동치가 아니다. '$A \lor B$'는 교환 법칙에 의해 '$B \lor A$'와 동치이다.

⑤ $\sim(A \land B) \equiv \sim A \lor \sim B$
해설 '드모르간 법칙'에 의해 '$\sim(A \land B)$'와 '$\sim A \lor \sim B$'는 동치이다.

⑥ A ∨ (B ∧ C) ≡ (A ∨ B) ∧ (A ∨ C)
해설 '분배 법칙'에 의해 'A ∨ (B ∧ C)'와 '(A ∨ B) ∧ (A ∨ C)'는 동치이다.

⑦ A ∧ (B ∨ C) ≡ (A ∨ B) ∧ (A ∨ C)
해설 A ∧ (B ∨ C)는 '(A ∨ B) ∧ (A ∨ C)'와 동치가 아니다. 'A ∧ (B ∨ C)'는 분배 법칙에 의해 '(A ∧ B) ∨ (A ∧ C)'와 동치이다.

쿼터 홈트 DAY 30

01

(1) ○
해설 '아무런'은 '전혀 어떠한'의 뜻으로 주로 부정적인 의미의 용언과 함께 쓰인다.

(2) ○
해설 제시된 예문의 '밖에'는 '모른다'와 같은 부정 의미의 용언과 함께 쓰여 '그것 말고는', '그것 이외에는'의 뜻을 나타낸다.

(3) ○
해설 첫째 문단에 따르면, 문장 안에 직접적인 부정 용언이 사용되지 않았음에도 맥락상 부정의 의미를 내포할 때 쓰이는 단어들이 있다고 하며 '차마'를 예로 들었다. '차마'가 평서문에서는 부정 의미를 내포하는 용언과 함께 쓰였지만 의문문에서는 부정의 의미의 용언이 없음에도 함께 쓰여 맥락상 부정의 의미를 내포하였다. 제시된 문장의 '좀처럼' 역시 의문문에서 부정의 의미를 내포하고 있는 것이다. 따라서 제시된 문장은 '그 나이대의 아이들은 선생님의 말을 듣지 않는다'라는 의미이다.

(4) ×
해설 '귀하지 아니하다'가 축약된 형태인 '귀찮다'는 현대에 들어서는 '마음에 들지 아니하고 괴롭거나 성가시다'라는 의미로 원형의 의미와 다르게 쓰인다.

02

(1) 상해 임시 정부는 독립운동의 요람이자 우리 민족의 산실이다.
해설 한 상황에 또 한 상황을 첨가해 나가는 표현이므로 대조를 나타내는 '-지만'은 부적절하고, 앞뒤를 포함하는 뜻을 나타내는 '-자'가 어미로 적절하다.

(2) 소비자보다는 사업자 위주로 운영하여 이용자 배려에 소홀하였다.
해설 앞뒤 의미 관계가 인과를 나타내고 있는데, 연달아 일어나는 동작을 표시하는 '-(으)면서'를 써서 문장의 접속이 자연스럽지 못하다.

(3) 날씨가 선선해지니 역시 책이 잘 읽힌다.
해설 '읽혀진다(읽히어진다)'는 '읽다'에 피동의 의미를 더하는 접미사 '-히-'와 피동의 의미를 나타내는 '-어지다'가 결합한 형태이다. 이중 피동은 과도한 피동 표현으로, 부적절한 피동 표현에 해당한다.

(4) 다행히 비상문이 열려 있어 인명 피해가 크지 않았습니다.
해설 '열려져(열리어져)'는 '열다'에 피동의 의미를 더하는 접미사 '-리-'와 피동의 의미를 나타내는 '-어지다'가 결합한 형태이다. 이중 피동은 과도한 피동 표현으로, 부적절한 피동 표현에 해당한다.

(5) 어려운 책을 빠르게 읽는 것은 하늘의 별 따기이다. / 어려운 책을 속독하는 것은 하늘의 별 따기이다.
해설 '속독(速讀)'은 '책 따위를 빠른 속도로 읽음'이라는 뜻으로 그 자체에 '읽다'라는 의미가 있다. 따라서 뒤에 오는 '읽는'과 중복되는 표현이므로 '책을 빠르게 읽는 것은' 혹은 '책을 속독하는 것은' 정도로 수정하는 것이 적절하다.

(6) 안내서 및 과업 지시서는 참가 신청자에게만 교부한다.
해설 '과업 지시서 교부'와 서술어 '교부하다'는 의미상 중복되므로 '안내서 및 과업 지시서는 참가 신청자에게만 교부한다' 정도로 수정하는 것이 자연스럽다.

03
① - ㉣ / ② - ㉢ / ③ - ㉠ / ④ - ㉡ / ⑤ - ㉤ / ⑥ - ㉥ / ⑦ - ㉦ / ⑧ - ㉩ / ⑨ - ㉨ / ⑩ - ㉧

해설
㉠ 영위(營爲)하다: 【…을】 일을 꾸려 나가다.
  예 문화생활을 영위하다.
㉡ 창립(創立)하다: 【…을】 기관이나 단체 따위를 새로 만들어 세우다.
  예 여러 세력을 규합하여 신당을 창립하는 데 성공했다.
㉢ 송출(送出)하다: 【…을 …에/에게】【…을 …으로】「1」 사람을 해외로 내보내다.
  예 인력을 해외로 송출하는 회사
  「2」 물품, 전기, 전파, 정보 따위를 기계적으로 전달하다.
  예 물품을 해외 근로자들에게 송출하였다.
㉣ 경시(輕視)하다: 【…을】 대수롭지 않게 보거나 업신여기다.
  예 현대 사회는 생명의 가치를 경시하는 풍조가 만연되고 있다.
㉤ 포용(包容)하다: 【…을】 남을 너그럽게 감싸 주거나 받아들이다.
  예 그는 남을 너그럽게 포용할 줄 아는 사람이다.
㉥ 동의(同意)하다: 【…에】 ('…에' 대신에 '…에 대하여'가 쓰이기도 한다) 「1」 의사나 의견을 같이하다.
  예 그 사람을 추천하자는 안에 모두들 동의했다.
  「2」 다른 사람의 행위를 승인하거나 시인하다.
  예 그 조건에 대해서만큼은 내 동의함세.
㉦ 편찬(編纂)하다: 【…을】 여러 가지 자료를 모아 체계적으로 정리하여 책을 만들다.
  예 사전을 편찬하는 사업
㉨ 양산(量産)하다: 【…을】 많이 만들어 내다.
  예 요즘 방송은 오락성 프로그램만을 양산하고 있다고 비판을 받는다.
㉧ 단장(丹粧)하다: 【…을】「1」 얼굴, 머리, 옷차림 따위를 곱게 꾸미다.
  예 얼굴을 곱게 단장한 부인네들
  「2」 건물, 거리 따위를 손질하여 꾸미다.
  예 묘를 단장하다.
㉩ 중재(仲裁)하다: 【…을】 분쟁에 끼어들어 쌍방을 화해시키다.
  예 싸움을 중재하다.

04

(1) ○
해설 '시조'는 3장의 형식으로 이루어져 있다. 그러나 '가곡'은 '시조'의 형식을 더 세분화한 5장의 형식으로 이루어져 있다.

(2) ×
해설 '시조'는 종장의 끝부분에서 생략하는 가사가 있지만, 가곡은 모두 부른다.

05

(1) ×
해설 '동물 우화는 동물 간의 사건이 중심 내용이지만, 가전은 한 사물의 내력, 속성, 가치에 관한 내용이 중심 내용이다'라고 하였다. 따라서 가전체 소설이 동물 간의 사건을 중심으로 한다고 보기 어렵다.

(2) ○
해설 가전체 소설의 '근원은 신라 설총의 한문 소설인 「화왕계」로 보고 있다'는 것을 통해 알 수 있다.

06

(1) ○
해설 지문에서는 '꿈의 양면성은 허구 세계를 통해 현실의 문제를 다루는 문학에 자주 사용되어 왔다'라고 하였다. 이를 통해 문학에서는 허구적 세계를 이용하여 현실의 문제를 탐구하였음을 알 수 있다.

(2) ○
해설 지문에 따르면, 꿈이 작품에 삽입되는 경우에는 이 꿈이 작품 전개 과정에서 문제를 해결하는 계기로 삽입된 것이라고 하였으며 그러한 예시로는 태몽과 현시몽 등이 있다고 하였다. 따라서 현시몽은 문학 작품에서 문제 해결의 계기로 작용한다는 것을 알 수 있다.

(3) ×
해설 지문에 따르면, 문학 작품에서의 꿈은 크게 작품 전개 과정에서 문제를 해결하는 계기로 삽입된 것과 작품의 전반을 꿈속 세계가 차지하는 것으로 나눌 수 있다고 하였다. 따라서 작품에 꿈이 삽입된 경우와 꿈속 세계가 작품의 대부분을 차지하는 경우는 다른 경우임을 알 수 있다. 문학 작품에 꿈이 삽입된 경우라면, 꿈속 세계가 작품의 대부분을 차지하지 않을 것이다.

(4) ×
해설 지문에 따르면, 「조신 설화」는 이광수의 「꿈」이나 김만중의 「구운몽」에 큰 영향을 미쳤다고 하였다. 하지만 그 이외의 다른 문학에도 영향을 미쳤는지는 알 수 없다.

07

(1) ○
해설 첫째 문단에 따르면 골계미는 현실의 고통을 희석시키기 위해 웃음을 활용하는데, 이때 해학과 풍자를 사용한다고 하였다. 따라서 해학과 풍자를 사용한 작품은 골계미를 느낄 수 있을 것이다.

(2) ○
해설 둘째 문단에 따르면, 「토끼전」이 창작된 시기에는 피지배 계층이 자신들의 불만을 표출하기 위해 판소리와 같은 서민 예술을 활용하였다고 하였다. 따라서 토끼(피지배 계층)가 용왕(지배 계층)을 조롱한 것은 피지배 계층이 지배 계층에 대한 사회적 불만을 표현한 것이다.

08

(1) ○
해설 'A → B'는 함축 규칙에 의해 '~A ∨ B'와 논리적으로 동치이다.

(2) ×
해설 A가 거짓이라면 'A → B'의 값은 B의 값이 참이든 거짓이든 항상 참이다.

(3) ○
해설 충분조건인 '부산이 대한민국의 수도이다'가 거짓이므로, 필요조건의 진릿값이 어떻든 조건 명제는 언제나 참이 된다. 우리의 직관과는 크게 어긋나지만, 논리적으로 보면 전혀 오류가 없는 내용이다. 논리 문제를 풀 때 이러한 내용이 자주 등장할 것이기 때문에 확실하게 기억해 두어야 한다.

(4) ○
해설 (3)의 명제는 'A → B'의 형태이고 (4)의 명제는 '~A ∨ B[⇔ ~(A ∧ ~B)]'의 형태이므로 두 명제는 논리적으로 동치이다.

09

(1) 드모르간의 법칙

(2) 이중 부정 규칙

(3) 교환 규칙

(4) 수출 규칙

(5) 분배 규칙

10

(1) A → B → ~C / A → ~C
해설 둘째 명제의 대우는 'B→ ~C'이다. B를 매개항으로 하여 첫째 명제와 둘째 명제의 대우를 결합하면 'A → B→ ~C'가 된다. 이때 'A → B→ ~C'를 'A → ~C'라고 쓸 수 있다.
참고 추이 법칙[Law of Transitivity]: 두 조건 명제 (p → q, q → r)가 참일 때, 이를 통해 결론적으로 p → r 이 참이라고 추론하는 것을 말한다.

쿼터 홀트 DAY 31

01

(1) ×
해설 첫째 문단에 따르면, 의미 자질은 단어의 의미를 분석할 때 사용된다.

(2) ×
해설 첫째 문단에 따르면, 자질 분석을 통해 단어들 간의 의미 관계를 파악할 수 있다고 하였다. 하지만 단어의 발음을 구별하는 데에 도움이 되는지는 지문에 제시되지 않았다.

(3) ○
해설 둘째 문단에 따르면, 하의어가 상의어의 의미 자질을 모두 갖고 있으면서도 추가적인 자질을 하나 이상 갖는다고 하였다. '사람'의 의미 자질이 '소년'의 의미 자질에 포함된 것을 통해 '사람'이 '소년'의 상의어임을 알 수 있다.

(4) ×
해설 둘째 문단에 따르면, '반의 관계에 있는 단어들은 모든 의미 자질이 동일하지만 단 하나의 의미 자질만 서로 대립된다'라고 하였다. '신사'와 '소년'은 단 하나의 의미 자질만 서로 대립하는 것이 아니라, 서로 다른 의미 자질을 가지고 있으므로 반의 관계에 있는 단어가 아니다.

(5) ○
해설 '출석'과 '결석'은 [참석 여부]라는 의미 자질에 대해서만 서로 대립하므로 반의 관계에 있는 단어이다.

(6) ○
해설 '강아지'는 '동물'의 한 종류이므로 '동물'과 '강아지'는 상하 관계이다. 이때, '강아지'가 '동물'의 하의어이므로 '동물'의 의미 자질에 추가적인 자질을 가진다는 것을 알 수 있다.

02

(1) 큰아이는 <u>모범생이며</u>, 작은아이는 우등생이다. / 큰아이는 공부를 좋아하며, 작은아이는 <u>미술을 좋아한다</u>.
해설 '~이며'는 앞뒤의 말을 같은 자격으로 이어 주는 연결 어미이므로 대등한 내용이 뒤따라야 한다.

(2) 국가 정책 수립과 <u>국제 협약 체결</u>을 위해 힘을 기울여야 한다. / <u>국가 정책을 수립하고</u> 국제 협약을 체결하기 위해 힘을 기울여야 한다.
해설 단어는 단어와, 구(단어 둘 이상의 문법적 단위)는 구와, 절(주어와 서술어를 갖는 문법적 단위)은 절과 대등하게 연결되어야 한다. '국가 정책 수립'의 문법적 단위는 구이고, '국제 협약을 체결하기'의 문법적 단위는 절이다. 이는 서로 대등하지 않은 요소가 접속된 구문이므로, '국가 정책 수립'을 절로 수정하거나 '국제 협약을 체결하기'를 구로 수정해야 한다.

(3) 인생을 살다 보면 남을 도와주기도 하고 <u>남의/남에게</u> 도움을 받기도 한다.
해설 서술어에 필요한 부사어가 부재하는 문장이다. '도와주기도 하고'에서 '도와주다'는 목적어를 필요로 하는 두 자리 서술어이므로 목적어인 '남을'이 필요한 것이 맞다. 그러나 '받기도 한다'에서 '받다'는 '~가 …에게/에게서 …을 받다'처럼 활용해야 하는 세 자리 서술어(수여 동사)이므로 목적어 '도움을'뿐만 아니라 필수 부사어 '…에게/에게서'가 필요하다. 따라서 필수 부사어가 부적절하게 생략된 문장이다.

(4) 지하철 공사가 이제 시작됐으니, 언제 <u>지하철이</u> 개통될지는 불투명하다.
해설 '개통되다'의 주어가 누락된 문장이다. '지하철 공사'는 '시작됐다'의 주어일 뿐 '개통되다'의 주어가 될 수 없으므로, 이와 호응하는 주어를 추가해야 한다.

(5) 제가 여러분에게 당부하고 싶은 것은 주변 환경을 탓하지 <u>말라는 것(점)</u>입니다.
해설 이 문장에서 주어는 '제가 여러분에게 당부하고 싶은 것은'이고 서술어는 '탓하지 마시기 바랍니다'로 주어와 서술어의 호응이 맞지 않는 문장이다. 따라서 주어에 맞게 서술어를 고치는 것이 적절하다.

(6) 중인이 보는 앞에서 병기에게 친히 불리어서 가까이 가는 것만 해도 여간한 <u>우대가 아니었다</u>.
해설 '여간하다'는 '('아니다', '않다' 따위의 부정어 앞에 쓰여) 이만저만하거나 어지간하다'의 뜻을 지닌다. 부정 서술어와 어울리는 표현으로서 '여간한 우대였다'가 아니라 '여간한 우대가 아니었다'로 바꾸는 것이 옳다.

03 ㉮ - ㉢ - ⓑ / ㉯ - ㉡ - ⓒ / ㉰ - ㉠ - ⓐ

해설

- 흡수(吸收): 「1」 빨아서 거두어들임.
  「2」 외부에 있는 사람이나 사물 따위를 내부로 모아들임.
- 방출(放出): 비축하여 놓은 것을 내놓음.
  예 은행의 자금 <u>방출</u>로 기업의 숨통이 조금 트였다.

- 원고(原告): 법원에 민사 소송을 제기한 사람
- 피고(被告): 민사 소송에서, 소송을 당한 측의 당사자

- 유실(遺失): 「1」 가지고 있던 돈이나 물건 따위를 부주의로 잃어버림.
  「2」 『법률』 동산(動産)을 소유한 사람이 그 동산의 점유(占有)를 잃어버리는 일
- 습득(拾得): 주워서 얻음.

04 〈가로〉 ㉠ 지연 / ㉢ 침범 / ㉣ 오용
〈세로〉 ㉡ 연기 / ㉢ 침해 / ㉣ 남용

해설

〈가로〉
㉠ 지연(遲延): 무슨 일을 더디게 끌어 시간을 늦춤. 또는 시간이 늦추어짐.
  예 기술 개발의 <u>지연</u>으로 산업 발전에 많은 차질을 빚고 있다.
㉢ 침범(侵犯): 남의 영토나 권리, 재산, 신분 따위를 침노하여 범하거나 해를 끼침.
  예 사생활을 <u>침범</u>하다.
㉣ 오용(誤用): 잘못 사용함.
  예 약물 <u>오용</u>으로 부작용이 생긴다.

〈세로〉
- ⓒ 연기(延期): 정해진 기한을 뒤로 물려서 늘림.
  - 예 시험이 한 달 뒤로 연기되었다.
- ⓒ 침해(侵害): 침범하여 해를 끼침.
  - 예 사생활의 침해
- ⓔ 남용(濫用): 「1」 일정한 기준이나 한도를 넘어서 함부로 씀.
  - 예 경제 성장에 따른 자원의 남용
  「2」 권리나 권한 따위를 본래의 목적이나 범위를 벗어나 함부로 행사함.
  - 예 권력의 남용과 부정을 막을 수 있는 제도적 장치가 필요하다.

05

(1) ×
해설 자신의 삶을 고백하고 그것이 자아 성찰로 이어지는 경우, 시인은 자신의 삶을 가감 없이 드러내어 형상화하고 부족한 부분을 반성하고 성찰한다고 하였다. 분리된 자아상을 그려 내는 것은 자신을 객체화하고 관찰하여 시상을 전개하는 경우이다.

(2) ○
해설 시인은 자신을 객체화하고 관찰하여 시상을 전개하기 위해 자신을 객체화하는 매개체를 이용한다고 하였다.

06

(1) ×
해설 60~70년대 성장 소설에서의 정신적 고통이 '부권의 상실'에서 비롯되는 경우가 많았다고 하였다. 대부분의 성장 소설에서 미성숙한 자아의 정신적 고통이 '부권의 상실'에서 비롯된다고 한 것은 아니다.

07

(1) ○
해설 첫째 문단에 따르면, 우리나라의 근대화 과정은 외세에 의해 낙하산식으로 진행되었으며, 이 때문에 한국의 현대 문학은 민중의 의식에 제대로 뿌리내리지 못한 개혁 운동을 바탕으로 시작되었다. 또한 둘째 문단에 따르면, 우리의 정신이 전혀 정비되지 않은 채 들여온 외국의 것이 온전히 우리의 의식 속에 자리를 잡을 수는 없었다. 따라서 근대화 과정에서 유입된 외래의 사상이나 윤리 의식은 머리에서 관념적으로 맴돌 뿐 우리 민족의 생활 감정에 구체적으로 스며들지는 못했다. 그리고 마지막 문단에 따르면, '한국의 문학은 결국 외래의 사상과 한국 고유의 정서라는 두 요소가 조화를 이루지 못하고 이율배반적 양상으로 발전하였'고 하였다.
참고 이율배반(二律背反): 서로 모순되어 양립할 수 없는 두 개의 명제. 칸트에 의하여 널리 쓰이게 된 용어로 세계를 인식 능력에서 독립된 완결적 전체로서 받아들일 수 있을 때 이성은 필연적으로 이율배반에 빠진다고 한다.

(2) ×
해설 지문은 우리나라의 근대화 과정이 외세와 지배계급에 의해 준비되지 않은 채 진행되었기 때문에 한국 문학이 이율배반적인 양상으로 발전하였다는 것을 주장하고 있을 뿐, 한국 문학의 바람직한 발전 방향이나 이를 위한 방안에 대해서는 전혀 언급하지 않았다.

(3) ○
해설 마지막 문단에 따르면, 한국 문학은 외래의 사상과 한국 고유의 정서라는 두 요소가 조화를 이루지 못해 한국 고유의 분위기가 있는가 하면, 다른 한편에는 서구적 분위기를 풍기는 소설이 존재한다고 하였다.

08

(1) ○
해설 둘째 문단에 따르면, 「적막한 식욕」은 '적막'과 '식욕'이라는 두 요소를 통해 삶의 이중성과 그로 인한 고독을 표현하고 있다고 하였다.

(2) ○
해설 둘째 문단에 따르면, '모밀묵'은 민중의 소박한 음식으로, 인생의 끝에서 느끼는 외로움을 달래 주는 상징적인 음식이라고 하였다.

(3) ○
해설 「거룩한 식사」의 화자가 사회적으로 소외된 사람들이 외롭게 밥을 먹는 모습을 바라보며, 찬밥 한 그릇이 생명과 다름없음을 깨달았다고 한 것을 통해 찬밥 한 그릇이 생명의 상징임을 알 수 있으며 이 시가 소외된 사람들에 대한 연민을 나타내고 있다는 것을 알 수 있다.

(4) ×
해설 마지막 문단에 따르면, 「거룩한 식사」에서는 현대 사회에서 음식이 더 이상 생존과 직접 연결되지 않는다고 하였다. 하지만 여전히 찬밥 한 그릇이 여전히 생명의 가치를 지닌다는 점을 강조하였다.

09

(1) ×
해설 첫째 문단에 따르면, 양도 논법의 대전제는 두 개의 가언 명제의 연언으로 되어 있다고 하였다. 한편, 소전제는 대전제를 선언적으로 긍정하거나 선언적으로 부정하는 형태라고 하였다. 따라서 양도 논법은 연언 명제 형태의 대전제와 선언 명제 형태의 소전제로 구성된다는 것을 알 수 있다.

(2) ○
해설

A → C	오늘이 월요일이라면 수학학원에 간다.
B → C	오늘이 수요일이라면 수학학원에 간다.
A ∨ B	오늘은 월요일 아니면 수요일이다.
C	오늘은 수학학원에 간다.

(3) ○
해설

A → C	철수가 국어를 공부하면 부모님의 칭찬을 받는다.
B → D	철수가 영어를 공부하면 선생님의 칭찬을 받는다.
A ∨ B	철수는 국어를 공부하거나 영어를 공부할 것이다.
C ∨ D	철수는 부모님의 칭찬을 받거나 선생님의 칭찬을 받을 것이다.

10

(1) ○

해설 첫째 문단에 따르면, 파괴적 양도 논법의 경우에는 '두 후건을 선언적으로 부정'한다고 하였다. 따라서 단순 파괴적 양도 논법과 복합 파괴적 양도 논법의 소전제는 모두 선언 명제의 형태임을 알 수 있다.

(2) ×

해설 제시된 예시는 두 개의 가언 명제의 전건이 같으므로 단순 파괴적 양도 논법이다.

A → B	그가 모범적인 학생이라면 숙제를 할 것이다.
A → C	그가 모범적인 학생이라면 제시간에 학원에 올 것이다.
~B ∨ ~C	그는 숙제도 하지 않았거나 제시간에 학원에 오지도 않았다.
~A	그는 모범적인 학생이 아니다.

더 알아보기

추론 규칙의 심화 – 딜레마(양도논법)

딜레마는 양도논법이라고도 불리는데 명칭을 이해하려고 노력할 필요는 없으나 형식은 알아 두면 편리하다. 그리고 형식에 따라 다음의 세 가지 형태로 나타난다.

1.
A ∨ B	철수는 국어를 공부하거나 영어를 공부할 것이다.
A → C	철수가 국어를 공부하면 부모님의 칭찬을 받는다.
B → D	철수가 영어를 공부하면 학원 선생님의 칭찬을 받는다.
C ∨ D	철수는 부모님의 칭찬을 받거나 학원 선생님의 칭찬을 받을 것이다.

2.
A → B	철수는 비가 오면 학교를 안 갈 것이다.
A → ~B	철수는 비가 오더라도 학교를 갈 것이다.
~A	비는 오지 않는다.

둘째 명제의 대우는 B → ~A이다. 이를 첫째 명제와 결합하면, A → ~A가 도출되는데, 해당 조건명제가 참이 되기 위해서는 ~A여야 한다. 이를 진리표로 확인하면 더 명확하다.

A	~B	A → ~A
T	F	F
F	T	T

3.
A → B	영희는 해가 뜨면 검은 옷을 입지 않는다.
~A → B	영희는 해가 뜨지 않으면 검은 옷을 입지 않는다.
B	영희는 검은 옷을 입지 않을 것이다.

첫째 명제의 대우는 ~B → ~A이다. 이를 둘째 명제와 결합하면, ~B → B가 도출된다. 해당 조건명제가 참이 되기 위해서는 B여야 한다. 이 역시도 진리표를 통해 확인하면 더 명확하다.

B	~B	B → ~B
T	F	F
F	T	T

- 특칭 긍정(I) 명제의 경우 대우가 불가능
- 특칭 부정(O) 명제는 대우하여도 특칭 부정(O) 명제

쿼터 홈트 DAY 32

01 ②

해설 '죽음'은 두려움을 연상시키기 때문에 사람들은 이 단어를 직접적으로 말하기 꺼려 한다. 그래서 '돌아가다'라는 새로운 말, 즉 완곡어를 사용하였다. 따라서 '죽다 : 돌아가다'는 ㉣의 예시이다.
참고로, ㉡의 예시로는 '밥 : 진지(높임법)', '노랗다 : 노리끼리하다(감각어)' 등이 있다.

오답 해설

① '얼굴'과 '안면(顔面)'은 모두 '눈, 코, 입이 있는 머리의 앞면'을 의미하는데, '얼굴'은 고유어, '안면'은 한자어이다.
③ '네티즌'과 '누리꾼'은 '사이버 공간에서 활동하는 사람'으로, '네티즌'이라는 외래어를 고유어인 '누리꾼'으로 순화한 것이다.
④ '똥'이라는 불쾌한 단어를 사용하는 것을 꺼려, '볼일'이라는 완곡어를 사용한 것이다.

02

(1) • 구와 구: 우리는 (균형 있는 식단 마련)과 (쾌적한 실내 분위기 조성)을 위해 노력을 해 왔다.
• 절과 절: 우리는 균형 있는 식단을 마련하고 / 쾌적한 실내 분위기를 조성하는 노력을 해 왔다.

해설 단어는 단어와, 구(단어 둘 이상의 문법적 단위)는 구와, 절(주어와 서술어를 갖는 문법적 단위)은 절과 대등하게 연결되어야 한다. 접속 조사 '과'를 중심으로 '식단 마련'이라는 명사형의 구성 뒤에 '쾌적한 실내 분위기를 조성하다'라는 서술형의 구성이 이어져 호응이 되지 않는 문장이다.

(2) • 구와 구: (경쟁력 강화)와 (생산성 향상)을 위해 경영 혁신이 요구되고 있다.
• 절과 절: 경쟁력을 강화하고 / 생산성을 향상하기 위해 경영 혁신이 요구되고 있다.

해설 '경쟁력을 강화하고'라는 서술형의 구성 뒤에 '생산성 향상'이라는 명사형 구성이 이어져 호응이 되지 않는 문장이다.

(3) 우리와 함께 살아가는 동물은 사람을 경계하기도 하지만 <u>사람에게</u> 의지하기도 한다.

해설 제시된 문장에서의 '의지하다'는 '…에/에게 의지하다' 혹은 '…을 의지하다'와 같이 필수 부사어나 목적어가 필요한 서술어이다. 제시된 문장에서는 '의지하기도 한다'의 필수 부사어인 '사람에게'가 누락되어 있다.

(4) 내가 이 일의 책임자가 되기보다는 <u>책임자를</u> 직접 찾기로 의견을 모았다.

해설 제시된 문장에는 '찾다'의 대상이 되는 목적어가 누락되어 있다. 따라서 '책임자를'과 같은 목적어를 추가해야 한다.

(5) 내 말의 요점은 지속 가능한 기후 환경을 조성하기 위하여 우리 모두 열심히 <u>노력하자는 것(점)</u>이다.

해설 주어 '요점은'과 호응하는 서술어가 없다. 따라서 주어와 호응하는 서술어인 '~는 것(점)이다'를 사용하여야 한다.

(6) 행복의 조건으로써 물질적 기반 이외에 자질의 연마, 인격, 원만한 인간관계 등이 <u>필요하다</u>.

해설 '~다는 것이다'라는 서술어와 호응하는 주어가 없으므로 서술어를 '필요하다'로 고치는 것이 적절하다.

03 ① - ⓒ / ② - ㉠ / ③ - ㉷ / ④ - ⓜ / ⑤ - ⓗ /
⑥ - ⓔ / ⑦ - ⓓ / ⑧ - ⓒ / ⑨ - ㉠ / ⑩ - ㉸

해설
㉠ 진술(陳述)하다: 【…에/에게 …을】【…에/에게 -고】「1」 일이나 상황에 대하여 자세하게 이야기하다.
  예 여러 사람에게 자신의 의견을 <u>진술하다</u>.
  「2」『법률』민사 소송에서, 당사자가 법원에 대하여 구체적인 법률 상황이나 사실에 관한 지식을 보고하고 알리다.
  「3」『법률』형사 소송에서, 당사자·증인·감정인이 관계 사항을 구술 또는 서면으로 알리다.
  예 사건의 전말을 <u>진술하다</u>.
㉡ 선포(宣布)하다: 【…을】【-음을】 세상에 널리 알리다.
  예 나라의 독립을 요구하는 결의문을 <u>선포하였다</u>.
㉢ 절약(節約)하다: 함부로 쓰지 아니하고 꼭 필요한 데에만 써서 아끼다.
  예 자원을 <u>절약하다</u>.
㉣ 신뢰(信賴)하다: 굳게 믿고 의지하다.
  예 김 선생은 학생들이 <u>신뢰하는</u> 교사였다.
㉤ 부여(附與)되다: 【…에/에게 …을】 사람에게 권리·명예·임무 따위가 주어지거나, 사물이나 일에 가치·의의 따위가 붙여지다.
  예 우리 팀에 중요한 업무가 <u>부여되었다</u>.
㉥ 균등(均等)하다: 고르고 가지런하여 차별이 없다.
  예 <u>균등한</u> 기회를 주다.
㉦ 방지(防止)하다: 【…을】 어떤 일이나 현상이 일어나지 못하게 막다.
  예 화재를 미연에 <u>방지하다</u>.
㉧ 유발(誘發)하다: 【…을】 어떤 것이 다른 일을 일어나게 하다.
  예 그 광고는 소비자들의 구매 욕구를 <u>유발하였다</u>.
㉨ 목도(目睹)하다: 【…을】 눈으로 직접 보다. = 목격하다
  예 전쟁의 참상을 <u>목도하다</u>.
㉩ 미숙(未熟)하다: 【…에】 일 따위에 익숙하지 못하여 서투르다.
  예 컴퓨터 사용이 <u>미숙하다</u>.

04

(1) ◯
해설 첫째 문단에 따르면, '민요는 작곡이나 작사를 한 자에 대한 정보 없이 민중에 의해 구전되어 내려온 노래'라고 하였으므로 노래가 아닌 것은 민요라고 할 수 없다.

(2) ✕
해설 둘째 문단에 따르면, '무가나 판소리는 전문 직업인으로서의 창자가 남에게 봉사하기 위해 부르는 것이 그 주된 목적이고, 스스로 즐기고자 하는 것은 단지 부차적인 목표에 불과하다.' 따라서 부차적 목표라 하더라도 스스로 즐기고자 하는 것도 무가나 판소리를 부르는 목표에 포함되므로, 무가나 판소리를 스스로 즐기기 위해 부르는 경우는 존재하지 않는다는 표현은 적절하지 않다.

(3) ✕
해설 마지막 문단에 따르면, 민요는 '창자의 삶과 분리되지 않는 일상에서 불려 온 노래'다. 하지만 같은 문단에서 민요는 노동이나 의식, 혹은 놀이와 같은 생활 속의 필요로 창조되고 존속되며, 이 때문에 '민요는 지역의 고유 환경에 따라 다른 지역과는 상이한, 그 지역만의 특성을 강하게 띠기도' 한다고 하였다. 그러므로 민요가 지역적 특성을 띠지 않는다는 것은 적절하지 않은 표현이다.

05

(1) ✕
해설 첫째 문단에 따르면, 모더니즘시는 과거의 전통적인 방식과는 차별화된 새로움을 추구한다고 하였다.

(2) ◯
해설 둘째 문단에 따르면, 모더니즘시는 현실과 의도적으로 거리를 두고 객관적인 시각을 확보하여 현실을 형상화하는데, 이 태도는 현대 문명을 비판하려는 것이 전제되어 있다고 하였다. 이를 통해 모더니즘시는 보통 현대 문명을 비판하려는 태도를 가지고 있음을 알 수 있다.

(3) ✕
해설 둘째 문단에 따르면, 거리 두기 방법을 사용함으로써 현대 문명의 부정적인 면를 드러내면서도 현대 문명을 살아가는 사람들의 정서와 현대 문명을 벗어나고 싶은 현실과 대조되는 이상적 상황 등을 표현한다고 하였다. 따라서 현대 문명을 살아가는 사람들의 정서 또한 표현할 수 있다는 것을 알 수 있다.

(4) ✕
해설 마지막 문단에 따르면, 거리 두기를 위해 제시된 대상들의 소극적인 태도는 반어적으로 작용하여 현대 문명의 폭압성을 드러내고 이런 현실에서 벗어나야 한다는 당위성을 강조하는 효과를 준다고 하였다. 따라서 소극적인 태도가 부정적인 현실에 대한 체념과 절망을 드러내는 것이 아니다.

06

(1) ◯
해설 첫째 문단에 따르면, '신화 속 신들은 인간화된 위대한 존재로, 오늘날 우리가 아는 절대자나 초월자로서의 신이 아니'라고 하였으므로 해당 문장은 적절하다.

(2) ✕
해설 둘째 문단에 따르면, 신화에는 '고대인의 지적 욕구와 두려운 모습으로 나타나는 자연현상들을 어떤 방법으로든 이해하도록 만들어 심리적 안정을 얻고자 하는 심리적 욕구가 포함되어 있다.' 하지만 고대나 현대나 주어진 상황에 대한 형식 논리상의 추론 과정이 존재했다는 점에서 공통점을 가진다고 하였으므로 해당 문장은 적절하지 않다.

(3) ✕
해설 마지막 문단에 따르면, 신화는 인간이 언제나 인간 중심적인 사고 체계로 세계를 이해하려 해 왔다는 것을 시사한다고 하였으므로 해당 문장은 적절하지 않다.

(4) ×
해설 마지막 문단에 따르면, '현대인들도 여전히 신화의 시대에 머물러 있다고 할 수 있다'고 하였다.

07

(1) ○
해설 첫째 문단에 따르면, 주어나 술어가 전체 대상을 지시한다면 그 명사는 '주연되었다'라고 한다고 하였다.

(2) ○
해설 첫째 문단에 따르면, 주어는 전칭 명제에서만 주연된다고 하였다.

(3) ×
해설 삼단 논법의 타당성을 판단하는 첫째 규칙은 삼단 논법 안에서 매개 명사가 적어도 한 번은 주연되어야 한다는 것이다. 따라서 매개 명사가 한 번 주연되었다면 그 삼단 논법은 첫째 규칙을 지킨 것이다.

08

• 소명사(S): 소크라테스
• 대명사(P): 사회적 동물
• 매개 명사(M): 사람

해설 결론의 주어가 소명사, 술어가 대명사이므로 소크라테스가 소명사(S), 사회적 동물이 대명사(P)이다. 그러므로 남은 명사인 사람이 매개 명사(M)임을 알 수 있다.

09

• 소명사(S): 상어
• 대명사(P): 포유동물
• 매개 명사(M): 고래

해설 결론의 주어가 소명사, 술어가 대명사이므로 상어가 소명사(S), 포유동물이 대명사(P)이다. 그러므로 남은 명사인 고래가 매개 명사(M)임을 알 수 있다.

10

• 음악가, 이성적인 사람, 수학자
• 주연되었고, 주연되었다
• 이성적인 사람, 대전제, 주연되지 않았다
• 타당하지 않다

쿼터 홈트 DAY 33

01 ㉠ - ② / ㉡ - ③ / ㉢ - ⑤

해설 ② '뛰다'는 '달음질쳐 빨리 가거나 오다'를 의미하는 '달리다'와 유의 관계를 이루며, '다리를 움직여 바닥에서 발을 번갈아 떼어 옮기다'를 의미하는 '걷다'와 반의 관계를 이룬다.
③ '오르다'는 '값이나 수치, 온도, 성적 따위가 이전보다 많아지거나 높아지다'를 의미하는데, 이는 '값이나 가치 따위가 갑자기 오르다'를 의미하는 '뛰다'와 유의 관계를 이루며, '값, 기온, 수준, 형세 따위가 낮아지거나 내려가다'를 의미하는 '떨어지다'와 반의 관계를 이룬다.
⑤ '멈추다'는 '사물의 움직임이나 동작을 그치게 하다'를 의미하는데, 이는 '맥박이나 심장 따위가 벌떡벌떡 움직이다'를 의미하는 '뛰다'와 반의 관계를 이루며, '몹시 놀라거나 불안하여 가슴이 자꾸 뛰다'를 의미하는 '두근거리다'와 유의 관계를 이룬다.

오답 해설
① '뛰다'는 '순서 따위를 거르거나 넘기다'라는 의미를 지니기 때문에 '달리다'와 유의 관계를 이룰 수 없으며, '걷다'와도 반의 관계를 이룰 수 없다.
④ '일어나다'의 유의어는 '서다, 깨다, 생기다, 발생하다, 나서다, 부풀어 오르다' 등이고, 반의어는 '눕다, 앉다, 자다' 등이다.
⑥ '서다'의 유의어는 '멈추다, 정지하다, 설립되다' 등이고, 반의어는 '앉다, 쓰러지다, 떠나다' 등이다.
④와 ⑥은 '떨어지다'나 '두근거리다'와 유의 관계나 반의 관계를 이룰 수 없다.

02

(1) 나는 파란 하늘을 눈이 시리도록 보았다. / 눈이 시리도록 파란 하늘을 내가 보았다.
해설 '눈이 시리도록'이 '파란'과 '보았다'를 모두 수식할 수 있어 의미가 중의적으로 해석되므로, 의미하는 바를 분명하게 밝혀야 한다.

(2) 아버지가 그린 그림 / 아버지가 소유한 그림 / 아버지를 그린 그림은 언제나 인기가 많다.
해설 관형격 조사 '의'로 인해 발생한 중의문으로, '아버지의 그림'이 의미하는 바를 분명하게 밝혀야 한다.

(3) 만화 동아리에서는 창작 활동을 하고 전시회를 열기로 했다.
해설 '창작 활동'은 '열다'와 호응하지 않으므로, '하다'와 같은 서술어를 추가해야 한다.

(4) 이사회는 재무 지표 현황을 파악하고 개선 계획을 수립하여, 다음 달부터 이를 시행하기로 하였다.
해설 제시된 문장의 '재무 지표 현황'은 '수립'의 대상으로 적절하지 않으므로 적절한 서술어인 '파악하고'를 삽입하는 것이 적절하다.

(5) 내가 바라는 점은 네가 잘됐으면 좋겠다는 것(점)이야.
해설 제시된 문장의 주어는 '내가 바라는 점은'이므로, 이와 호응하는 서술어는 '~는 것(점)이다'의 형태이다.

(6) 내 생각은 네가 잘못을 인정하면 (이 문제가) 해결될 것이라는 것(점)이다.

해설 제시된 문장의 주어가 '내 생각은'이므로 이에 대한 서술어인 '~라는 것(점)이다'가 서술어로 제시되어야 한다.

03 ②

해설 '㉠ 돼'는 '바뀌다, 변하다' 정도의 유의어로 대체 가능하며, 'A가 B로 되다(바뀌다)'의 구조를 가지는 서술어이다. ②의 '되고'도 '어떤 대상(모든 것)이 다른 대상(재)으로 되다(바뀌다)'라는 의미로 사용된 것이므로, 문맥상 ㉠의 의미와 가장 가깝다.

- 되다¹: 「동사」 **1**【…이】「1」【…으로】 다른 상태나 성질로 바뀌거나 변하다.
  예 얼음이 물이 되다.

오답 해설
① 되다¹: 「동사」 **1**【…이】「9」 어떤 특별한 뜻을 가지는 상태에 놓이다.
  예 그런 행동은 우리에게 해가 된다.
③ 되다⁴: 「형용사」「3」 일이 힘에 벅차다.
  예 하루 종일 된 일을 하고 번 게 겨우 이것뿐인가?
④ 되다¹: 「동사」 **3**「3」 일이 이루어지다.
  예 요즘은 사업이 그럭저럭 되고 있다.

04 ④

해설 '㉠ 따라'는 '의거하다' 정도의 유의어로 대체 가능하며, 'A(기준)에 따르다(의거하다)'의 구조를 가지는 서술어이다. ④의 '따라'도 '어떤 기준(식순)에 따르다(의거하다)'라는 의미로 사용된 것이므로, 문맥상 ㉠의 의미와 가장 가깝다.

- 따르다¹: **2**【…에】「2」 (흔히 '따라(서), 따른, 따르면' 꼴로 쓰여) 어떤 경우, 사실이나 기준 따위에 의거하다.
  예 법에 따라 일을 처리하다.

오답 해설
① 따르다¹: **1**【…을】「1」 다른 사람이나 동물의 뒤에서, 그가 가는 대로 같이 가다.
  예 경찰이 범인의 뒤를 따르다.
② 따르다¹: **1**【…을】「2」 앞선 것을 좇아 같은 수준에 이르다.
  예 아무도 어머니의 음식 솜씨를 따를 수 없다.
③ 따르다¹: **2**【…에】「1」 어떤 일이 다른 일과 더불어 일어나다.
  예 새 사업을 시작하는 데는 많은 어려움이 따르게 될 것이다.

05 ①

해설 '㉠ 말하였다고'는 '평가하다, 평하다, 논하다' 정도의 유의어로 대체 가능하며, 'A가 B를 C라고 말하다(평가하다)'의 구조를 가지는 서술어이다. ①의 '말하고'도 'A가 B를 C라고 말하다(평가하다)'라는 의미로 사용된 것이므로, 문맥상 ㉠의 의미와 가장 가깝다.

- 말하다: **2**【…을 -고】【…을 -게】('…을' 대신에 '…에 대하여'가 쓰이기도 한다) 평가하거나 논하다.
  예 사람들은 흔히 내 글을 관념적이라고 말한다.

오답 해설
② 말하다: **5** (주로 '…으로 말하면' 구성으로 쓰여) 확인·강조의 뜻을 나타낸다.
  예 힘든 거로 말하면 공사장 막노동만큼 힘들 일도 없어요.

③ 말하다: **1**【…에/에게 …을】【…에/에게 -고】 ('…을' 대신에 '…에 대하여'가 쓰이기도 한다) 「3」 무엇을 부탁하다.
  예 친구에게 미리 혼처를 말해 두었으니, 오늘 찾아가 보면 무슨 말이 있을 것이다.
④ 말하다: **1**【…에/에게 …을】【…에/에게 -고】 ('…을' 대신에 '…에 대하여'가 쓰이기도 한다) 「2」 어떠한 사실을 말로 알려 주다.
  예 친구들에게 약속 장소를 말하지 않은 것이 뒤늦게 생각난다.

06

(1) ○
해설 첫째 문단에 따르면, 언어 기호는 자의적으로 결합한다. 그런데 음성 상징어의 경우 의미와 음성이 필연적으로 결합하는 게 아니냐는 의문이 제기되었으나, 음성 상징어 또한 필연성이 없다는 결론이 나왔다고 하였다. 이를 통해 음성 상징어는 의미와 음성이 임의적으로 결합하여 기호로 나타난다는 것을 알 수 있다.

(2) ○
해설 둘째 문단에 따르면, 언어는 개인이 마음대로 의미와 음성의 연결을 바꿀 수 없다고 하였다. 이는 한 사회에서 그 언어를 사용하는 사람들 사이의 약속이기 때문이다. 따라서 언어는 한 사회 내에서의 약속이므로, 개인이 의미와 음성의 연결을 왜곡할 수는 없다는 것은 적절한 설명이다.

07

(1) ○
해설 첫째 문단에 따르면 언어 능력은 크게 말하기, 쓰기 능력과 읽기, 듣기 능력으로 나눌 수 있으며, 그중 말하기, 쓰기 능력을 능동적인 영역이라고 하였다.

(2) ✕
해설 첫째 문단에 따르면, 균형이 잘 잡힌 이중 언어 구사자의 경우 양쪽 언어 전반에 있어서 거의 동일한 언어 능력을 갖고 있지만, 대부분의 이중 언어 구사자는 균형이 잘 잡혀 있지 않다고 하였다.

(3) ○
해설 둘째 문단에 따르면, 이중 언어 구사자가 단일 언어 구사자보다 집행 능력이 더 뛰어나다고 하였다. 이는 문제 상황에서 문제 해결을 더 잘 해낸다는 것을 의미한다고 하였다. 이를 통해 이중 언어 구사자가 단일 언어 구사자보다 문제 해결 능력이 뛰어나다는 것을 알 수 있다.

(4) ✕
해설 사회성에 영향을 미치는 요소는 '여러 언어에 노출되었는가 여부'라고 하였다. 이를 통해, 미국에서 사는 한국어 단일 언어 구사자도 영어와 한국어에 모두 노출되었으므로 단일 언어에 노출된 단일 언어 구사자보다는 사회성이 좋을 것임을 알 수 있다. 하지만 같은 지역의 이중 언어 구사자와 구체적으로 비교하는 것은 지문을 통해 알 수 없다.

08

(1) ○
해설 첫째 문단에서 촘스키는 '선택 제약'의 관점에서 은유를 설명했는데, '선택 제약'이란 문장 속에서 주어가 서술어를 선택할 때 제약이 있을 수 있다는 것을 의미한다고 하였다.

(2) ×
해설 첫째 문단에서 은유는 문법적으로는 문제가 없지만, 의미상으로는 성립이 안 된다고 하였다.

(3) ×
해설 둘째 문단에 따르면, 인지 화용론의 적합성 이론에서 의사소통의 경제성이 가장 중요하다고 주장하였다. 하지만 의사소통의 경제성만 중시하였는지는 지문을 통해 알 수 없다.

(4) ○
해설 둘째 문단에서 어림잡아 말하는 표현과 은유는 내용적 측면은 다르지만, 같은 적합성의 측면을 공유하고 있다고 하였다. 이를 통해 두 표현 방식 사이에 공통점이 있다는 것을 알 수 있다.

09

(1) 타당성 평가: 부당한 논증 / 형식: 전건 부정의 오류
해설 비가 오면(A) 땅이 젖는다.(B)
비가 오지 않았다.(~A)
땅이 젖지 않았다.(~B)

(2) 타당성 평가: 타당한 논증 / 형식: 후건 부정
해설 네가 나를 사랑한다면(A) 내가 원하는 것을 마땅히 해 주었을 것이다.(B)
내가 원하는 것을 해 주지 않았으니(~B)
너는 나를 사랑하지 않는다.(~A)

(3) 타당성 평가: 타당한 논증 / 형식: 전건 긍정
해설 민주주의 국가들의 주권은(A) 국민에게 있다.(B)
대한민국은 민주주의 국가이다.(A)
따라서 대한민국의 주권은 국민에게 있다.(B)

(4) 타당성 평가: 부당한 논증 / 형식: 후건 긍정의 오류
해설 뉴턴이 수학자라면(A), 음악가는 아니다.(~B)
뉴턴은 음악가는 아니다.(~B)
그러므로 뉴턴은 수학자이다.(A)

10 (2)

(1) 운동 → 체중 감소 / ~운동 / ~체중 감소
전건 부정 / 타당하지 않은

(2) (~후각 ∨ ~청각) → ~어둠 / 어둠 / 청각
후건 부정 / 타당한

(3) (이론 ∧ 조건) → 정확한 설명 / 정확한 설명 / 이론
후건 긍정 / 타당하지 않은

따라서 논리적으로 타당한 것은 (2)이다.

쿼터 홈트 DAY 34

01

(1) ○
해설 첫째 문단에 따르면, '다의어는 사전에 하나의 표제어로 제시되고, 중심 의미로부터 의미가 확대되어 나온 순서대로 기술한다'라고 하였다. 이를 통해 표제어에서 가장 먼저 기술되는 의미가 중심 의미라는 것을 알 수 있다.

(2) ×
해설 둘째 문단에 따르면, "'손'이 노동력을 뜻할 때에는 '부족하다, 남다'와 같이 특정 용언과만 쓰인다"라고 하였다. 즉, 주변 의미로 쓰이는 다의어 중에는 특정 용언과만 결합하는 것들이 있다는 것이다.

(3) ○
해설 첫째 문단에 따르면, '중심 의미는 주변 의미보다 먼저 배우고 그만큼 사용 빈도도 높다'라고 하였다. 또한 마지막 문단에 따르면, '주변 의미는 중심 의미에서 확장되어 생긴 것이기 때문에 중심 의미보다 추상성이 강한 경향이 있다'고 하였다. 제시된 두 '눈'의 의미 중에서는 '사물을 보고 판단하는 힘'이 '빛의 자극을 받아 물체를 볼 수 있는 감각 기관'에 비해 더 추상적이다. 이를 통해 아이들은 '빛의 자극을 받아 물체를 볼 수 있는 감각 기관'이라는 의미를 먼저 배울 것이라는 것을 알 수 있다.

(4) ×
해설 첫째 문단에 따르면, 다의어는 중심 의미로부터 의미가 확대되어 나온 순서대로 기술한다고 하였다. 이를 통해 다의어의 의미들은 서로 관련이 있다는 것을 알 수 있다.
'결론에 이르다'는 '결론에 도달하다'라는 의미이고 '아이들에게 주의하라고 이르다'는 '아이들에게 주의하라고 말하다'라는 의미이다. 이 두 '이르다'에는 서로 의미 관련성이 없다. 이를 통해 다의 관계가 아니라는 것을 알 수 있다.

02

(1) 자동차에 짐을 싣고 유진이를 태우고 여행을 떠났다.
해설 '짐을'은 '태우다'와 호응하지 않으므로, 이와 호응하는 서술어를 추가해야 한다.

(2) 선생님께서는 우리를 많이 아끼셨고 우리도 선생님을 존경했다.
해설 서술어 '존경했다'와 호응하는 목적어가 없으므로, 우리(주어)가 존경하는 대상을 목적어로 추가해야 한다.

(3) 나는 집에 오자마자 들고 있던 가방을 책상(가방을 둔 장소)에 두었다.
해설 서술어 '두었다'가 요구하는 문장 성분인 부사어(…에)를 생략한 문장이므로, 가방을 둔 장소를 추가해야 한다.

(4) 그는 영업팀이 아니었지만, 인사 발령이 나서 영업팀으로 갔다.
해설 서술어 '갔다'가 요구하는 문장 성분인 부사어를 생략한 문장이므로, 그가 인사 발령이 나서 가게 된 팀을 추가해야 한다.

(5) 한가로운 시간에 음악을 듣습니다. / 여가에 음악을 듣습니다.
해설 '여가(餘暇)'는 '일이 없어 남는 시간'이라는 뜻으로 그 자체에 '시간'의 의미가 있다. 따라서 뒤에 오는 '시간'과 중복되는 표현이므로

'한가로운 시간에'나 '여가에' 정도로 수정하는 것이 적절하다.

(6) 난관을 극복했다. / 어려운 고비를 극복했다.
해설 '난관(難關)'은 '일을 하여 나가면서 부딪치는 어려운 고비'라는 뜻으로 그 자체에 '어렵다'는 의미가 있다. 따라서 앞에 오는 '어려운'과 중복되는 표현이므로 '난관을'이나 '어려운 고비를' 정도로 수정하는 것이 적절하다.

03 ① - ㉠ / ② - ㉡ / ③ - ㉾ / ④ - ㉤ / ⑤ - ㉣ /
⑥ - ㉢ / ⑦ - ㉥ / ⑧ - ㉦ / ⑨ - ㉧ / ⑩ - ㉨

해설
㉠ 근절(根絶)하다:【…을】다시 살아날 수 없도록 아주 뿌리째 없애 버리다.
   예 이번 기회에 부동산 투기를 <u>근절</u>할 수 있는 대책을 강구해야 한다.
㉡ 저술(著述)하다:【…을】글이나 책 따위를 쓰다.
㉢ 인수(引受)되다:【…에/에게】물건이나 권리가 넘어오다.
   예 다른 회사에서 우리 회사에 <u>인수된</u> 물품
㉣ 무상(無常)하다:「1」모든 것이 덧없다.
   예 그는 권력의 <u>무상함</u>을 느끼고 공직에서 은퇴했다.
  「2」일정하지 않고 늘 변하는 데가 있다.
   예 봄에는 날씨가 <u>무상하다</u>.
㉤ 독점(獨占)하다:【…을】혼자서 모두 차지하다. = 독차지하다
   예 시장을 <u>독점하다</u>.
㉥ 유사(類似)하다:【(…과)】('…과'가 나타나지 않을 때는 여럿임을 뜻하는 말이 주로 온다) 서로 비슷하다.
   예 이번에는 내가 그와 <u>유사한</u> 상황에 놓이게 되었다.
㉦ 제기(提起)되다:「1」의견이나 문제가 내어놓아지다.
   예 반론이 <u>제기되다</u>.
  「2」소송이 일어나다.
   예 손해 배상 청구 소송이 <u>제기되다</u>.
㉧ 패소(敗訴)하다:『법률』소송에서 지다. ↔ 승소(勝訴)하다
   예 그는 소송을 냈다가 <u>패소하여</u> 벌금을 내야 했다.
㉾ 도산(倒産)하다: 재산을 모두 잃고 망하다.
   예 <u>도산한</u> 기업
㉨ 창시(創始)하다:【…을】어떤 사상이나 학설 따위를 처음으로 시작하거나 내세우다.
   예 이소룡은 쿵후를 현대화한 절권도를 <u>창시하고</u> 이를 영화에서 선보여 인기를 얻은 인물이다.

04

(1) ○
해설 첫째 문단에 따르면, 외래어는 외국어의 색이 엷어지고 국어 단어로서의 자격을 갖기 시작한 어휘이지만, 외국어는 아직 국어로 정착되지 않아 국어가 되지 못한 어휘이다. 이를 통해 외래어와 달리 외국어는 아직 국어 단어로서의 자격을 갖추지 못했다는 것을 알 수 있다.

(2) ×
해설 둘째 문단에 따르면, 외국의 인명은 원어의 철자 그대로 쓰면 발음에 혼란을 줄 수 있으므로 한글로 옮길 수밖에 없다고 한다. 그러나 지문에서는 외국의 인명도 외래어에 포함해야 한다고 하였을 뿐, 모든 외국어는 외래어에 포함되어야 한다고 말한 것은 아니다.

05

(1) ×
해설 팔 꼬집힘이라는 자극에 대한 반응으로 비명을 자동으로 내게 된 것이므로, 이는 자동적 동작 언어에 해당한다.

(2) ○
해설 지문에 따르면, 자동적 동작 언어는 선천적으로 습득된다고 하였다. 이와 달리 후천적 학습으로 습득되는 동작 언어를 기호적 동작 언어라고 하였다. 이를 통해 자동적 동작 언어와 달리 기호적 동작 언어는 후천적으로 습득된다는 것을 알 수 있다.

06 흥미로운 점은 ~ 사용된다는 것(점)이다.
해설 주어 '흥미로운 점은'에 대한 서술어가 없으므로, 이에 어울리는 서술어로 '~는 것(점)이다'를 추가해야 한다.

07

(1) ○
해설 첫째 문단에 따르면, 정보 전달의 기능과 사회적 관계의 기능은 별개로 작용하는 것이 아니라고 하였다. 이를 통해 정보 전달의 기능과 사회적 관계의 유지 기능은 서로 관련을 맺으며 작용한다는 것을 알 수 있다.

(2) ○
해설 첫째 문단에 따르면, '정보 전달의 기능은 경제성의 원리에 기반하고, 사회적 관계의 기능은 공손성의 원리에 기반한다'라고 하였다. 이를 통해 두 원리는 서로 다른 언어의 기능과 관련이 있다는 것을 알 수 있다.

(3) ○
해설 둘째 문단에 따르면, '이를 모두 만족시키는 언어 사용의 원리가 결정 이양의 원리'라고 하였다. '이를'은 첫째 문단에 제시된 '정보 전달의 기능과 사회적 관계의 기능'을 가리키며, '정보 전달의 기능은 경제성의 원리에 기반하고, 사회적 관계의 기능은 공손성의 원리에 기반한다'라고 하였다. 따라서 결정 이양의 원리는 경제성의 원리와 공손성의 원리를 함께 실현한다는 것을 알 수 있다.

(4) ×
해설 마지막 문단에 따르면, 결정 이양의 원리가 적용된 표현이 청자가 결론에 대해 더 확신하게 만든다고 하였다. 따라서 청자가 결론에 대해 확신하기 어렵게 만든다는 것은 적절하지 않다.

08

(1) A: F / B: F
해설 첫째 명제의 대우는 '~B → ~A'이다. 둘째 명제를 통해 B가 거짓임을 알 수 있으며, 첫째 명제의 대우를 통해 A 또한 거짓임을 알 수 있다.

(2) A: F / B: T
해설 첫째 명제를 통해 A와 B 둘 중 하나 이상은 참임을 알 수 있다. 또한 둘째 명제를 통해 A가 거짓임을 알 수 있으므로 B는 반드시 참이어야 함을 알 수 있다.

(3) A: T / B: F
해설 첫째 명제를 드모르간의 법칙으로 정리하면 '~A ∨ ~B'이다. 이를 통해 A와 B 둘 중 하나 이상은 거짓임을 알 수 있다. 둘째 명제에서 A가 참이라고 하였으므로 B는 반드시 거짓임을 알 수 있다.

(4) A: T / B: T / C: T
해설 연언(∧)의 경우 연결된 A와 B가 모두 참일 때만 참이다. 따라서 첫째 명제의 전건인 A가 참이며, 후건인 C도 참임을 알 수 있다.

(5) A: T / B: F / C: T
해설 첫째 명제를 드모르간의 법칙으로 정리하면 '~A ∨ ~B'이다. 이를 통해 A와 B 둘 중 하나 이상은 거짓임을 알 수 있다.
셋째 명제를 통해 C는 참임을 알 수 있으며, 둘째 명제를 통해 A 역시 참임을 알 수 있다. 첫째 명제에서 둘 중 하나 이상은 거짓이어야 하고 A는 참이므로 B는 거짓이다.

(6) A: F / B: F / C: T
해설 B를 매개항으로 하여 첫째 명제와 둘째 명제를 결합하면 'A → B → ~C'를 도출할 수 있다. 이 명제의 대우는 'C → ~B → ~A'이다. 셋째 명제에 따르면 C는 참이므로, B와 A는 거짓임을 알 수 있다.

(7) A: F / B: F / C: T / D: T
해설 첫째 명제를 드모르간의 법칙으로 정리하면 '~A ∧ ~B'이다. 이를 통해 A와 B가 모두 거짓임을 알 수 있다. 넷째 명제에서 C가 참이라고 하였으므로 이를 통해 D도 참이라는 것을 알 수 있다.

09 ①

♣ 〈보기〉 명제 활용하기
1. C → B 2. B → ~A 3. C → B → ~A 4. C 5. 참 6. 참
7. ①

♣ 오답 선지 분석하기
② 1. 참 2. 거짓
③ 1. 참 2. 거짓
④ 1. 참 2. 거짓

쿼터 홈트 DAY 35

01

(1) 다의어: ㉠, ㉣
해설 '닭이 모이를 먹다'의 '먹다'는 「1」 음식 따위를 입을 통하여 뱃속에 들여보내다'를, '한번 먹은 마음이 변하지 않도록 하자'의 '먹다'는 「4」 어떤 마음이나 감정을 품다'를 의미한다. 이는 서로 의미상 관련이 있는 다의어이다.
'국이 매워서 많이 먹지 못했다'의 '맵다'는 「1」 고추나 겨자와 같이 맛이 알알하다'를, '어머니는 매운 시집살이를 하셨다'의 '맵다'는 「2」 성미가 사납고 독하다'를 의미한다. 이는 서로 의미상 관련이 있는 다의어이다.

(2) 동음이의어: ㉡, ㉢
해설 '벽지를 벽에 바르다'의 '바르다'는 '바르다¹ ❶【…을 …에】【…을 …으로】「1」 풀칠한 종이나 헝겊 따위를 다른 물건의 표면에 고루 붙이다'를, '생선 가시를 발라서 버리다'의 '바르다'는 '바르다² 【…을】 「2」 뼈다귀에 붙은 살을 걷거나 가시 따위를 추려 내다'를 의미한다. 이는 서로 의미상 관련이 없는 동음이의어이다.
'아이가 졸린지 눈을 스르르 감는다'의 '감다'는 '감다¹ 【…을】 (주로 '눈'과 함께 쓰여) 눈꺼풀을 내려 눈동자를 덮다'를, '머리를 자주 감으면 머릿결이 상한다'의 '감다'는 '감다² 【…을】 머리나 몸을 물로 씻다'를 의미한다. 이는 서로 의미상 관련이 없는 동음이의어이다.

02

(1) 유적지 답사를 통해 / 각 지역의 청소년들과 소통하고
해설 단어는 단어와, 구(단어 둘 이상의 문법적 단위)는 구와, 절(주어와 서술어를 갖는 문법적 단위)은 절과 대등하게 연결되어야 한다. '각 지역의 청소년들과의 소통'의 문법적 단위는 구이고, '유적지를 답사함으로써'의 문법적 단위는 절이다. 이는 서로 대등하지 않은 요소가 접속된 구문이므로, '각 지역의 청소년들과의 소통'을 절로 수정하거나 '유적지를 답사함으로써'를 구로 수정해야 한다.

(2) 의사 결정 과정에 대한 참여 / 환경에 관한 정보에 대해 적절하게 접근하고
해설 '환경에 관한 정보에 대해 적절한 접근'의 문법적 단위는 구이고, '의사 결정 과정에 참여할'의 문법적 단위는 절이다. 이는 서로 대등하지 않은 요소가 접속된 구문이므로, '환경에 관한 정보에 대해 적절한 접근'을 절로 수정하거나 '의사 결정 과정에 참여할'을 구로 수정해야 한다.

(3) 그는 아무리 돈이 많아도 그것을 쓸 줄 모른다.
해설 부사 '아무리'는 주로 연결 어미 '-아도/어도'가 붙은 동사와 함께 쓰인다.

(4) 새 기계는 유해 물질 배출을 줄이고 연료 효율을 높여 주었다.
해설 '유해 물질 배출'은 서술어 '높여 주다'와 호응하지 않으므로, '줄이다' 등과 같은 서술어를 추가해야 한다.

(5) 요점은 남을 위하여 자기를 희생할 줄도 알아야 한다는 것(점)이다.
해설 주어인 '요점은'과 호응하는 서술어인 '~것(점)이다'를 추가해야 한다.

03 ㉮ - ㉡ - ⓑ / ㉯ - ㉠ - ⓒ / ㉰ - ㉢ - ⓐ

해설

- **단순(單純)**: 복잡하지 않고 간단함.
  - 예 <u>단순</u> 가공
- **복합(複合)**: 두 가지 이상이 하나로 합침. 또는 두 가지 이상을 하나로 합침.
  - 예 이 사건은 여러 <u>복합</u> 요인으로 발생하였다.
- **이하(以下)**: 「1」 수량이나 정도가 일정한 기준보다 더 적거나 모자람. 기준이 수량으로 제시될 경우에는, 그 수량이 범위에 포함되면서 그 아래인 경우를 가리킨다.
  - 예 18세 <u>이하</u> 관람 불가
  「2」 순서나 위치가 일정한 기준보다 뒤거나 아래
  - 예 <u>이하</u> 생략
- **이상(以上)**: 「1」 수량이나 정도가 일정한 기준보다 더 많거나 나음. 기준이 수량으로 제시될 경우에는, 그 수량이 범위에 포함되면서 그 위인 경우를 가리킨다.
  - 예 키 158cm <u>이상</u>
  「2」 순서나 위치가 일정한 기준보다 앞이나 위
  - 예 <u>이상</u>에서 살핀 바를 간단히 요약하면 다음과 같다.
- **발신(發信)**: 우편이나 전신, 전화 따위를 보냄. 또는 그런 일. ≒ 송신(送信)
  - 예 인공위성에서 전파를 <u>발신</u>하다.
- **수신(受信)**: 전신이나 전화, 라디오, 텔레비전 방송 따위의 신호를 받음. 또는 그런 일
  - 예 이 전화가 <u>수신</u>에는 문제가 없는데 송신이 잘 안 된다.

04 〈가로〉 ㉠ 개전 / ㉢ 유기 / ㉤ 배타심
〈세로〉 ㉡ 전유물 / ㉣ 질타 / ㉥ 심의

해설

〈가로〉
㉠ **개전(改悛)**: 행실이나 태도의 잘못을 뉘우치고 마음을 바르게 고쳐먹음. ≒ 개과(改過)
  - 예 죄인에게 <u>개전</u>의 기회를 주다.
㉢ **유기(遺棄)**: 내다 버림.
  - 예 불의에 침묵하는 것은 지성인의 사회적 책임을 <u>유기</u>하는 행위이다.
㉤ **배타심(排他心)**: 남을 배척하는 마음. ↔ 의타심(依他心)
  - 예 그는 <u>배타심</u>이 강하여 남들과 잘 어울리지 못한다.

〈세로〉
㉡ **전유물(專有物)**: 한 사람이나 특정한 부류만 소유하거나 누리는 물건. ↔ 공유물(共有物)
  - 예 자동차나 텔레비전이 부유층의 <u>전유물</u>이라 여겨지던 때가 있었다.
㉣ **질타(叱咤)**: 큰 소리로 꾸짖음.
  - 예 여론의 <u>질타</u>를 받다.
㉥ **심의(審議)**: 심사하고 토의함.
  - 예 출판물에 대한 <u>심의</u>를 강화하다.

05 ④

해설 ㉠의 뒤에는 시간관념이 강한 사회에 속한 사람들은 시간을 낭비하지 않게 되며, 시간을 유익하게 사용할 수 있게 된다고 언급하고 있다. 즉 시간을 절약할 수 있으며, 그 반대의 사회에 사는 사람들에 비해 경제적인 면에서 이익이 있다는 의미이다. 그러나 '시간관념이 약한 사람에게도 호의적 태도를 보인다'는 것은 ㉠의 구체적 의미로 적절하지 않다.

06 ④

해설 음악을 잘 듣는 사람이란 어떤 음을 듣고 판별할 수 있는 청각 능력이 뛰어난 사람이 아니라 마음에서 음들의 관계를 잘 이해하는 사람이라고 할 수 있다. 개별적인 소리를 인식하는 것은 타고나는 것이지만 그 외의 다른 부분은 학습에 의해 다듬어지며 마음을 훈련함으로써 음악을 더 잘 감상할 수 있으므로, 음악에 대한 조예가 깊어지기 위해서는 마음의 훈련을 쌓아야 한다.

07 ①

해설 ㉠의 과도적인 문화란 전통문화와 외래문화가 혼합된 문화를 지칭하는 것이고, ㉡의 차용 문화는 외래문화를 의미하는 것이므로 과도적인 문화를 구성하는 한 요소가 된다. 그래서 이 둘은 '전체와 구성 요소의 관계'가 된다. 이와 마찬가지로 ①에서 핸들은 자동차 전체를 구성하는 하나의 요소이므로 '전체와 부분'의 관계라고 할 수 있다.

오답 해설
② 문학을 내용과 형식의 일정한 기준에 따라 분류한 두 갈래이다. 따라서 대등 관계이다.
③ 원인과 결과의 관계에 있다.
④ 반대 관계에 있다.

08 ③

해설 지문에 따르면, 조정의 세부 내용은 공개되지 않으며 비밀 유지를 약속받을 수 있다고 한다. 이는 당사자 외의 사람들은 정보를 습득할 수 없다는 의미이다. 비공개적이고 비밀 유지를 약속받을 수 있다는 점에서 '기밀 유지에' 유리하다고 수정하는 것이 적절하다.

오답 해설
① 지문에 따르면, 조정 제도에 참가하는 '제3자는 어느 편에도 치우치지 않고 공정한 태도로 분쟁 해결에 도움을 준다'고 한다. 이는 제3자가 중립적임을 의미하므로 기존의 서술을 유지하는 것이 적절하다.
② 지문에 따르면, 분쟁의 당사자들은 '민간 단체, 행정 기관의 산하 기구 혹은 법원에 조정을 신청할 수 있다'고 한다. 분쟁의 당사자들은 다양한 단체를 통해 도움을 받을 수 있으므로 기존의 서술을 유지하는 것이 적절하다.
④ 지문에 따르면, 분쟁 당사자 중 '어느 한쪽이 합의하지 않으면 조정안은 성립되지 못'한다고 한다. 이를 통해 한쪽 당사자뿐만이 아니라 모두의 합의를 요하는 것임을 알 수 있다. 따라서 양측 모두의 합의를 요한다는 기존의 서술을 유지하는 것이 적절하다.

09

(1) 논점 일탈의 오류
해설 '먹을 것을 가지고 싸우는 것'과 관계없이 '빨리 방에 들어가서 공부나 하라는 결론을 제시하였으므로 '논점 일탈의 오류'이다.

(2) 결합과 분해의 오류 중 결합의 오류
해설 '나트륨'이나 '염소'는 '염화나트륨'의 부분으로, 예시는 나트륨이나 염소가 유독성 물질이므로 그 전체인 염화나트륨도 그럴 것이라고 생각하는 것이므로 결합과 분해의 오류이다. 세분화하면 결합의 오류이다.

(3) 순환 논증의 오류
해설 '신은 존재한다'는 주장에 대한 근거를 '성경에 그렇게 쓰여 있기 때문'이라고 하였다. 또한 이에 대한 근거를 '성경에 쓰여 있는 것은 진리'라고 들었으며 이에 대한 근거를 다시 '신의 계시로 쓰였기 때문'이라고 들었다.
이는 '신'을 증명하기 위해 '신'을 근거로 제시한 것이므로 순환 논증의 오류이다.

(4) 잘못된 유추의 오류
해설 다은이가 누리처럼 대공원에 혼자 놀러 갔다고 하여 불량배에게 돈을 빼앗기는 것은 아니다. 하지만 이렇게 추측하는 것은 우연적 비본질적인 속성을 비교하여 결론을 이끌어 내는 것이므로 잘못된 유추의 오류이다.

(5) 결합과 분해의 오류 중 분해의 오류
해설 미국(전체)이 돈이 많다고 하여 미국인(속성)도 돈이 많을 것이라고 추론하는 것은 결합과 분해의 오류이다. 세분화하면 분해의 오류이다.

(6) 흑백 논리의 오류 / 거짓 인과의 오류
해설 부탁을 들어주면 좋아하는 것, 부탁을 거절하면 싫어하는 것이라고 논의의 대상을 두 가지로만 구분하여 발생하는 오류이므로 흑백 논리의 오류이다.
참고 거짓 인과의 오류: 어떤 사건의 원인이 아닌 것을 참된 원인으로 판단하는 데에서 생기는 오류. 시간의 선후 관계를 원인과 결과에 그대로 적용하거나 전제를 결론의 원인으로 단순히 판단할 때 발생한다.

10 ③

♣ 〈보기〉 명제 활용하기
1. B 2. B → ~C 3. A → B → ~C 4. A → B → ~C
5. ~C → ~D 6. A → B → ~C → ~D

♣ 선지 분석하기
① 1. A → B → ~C → ~D 2. B → ~D 3. 참 4. D → ~B
   5. 참인지 거짓인지 알 수 없다.
② 1. C → ~A 2. 참 3. 참인지 거짓인지 알 수 없다.
③ 1. 참 2. C → ~A 3. 참
④ 1. 참 2. 참인지 거짓인지 알 수 없다.

쿼터 홈트 DAY 36

01

(1) ○
해설 '망아지, 송아지, 강아지'는 모두 새끼를 나타내는 말'이며 모두 '-아지'로 끝난다. 또한 첫째 문단의 '돼지나 오리도 흔한 가축인데, 이들을 가리키는 고유어는 따로 없다'를 통해 이 단어들이 모두 고유어라는 것을 알 수 있다.

(2) ×
해설 첫째 문단에 따르면, 어휘적 빈자리란 어휘 체계에서 개념은 있지만 단어가 존재하지 않는 것이라고 하였다. 이를 통해 어휘적 빈자리가 존재하더라도 사람들은 해당 개념을 인식할 수 있음을 알 수 있다.

(3) ○
해설 지문에서는 어휘적 빈자리를 여러 방식으로 채울 수 있다고 하며, '구로 채우는 방식', '한자어나 외래어로 채우는 방식', '하의어의 빈자리를 상의어로 채우는 방식'을 제시하였다.

(4) ×
해설 제시된 상황에서 존재하지 않는 단어는 '엄마의 둘째 딸'을 지칭하는 단어이다. 그리고 그것을 '둘째 누이'라고 구를 만들어서 지칭했다. 따라서 이는 구로 채우는 방식이다.
'큰누이', '막냇누이'라고 상의어인 '누이'를 사용하여 하의어의 빈자리를 채웠다고 생각할 수 있지만, '누이'는 손위와 손아래를 모두 가리키는 단어이며, 주어진 조건에서 새 휴대폰의 주인이 엄마의 첫째 딸보다 손위인지 손아래인지 알 수 없다.

02

(1) 일상적인 국어 생활의 향상을 / 표준적인 언어생활을 확립하고
해설 단어는 단어와, 구(단어 둘 이상의 문법적 단위)는 구와, 절(주어와 서술어를 갖는 문법적 단위)은 절과 대등하게 연결되어야 한다. '표준적인 언어생활의 확립'의 문법적 단위는 구이고, '국어 생활을 향상하기'의 문법적 단위는 절이다. 이는 서로 대등하지 않은 요소가 접속된 구문이므로, '표준적인 언어생활의 확립'을 절로 수정하거나 '일상적인 국어 생활을 향상하기'를 구로 수정해야 한다.

(2) 효율적인 작업 환경 조성을 / 안전 체계를 강화하고
해설 '안전 체계 강화'의 문법적 단위는 구이고, '효율적인 작업 환경을 조성하기'의 문법적 단위는 절이다. 이는 서로 대등하지 않은 요소가 접속된 구문이므로, '안전 체계 강화'를 절로 수정하거나 '효율적인 작업 환경을 조성하기'를 구로 수정해야 한다.

(3) 외적 동기란 주어지는 보상을 받고 처벌을 피하기 위해 ~
해설 '보상'은 피하고자 하는 대상이 아니므로, '받다' 등과 같은 서술어를 추가해야 한다.

(4) ~ 다회용품 사용을 지향하고 일회용품 사용을 지양해야 한다.
해설 환경을 보호하기 위해서 일회용품 사용은 줄여야 하지만, 다회용품 사용은 늘려야 한다. 즉 다회용품 사용은 '지양하다'와 호응하지 않으므로, '지향하다' 등의 서술어를 추가해야 한다.

(5) 가로수의 원활한 생육 공간을 확보하고 그 공간에 대한 훼손을 막기 위하여 ~

해설 '생육 공간'은 막는 대상이 아니므로, '확보하다' 등과 같은 서술어를 추가하는 것이 적절하다.

03 ① - ⓒ / ② - ㉣ / ③ - ㉂ / ④ - ㉃ / ⑤ - ㉤ / ⑥ - ⓒ / ⑦ - ㉥ / ⑧ - ㉄ / ⑨ - ⓐ / ⑩ - ⓑ

해설
㉠ 점유(占有)하다: 【…을】 물건이나 영역, 지위 따위를 차지하다.
  예 그 기업은 국내 건설 시장의 40%를 점유하고 있다.
㉡ 허용(許容)하다: 【…을】「1」 허락하여 너그럽게 받아들이다.
  예 학교 측은 학생들의 장발을 허용했다.
  「2」『체육』 주로 각종 경기에서, 막아야 할 것을 막지 못하여 당하다.
  예 그는 투수가 홈런을 허용한다는 것은 상당히 수치스러운 일이라고 생각했다.
㉢ 부착(附着/付着)하다: 【(…을) …에】 떨어지지 아니하게 붙다. 또는 그렇게 붙거나 달다.
  예 계급장을 군복에 부착하다.
㉣ 개입(介入)하다: 【…에】 자신과 직접적인 관계가 없는 일에 끼어들다.
  예 아이들 문제에 부모가 개입하다.
㉤ 공전(公轉)하다: 【…을】『천문』 한 천체(天體)가 다른 천체의 둘레를 주기적으로 돌다. 행성이 태양의 둘레를 돌거나 위성이 행성의 둘레를 도는 현상 따위를 이른다.
㉥ 제한(制限)하다: 【…을】 일정한 한도를 정하거나 그 한도를 넘지 못하게 막다.
  예 차량 통행을 제한하다.
㉂ 침체(沈滯)되다: 「1」 어떤 현상이나 사물이 진전하지 못하고 제자리에 머무르게 되다.
  예 학생들의 사기가 눈에 띄게 침체되었다.
  「2」 벼슬이나 지위가 오르지 못하게 되다.
㉃ 공급(供給)하다: 【…에/에게 …을】「1」 요구나 필요에 따라 물품 따위를 제공하다.
  예 어느 나라에서나 국제 방송은 외국의 청취자들에게 뉴스를 공급하기 위해 상당한 노력을 기울이고 있다.
  「2」『경제』 교환하거나 판매하기 위하여 시장에 재화나 용역을 제공하다.
  예 양질의 농산물을 적정 가격으로 공급하다.
㉄ 포함(包含)하다: 어떤 사물이나 현상 가운데 함께 들어가게 하거나 함께 넣다.
  예 우리 가족은 나를 포함해서 모두 다섯이다.
㉅ 측정(測定)하다: 【…을】「1」 일정한 양을 기준으로 하여 같은 종류의 다른 양의 크기를 재다. 기계나 장치를 사용하여 재기도 한다.
  예 강우량을 측정하다.
  「2」 헤아려 결정하다.

04 ①
해설 지문에서는 우리가 어머니의 피, 정신, 진통으로부터 나왔다는 내용과 함께 어린아이는 어머니에게 말, 도덕, 지식 일반의 최초 개념 등을 처음 배운다는 내용을 설명한다. 따라서 어머니를 '뿌리'로 비유하고 있다고 볼 수 있다.

오답 해설
② 어머니를 기둥으로 비유하는 것은 기댈 수 있는 존재라는 의미로 해석할 수 있다. 하지만 지문은 어머니로부터 태어나 많은 것을 처음 배우는 내용을 중점으로 설명하고 있으므로 기둥으로 비유하는 것은 적절하지 않다.
③ 어머니를 거울로 비유하는 것은 둘째 문단인 어린아이가 어머니에게 말, 도덕, 지식 일반의 최초 개념을 배우는 내용과 부합한다. 하지만 지문의 전체 내용을 포함하고 있지 않기 때문에 적절한 비유로 볼 수 없다.
④ 첫째 문단에서 어머니를 마음의 고향으로 비유하고 있지만 어머니를 쉼터로 비유하는 것은 지문 전체의 내용을 포괄하기에 적절한 비유로 볼 수 없다.

05 ②
해설 지문에 따르면, 눈을 통해 움직인다는 정보가 들어왔지만 귀에 있는 전정 기관은 아무것도 인지하지 못했기 때문에, 즉 시각 정보와 감각 정보가 불일치하여 멀미나 두통 등이 발생하게 된다. 따라서 이러한 증상은 '정보 충돌에 대한 우리 뇌의 경고 신호'라 할 수 있다.

오답 해설
① 지문에서는 체험자가 경험하는 생리적 반응은 가상 현실 기술이 넘어야 할 난관이라고 하였다. 따라서 가상 현실을 즐기기 위해 멀미나 두통 등의 증상이 필요하다고 보는 것은 적절하지 않다.
③ 멀미나 두통 등은 정보가 충돌함으로써 발생하는 부정적인 결과이지, 여러 정보를 지혜롭게 조화하려는 시도가 아니다.
④ 전정 기관이 평형 감각을 담당하는 이석으로 이루어져 있는 것은 맞으나, 가상 현실을 체험할 때 평형 감각에 문제가 발생했다는 내용은 제시되지 않았다.

06 ③
해설 지문에는 인권의 세 범주로서 시민적·정치적 권리, 경제·사회·문화적 권리, 그리고 최근 주목되는 연대와 단결의 권리가 나타나 있다. 그런데 다른 두 범주와 달리, 연대와 단결의 권리는 제도적으로 확립되지 않았으며 아직 생성 단계에 있는 권리라고 한다. 따라서 인권은 새로운 권리들이 확립되어 지속적으로 확장되는 개념임을 알 수 있다.

오답 해설
① 인권에는 연대와 단결의 권리와 같이 새로운 권리들이 계속해서 포함되고 있다. 따라서 인권이 국제 사회에서 확정적 권리로 정의되었다고 보는 것은 적절하지 않다.
② 인권에 여러 권리들이 포함되어 있는 것은 맞으나, '반대되는 권리'들이 조화되었다고 보는 것은 적절하지 않다.
④ 인권이 사회의 구조적인 문제들을 개선하고 있다고 볼 수 있지만, '국가를 통해' 그러한 문제들을 개선한다는 언급은 없다.

07

(1) 피장파장의 오류
해설 무단횡단을 한 것을 비난하는 상대에게 당신도 무단횡단을 하지 않았냐고 하고 있다. 이는 다른 사람의 비판을 같은 방식으로 비난하여 그 논증을 거부하는 것이다. 따라서 피장파장의 오류이다.

(2) 주의 돌리기 오류
해설 시작은 '농약 제거의 필요성'이었지만 끝은 '과일과 채소에 들어 있는 영양소'에 대해 이야기하였다. 이는 주제를 미묘하게 바꾸어 상대방의 주의를 돌리는 것이므로 주의 돌리기 오류이다.

(3) 미끄럼 논증의 오류
해설 요구 사항이 '커피 방'에서 '체력 단련실' 그다음에는 '샤워실'로 점점 늘어날 것이라고 하였다. 하지만 이는 말하는 사람의 추측일 뿐, '그들'이 요구한 것은 커피 방뿐이다. 이는 사태를 바람직하지 않은 상황으로 만드는 것이므로 미끄럼 논증이다.

(4) 도박사의 오류
해설 동전을 던지는 것은 몇 번을 던지든 서로 독립적으로 일어나는 확률적 사건이다. 하지만 동전이 계속해서 앞면이 네 번 나왔으니, 다음번에는 뒷면이 나올 것이라고 생각하는 것은 서로 독립적으로 일어나는 확률적 사건이 서로 확률에 영향을 미친다는 착각에서 기인한 논리적 오류이므로 도박사의 오류이다.

(5) 허수아비 공격의 오류
해설 '총기류 사용 금지 반대'를 주장하는 사람들이 '많은 범죄가 총기류와 연관되어 있다고 생각하지 않는다'며 상대가 주장하는 것과는 다른 '범죄와 총기류의 연관성'을 허수아비로 세운 뒤 통계는 그와 반대되는 것을 증명하고 있다며 그 허수아비를 공격하였다. 따라서 허수아비 공격의 오류이다.

> **더 알아보기**
> **논리적 오류 추가 예시**
> 1. **잘못된 유추의 오류**: 약(藥)과 악(樂)은 한자의 생김새부터 한글의 모양과 발음도 비슷하다. 따라서 약과 음악은 그 기원이 비슷할 것이다.
> 2. **논점 일탈의 오류**: 누가 잘했든 잘못했든 그렇게 싸우고만 있을 거야? 그렇게도 할 일이 없으면 차라리 잠이나 자!
> 3. **결합과 분해의 오류**: ① 나를 구성하고 있는 원자들은 미세하게 작다. 그러므로 나는 미세하게 작다.(결합)
> ② 그 사람은 크다. 그러므로 그 사람은 큰 세포를 갖고 있는 것이 틀림없다.(분해)
> 4. **흑백 논리의 오류**: 기부하는 것은 착한 일이다. 따라서 기부하지 않는 것은 나쁜 일이다.
> 5. **순환 논증의 오류**: 이황은 주희보다 훌륭한 철학자이다. 왜냐하면 철학적 안목이 있는 사람들이 그렇게 말하기 때문이다. 그렇다면 철학적 안목이 있는 사람은 누구인가? 퇴계가 주희보다 훌륭하다고 말하는 사람들이다.
> 6. **도박사의 오류**: 열 번 찍어 안 넘어가는 나무 없다던데, 내가 열 번 고백해서 다 실패했어. 고백을 받아들이거나 받아들이지 않거나 확률은 50 대 50이니 열한 번째에는 되겠지.
> 7. **피장파장의 오류**: A: 다이어트한다더니 이 시간에 밥을 먹어? B: 너도 어제 이 시간에 먹었잖아.

8. **허수아비 공격의 오류**: 빈곤을 없애는 것에 대하여 이야기하는 것은 쓸데없다. 당신의 모든 제안이 채택된다고 해도 다른 사람들보다 가난한 사람들이 언제나 있기 마련이다. 그러므로 어떤 조치가 취해지더라도 빈곤은 언제나 남아 있을 것이다.
9. **주의 돌리기 오류**: A는 학교 내의 주차난에 대하여 불평하고 있다. 그런데 작년에 A가 도서관에서 떠들다 쫓겨난 적이 있다는 것을 알고 있는가? 또 식당에서 쫓겨난 적도 있다. A에 대해서는 더 말할 필요가 없다.
10. **미끄럼 논증의 오류**: 철학을 공부하는 것은 위험한 일을 하는 것이다. 그것은 당신을 비판적으로 만들고 이것은 다시 당신이 갖고 있는 종교적 신념을 회의하도록 만든다. 일단 종교적 신념을 잃게 되면 거기에서 무신론과 부도덕까지는 멀지 않다. 그리고 부도덕한 삶은 저주받는다.

08 ④

♣ **선지 분석하기**
① 1. ~(B ∧ C) → ~A 2. 전건 3. ~B ∨ ~C 4. 참
  5. ~B ∨ ~C 6. 참
② 1. 후건 2. ~A
③ 1. 참 2. 대우 3. 참

쿼터 홈트 DAY 37

01

(1) 께서: 주체 / -시-: 주체
해설 높임의 대상과 밀접하게 관련이 있는 신체를 간접적으로 높일 때에는 특수 어휘를 쓰지 않고 '-(으)시-'로만 실현된다.

(2) 진지: 주체 / 잡수시다: 주체
해설 말하는 이가 서술의 주체인 '할아버지'를 높이기 위해 특수 어휘인 '잡수시다'를 사용하였다. 또한 '밥'의 높임 표현인 '진지'를 사용하였다.

(3) 께: 객체 / 가져다드리다: 객체
해설 서술어의 객체를 높이기 위해 특수 어휘인 '가져다드리다'가 사용되었다. 또한 부사격 조사는 '에게'가 아닌 '께'를 사용하였다.

02

(1) 서민들의 애환이 살아 있는 드라마 / 서민들의 슬픔과 기쁨이 살아 있는 드라마
해설 '애환(哀歡)'은 '슬픔과 기쁨을 아울러 이르는 말'이라는 뜻으로, 그 자체에 '기쁨'이라는 의미가 있다. 따라서 뒤에 오는 '기쁨'과 중복되는 표현이므로 '애환이' 혹은 '슬픔과 기쁨이' 정도로 수정하는 것이 적절하다.

정답 및 해설 **071**

(2) 그 둘은 <u>판이한</u> 것으로 나타났다. / 그 둘은 <u>매우 다른</u> 것으로 나타났다.
[해설] '판이(判異)하다'는 '비교 대상의 성질이나 모양, 상태 따위가 아주 다르다'라는 뜻으로, 그 자체에 '다르다'라는 의미가 있다. 따라서 뒤에 오는 '다른'과 중복되는 표현이므로 '판이한' 혹은 '매우 다른' 정도로 수정하는 것이 적절하다.

(3) 월드컵에서 보여 준 에너지를 바탕으로 <u>국민 대통합을 이룩하고</u> 국가 경쟁력을 제고해야 한다. / ~ <u>국민을 통합하고</u> 국가 경쟁력을 제고해야 한다.
[해설] 목적어 중 '국민 대통합'은 서술어 '제고해야 한다'와 호응을 이루지 못한다. 따라서 '국민 대통합'이 목적어로 올 수 있는, '이룩하다'와 같은 서술어를 활용하거나 '국민 대통합'을 절로 바꾸어 '국민을 통합하고 ~'와 같이 수정하는 것이 적절하다.

(4) 공원에서 <u>불을 피우고</u> 물건을 태우는 것을 금지합니다.
[해설] '불'은 불을 붙여 불꽃을 일어나게 하는 대상이 아니다. 따라서 '피우다, 붙이다' 등으로 수정하는 것이 적절하다.

(5) 우리는 타인의 인격을 존중해야 하고 <u>타인이</u> 나와 평등하다는 생각을 지녀야 한다.
[해설] '평등하다'와 호응하는 주어가 없으므로, '타인이'라는 주어를 추가해야 한다.

(6) 겨울 산은 우리에게 혼자라는 것이 무엇인지를 <u>깨닫게 하는 / 깨닫게 해 주는</u> 소중한 존재이다.
[해설] '겨울 산'은 깨닫는 존재가 아니라, 우리에게 깨달음을 주는 존재이다. 따라서 '깨닫게 하는' 혹은 '깨닫게 해 주는' 정도로 고쳐야 한다.

03 ①

[해설] '㉠ 이길'은 '승리하다' 정도의 유의어로 대체 가능하며, 'A가 B에게 이기다(승리하다)'의 구조를 가지는 서술어이다. ①의 '이기다'도 'A가 B(적)에게 이기다(승리하다)'라는 의미로 사용된 것이므로, 문맥상 ㉠의 의미와 가장 가깝다.

• 이기다¹ ❶ 【…에/에게】【…을】 내기나 시합, 싸움 따위에서 재주나 힘을 겨루어 우위를 차지하다.
  예 우리나라는 축구 결승전에서 중국에 <u>이기고</u> 우승을 차지했다.

[오답 해설]
② 이기다¹ ❷ 【…을】 「3」 몸을 곧추거나 가누다.
③ 이기다¹ ❷ 【…을】 「2」 고통이나 고난을 참고 견디어 내다.
  예 병을 <u>이기다</u>.
④ 이기다¹ ❷ 【…을】 「1」 감정이나 욕망, 흥취 따위를 억누르다.
  예 유혹을 <u>이기지</u> 못하다.

04 ②

[해설] '㉠ 높다'는 '우세하다' 정도의 유의어로 대체 가능하며, 'A(어떤 의견)가 높다(우세하다)'의 구조를 가지는 서술어이다. ②의 '높다'도 '어떤 의견(형식적인 환경 정책에 비판적인 여론)이 높다(우세하다)'라는 의미로 사용된 것이므로, 문맥상 ㉠의 의미와 가장 가깝다.

• 높다 「10」 어떤 의견이 다른 의견보다 많고 우세하다.
  예 비난의 소리가 <u>높다</u>.

[오답 해설]
① 높다: 「5」 값이나 비율 따위가 보통보다 위에 있다.
  예 난치병이라도 조기 진단할 경우 완치율이 <u>높다</u>.
③ 높다: 「4」 품질, 수준, 능력, 가치 따위가 보통보다 위에 있다.
  예 그의 소설은 문학적 가치가 <u>높다</u>.
④ 높다: 「3」 수치로 나타낼 수 있는 온도, 습도, 압력 따위가 기준치보다 위에 있다.
  예 장마철에는 습도가 <u>높다</u>.

05 ③

[해설] '㉠ 골라'는 '뽑다, 선택하다' 정도의 유의어로 대체 가능하며, 'A에서 B를 고르다(뽑다)'의 구조를 가지는 서술어이다. ③의 '골라라'도 'A에서 B를 고르다(뽑다)'라는 의미로 사용된 것이므로, 문맥상 ㉠의 의미와 가장 가깝다.

• 고르다¹: 【…에서 …을】 여럿 중에서 가려내거나 뽑다.
  예 그 퀴즈 대회에서는 한 가지 상품만 <u>고를</u> 수 있다.

[오답 해설]
① 고르다³: 「1」 여럿이 다 높낮이, 크기, 양 따위의 차이가 없이 한결같다.
  예 이익을 <u>고르게</u> 분배하다.
② 고르다²: 【…을】 「2」 붓이나 악기의 줄 따위가 제 기능을 발휘하도록 다듬거나 손질하다.
  예 그는 목소리를 <u>고르며</u> 자기 차례를 기다리고 있었다.
④ 고르다²: 【…을】 「1」 울퉁불퉁한 것을 평평하게 하거나 들쭉날쭉한 것을 가지런하게 하다.
  예 땅을 <u>고르다</u>.

06 ④

[해설] 지문의 '중심성'은 대상 속에서 가장 중요한 역할을 하는 것으로, '종속성'은 상대적으로 덜 중요한 특성 혹은 역할로 이해할 수 있다. '어머니 – 아버지'는 중심과 종속의 관계라기보다는 병렬적인 관계이므로 중심성과 종속성의 사례로 적절하지 않다.

[오답 해설]
① 책의 주제는 중심성의 사례로, 책 표지의 재질은 종속성의 사례로 볼 수 있다.
② 메인 메뉴는 중심성의 사례로, 디저트는 종속성의 사례로 볼 수 있다.
③ 주연 배우는 중심성의 사례로, 단역 배우는 종속성의 사례로 볼 수 있다.

✚ 유도지 작성해 보기
1. 가장 중요한 2. 상대적으로 덜 중요한

07 ①

[해설] 지문은 다윈 의학의 기본 전제에 대한 설명이다. 지문에 따르면, 다윈 의학은 우리가 느끼는 몸의 다양한 증상을 일종의 방어 체계로 간주한다. ①은 위생 상태가 좋아 면역계가 할 일이 줄어든 상황에서 사소한 자극에도 과도하게 반응하는 것이다. 이는 방어 체계(면역계)가 몸을 보호하는 게 아니라 하나의 질병(알레르기)으로 발전한 사례이므로 지문을 뒷받침하는 사례로 부적절하다.

오답 해설
②, ③, ④의 사례는 모두 발열, 입덧, 철분 농도 조절 등의 증상이 몸을 보호하기 위한 방어 체계임을 드러내는 설명으로 지문을 뒷받침하는 사례라고 볼 수 있다.

♣ 유도지 작성해 보기
1. 증상 2. 방어 체계

08 ④

해설 지문에는 자본주의 사회에서의 두 가지 인간 존재의 모습이 제시되어 있다. 한 모습은 인간이 하나의 상품이 되었으면서도 인간이라는 것을 기억하려는 존재로서의 모습이며, 다른 모습은 자신이 인간이었다는 기억 자체를 포기하고 이 사회에서 발생한 변화를 받아들이는 존재로서의 모습이다. ㉠은 이 중 후자에 해당하므로, 이에 해당하지 않는 것을 찾으면 된다.
이러한 맥락에서, 자신의 정체성이 분열되었음을 직시하는 것은 '망각의 전략'과는 거리가 멀다. 망각의 전략을 택할 경우 인간이 지닌 고유의 본질을 망각하며, 우리가 한때 상품이 아닌 인간이었음을 망각하게 된다고 한다. 따라서 자신의 정체성이 인간과 상품으로 분열되었음을 직시하지 못할 것이다.

오답 해설
① 망각의 전략을 선택할 경우, 이 사회에서 발생한 변화를 받아들이고 현실로 인정한다고 했으므로 물화된 세계를 비판 없이 받아들인다고 볼 수 있다.
② 망각의 정치학에서는 인간이 지닌 고유의 본질을 믿는 것 자체가 무의미해지며, 망각의 전략을 선택하는 자는 이 사회에서 발생한 변화를 받아들인다고 했으므로 적절한 설명이다.
③ 망각의 전략을 선택하는 자는 변화를 새로운 현실로 인정하며 그 현실에 맞는 새로운 언어를 얻기 위해 망각의 정치학을 개발한다고 한다. 이는 현실에서 소외당한 자신을 회복하려는 노력을 하지 않고 자기 합리화하여 현실을 수용하는 예에 해당한다.

♣ 유도지 작성해 보기
1. 인간이었다는 기억 2. 받아들이고 3. 인간이 지닌 고유의 본질

09

(1) 무지에의 호소
해설 '천당이나 지옥'의 존재를 증명할 수 없으므로 인정해야 한다는 것은 어떤 논제의 반증 예가 제기되지 못하기 때문에 그 논제가 참이라고 단정해야 하는 경우이므로 무지에의 호소이다.

(2) 성급한 일반화의 오류
해설 한 행동만 가지고 성급하게 형편없는 애라 단정하는 것은 부적합하고 대표성이 결여된 근거, 제한된 정보 등을 이용하여 특수한 사례들을 성급하게 일반화함으로써 빚어지는 오류이므로 성급한 일반화의 오류이다.

(3) 우연과 원칙 혼동의 오류
해설 요즘 애들이 통 버릇없다는 것을 이유로, 당신의 아이도 버릇이 없을 것이라고 추측하는 것은 일반적 규칙을 특수한 경우에 적용할 때, 어떤 우연한 상황이 발생하여 일반적 규칙을 적용할 수 없는데도 불구하고 그대로 적용함으로써 발생하는 오류이므로 우연과 원칙 혼동의 오류이다. 세분화하면 우연의 오류이다.

(4) 우연과 원칙 혼동의 오류
해설 보관소가 물건을 맡아 두는 곳이라는 일반적 규칙을 도둑질한 물건이라는 특수한 경우까지 적용하는 것은 일반적 규칙을 특수한 경우에 적용할 때, 어떤 우연한 상황이 발생하여 일반적 규칙을 적용할 수 없는데도 불구하고 그대로 적용함으로써 발생하는 오류이므로 우연과 원칙 혼동의 오류이다. 세분화하면 원칙 혼동의 오류이다.

(5) 복합 질문의 오류
해설 '그 돈을 훔쳤지요?'와 '그 돈을 모두 유흥비로 탕진했지요?'라는 두 가지의 질문을 한 번에 질문하였다. 이는 단순하게 '예'나 '아니오'라고 대답할 수 없는 몇 개의 요소 질문으로 구성된 질문을 하여 발생하는 오류이므로 복합 질문의 오류이다.

(6) 의도 확대의 오류
해설 '담배를 피우는 행위'와 '죽고 싶다'라는 의도는 직접적인 인과 관계가 없다. 이는 의도한 행위가 인과 관계가 없는 전혀 엉뚱한 결과를 낳았을 때 그 결과의 원인만을 추구하는 오류이므로 의도 확대의 오류이다.

(7) 무지에의 호소
해설 '귀신이 없다고 증명한 사람이 이제까지 없었다'라는 것을 근거로 귀신이 있다고 단정하는 것은 어떤 논제의 반증 예가 제기되지 못하기 때문에 그 논제가 참이라고 단정하는 경우이므로 무지에의 호소이다.

> **더 알아보기**
> **논리적 오류 추가 예시**
> 1. **성급한 일반화의 오류**: 갑돌이는 전과자인데 또 범죄를 저질렀다. 그러므로 모든 전과자는 계속 범죄를 저지른다.
>   → 갑돌이의 예 하나로 모든 범죄자가 계속 범죄를 저지른다고 일반화하였다.
> 2. **무지에의 호소**: UFO는 틀림없이 존재한다. 왜냐하면 아무도 그것이 존재하지 않는다고 증명한 적이 없기 때문이다.
> 3. **우연과 원칙의 혼동**: 당신은 어제 구입한 식품을 오늘 먹는다. 당신은 어제 날고기 한 근을 샀다. 그러므로 당신은 오늘 날고기 한 근을 먹는다.
>   → '어제 구입한 것을 오늘 먹는다'는 구입한 물품을 말하는 것이지 그 상태를 가리키는 것이 아니다.
> 4. **의도 확대의 오류**: 좁은 골목에서 공놀이를 하는 것은 남의 집 유리창을 깨기 위해 하는 행동이다.
> 5. **복합 질문의 오류**: 당신은 사람을 폭행하는 버릇을 이제 고쳤는가?
>   → '당신은 사람을 폭행한 적이 있는가?'라는 질문과 '당신은 사람을 폭행하는 버릇을 이제 고쳤는가?'라는 질문이 복합되어 있다.

10 ②

♣ 논리 유도지 작성해 보기
(1) A 대학교 학생 → (코딩 ∨ 외국어), (2) 외국어 → 오전,
(3) A 대학교 학생 → 오전
1. A 대학교 학생 → 오전 2. 코딩 ∨ 외국어 3. 코딩 4. 오전
5. ②

쿼터 홈트 DAY 38

01

(1) ○
해설 화자가 청자에 대하여 높이거나 낮추어 말하는 방법인 상대 높임법을 활용한 문장이다.

(2) ○
해설 '에게'의 높임말인 조사 '께'와 높임의 특수 어휘인 '여쭈다'를 활용하여 객체인 '선생님'을 높인 객체 높임법이다.

(3) ○
해설 '에게'의 높임말인 조사 '께'와 높임의 특수 어휘인 '드리다'를 활용하여 객체인 '아버지'를 높인 객체 높임법이다.

(4) ×
해설 조사 '께서'와 높임의 특수 어휘인 '계시다'를 사용하여 주체인 '선생님'을 높인 주체 높임법이다.

02

(1) 이 시는 토속적인 시어를 사용하여 현장감을 높이고 있다.
해설 제시된 문장에서는 조사 '과'의 앞부분에 서술어가 부당하게 생략되어 있다. '토속적인 시어의 사용을 높이고 있다'는 말은 적절하지 않으므로 '이 시는 토속적인 시어를 사용하여 ~'와 같이 쓰는 것이 적절하다.

(2) 그 일이 설령 실패했다 하더라도 실패도 성공의 과정이므로 절대 실망할 필요가 없다.
해설 '설령'은 '-다 하더라도' 따위와 함께 쓰여 '가정해서 말하여. 주로 부정적인 뜻을 가진 문장에 쓰는 부사'이다. 따라서 '그 일이 설령 실패한다고 하더라도 ~'와 같이 고쳐 쓰는 것이 적절하다.

(3) 과일 2킬로그램 정도를 담은 바구니 / 과일을 담은 2킬로그램 정도의 바구니
해설 '2킬로그램 정도'가 '과일'을 수식하는지, '바구니'를 수식하는지 분명하지 않다.

(4) 그는 할머니의 마음씨가 좋은 손자이다. / 그는 마음씨 좋은, 할머니의 손자이다.
해설 '마음씨가 좋은'이 수식하는 대상이 '할머니'인지 '손자'인지 분명하지 않으므로, 어순을 바꾸거나 쉼표를 활용하여 수식하는 대상을 명료하게 해야 한다.

(5) 모레로 예정되었던 약속이 취소되었다. / 모레로 미리 정해졌던 약속이 취소되었다.
해설 '예정(豫定)되다'는 '앞으로 일어날 일이나 해야 할 일이 미리 정해지다'라는 뜻으로 그 자체에 '미리'라는 의미가 있다. 따라서 앞에 오는 '미리'와 중복되는 표현이므로 '예정되었던' 혹은 '미리 정해졌던' 정도로 수정하는 것이 적절하다.

(6) 나뭇잎이 떨어지는 가을이 되었다.
해설 '낙엽(落葉)'은 '나뭇잎이 떨어짐'이라는 뜻으로 그 자체에 '떨어지다'라는 의미가 있다. 따라서 뒤에 오는 '떨어지는'과 중복되는 표현이므로 '나뭇잎이 떨어지는' 정도로 수정하는 것이 적절하다.

03
① - ⓒ / ② - ⓔ / ③ - ⓜ / ④ - ⓧ / ⑤ - ⓩ /
⑥ - ⓛ / ⑦ - ⓗ / ⑧ - ⓐ / ⑨ - ⓢ / ⑩ - ⓟ

해설
㉠ 해소(解消)하다: 【…을】「1」 어려운 일이나 문제가 되는 상태를 해결하여 없애 버리다.
  예 실업난을 해소하다.
「2」 어떤 관계를 풀어서 없애 버리다.
「3」 어떤 단체나 조직 따위를 없애 버리다.
  예 지하당을 해소하다.
㉡ 수립(樹立)하다: 【…을】 국가나 정부, 제도, 계획 따위를 이룩하여 세우다.
  예 외교 관계를 수립하다.
㉢ 퇴각(退却)하다: 「1」【…에서】【…으로】 뒤로 물러가다.
  예 마을에서 퇴각하는 적군을 모두 생포하라는 명령이 내려왔다.
「2」【…을】 금품 따위를 물리치다.
㉣ 매복(埋伏)하다: 【…에】 상대편의 동태를 살피거나 불시에 공격하려고 일정한 곳에 몰래 숨다.
  예 군졸 몇 명을 시켜 성문 밖 가까이에 매복하도록 조처를 취하였다.
㉤ 징수(徵收)하다: 【…에서/에게서 …을】('…에서/에게서' 대신에 '…으로부터'가 쓰이기도 한다)
「1」 나라, 공공 단체, 지주 등이 돈, 곡식, 물품 따위를 거두어들이다.
  예 회원들에게서 회비를 징수하다.
「2」『행정』 행정 기관이 법에 따라서 조세, 수수료, 벌금 따위를 국민에게서 거두어들이다.
㉥ 당도(當到)하다: 【…에】 어떤 곳에 다다르다.
  예 외갓집에 당도하는 즉시 연락해라.
㉦ 주관(主管)하다: 【…을】 어떤 일을 책임을 지고 맡아 관리하다.
  예 구청에서는 이번 연말에 구민들을 위한 음악회를 주관하였다.
㉧ 구축(構築)하다: 【…을】「1」 어떤 시설물을 쌓아 올려 만들다.
  예 병사들은 매복할 진지를 구축하고 있었다.
「2」 체제, 체계 따위의 기초를 닦아 세우다.
  예 독자적 세력을 구축하다.
㉨ 촉발(觸發)되다: 【…에】【 …에서】「1」 어떤 일을 당하여 감정, 충동 따위가 일어나다.
  예 그의 말은 오해가 촉발될 소지가 있다.
「2」 닿거나 부딪쳐 폭발하다.
㉩ 융합(融合)되다: 【…에】【(…과)】('…과'가 나타나지 않을 때는 여럿임을 뜻하는 말이 주어로 온다) 다른 종류의 것이 녹아서 서로 구별이 없게 하나로 합하여지다.
  예 이 물질에 어떤 특별한 원소가 융합되면 거대한 폭발이 생길 것이다.

04 ④

해설 '팀원 2'는 전문가의 말을 인용하여 '토론 활동'의 효과에 대해 언급하자고 하였다.

오답 해설
① '팀원 1'은 '팀 구성과 역할에 대해 말한 뒤, 상대 팀과 심사 위원께 감사를 전하고, 토론 주제와 관련된 개인적 경험'을 제시하면서 수상 소감을 마무리하자고 제안하였다.
② '팀원 1'이 토론 주제와 관련된 개인적인 경험을 언급하겠다고 했

지만, '팀원 2'가 개인적 경험보다는 토론 전에 논의한 내용을 정리해 주는 것이 좋을 것 같다고 하였다. 따라서 '팀원 2'는 개인적인 경험을 제시하는 것에 대해 반대한다는 것을 알 수 있다.
③ 감사 인사를 제일 먼저 하자는 '팀원 2'의 말에 '팀원 1'이 좋은 의견이라고 하였다.

05 ②

해설 제목에 비유적 표현을 활용하자는 철수의 의견과 다른 의견을 제시하고 있지만, 그에 대한 절충안을 제안하지는 않았다.

오답 해설
① 발표문 초고를 검토하자는 주제를 제시하며 친구들의 주목을 끌고 있다.
③ 주제에서 벗어난 내용은 넣지 않는 게 좋을 것 같다는 자신의 생각을 밝힌 후 친구들 사이의 의견을 조율하고 있다.
④ 사회 통합의 의미를 드러내는 내용을 담기로 한 예전 대화 내용을 떠올리며 친구들에게 누락된 내용을 상기시키고 있다.

06 ④

해설 학생 4는 '그 사람이 누구인지가 중요한 게 아니라, 그 고발의 목적과 그 고발로 사회에 어떠한 변화가 있었는지를 살펴봐야 해'라고 말하며, 고발자의 신원보다 고발의 목적과 공익적 결과 자체가 중요하다고 주장했다. 즉, 학생 4는 고발자가 공익을 위해 행동하고 그 결과가 긍정적이라면 고발이 긍정적이라고 보는 것이다. 따라서 고발자가 '자신의 이익을 위해 고발하였을 경우'라면 그 결과가 긍정적일지라도 그 목적이 공익을 위한 것이 아니므로 고발을 긍정적으로 보지 않았을 것임을 알 수 있다.

오답 해설
① 학생 1은 '정의는 드러날 때 비로소 실현된다고 생각하거든'이라고 말하며, 고발자가 직접 나서서 책임을 지는 것이 바람직하다고 주장한다. 이는 정의가 실현되려면 고발자의 정체 또한 드러나야 한다고 생각하는 것이다.
② 학생 2는 '하지만 그렇게 하면 고발자가 보복을 당할 위험에 노출되잖아'라고 하며 학생 1의 의견에 반대하였다. 이어서 '누구든지 진실을 말할 자유가 있고, 그 자유는 보호받아 마땅하다'라고 한 것을 통해 개인의 책임 의식보다 인권과 신변 보호가 먼저라고 생각한다는 것을 알 수 있다.
③ 학생 3은 '그 사람이 고발한 정보가 사실인지 확인하기 위해서는 그의 과거 이력이나 고발 동기 같은 것도 검증해 봐야 한다'라고 하였다. 이는 고발의 신뢰성 확보를 위해 고발자의 배경 정보에 대한 검토를 주장하는 것이다.

07 ③

해설 지문에는 '증거의 없음'을 '없음의 증거'로 오인하는 논리적 오류가 제시되었다. 이는 무지에 호소하는 오류이다. '어떤 논제의 반증이 제기되지 못함을 이유로 그 논제가 참이라고 단정하는 오류'를 범하고 있기 때문이다.
③은 피의자에게 확실한 알리바이가 있기 때문에, 그 피의자가 해당 범죄 현장에 있지 않았다는 결론을 내렸다. 이는 존재하는 확실한 증거에 따른 타당한 추론이므로 논리적 오류가 없다. ③을 제외한 다른 선지들은 반증이 제기되지 못함을 이유로 그 논제가 참이라고 단정하는 오류를 범하고 있다.

08 ①

♣ 논리 유도지 작성해 보기
(1) 친구 ∨ 선생님 → 커피, (2) 친구 ∨ 선배, (3) ~커피
1. ~커피 → ~(친구 ∨ 선생님) 2. 후건 3. ~친구 ∧ ~선생님
4. 후건 5. 만나지 않았다는 것을 6. 만났다는 것을

쿼터 홈트 DAY 39

01

(1) ○
해설 '뿐'은 앞에 오는 단어의 품사에 따라 띄어쓰기가 달라지는 단어라고 하였다. 이를 통해 앞에 오는 단어의 품사에 따라 띄어쓰기가 달라지는 경우가 있다는 것을 알 수 있다.

(2) ○
해설 '들었을'은 관형어이므로 이때의 '뿐'은 의존 명사이다. 따라서 앞말과 띄어 쓰는 것이 적절하다.

(3) ○
해설 '실력'은 체언이므로 이때의 '뿐'은 조사임을 알 수 있다. 따라서 앞말에 붙여 쓰는 것이 적절하다.

(4) ✕
해설 '대로'나 '만큼'도 '뿐'과 같은 방식으로 띄어쓰기를 하는 단어라고 하였다. '대궐'은 체언이므로 이때의 '만큼'은 조사임을 알 수 있다. 따라서 앞말에 붙여서 '대궐만큼'이라고 쓰는 것이 적절하다.

(5) ✕
해설 '예상했던'은 관형어이므로 이때의 '대로'는 의존 명사임을 알 수 있다. 따라서 '예상했던 대로'와 같이 앞말에 띄어 쓰는 것이 적절하다.

02

(1) ~ 지시 사항을(조사) 이행하고(어미) ~
해설 명사나 명사형 표현을 나열하여 조사, 어미 등을 지나치게 생략한 문장이다. '지시 사항을 이행하고'와 같이 적절한 조사와 어미를 활용하여야 한다.

(2) ~ 학교 폭력을(조사) 예방하고(어미) 재발을(조사) 방지하기(어미) ~

(3) 영희는 철수와 결혼을 했다. / 영희와 철수는 각각 다른 사람과 결혼을 했다.
해설 '영희와 철수는 결혼을 했다'는 영희와 철수 두 사람이 부부라는 의미와 두 사람이 각각 다른 사람과 결혼했다는 의미로 해석할 수 있다. '~는 ~와 결혼을 했다'는 주체와 대상이 분명하게 표현되었기에

중의성이 해소된다.

(4) 아버지께서 굴 한 개와 사과 한 개를 가져오셨다. / 아버지께서 굴 한 개와 사과 두 개를 가져오셨다.
해설 '아버지께서 굴과 사과 두 개를 가져오셨다'는 '굴 한 개와 사과 한 개'와 '굴 한 개와 사과 두 개'로 해석할 수 있다. 따라서 아버지가 가져오신 과일이 각각 몇 개인지 분명하게 표현해야 한다.

(5) 잊지 말아야 할 사실은 폐기물 처리장 건설을 뒤로 미루면 그로 인한 피해가 우리 모두에게 돌아온다는 것(점)이다.
해설 제시된 문장의 주어는 '잊지 말아야 할 사실은'이므로, 이에 맞게 서술어를 '~는 것(점)이다'로 고치는 것이 적절하다.

(6) 유진이는 차마 아영이에게 사실을 말할 수 없었다.
해설 '차마'는 뒤에 오는 동사를 부정하는 문맥에 쓰여 '부끄럽거나 안타까워서 감히'라는 의미로 사용된다.

03 ㉮ - ㉠ - ⓑ / ㉯ - ㉡ - ⓒ / ㉰ - ㉢ - ⓐ

해설

- 낙관(樂觀): 「1」 인생이나 사물을 밝고 희망적인 것으로 봄.
「2」 앞으로의 일 따위가 잘되어 갈 것으로 여김.
  예 낙관을 불허하는 정세
- 비관(悲觀): 「1」 인생을 어둡게만 보아 슬퍼하거나 절망스럽게 여김.
  예 세상을 비관하다.
「2」 앞으로의 일이 잘 안될 것이라고 봄.
  예 이 일에 대해 비관도 낙관도 할 수 없다.

- 자본주의(資本主義): 생산 수단을 자본으로서 소유한 자본가가 이윤 획득을 위하여 생산 활동을 하도록 보장하는 사회 경제 체제
- 공산주의(共産主義): 마르크스와 레닌에 의하여 체계화된 프롤레타리아 혁명 이론에 입각한 사상. 재산의 공동 소유가 옳다고 주장하며 생산 수단의 사회화와 무계급 사회를 지향한다. 공산주의자들이 계급 지배의 도구라고 여기는 국가가 철폐되고 생산 수단의 사회화가 실현된 사회 경제 체제

- 경시(輕視): 대수롭지 않게 보거나 업신여김.
  예 인명(人命) 경시 현상
- 중시(重視): 가볍게 여길 수 없을 만큼 매우 크고 중요하게 여김.
  예 개성을 중시하다.

04 〈가로〉 ㉡ 단언 / ㉢ 판명 / ㉣ 추정
〈세로〉 ㉠ 결단 / ㉢ 판정 / ㉣ 추세

해설
〈가로〉
- 단언(斷言): 주저하지 아니하고 딱 잘라 말함.
  예 단언을 내리다.
- 판명(判明): 어떤 사실을 판단하여 명백하게 밝힘.
  예 판명이 나다.
- 추정(推定): 미루어 생각하여 판정함.
  예 그 과학자는 자신의 추정을 뒷받침하는 몇 가지 가설을 제시했다.

〈세로〉
- 결단(決斷): 결정적인 판단을 하거나 단정을 내림. 또는 그런 판단이나 단정
  예 그 일은 대통령의 결단과 지시로 이루어졌다.
- 판정(判定): 판별하여 결정함.
  예 심판의 판정에 따르다.
- 추세(趨勢): 어떤 현상이 일정한 방향으로 나아가는 경향. 어떤 세력이나 세력 있는 사람을 붙좇아서 따름.
  예 세계적 추세

05 ③

해설 '선현'이 앞 발화자와는 다른 측면에서 접근하고 있다는 것은 적절한 설명이지만, 저녁 식사 준비에 과도한 시간이 소모되었음을 문제의 원인으로 주장하고 있는 것은 아니다. 조별로 차이가 나는 저녁 식사 준비 때문에 친구들이 스트레스를 받았다는 것이 문제의 원인이라고 주장하고 있다.

오답 해설
① 회장의 발언을 보면 토의 안건으로 '야영이 호응을 얻지 못한 이유와 개선 방안'을 제시하고 있다는 것을 알 수 있다.
② 회장의 발언을 보면 민주의 의견을 듣고 싶다고 말하는 장면을 확인할 수 있다. 그러자 민주는 '프로그램의 순서 배치에 실패한 것'을 원인으로 제시하고 있다.
④ 회장이 '프로그램의 완성도 부족'을 야영 만족도가 낮은 원인으로 잘못 정리하자 민주가 '프로그램 배치에 관해 말씀드린 것'이라고 지적하고 있다.

06 ③

해설 지헌이 '펭귄 사진이랑 수학 과제가 상관이 있어?'라고 질문한 것은 민주에게 사진과 수학 과제의 상관성에 대한 정보를 요구한 것인데, 민주는 사진이 '황제펭귄 부부'라고 답하여 사진에 담긴 내용에 대한 정보만 제공하고 있다. 필요한 만큼의 정보를 제공한 것이 아니므로 표면적으로는 대화의 협력 원리에 어긋난 것이라고 볼 수 있다.

오답 해설
① 지헌이 '지금 차에 탄 건 아니지?'라고 물은 것에 민주가 '너희 동네'라는 정보를 제공하여 차에 타고 있는 것이 아님을 간접적으로 드러내어 의사소통이 가능하도록 하고 있다.
② 지헌이 '자료는 가져왔어?'라고 물은 것에 민주가 '이거 찾느라 도서관까지 갔다가 오느라 늦었어'라고 답함으로써 자료를 가져왔다는 의미를 추론할 수 있게 하고 있다.
④ 지헌이 '공식이 어렵겠지?'라고 물은 것에 민주가 '복잡하게 보이지만 곱하기 두 번에 더하기 한 번, 빼기 한 번이라 초등학생 수준으로 쉬워'라고 답하여 공식의 수준에 대한 답을 하고 있으므로 필요한 정보를 드러내고 있다.

07 ④

해설
ㄱ. 갑은 '청소년들을 보호하기 위해 일정 시간 이후에는 외출을 제한하는 통금 제도가 꼭 필요하다고 생각해'라고 하였다. 이는 범죄 예방을 위한 공적 조치를 강조하는 것으로, 이를 통해 갑이 청소년

의 자유보다 공익적 보호를 우선시한다는 것을 알 수 있다.

ㄷ. 병은 '제도보다 부모나 지역사회가 청소년들에게 어떤 가치를 공유하고, 청소년들을 어떻게 지도하는지가 더 중요한 게 아닐까?'라고 하며 제도보다 지속적인 관계와 교육의 필요성을 주장했다. 이를 통해 병은 통금 제도의 실효성보다는 청소년을 지도하는 사회적 환경의 역할을 더 중요하게 생각한다는 것을 알 수 있다.

오답 해설

ㄴ. 갑은 '일정 시간 이후에는 외출을 제한하는 통금 제도가 꼭 필요하다고 생각해'라고 하였다. 반면 을은 '통금 시간을 일괄적으로 정해 놓는 건 청소년의 다양한 생활 맥락을 고려하지 않은 조치라고 생각해'라고 하며 갑의 의견에 반대한다. 따라서 둘은 통금제도에 대해 의견이 일치하지 않는다.

08 ③

♣ 논리 유도지 작성해 보기
(1) ~델타 (2) 베타 ∨ 델타 (3) ~감마 → 알파
(4) 베타 → ~감마
1. 침공한다 2. 베타 → ~감마 → 알파 3. 알파, 베타

09

(1) 뒷받침 근거
해설 '미디어가 영유아의 뇌 발달을 저해한다'는 것은 영유아 시기의 아이들이 미디어에 노출되었을 때 겪을 수 있는 부정적인 영향이다. 따라서 주장을 뒷받침하는 근거이다.

(2) 반박 근거
해설 영유아 시기의 미디어 노출도 방법에 따라 언어 자극이나 사회성 발달과 같이 영유아에게 긍정적인 영향을 끼친다는 것이다. 이는 미디어 노출의 긍정적인 측면이므로 주장에 대한 반박 근거이다.

(3) 반박 근거
해설 노출되는 미디어의 종류에 따라 아이들에게 긍정적인 영향을 미칠 수 있다는 것이다. 이는 주장에 대한 반박 근거이다.

(4) 무관한 근거
해설 우리나라가 IT 강국이라는 것은 미디어가 영유아에게 미치는 영향과는 관련이 없다. 따라서 주장과는 무관한 근거이다.

(5) 뒷받침 근거
해설 영유아 시기부터 미디어에 노출된 아이들이 더 공격성이 높다는 것은 미디어 노출의 부정적인 영향이므로 주장을 뒷받침하는 근거이다.

(6) 무관한 근거
해설 영유아의 적절한 발달을 위해 신체 활동 시간을 늘릴 것을 권고하는 것은 미디어가 영유아에게 미치는 영향과는 관련이 없으므로 주장과는 무관한 근거이다.

쿼터 홈트 DAY 40

01

㉠ 모음
㉡ 축약
㉢ 관형격 조사 'ㅅ', 실현되지 않았다

해설 지문에 따르면, 체언 '하눓(하늘)'이 관형격 조사 'ㅅ' 앞에 올 때에는 'ㅎ'이 실현되지 않아 '하눐'이라고 표기되었다. 따라서 체언 '돓'이 관형격 조사 'ㅅ' 앞에 올 때에는 'ㅎ'이 실현되지 않아 '돐'이라고 표기되었을 것이다.

02

(1) ×
해설 '돌콰'에서 'ㅋ'은 '돓'의 말음인 'ㅎ'과 뒤에 오는 조사 '과'의 'ㄱ'이 축약되어 나타난 것이므로, 'ㅎ'의 존재를 알 수 있다.

(2) ×
해설 '돐'에서는 'ㅎ'이 실현되지 않은 것이지, 다른 음운으로 교체된 것이 아니다.

03

(1) ○○ 장학 재단에서 장학생 500여 명을 <u>모집하였다</u>.
해설 '○○ 장학 재단에서 장학생 500여 명을 모집되었다'에서 '장학생'은 '○○ 장학 재단'이 모집하는 대상이다. 따라서 피동의 관계를 명확하게 수정해야 한다.

(2) 구양수의 문장을 높이 평가하는 <u>이유는</u> 그의 문장이 가진 간결성 <u>때문이다</u>.
해설 주어인 '구양수의 문장을 높이 평가하는 이유는'과 호응하는 서술어가 없다. 따라서 주어와 서술어의 호응을 고려하여 '구양수의 문장을 높이 평가하는 이유는 ~ 때문이다'로 수정해야 한다.

(3) 컴퓨터는 <u>현대 생활의 필수품</u>이다.
해설 '필수품(必需品)'은 '일상생활에 없어서는 안 되는 반드시 필요한 물건'이라는 뜻으로, 그 자체에 '필요하다'는 의미가 있다. 따라서 앞에 오는 '필요한'과 중복되는 표현이므로 '현대 생활의 필수품' 정도로 수정하는 것이 적절하다.

(4) 인생을 <u>보는 시각이</u> 새롭다.
해설 '관점'은 '사물이나 현상을 관찰할 때, 그 사람이 보고 생각하는 태도나 방향 또는 처지'라는 뜻으로, 그 자체에 '보다'라는 의미가 있다. 따라서 앞에 오는 '보는'과 중복되는 표현이므로 '보는 시각이' 정도로 수정하는 것이 적절하다.

(5) 프로젝트 성공을 위해 <u>새로운 아이디어를 발굴하고 구체적인 계획을 세워야</u> 한다.
해설 '아이디어'는 서술어 '세우다'와 호응하지 않는다. 따라서 '아이디어'와 호응하는 서술어인 '발굴하다, 내다, 떠올리다' 등을 삽입하는 것이 적절하다.

(6) 안전취약계층은 주기적으로 지진 발생 시 <u>행동요령 교육을 받고 훈련을 해야</u> 한다.

정답 및 해설 077

해설 '안전취약계층'은 지진 시 행동요령을 교육하는 주체가 아니므로, '교육을 받고'와 같이 수정하는 것이 적절하다.

04 ①

해설 우리도 미확인 이상 현상에 대해 어떠한 행동을 취해야 하는지 생각해 볼 필요가 있다는 문장이다. 따라서 ㉠과 바꾸어 쓸 수 있는 유사한 표현으로 '의견이나 처지, 속성 따위가 서로 반대되거나 모순되다'를 의미하는 '대립하다'는 적절하지 않다. ㉠과 바꾸어 쓸 수 있는 유사한 표현으로는 '어떤 일이나 사태에 맞추어 태도나 행동을 취하다'를 의미하는 '대응하다'가 적절하다.

- 대립(對立)하다: 의견이나 처지, 속성 따위가 서로 반대되거나 모순되다.
- 대응(對應)하다: 어떤 일이나 사태에 맞추어 태도나 행동을 취하다.

오답 해설
② • 있다: 사람, 동물, 물체 따위가 실제로 존재하는 상태이다.
　• 존재(存在)하다: 현실에 실재하다.
③ • 말미암다: 어떤 현상이나 사물 따위가 원인이나 이유가 되다.
　• 기인(起因)하다: 어떠한 것에 원인을 두다.
④ • 파고들다: 「1」 깊이 공부하고 노력하다.
　　　　　　「2」 깊이 캐어 알아내다.
　• 연구(研究)하다: 어떤 일이나 사물에 대하여서 깊이 있게 조사하고 생각하여 진리를 따져 보다.

05 ②

해설 ㄹ은 '지방대 출신에 대한 고용 비율 할당제'의 필요성에 대한 근거로서 의미를 지닐 수 있다. 그러나 ㄴ은 청년 실업률 그리고 비정규직 증가로 인한 고용 불안에 대한 설명이므로, 지방대생 취업 할당제 필요성과 직접적인 연관이 없다.

06 ④

해설 ㉣에는 Ⅲ을 반영하여 '전력 공급 대응 방안'과 '전력 수요 대응 방안'이 들어가야 한다.

오답 해설
① 상위 항목을 참고할 때, 우리나라의 전력 수급 상황이 제시되어야 한다. 우리나라와 외국의 전력 사용량을 비교하는 것은 수요에 대한 정보는 보여 주지만, 수요와 공급의 불균형으로 인한 문제를 드러내기에 적절하지 않다. 따라서 ①과 같이 수정하는 것이 바람직하다.
　• 수급: 수요와 공급을 아울러 이르는 말
② '전력 부족이 경제에 미치는 영향'은 곧 '전력 수급 위기로 초래되는 문제점'과 깊은 관련이 있으므로 ②와 같이 수정하는 것이 바람직하다.
③ 'Ⅲ-가'가 전력 공급과 관련한 원인이므로 'Ⅲ-나'는 '전력 수요와 관련한 원인'으로 수정하는 것이 더 적절하다.

07 ④

해설 〈지침〉에 '결론은 기대 효과와 향후 과제를 순서대로 제시'하라고 하였으므로, (라)에는 본론의 해결 방안을 통해 문제가 해결되었을 때 기대할 수 있는 효과가 들어가야 한다. 그러나 '시민 참여형 수질 관리 프로그램 확대'는 본론의 문제를 해결하기 위해 추가적으로 더 할 수 있는 것을 구체적으로 제시한 것이므로, 기대 효과로 볼 수 없다.

오답 해설
① 제목을 보았을 때, 글의 중심 소재는 '수질 오염'이다. 〈지침〉에 '서론은 보고서 작성의 배경과 필요성을 포함'이라고 하였다. 1장-서론-1에는 보고서 작성의 배경이 제시되어 있으므로, (가)에는 글의 중심 소재와 관련된 보고서 작성의 필요성이 들어가야 한다. 따라서 '생활환경 및 산업활동 변화에 따른 수질 오염 문제의 심각성 대두'는 보고서 작성의 필요성으로 적절하다.
② 〈지침〉에 '본론은 제목에서 밝힌 내용을 2개의 장으로 구성하되, 2장의 하위 항목이 3장의 하위 항목과 서로 대응하도록' 하라고 하였다. 3장-1에서는 '가정 내 친환경 세제 사용 유도 캠페인 확대'라고 하였다. '가정 내 친환경 세제 사용을 유도한다'는 것은 현재 가정에서 환경 파괴적인 세제를 사용하고 있다는 것을 의미하므로, (나)에는 '가정 내 합성 세제의 사용량 증가'가 들어가는 것이 적절하다.
③ 〈지침〉에 '본론은 제목에서 밝힌 내용을 2개의 장으로 구성하되, 2장의 하위 항목이 3장의 하위 항목과 서로 대응하도록' 하라고 하였다. 2장-2에서는 '폐수 정화 시설 관리 감독 관련 전문 인력 부재'라고 하였다. '전문 인력의 부재'를 정책 지원을 통해 해결하려면 '전문 인력 채용을 제도화'해야 한다. 따라서 (다)에는 '폐수 정화 시설 관리 관련 전문 인력 채용의 제도화'가 들어가는 것이 적절하다.

08 ④

♣ 논리 유도지 작성해 보기
(1) A → ~B (2) ~B → ~C (3) ~D → C
(4) ~A → ~E (5) ~E → ~C

1) 1. A → ~B 2. ~B → ~C 3. A → ~C
2) 1. ~A → ~E 2. ~E → ~C 3. ~A → ~C
3) 1. A 2. C
4) 1. ~C → D 2. ~C → D 3. D 4. D

09

(1) 뒷받침 근거
해설 세계보건기구에서 트랜스 지방의 섭취가 심장병의 발병률 증가와 밀접한 관련이 있다는 연구 결과를 바탕으로 섭취량을 제한한 것은 '학자들이 트랜스 지방의 섭취 제한을 권고하는 것'과 동일하므로 뒷받침 근거이다.

(2) 무관한 근거
해설 '트랜스 지방이 제과·제빵 분야에서 많이 사용되는 것'은 트랜스 지방의 섭취 제한을 권고하는 것과는 무관하다.

(3) 반박 근거
해설 트랜스 지방을 섭취하여도 적절한 양이라면 심혈관계 질환의 발병률에 영향을 미치지 않는다는 것이므로 지문을 반박하는 근거이다.

(4) 무관한 근거
해설 트랜스 지방의 공정 과정은 트랜스 지방이 심혈관계 질환의 발병률을 높인다는 것과 무관하며, 섭취 제한과도 무관하다.

(5) 뒷받침 근거
해설 트랜스 지방의 함량을 낮췄더니 심혈관계 질환의 발병률이 감소했다는 것은 트랜스 지방이 심혈관계 질환의 발병률과 유관하다는 것이다. 따라서 이는 뒷받침 근거이다.

(6) 뒷받침 근거
해설 '트랜스 지방을 많이 섭취한 집단의 심근경색 발병률이 유의미하게 높다는 것'은 트랜스 지방이 심장병이나 동맥경화와 같은 각종 심혈관계 질환의 발병률을 높인다는 것의 근거가 되므로 뒷받침 근거이다.

MEMO

이유진 국어
쿼터 홈트 1

어휘 | 문해 | 사고

어떻게 푸는지 아는 순간,
틀릴 수 없는 국어가 시작됩니다.